Von Huren und Rabenmütte

Otto Ulbricht (Hg.)

Von Huren und Rabenmüttern

Weibliche Kriminalität in der Frühen Neuzeit

1995
Böhlau Verlag Köln · Weimar · Wien

Gedruckt mit Unterstützung
der Ministerin für Wissenschaft, Forschung und Kultur
des Landes Schleswig-Holstein
und der Volkswagen-Stiftung, Hannover

Die Deutsche Bibliothek – CIP-Einheitsaufnahme

Von Huren und Rabenmüttern : weibliche Kriminalität in der frühen Neuzeit /
Otto Ulbricht (Hg.). – Köln ; Weimar ; Wien : Böhlau 1995
ISBN 3-412-06095-X
NE: Ulbricht, Otto [Hrsg.]

Umschlagabbildung: „Kupplerin, Freier und Dirne";
Gemälde von Gerrit von Honthorst, 1625
(Centraal Museum, Utrecht; Foto: Titelarchiv Gerstenberg)

Satz: Offizin Wissenbach, Würzburg
Druck und Bindung: Druckerei Krannich, Bad Honnef
Printed in Germany
ISBN 3-412-06095-X

Inhalt

Otto Ulbricht

Einleitung

Für eine Geschichte der weiblichen Kriminalität in der Frühen Neuzeit oder: Geschlechtergeschichte, historische Kriminalitätsforschung und weibliche Kriminalität

I.

Frauen sind nicht die passiven Zuschauer der Geschichte gewesen; keine Randfiguren des historischen Geschehens. Stück für Stück wurde und wird ihre Rolle auf den verschiedenen Gebieten des Lebens herausgearbeitet; wird gezeigt, wie sie die Welt mitgestaltet haben. In der Arbeitswelt wie in der Gelehrsamkeit, in der Kirche wie in Aufständen, in der Kunst wie in der Literatur – fast überall sind sie sichtbar gemacht worden; große adlige Frauen wie Christine de Pizan, Margarete von Navarra oder Madame de Staël oder bekannte bürgerliche wie Wibrandis Rosenblatt, Dorothea Schlözer oder die unbekannten, gewöhnlichen, die zusammen mit ihren Ehemännern um das Überleben ihrer Familie kämpften – in Friedens- wie auch in Kriegszeiten, in denen noch mehr Verantwortung auf ihren Schultern lastete, oder unbekannte, aber außergewöhnliche, wie Bertrande de Rols z. B., die verlassene Ehefrau, die einen anderen als ihren Mann in ihr Haus und Bett ließ. Unverzichtbar war nicht nur ihre Arbeit im Haus, sondern auch ihre Rolle in den verschiedenen Zweigen der Wirtschaft. Ein Bauernhof war ohne Ehefrau kaum zu führen, im Handwerk waren sie Hilfskräfte des Mannes, Verkäuferinnen der hergestellten Waren und zuständig für die schriftliche Seite des Geschäfts. Im Handel taten sie das Gleiche, wenn auch Kinder und Ehemann für sie immer wichtiger wurden, und waren dazu bei Abwesenheit des Mannes auf Messen für alles zuständig. Darüber hinaus waren sie selbst häufig im Kommissionsgeschäft tätig, reisten aber auch zu Messen innerhalb des Reiches. Als Kleinhändlerinnen spielten sie eine wichtige Rolle für die alltägliche Versorgung der Bevölkerung, häufig alleine, manchmal auch mit ihrem Männern; als Hebammen halfen den Müttern in den Stunden der Geburt und den Wochen danach.

Dies ist nur ein ganz kleiner Teil der Ergebnisse zwanzig- bis dreißigjähriger Forschung, die sich zuerst als Frauen- und später dann als Geschlechtergeschichte verstand, die zuerst der Geschichte die Frauen wiedergeben wollte und den Frauen ihre Geschichtlichkeit, dann aber sehr bald entdeckte, daß eine Einschätzung des Handelns, der Macht und der kulturellen Bedeutung nur in Relation zum anderen Geschlecht geschehen kann.[1]

Doch es sind Lücken geblieben, zeitlich wie inhaltlich. Deutlich ist die Konzentration auf das Mittelalter einerseits und die Späte Neuzeit andererseits. Religiosität, gelehrtes Klosterleben und spätmittelalterliche Frauenarbeit sind die Themen des ersten bevorzugten Zeitraums; Bildung, politische Emanzipation und wiederum Frauenerwerbsarbeit (der Arbeiterfrauen und der Forderung danach für ledige Bürgerstöchter) sowie das Auseinanderfallen der Sphären von Mann und Frau in öffentliche und private im Bürgertum waren die Hauptthemen für das 19. Jahrhundert, während in unserem zuerst das Interesse an Frauen in Weimar und unter dem Nationalsozialismus im Vordergrund stand. Dagegen wurde die Frühe Neuzeit „so stiefmütterlich" behandelt, daß sie bis vor wenigen Jahren noch als praktisch unerforscht beschrieben werden konnte.[2] Allenfalls nach der Rolle der Frau in der Reformation, danach, warum während der Hexenverfolgungen hauptsächlich Frauen verbrannt wurden, und nach der Erziehung und Bildung von Frauen in der Aufklärung wurde intensiver gefragt und geforscht.[3] Ein Wandel beginnt sich zwar abzuzeichnen – er findet seinen klarsten Ausdruck in der Übersichtsdarstellung von Frauen in der Frühen Neuzeit von Heide Wunder, unterstützt von anglo-amerikanischen Arbeiten[4] –, aber diese großen Darstellungen können weder über die zahlreichen weißen Flecken und noch über die Notwendigkeit vertiefter Untersuchungen zu bereits behandelten Gebieten hinwegtäuschen.

Eines dieser Gebiete ist die „weibliche Kriminalität". Eine Beschäftigung damit war so lange nicht wichtig, als einige unter der Perspektive „(Große) Frauen machen Geschichte" forschten, auch nicht, als in erster

Linie den Ursachen der Unterdrückung und Benachteiligung von Frauen nachgegangen wurde, als der Glauben an das universale Patriarchat nur die Opfer-Perspektive zuließ.[5] Zwar hat Natalie Zemon Davis bereits 1976 in einem vielbeachteten Aufsatz dafür plädiert, das Verhältnis der Geschlechter (und nicht nur ein Geschlecht) in gesamtgesellschaftlicher Perspektive zu untersuchen und dafür, daß sich eine solche Geschlechtergeschichte auch für die „geschlechtsspezifischen Variablen der Migration, der Kriminalität [und] der Alphabetisierung“ interessieren sollte,[6] doch diesen Worten sind keine Taten gefolgt. Lediglich die neue *Geschichte der Frauen* bietet für die Frühe Neuzeit eine Darstellung straffälliger Frauen als Resultat französischen Interesses für die Geschichte der Kriminalität. Ein Blick auf die angeführte Literatur belehrt den (weiblichen oder männlichen) Leser allerdings, daß kein Titel spezifisch den Frauen gewidmet ist oder die Geschlechter in der Kriminalität thematisiert.[7] Auch in dem neuesten Trend der Frauengeschichte – der historischen Anthropologie der Geschlechter – spielt die weibliche Kriminalität keine Rolle.[8]

Als die Frauengeschichte[9] sich entfaltete, befand sich die Sozialgeschichte in der Erweiterung, was nicht nur der ersteren zugute kam, sondern vor allem zur Eroberung von neuen Gegenständen führte. Der Drang, auf immer weitere Gebiete vorzustoßen, immer neue Themen in Angriff zu nehmen, führte die Sozialhistoriker/innen des Auslands schon früh zur Untersuchung der Kriminalität, so in Frankreich[10] und England, das geradezu eine geschichtswissenschaftliche „Crime Wave“ erlebte, und wo nun das Wachstum dieses neuen Feldes schon kritisch-konstruktiv analysiert wird.[11] So wundert es denn auch nicht, daß einer der ersten Sammelbände zur Kriminalität in Deutschland auf eine englische Initiative zurückgeht.[12] In Deutschland dagegen gab es lange Zeit eigentlich keine historische Kriminalitätsforschung, sondern nur einen Kriminalitätsforscher, nämlich Dirk Blasius,[13] dessen Arbeitsgebiet jedoch im 19. Jahrhundert liegt.[14] Für die Frühe Neuzeit kam dann später Richard van Dülmen hinzu, der das Interesse für das Strafrecht und die Strafpraxis des Zeitraums zwischen Reformation und Französischer Revolution weckte.[15] Erst in den letzten Jahren haben sich junge Forscherinnen und Forscher diesem Gebiet zugewandt; der erfolgreiche Arbeitskreis um Andreas Blauert und Gerd Schwerhoff ist ein ebenso deutliches Indiz dafür[16] wie die steigende Zahl von Veröffentlichungen zur Thematik. Doch auch hier sind dieselben Mangelerscheinungen zu registrieren. Denn wenn schon die Kriminalität an sich kein Forschungsthema war, dann kann man natürlich erst recht keine Untersuchungen für das spezielle Gebiet der Frauenkriminalität erwarten. Als Ende der 1970er Jahre ein erster, früher Überblick über die Kriminalität im vorindustriellen Europa erschien, wurde die weibliche Kriminalität als ein völlig unerforschtes Gebiet beschrieben;[17] eine Aussage, die insbesondere für Deutschland auch heute noch gilt[18] und sich ohne Probleme auf das 19. Jahrhundert ausdehnen läßt.[19] Lediglich die frauennahen oder frauenspezifischen Delikte machen hier eine gewisse Ausnahme.[20]

Nicht anders sah und sieht es in den benachbarten Disziplinen der Rechtsgeschichte und der allgemeinen Kriminologie aus. Die Rechtsgeschichte hat sich lange Zeit auf die Normen, die Dogmatik und die Rechtsphilosophie konzentriert. Innerhalb dieser führt die Strafrechtsgeschichte „seit langem ein Schattendasein."[21] Wenn vor mehr als zehn Jahren für Amerika die geringe Zahl rechtsgeschichtlicher Untersuchungen zu Frauen beklagt wurde,[22] dann gilt dies noch immer für Europa.[23] Einige wenige empirisch orientierte Arbeiten zur Strafrechtspflege unterstreichen nur die andere Ausrichtung dieses Faches. Typisch ist, daß Elisabeth Koch bei ihrer Studie über die Frau im Normensystem, in der sie auch kurz das Strafrecht behandelt, auf keinerlei Literatur zurückgreifen konnte.[24]

Die allgemeine Kriminologie, die sich vor allem mit gegenwärtigen Problemen des Strafrechts, der Kriminalität und des Strafvollzugs beschäftigt, hat die Kriminalität von Frauen praktisch nicht beachtet.[25] Sie verkam oft zu einer Fußnote in Werken von Männern, die angeblich über *die* Kriminalität schrieben.[26] Ob es ganz einfach daran lag, daß sie von Männern betrieben wurde, oder daran, daß diese in der weiblichen Kriminalität keine Gefährdung von Staat und Gesellschaft sahen, sei dahingestellt. Vielleicht war es ganz einfach reizvoller, in eine männliche Subkultur einzudringen als der intellektuell anscheinend minder interessanten Frage nachzugehen, wie die große Normenkonformität der Frauen zu erklären ist. Die vorgeschützte Materialknappheit jedenfalls kann höchstens als eine schwache Entschuldigung denn als eine überzeugende Erklärung betrachtet werden.[27] Diese Lage hat sich auch heute nur wenig geändert.[28]

Es gibt also mit der Geschlechtergeschichte und der Sozialgeschichte der Kriminalität zwei dynamische Richtungen in der Geschichtswissenschaft und ein unerforschtes Gebiet, auf dem sie ideal zusammenarbeiten können: die weibliche Kriminalität. Auf diesem Gebiet ist die Kategorie Frau bzw. Geschlecht von zentraler Bedeutung[29] und die Beziehung zum männlichen Geschlecht in fast jeder Situation gegeben. Andererseits bietet gerade die Erforschung der Frühen Neuzeit einen ganz besonderen Reiz; kommt ihr doch eine doppelte Scharnierfunktion zu – die Verabschiedung vom Mittelalter im 16. Jahrhundert und Grundlegung der Neuzeit im 18. Hier bietet sich also eine ausgezeichnete Möglichkeit, Wandlungsprozesse einzufangen, zu sehen, wie die Kriminalität von Frauen und ihre Bewertung und Sanktionierung sich änderten oder nicht (und wie veränderte, anders akzentuierte Konstruktionen von Geschlecht sie begriffen und Unterschiede bewirkten). Es sind sowohl Erkenntnisse über Frauen zu gewinnen, die ein tieferes Verständnis ihres Lebens in der Frühen Neuzeit ermöglichen, wie auch über das Verhältnis zwischen den Geschlechtern. Darüber hinaus bietet die Untersuchung der weiblichen Kriminalität aufgrund des Charakters von Kriminalität Einblicke in gesamtgesellschaftliche Verhältnisse. Einen ersten Schritt in Richtung auf die Zusammenarbeit der beiden Gebiete stellt der vorliegende Band dar.

II.

Kriminalität gilt als ureigenstes Gebiet des Mannes. Männer sind Täter, Frauen Opfer; diesen Eindruck vermittelten kriminologische Studien; dieser Eindruck herrscht auch in der Öffentlichkeit vor.[30] Wenn von „Kriminalität“ gesprochen wird, ist Männerkriminalität gemeint.[31] Frauenkriminalität verschwindet oft ganz einfach in der „allgemeinen“ Kriminalität. Häufig genug wird die Deliktstruktur beschrieben, ohne sie einem Geschlecht zuzuordnen. Es ist wie bei vielen anderen Gebieten: Hinter der Geschlechtsneutralität verbergen sich in Wirklichkeit die Männer. Wird doch auf Frauen eingegangen, so werden sie in traditionell orientierten Studien typischerweise zuerst als Opfer, dann als Täterinnen vorgestellt.[32] (Daß auch zahllose Männer Opfer von Straftaten waren, wird eigenartigerweise übersehen). Kriminalität ist eine Tatsache, die nicht in das Bild von der Frau paßt.[33] Als kriminell Handelnde wiederum kommen Frauen vornehmlich nur ins Blickfeld, wenn sie Taten begehen, die entweder frauenspezifisch sind (oder zumindest eine besondere Nähe zum weiblichen Geschlecht aufweisen) oder wenn sie „Männer"delikte begehen. Prostitution und Hexerei – Verbrechen, bei denen man darüber streiten kann, wer in diesen Fällen kriminell ist[34] – sowie Abtreibung und Kindsmord haben viel Aufmerksamkeit auf sich gezogen. Diese Verbrechen eignen sich dazu, das Geschlechterstereotyp (u. a. Weib = Leib) zu bestätigen und scheinen männlich(-staatliche?) Ansprüche an die Frauen widerzuspiegeln. Ansonsten gelingt es Frauen nur, in das Rampenlicht des öffentlichen Interesses zu treten, wenn sie in männliche Rollen schlüpfen; das Interesse an der indischen Bandenführerin Phoolan Devi ist ein Beispiel dafür.

Die griffige Kurzformel „weibliche Kriminalität", die hier gebraucht wird, verdient der Klarheit halber einen kurzen Kommentar.

Kriminalität wird zwar in der simpelsten Form als Bruch der bestehenden Strafgesetze definiert.[35] Eine solche Definition verweist zwar auf die Gesellschaft und auf Institutionen, verleitet aber leicht zu einer verkürzten Sicht der Kriminalität, nämlich zur Konzentration auf die Schwerverbrechen, vor allem in der Frühen Neuzeit (wegen der Quellenlage); es ist aber selbstverständlich, daß auch die weit schwerer zu fassende Kleinkriminalität dazugerechnet werden muß. Zu der *Carolina*, der Peinlichen Halsgerichtsordnung Kaiser Karls V. von 1532, traten Reichspolizeigesetze und zahlreiche territoriale und auch lokale Polizeibestimmungen. Verstöße dagegen bilden einen integralen Bestandteil des Gesamtkomplexes Kriminalität. Ebenso müssen die Verhaltensweisen dazugerechnet werden, die von den Kirchengerichten geahndet wurden.

Die Defizite eines solches Ansatzes sind jedoch offensichtlich. Zum einen gibt es immanente Probleme, die sich durch die Konfrontation mit der Praxis stellen, zum anderen erweist sich dieser Ansatz als zu eng und einseitig für ein vertieftes Verständnis. Immanente Probleme zeigen sich z. B. darin, daß einige Normen im wesentlichen nur auf dem Papier standen. So wurde z. B. die Abtreibung kaum verfolgt. Sie zeigen sich außerdem darin, daß in der Frühen Neuzeit in Deutschland auch Verbrechen aburteilbar waren, für die es keine gesetzliche Regelung gab, denn das Analogieverfahren war erlaubt. Der andere, weit größere Nachteil ist, daß eine Erforschung der Delinquenz mit obrigkeitlichem Blick das Verständnis von Kriminalität immer wieder stark einschränkt, denn was

Obrigkeit und Untertanen als kriminell verstanden, brauchte sich nicht unbedingt zu decken. Sicherlich gab es einen gemeinsamen normativen Kernbereich (wobei allerdings die Auffassungen über die Sanktionierung auseinandergehen konnten), aber es gab auch zahlreiche Delikte, bei denen die Auffassungen im Widerstreit lagen. Die Obrigkeit konnte z. B. nicht mehr an das Phänomen der Hexerei glauben und deshalb von der Untertanenschaft gewünschte Prozesse vereiteln. Auf die Ausschüsse, die Untertanen gebildet haben, um Hexen zu verfolgen, ist gerade in letzter Zeit vermehrt hingewiesen worden. Andererseits konnten Frauen das Sammeln von Holz oder die Nutzung des Waldes zur Futtergewinnung für völlig legitim halten, während die Obrigkeit es als Verstoß gegen das Eigentumsrecht bestrafte. Wenn das Verständnis der Handlung differierte, dann galt das auch für die informelle soziale und die staatliche Kontrolle. Daher führte eine wahrgenommene Straftat nicht gleich zu einer Meldung bei der Obrigkeit. Die Reaktionen eines Dorfes reichen von gelegentlicher Lynchjustiz gegen Randgruppenmitglieder bis zur „wissenden Passivität,“[36] so unter Umständen bei Kindsmorden. Es gibt einen „second code“, nach dem die Entscheidung über eine Anzeige getroffen wird. Eine Frau oder ein Mann überlegt (in der Frühen Neuzeit wie heute) bei einer Reihe von Delikten sehr wohl, ob der Gang zum Gericht angetreten wird oder nicht. Dabei spielen nicht nur subjektive Faktoren, sondern auch soziale wie das Verhältnis zum Dorf und zur Obrigkeit eine Rolle. Ganz deutlich tritt das zu Tage, wenn Ehemänner ihre Frauen schlugen, was ja in Grenzen erlaubt war, aber keineswegs immer angezeigt wurden, wenn das Maß überschritten wurde; und erst recht nicht schritt der Ehemann im weit selteneren umgekehrten Fall (oder wenn er von einer Prostituierten bestohlen wurde) zur Anzeige.

Ein traditioneller Begriff von Kriminalität würde auch die ganzen Bereiche ausblenden, die (wenn auch im Laufe der Neuzeit in abnehmenden Maße) selbst reguliert wurden. Als z. B. in Kiel im 16. Jahrhundert ein Mann eine Magd des Diebstahls verdächtigte, ging er nicht zum Gericht, sondern machte ihre Dienstherrin für die Tat verantwortlich.[37] Nicht nur zwischen Häusern, sondern auch im Haus und in der Familie gab es viele Möglichkeiten der Selbstregulierung. In diesem Zusammenhang sind auch die Rügepraktiken zu nennen, die, von Alters-, Berufs- und Geschlechtsgruppen getragen, Verhalten tadelten, das gegen die Gruppennormen verstieß. Die Katzenmusiken und das Haberfeldtreiben, um nur zwei zu nennen, sind inzwischen gut bekannt. Schließlich sollten auch die Verhaltensverstöße, die soziale Diskriminierung z. B. in Form einer Distanzierung oder Ausgrenzung zur Folge hatten, in die Betrachtung eingeschlossen werden. Eine Konzentration auf den Strafprozeß, die logische Folge eines ausschließlich ‚rechtlichen' Kriminalitätsverständnisses, würde außerdem auch dem dynamischen Charakter vieler Konflikte nicht gerecht werden, sind doch die Prozesse in sozialgeschichtlicher Perspektive in vielen Fällen nur Höhepunkt älterer, des öfteren lang andauernder Konflikte auf lokaler, nachbarschaftlicher oder auch nur familiärer Ebene,[38] die darüber hinaus mit der Verurteilung nicht notwendigerweise zu enden brauchen.

Weibliche Kriminalität soll einfach heißen, daß das Thema ein spezieller Aspekt abweichenden Verhaltens von Frauen, nämlich die Kriminalität des weiblichen Geschlechts – female crime oder criminality – ist. Es geht also keineswegs nur um die frauenspezifischen bzw. frauennahen Straftaten, sondern um den Gesamtumfang der sanktionsfähigen Taten von Mädchen, weiblichen Heranwachsenden und Frauen. Die Konzentration auf die frauenspezifischen Delikte hat diesen eine Aufmerksamkeit gesichert, die zu einem großen Teil in keiner Beziehung zu ihrer Häufigkeit steht. Sarkastisch könnte man bemerken: je „weiblicher" das Delikt, desto größer die (männliche) Aufmerksamkeit, desto intensiver die Verstärkung bestehender Geschlechterstereotypen schon deshalb, weil gerade diese Delikte in einem geschlechtspezifisch-konstruierten Kontext verstanden werden.

Ganz bewußt wird weibliche Kriminalität als *eine* Form abweichenden Verhaltens bezeichnet: Wenn nämlich die Charakteristika der Frauenkriminalität, insbesondere ihr Umfang, sich so darstellen, wie unten geschildert, dann muß auch für historische Zeiten die Frage nach anderen Formen der Devianz bei Frauen – heute psychosomatische, psychische und Suchtkrankheiten[39] – gestellt werden oder es muß alternativ, nämlich falls sie negativ beantwortet wird, eine Erklärung für die große Normenkonformität der Frauen gefunden werden.

In dem gesamten Komplex, der sich von der Rechtssetzung über die „weibliche" Kriminalität bis zur Strafjustiz und zur ‚Reintegration' erstreckt – spielen Vorstellungen über Frauen und Beziehungen zu ihnen eine Rolle, in erster Linie solche von Männern, aber auch von Frauen über ihre Geschlechtsgenossinnen und ihr Verhältnis zu ihnen. Nirgendwo scheint es daher angebrachter, mit der sozio-kulturellen Kategorie des Geschlechts zu arbeiten als bei der Untersuchung von Frauenkriminalität. Diese Kategorie haben Teile der Frauenforschung immer wieder in deutlicher Wendung gegen jeglichen biologischen Determinismus als geeignetes Instrument der historischen Analyse betont.[40] Sie zielt auf die sozialen Auswirkungen, die sich an die biologischen Unterschiede geknüpft haben, und auf deren kulturelle Deutungen, auf die sozio-kulturelle Zuordnung von Bereichen und Tätigkeiten auf die Geschlechter. Man kann also die Auswirkungen der dualistisch-dichotomen Zuschreibung von angeblich naturgegebenen Eigenschaften auf die Geschlechter sowie die Verhaltensweisen, die daraus resultieren, und die häufig, aber nicht unbedingt damit einhergehende Hierarchie bei allen Stadien des sozialen und rechtlichen Prozesses untersuchen. Man kann die Analyse bei der Rechtssetzung beginnen und über die Ausführung und Wahrnehmung einer Tat, die Verfolgung, die Sanktionierung von Straftaten und den Vollzug von Strafen fortsetzen bis hin zur anschließenden zeitgenössischen Interpretation und Indienststellung. In welchem Maß die Vorstellungen über die Geschlechter Auswirkungen hatten und ob sie tatsächlich immer von Bedeutung waren, müßten Spezialuntersuchungen ergeben, hier mag es genügen, einige Möglichkeiten im folgenden anzudeuten.

Die Gesetze, die Frauen übertraten, waren von Männern gemacht und im großen und ganzen auch für Männer. Sie spiegelten männliche Lebensmuster, Lebenszusammenhänge und Sichtweisen von Männern in erster Linie inbezug auf das Gemeinwesen, das männlich bestimmt war. Ob das (Straf)Recht selbst als männlich eingestuft werden sollte – es wird als rational, objektiv, abstrakt und prinzipiengeleitet angesehen[41] –, sei dahingestellt; anzunehmen ist, daß Männer und Frauen die Haltung zu vielen Normen teilten.[42] Wie aus dieser männlich(-staatlichen) Perspektive Verbrechen im Hinblick auf die Geschlechter definiert wurden – heute beginnen Paragraphen mit einem geschlechtsneutralen „Wer“ – ist undurchsichtig. Einzelne Delikte wurden ohne klaren Bezug auf ein Geschlecht formuliert, hatten aber einen klaren Frauenbezug in der Verfolgung.[43] Straftaten konnten also so definiert sein, daß der Anteil der Frauen in der Kategorie hoch sein mußte.[44] Andere wiederum hatten diese eindeutige Ausrichtung auf ein Geschlecht nicht nur in der Kriminalität, sondern auch im Gesetzestext. So wird z. B. in der *Carolina* Raub als ein männliches Verbrechen verstanden: Dort ist nämlich von „solche[n] buben“ die Rede, die für diese Straftat in Frage kommen,[45] eine Geschlechtsnähe, die auch heute noch vorhanden ist. Das Denken über Frauen und Gewalt dürfte hier im Hintergrund stehen. Dagegen werden Kindsmord und Abtreibung als weibliche Delikte beschrieben, wie nicht anders zu erwarten.

Auch bei den Strafvorschriften wurden durchaus Unterschiede gemacht. Es gab eindeutige Männer- und Frauenstrafen.[46] Bei diesen unterschiedlichen Strafen spielte die *Vorstellung* vom weiblichen Körper eine wichtige Rolle, z. B. dafür, daß Frauen in Deutschland in der Regel nicht gehängt oder gerädert wurden. Die Strafen hatten auch je nach Geschlecht eine unterschiedliche Zielrichtung: Sowohl bei den weltlichen wie auch bei den kirchlichen Strafen gab es eine ganze Reihe, die auf die weibliche Ehre zielten. So wurden Frauen in der Frühen Neuzeit wegen Sittlichkeitsvergehen oft öffentlich bloßgestellt. Übrigens kann man feststellen, daß einige der typischen weiblichen Todesstrafen wie Ertränken und Lebendigbegraben vom Ende des 16. Jahrhunderts ab verschwanden[47], ein Vorgang, der von der Geschlechtergeschichte noch in eine langfristige Perspektive gestellt zu werden verdient.

Auch bei der Wahrnehmung von Devianz spielt die Geschlechterstereotype eine Rolle. Bei der einfachen Feststellung einer Straftat dürfte man sie auch in der Frühen Neuzeit nicht geschlechtsneutral registriert haben. Wenn ein unaufgeklärtes Verbrechen angezeigt wurde, dann schrieb man dem Täter im Bereich des gefühlsmäßigen Vor-Urteils ein männliches Geschlecht zu. Nicht umsonst war „Dieb“ eines der typischen Schimpfwörter für Männer in dieser Epoche.[48] Es sind der Raub und der unerlaubte Geschlechtsverkehr, die zeigen, daß einzelne Delikte auch in der Bevölkerung einem der Geschlechter zugeordnet wurden und, wenn sie von Frauen verübt wurden, entweder gar nicht als solche wahrgenommen oder geradezu prospektiv und exklusiv auf Frauen projiziert wurden. Das klassische Beispiel für den ersten Fall liefert John Beattie. Als im 18. Jahrhundert in England eine Straßenräuberin einen Mann überfiel, begriff dieser nicht, daß es sich um einen Überfall handelte. Bewaffneter Raub, dazu noch auf offener Straße, war eben Männersache.[49] Als ein anderes typisch frühneuzeitliches Delikt, bei dem man sicher auch nicht an eine Täterin dachte, könnte man den Pferdediebstahl nennen. Die Unzucht, der unerlaubte Geschlechtsverkehr von

Ledigen oder Ledigen mit Verheirateten, war ein charakteristisches Delikt der Frühen Neuzeit, bei dem vor allem Frauen nur an ihre Geschlechtsgenossinnen dachten und nur diese für verantwortlich hielten, so jedenfalls die Sicht einer neueren englischen Studie.[50]

Ob eingegriffen wurde oder nicht, hing wiederum auch von den Vorstellungen über die Geschlechter ab. So ist z.B schon oft behauptet worden, daß die Kontrolle von Männern und Frauen unterschiedlich war, und insbesondere Mädchen und ledige Frauen strenger kontrolliert wurden. Arlette Farge liefert allerdings ein Beispiel aus dem 18. Jahrhundert, bei dem es ganz anders war. Wenn Männer sich in Paris, das im Gegensatz zur englischen Metropole über eine starke Polizeitruppe verfügte, auf offener Straße stritten, griff die Polizei ein. Als sie einmal zu einem Streit gerufen wurde und bemerkte, daß es sich um Frauen handelte, kehrte sie um, ohne etwas zu unternehmen[51] – wiederum ein Beweis für die Wirkungsmächtigkeit der durch das Geschlecht strukturierten Sichtweisen (und der Möglichkeiten, die sich daraus für Frauen ergaben).

Vor Gericht waren Frauen, obwohl rechtlich sonst meist – lokale Abweichungen sind wie üblich zu beobachten – in einer Minderstellung, bei schweren Delikten voll für ihre Taten verantwortlich. Auf die eigenartige Spannung zwischen der immer wieder verkündigten *imbecillitas* der Frauen und ihrer vollen Verantwortlichkeit wiesen Verteidiger des öfteren hin, jedoch ohne jegliche Wirkung. Die Weisheiten des gelehrten Diskurses wie „Mulier habet minus ratio“ konnten sie ebenfalls aufgreifen, aber wohl – die Tätigkeit von Verteidigern im frühneuzeitlichen Strafprozeß ist praktisch nicht untersucht – mit gleichem Erfolg.[52] Anders sah es in Zivilprozessen aus. Von Ausnahmen abgesehen, konnten Frauen keinen Akkusationsprozeß einleiten.[53] War also die Ehre einer Frau verletzt oder wollte eine ledige Mutter gegen den Kindsvater auf Unterstützung klagen, so mußte ihr Ehemann oder im zweiten Fall ihr Bruder oder Vater den Prozeß einleiten. Die Frauen konnten wehrhaft in die Prozesse hineingehen, konnten aber auch weibliche Ohnmacht inszenieren und dramatisieren[54] und in bestimmten Fällen auch lebensweltlich geprägte Verteidigungsstrategien vortragen, die ihnen ein Stück weit halfen.[55]

Bei der Urteilsfindung bzw. Bestrafung selbst wird von verschiedenen Seiten eine mildere Bestrafung von Frauen angenommen, behauptet oder auch als nachgewiesen betrachtet. Schon früh hat man für das Spätmittelalter eine hohe Freispruchsrate festgestellt;[56] für das 18. Jahrhundert ist man auf breiter Basis zu ähnlichen Ergebnissen gekommen,[57] und für das 19. Jahrhundert sind mit dem Hinweis auf die weibliche Schwäche als Teil des vorherrschenden Frauenbildes milde Urteile nahegelegt worden.[58] Dagegen hat man für europäische Kolonien in Nordamerika teils wenig Unterschiede,[59] teils eine schärfere Bestrafung von Frauen herausgearbeitet.[60] Auch für Deutschland liegen erste Aussagen vor,[61] eine systematische Erforschung möglichst gleichartiger Fälle läßt jedoch noch auf sich warten. Sie müßte allerdings genau nach Perioden unterscheiden und auch eine mögliche Veränderung nicht von vornherein ausschließen.

Aber Gerichte waren natürlich nicht alle gleich, und auch daraus können sich unterschiedliche Beurteilungen ergeben haben. Es gab vielmehr eine Vielzahl von ihnen, solche, die die Angeklagte von Angesicht zu Angesicht sahen, und solche, die nur noch die Akten studierten. Ein Unterschied bestand grundsätzlich zwischen kirchlichen und weltlichen Gerichten: Die ersteren hatten aufgrund ihrer Kompetenz in starkem Maße mit Prozessen zu tun, die von Frauen angestrengt wurden, im Spätmittelalter wie im Ancien Régime;[62] das Londoner Kirchengericht der ersten Hälfte des 17. Jahrhunderts ist geradezu als Frauengericht charakterisiert worden.[63] Die Frage, ob die Kirchengerichte ein anderes Frauenbild hatten als die anderen, liegt nahe. Möglicherweise legten auch ländliche Gerichte andere Maßstäbe an als städtische.

Man könnte diese Betrachtung noch weiterführen und sich z. B. den Strafvollzug ansehen, vor dem, wenn es sich um die Todesstrafe handelte, z. B. das Gnadenbitten eine Rolle spielen konnte; die Bitte von hoher Seite oder das Angebot einer Heirat konnte eine Frau vor dem Tode retten[64] oder im 18. Jahrhundert eine Zuchthausstrafe verkürzen;[65] was sicher nicht nur etwas über die Funktion aussagt, die einer Ehe im Leben einer Frau zugeschrieben wurde. In dieser Situation versuchten sich Frauen aber auch des öfteren zu helfen, in dem sie angaben, schwanger zu sein. Selbst gleiche Urteile bedeuten nicht unbedingt, daß die Strafen bei beiden Geschlechtern in gleicher Weise zur Anwendung kamen. So wartete in einem norwegischen Fall eine Kirchen- und eine weltliche Strafe auf die Männer wie auf die Frauen. Doch während von 127 Frauen 125 öffentliche Buße leisteten und 106 einer weltlichen Strafe unterworfen wurden, leisteten von der gleichen Zahl von Männern nur 45 die beiden Strafen.[66] In der schleswig-holsteinischen Kleinstadt Wilster zahlten in der ersten Hälfte des 19. Jahrhunderts ca. 24 % der Frauen, aber nur gut 5 % der Männer ihre Strafen für Unzucht.[67] Zuchthäuser, die Begnadigungspraxis und der Status von Bestraften in ihrer Gemeinschaft wären ebenfalls unter dem Aspekt, was sie für Frauen und Männer und ihre Beziehungen zueinander bedeuteten, welche unterschiedlichen Forderungen von Staat und Gesellschaft jeweils hinter den Maßnahmen standen, zu untersuchen.

Wie diese Erläuterungen mehr als deutlich machen, kann man hier also vorzüglich mit der Kategorie Geschlecht arbeiten. Dabei müssen allerdings auch die anderen Aspekte gesehen werden, soweit das möglich ist: Daß heißt, die Perspektive auf die Frauen muß ergänzt werden um die Vorstellungen der Frauen über Männer (in ihren Rollen als Verfolgende, Richter etc) und über beteiligte Frauen, z.B. über Hebammen als medizinische Gutachterinnen. Auch die Vorstellungen der Männer über Männlichkeit, die dem historischen Wandel unterworfen sind, und das daraus resultierende Verhalten gegenüber Frauen können nicht außer Acht gelassen werden. Männergeschichte, wie sie im Augenblick entworfen wird,[68] kann also das Verständnis des sozialen und rechtlichen Prozesses verbessern. Als Ertrag für ein solches Arbeiten winken Einsichten darüber, was Geschlecht eigentlich zu einer bestimmten Zeit bedeutete und welche Auswirkungen es hatte, wie mit den Rollen umgegangen wurde, wie sie variiert oder auch instrumentalisiert wurden.

In den vorangehenden Ausführungen ist ganz allgemein von „Frauen“ die Rede gewesen. Der Begriff „Frau“ ist jedoch letztlich zu undifferenziert, vermag den Unterschieden zwischen den Frauen nicht gerecht zu werden:[69] „Frauen haben eine Geschichte als Frauen; (sie ist aber) nicht für alle Frauen dieselbe.“[70] Es ist daher sinnvoll, sich hier an eine Entwicklungsrichtung der Frauengeschichte anzuschließen, die nach Jahren des Arbeitens mit der kollektiven Kategorie „Frau“ von ihr Abschied genommen hat und nun mit einem feineren Instrumentarium an die Quellen herangeht. Für die Frühe Neuzeit bieten sich in erster Linie Differenzierungen nach Schicht- bzw. Standeszugehörigkeit, nach Alter und Zivilstatus sowie nach Religions- bzw. Konfessionszugehörigkeit und (regionaler) Herkunft an.

Die Wichtigkeit der Schichtzugehörigkeit bzw. sozialer Ungleichheit zeigt sich schon darin, daß die überwiegende Mehrzahl der Straftäterinnen aus der Unterschicht stammte. Eine direkte kausale Verbindung zwischen Unterschichtenzugehörigkeit bzw. weiblicher Armut und Straffälligkeit wird oft angenommen.[71] Bei genauerer Betrachtung stellen sich die Verhältnisse jedoch diffiziler dar. Zwar resultierte weibliche Kriminalität nicht direkt aus der weiblichen Armut, doch bezeugen die Quellen, daß eine enge Beziehung zwischen der schwierigen sozialen Lage von Frauen und ihrer Kriminalität bestand.[72] Sie war vielleicht enger als bei Männern. Vor Gericht standen die Dienstmädge, Hökerinnen und Vagantinnen häufig bürgerlichen, auch adligen Männern gegenüber. Von Gewicht sind also nicht die Vorstellungen dieser Männer über Frauen, wie sie sich in gelehrten Diskursen niederschlugen, auch nicht die erfahrungsgetränkten Alltagsbilder über die Frauen ihrer Schicht, sondern über die der sogenannten „niederen Stände". Ob sie variierten, wenn bei bestimmten Konflikten entweder Frauen aus dem unteren Bürger- und Bauerntum (z. B. nach Konflikten über Besitzrechte) oder aus den Randgruppen vor Gericht standen, ist eine interessante Frage. Möglicherweise waren auch bestimmte Verteidigungsstrategien schichtgebunden und wenn sie von Frauen einer anderen vorgebracht wurden, nicht akzeptabel. Oberschichtenfrauen waren rechtlich weitgehend geschützt; ein guter Ruf und der Status der Familie minderten den Tatverdacht und konnten auch helfen, die Folter zu vermeiden. Typisch ist, daß Untergerichte häufig durch die Übernahme eines lateinischen Decknamens („Caja" oder „Sempronia" z. B.) die Identität solcher Angeklagten verhüllten, wenn sie an Obergerichte schrieben.[73]

Auch das Alter ist in geschlechter- und sozialgeschichtlicher Sicht eine Kategorie von großem Gewicht. Ihre universale Bedeutung wird zwar manchmal anerkannt, doch die Konsequenz daraus wird nicht unbedingt gezogen.[74] In der Kriminologie ist die Bedeutung des Lebensalters nicht übersehen worden, zu häufig fiel die unterschiedliche Verteilung der Delikte auf die Altersgruppen der Geschlechter ins Auge,[75] besonders die stärkere Vertretung der Frauen in den hohen Altersgruppen (über 60). Zum Alter gehörte für Frauen häufig Armut (und Witwenschaft), zu Beginn des 16. Jahrhunderts (und davor) ebenso wie heute.[76] Die Frage, ob Kleinkriminalität einen Ausweg geboten hat, liegt also nahe, obwohl andererseits unterstrichen worden ist, daß Frauen leichter Unterstützung gewährt wurde. Altershistoriker, die stark auf Besitzübergabe und Testamente schauen, sich also auf eine andere Schicht konzentrieren, haben diese Problematik bisher leider vollkommen vernachlässigt.

Wenn man von Geschlecht als einer sozial und kulturell vermittelten Kategorie ausgeht, ist es besonders wichtig, auf kindliche und jugendliche Straftäterinnen zu schauen. Auffällig ist, daß sich bereits bei Jugendlichen im Frankreich des 18. Jahrhunderts erhebliche Unterschiede zwischen den Geschlechtern zeigen: einmal in der Häufigkeit, wie zu erwarten, dann aber auch im Einsetzen wie der zeitlichen Häufung der Taten, denn beides lag bei Mädchen später als bei Jungen.[77] Insbesondere die geschlechtsspezifische Sozialisation, aber auch die unterschiedliche soziale Kontrolle und der Zeitpunkt der Integration in die außerhäusliche Arbeitswelt müßten auf ihre Wirkung hin befragt werden. Das frühe Indiensttreten von Mädchen führte manchmal zu besonderen Straftaten: So wurde zum Beispiel 1787 eine zehnjährige Dienstmagd zu sechs Jahren Zuchthaus verurteilt, weil sie das Haus ihres Dienstherrn in Brand gesteckt (und dadurch eine Feuersbrunst ausgelöst) hatte, um endlich diese Dienststelle verlassen zu können.[78] Auffälligerweise scheinen Jungen in der Regel anders reagiert zu haben.

Ledige und Witwen waren, so darf man plausiblerweise vermuten, viel stärker dem kontrollierenden Blick des Dorfes oder der Nachbarschaft in der Stadt ausgesetzt als verheiratete Frauen, waren sie doch beide in gewisser Weise herren- und herrschaftslose Frauen, im Gegensatz zu den verehelichten. Die Ehe schützte die Frau vor kriminellen Taten, aber sie verursachte auch viele und schuf Möglichkeiten, sie zu vertuschen. Ehefrauen standen unter der Vormundschaft des Mannes, von dem sie Versorgung und auch Verteidigung ihrer Ehre erwarten konnten, was dann Kriminalität von Männern verursachte. Andererseits griffen Frauen immer wieder im Interesse der Familie in Konflikte ein,[79] ob bei gewalttätigen Auseinandersetzungen oder in Hungerrevolten. Sie gerieten auch in Konflikt mit ihren Ehemännern oder mißhandelten und töteten ihre Kinder. Für strafbare Taten bot der eheliche Haushalt einen Schutzmantel: Bei einer Ehefrau nahm man z. B. eher einen zufälligen Tod eines Säuglings an als bei einer ledigen Mutter. Mutterschaft scheint indessen die Gerichte nicht beeinflußt zu haben: Ledige Mütter wurden durchaus ins Zuchthaus gesteckt und ihre Kinder in Pflege gegeben[80] und Witwen, die Kinder hatten und ein nichteheliches Kind töteten, wurden hingerichtet.[81] Ob Ehefrauen tatsächlich meist nachsichtiger behandelt wurden, weil sie den Haushalt zu versorgen hatten, wie behauptet[82] oder nur bei bestimmten Delikten, wäre noch zu erforschen, wie viele der hier vorgebrachten Aussagen zu überprüfen sind.

Die Religions- und Konfessionszugehörigkeit ist für die Frühe Neuzeit eine weitere Kategorie, die Beachtung finden sollte, wobei die kontrovers diskutierte Haltung von Frauen zur Religion mitbedacht werden müßte. Der Unterschied zwischen jüdischen und christlichen Frauen und zwischen katholischen und protestantischen könnte durchaus von Bedeutung sein, ist aber nur in einigen wenigen Gebieten, wo alle vertreten waren, gut zu untersuchen. Wenn es richtig ist, daß Jüdinnen ein weit zurückgezogeneres Leben führten, dann müßte es bei ihnen zu noch weniger Straftaten gekommen sein. In der Tat ist behauptet worden, daß jüdische Frauen „weder ihrer Zahl noch ihrer gaunerischen Aktivität nach irgendeine nennenswerte Rolle" in der jüdischen Kriminalität spielten.[83] Ganz anders sah es dagegen bei christlichen Banden aus. Dort gab es sehr wohl Frauen,[84] und kürzlich ist eine sogar als „Kopf und Herz" einer Bande beschrieben worden.[85]

Während man mit der in der amerikanischen Geschichtsforschung etablierten Kategorie *ethnicity* in der Frühneuzeitforschung nur in ganz bestimmten Zusammenhängen etwas anfangen kann, war die regionale Herkunft, der Dualismus „fremd-einheimisch", allem Anschein nach ein weiteres Kriterium, das häufig von Gewicht war. Jede Magd, die aus einem anderen Kirchspiel kam, wurde in Haushaltslisten als fremd charakterisiert. Fremde wurden, das weiß man aus Hexenprozessen, leicht verdächtigt, und sie waren in Konfliktsitationen eher auf sich selbst gestellt. Die Besonderheiten des frühneuzeitlichen Strafenkatalogs boten mit der Landes- und Stadtverweisung die Möglichkeit, Fremde anders zu behandeln: Eine kurze Strafe mit anschließender Ausweisung war billiger als eine längere Strafe und förderte die Idee einer von schlechten Elementen gereinigten Gemeinschaft. Studien, die eine gute Kenntnis der dörflichen Verhältnisse erkennen lassen, bestätigen die Wichtigkeit dieser Kategorie.[86]

Wenn Geschlecht als eine sozio-kulturelle Konstruktion verstanden wird, dann heißt das, daß es sich nicht um eine statische Größe handelt, sondern daß sie wandelbar ist, wie ein Blick von unserer Zeit auf das 19. Jahrhundert nur zu deutlich zeigt. Konzeptionen von Weiblichkeit und Männlichkeit, Verhaltenserwartungen und tatsächliches Verhalten konnten sich auch innerhalb des dreihundertjährigen Zeitraumes zwischen der Reformation und der Französischen Revolution verändern, auch wenn ein gewisser fester Rahmen von Alters her festgelegt war.[87] Allzusehr ist diese Frage nach Veränderungen des Geschlechterstereotyps, nach Umakzentuierungen, auch nach seinen nichtdominanten Varianten in der Frühen Neuzeit vernachlässigt worden. Gefragt werden muß aber auch nach Kontinuitäten von langer Dauer, d. h. solchen, die über die Schwelle zum 19. Jahrhundert hinausreichen, die traditionellerweise durch die Polarisierung der Geschlechtscharaktere gekennzeichnet wird. Ein Beispiel für ein verändertes Stereotyp liefert das Verständnis von Kindsmörderinnen, das im 16. ein anderes war als im 18. Jahrhundert.[88] Kindsmörderinnen galten im konfessionalisierten Zeitalter als Rabenmütter, als schlimmer als die Tiere, die ihre Jungen versorgten anstatt sie zu töten; die eine große Sünde begingen, um eine kleine zu verdecken. Im 18. Jahrhundert wurden sie als Verführte gesehen, verführt von einem Mann und vor allem von ihrem eigenem Ehrgefühl – hier zeichnet sich die Frau als idealisierte Trägerin von Kultur und Zivilsation im 19. Jahrhundert bereits ab – und schließlich auch von ihrem Körper mit seinen viel empfindsameren Nerven (womit sich eine sehr alte Linie fortsetzte). Von der unbezähmbaren Geilheit, die in der Nachfolge des *Hexenhammers* immer wieder als typisch weiblich bezeichnet worden war, war keine Rede mehr.

III.

Eine große Herausforderung für die Wissenschaften, die sich mit der Kriminalität von Frauen befassen, liegt in ihrem Umfang und in ihrer Deliktstruktur. Sie war nämlich nicht nur wesentlich geringer als die der Männer, sondern die von Frauen begangenen Taten waren auch weit weniger schwer. Das ist ein Tatbestand, der nicht nur Soziologen in Verlegenheit bringt,[89] der sich nicht nur als die Achillessehne der Kriminologie entpuppt,[90] sondern der auch den anderen Wissenschaften, die sich mit ihr beschäftigen, ganz erhebliches Kopfzerbrechen bereitet. Hier stellt sich also ein komplexes, äußerst vielschichtiges Problem, bei dessen Lösung es darum gehen muß, nicht nur wieder zeitgebundene Erklärungen zu finden, deren stark ideologischer Blickwinkel dann später konstatiert wird, sondern sich auf interdisziplinärem Wege einer umfassenderen Interpretation anzunähern, die ein wenig länger Bestand hat.

Ob im Spätmittelalter, in der Frühen Neuzeit oder heute: Der Anteil von Frauen an der Kriminalität liegt deutlich unter dem der Männer; er ist bei etwa 10–20 % als grobem Richtwert anzusiedeln. Zahlen in dieser Höhe findet man bereits in Studien zur Kriminalität im Spätmittelalter, und Zahlen in dieser Höhe werden auch für die Bundesrepublik genannt. So machte im spätmittelalterlichen Lyon der weibliche Anteil 20 % der Gesamtkriminalität aus, was von Luzern (1381–1406) mit knapp 30 % der Angeklagten überboten wurde.[91] In der Frühen Neuzeit stellten Frauen in einer der größten Städte, in Köln, im 16. Jahrhundert nur 16 %,[92] in einem weitgehend zentralisierten Territorium wie Bayern in der ersten Hälfte des 17. Jahrhunderts dagegen gut 28 Prozent der Delinquenten.[93] Nicht viel anders sehen die Angaben für das westliche Ausland aus: In England machten die Frauen zwischen 1663–1802 gut 21 % der Straftäter aus,[94] und in Frankreich schwankten die Zahlen für die von Nicole Castan untersuchten Gebiete zwischen 10 % für das von patriarchalischen Strukturen geprägte Korsika und 23 % für Rouen.[95] Mit dem letzten Beispiel wird auch der immer wieder anzutreffende Land-Stadt-Unterschied deutlich: Stets sind die Angaben für agrarisch geprägte Regionen niedriger; im Irland des 17. Jahrhunderts erreichten sie nur 5.6 %.[96] Das mag genügen, zumal die verfügbaren Zahlen vor kurzem an anderer Stelle zusammengestellt worden sind.[97] Es ist klar, daß diesen wie den genannten Zahlen mit Vorsicht zu begegnen ist, und zwar nicht nur, weil die Verfolgungsintensität, die Definition des Tatbestandes, die Art und die Zusammensetzung der Gerichte und das Verfahren Unterschiede aufweisen können. Eines ist jedoch mehr als deutlich: Nichts charakterisiert die Kriminalität mehr als diese durchgängig anzutreffende, völlig ungleiche Verteilung auf die Geschlechter.

Kennzeichnend für die Struktur der weiblichen Kriminalität ist zweierlei, sieht man von den hohen Prozentzahlen für die frauenspezifischen Delikte wie Kindsmord, Abtreibung und, eingeschränkt, Kindesaussetzung ab: Zum einen das Vorherrschen minder schwerer Delikte. Weder Massenmörder noch Gangsterbosse, die sich das kollektive Gedächtnis der Menschheit eingeprägt haben, sind charakteristisch für die weibliche Kriminalität.[98] Zwar gab es außer den Kindsmörderinnen auch andere „Frauen, die töte(te)n“,[99] die Marat-Mörderin Charlotte Corday oder die

Bremer Giftmörderin Gesche Gottfried sind zwei bekannte Beispiele. Doch diese haben nur deshalb so viel Interesse auf sich gezogen, weil sie so untypisch waren. Im Prinzip erscheint die Kriminalität von Frauen als weit weniger spektakulär als die von Männern, eher als gewöhnlich, als alltäglich, geradezu als ‚konformistisch.'

Zum anderen war die Art der Ausführung anders. Bei den Taten wurde seltener Gewalt angewandt, sie wurden mit weniger Körpereinsatz begangen, mit anderen Gegenständen bzw. Waffen[100] und häufig mit einem Komplizen oder mit Komplizinnen. Der geringere Einsatz von Körperkraft ist gern als biologisch bestimmt gedeutet worden: Aber selbst ein Forscher wie Otto Pollak, auf den noch einzugehen sein wird, hat hier die Auswirkung einer kulturellen Norm gesehen.[101] Immer wieder wird unterstrichen, daß Frauen ihre Verbrechen, insbesondere jedoch Gewalttaten, oft nicht allein ausgeführt hätten. Frauen seien, so wird gesagt, Komplizinnen, Helferinnen.[102] Ob sie tatsächlich immer als solche einzustufen sind oder ob man auch auf diesem Gebiet des öfterem von einem Arbeits(ehe)paar, das Heide Wunder als notwendig für das Überleben bestimmter Schichten vom Ausgang des Spätmittelalters an bezeichnet hat,[103] sprechen sollte, scheint zumindest erwägenswert. Was wäre der (verheiratete) Dieb, wenn seine Frau ihm nicht als Hehlerin für das Diebesgut zur Seite stünde, der Falschmünzer, wenn seine Frau nicht die Münzen in Umlauf bringen würde?[104] Die sich ständig wiederholende Darstellung der Frau als Komplizin lenkt den Blick auch auf die sozialen Gruppen und Netzwerke, aus denen heraus Frauen ihre Straftaten begingen. Die Familie und das Eintreten für sie sind bereits angesprochen worden, aber auch die Gruppen von gleichaltrigen Männern könnten von Bedeutung gewesen sein.

Betrachtet man die Struktur der weiblichen Kriminalität in der Frühen Neuzeit für sich, so muß man festellen, daß die Eigentumskriminalität meist den ersten Rang einnimmt. Bei den Delikten handelt es sich zu einem großen Teil um Diebstähle von Dingen mit geringem Wert, aber unmittelbarem Gebrauchswert.[105] Aufsehenerregende Kirchendiebstähle oder Diebstahl von Pferden gehörten nicht dazu. In England machten die Eigentumsdelikte im 18. Jahrhundert fast 60 % der weiblichen Kriminalität aus, allerdings sind die Sittlichkeitsdelikte nicht mit in die Betrachtung eingeschlossen worden.[106] Aus der heutigen Perspektive überrascht das Überwiegen dieses Delikts vielleicht nicht, schließlich nimmt der Diebstahl auch jetzt noch den ersten Platz ein. Geht man jedoch vom Spätmittelalter aus, so ist diese Tatsache schon bemerkenswert: Zu jener Zeit besaß der Diebstahl nämlich diese Prominenz keineswegs, im 14. und 15. Jahrhundert herrschten die physische und verbale Gewalt eindeutig vor. So führen diese Delikte z. B. in Zürich am Ende des 14. Jahrhunderts mit 21 bzw. 38 % die Tabelle an.[107] In anderen Gebieten tritt die physische Gewalt noch deutlicher hervor,[108] und in agrarisch geprägten Regionen hat sich diese Struktur manchmal bis weit ins 18. Jahrhundert gehalten.[109]

Danach sind die Sittlichkeitsdelikte – die sogenannte Unzucht in erster Linie – zu nennen. Die Kirchen hatten vom 16. Jahrhundert an versucht, statt des vorehelichen Geschlechtsverkehrs, der in großen Teilen der Bevölkerung zusammen mit dem Eheversprechen den Beginn einer Ehe ausmachte, die kirchliche Trauung zum entscheidenden Akt zu machen und den Geschlechtsverkehr erst danach zu erlauben. Dies führte zur Kriminalisierung der vorehelichen Sexualität.[110] So wundert es nicht, daß Sittlichkeitsdelikte an zweiter Stelle folgen. Strafvorschriften und Strafpraxis bedürfen gerade unter Blickwinkel der Beteiligung beider Geschlechter und der Geschlechterstereotype einer genauen Analyse. Ob Unterschiede zwischen den Konfessionen bestehen oder nicht, müßte man durch systematisch durchgeführte Vergleiche herausfinden. Erst im 18. Jahrhundert wurden die sogenannten „*Huren*strafen" (!) hierfür zurückgedrängt, wobei Preußen den Anfang machte, viele Territorien sich dem Beispiel aber nicht anschlossen.[111]

Zeitweise traten ganz bestimmte Delikte in der Vordergrund: So wurden im 16. Jahrhundert nicht nur Wiedertäuferinnen wegen ihrer religiösen Überzeugungen hingerichtet, sondern auch andere Frauen aus diesen Gründen verfolgt, z. B. in Köln wegen protestantischer Neigungen oder im England Elisabeths, weil sie dem katholischen Glauben anhingen. Nicht selten wurden ihnen auch sexuelle Verfehlungen vorgeworfen. Diese sind auch bei den Hexen zufinden, denen ja nicht nur Schadenzauber, sondern auch Buhlschaft mit dem Teufel angelastet wurde. Die Hexerei, deren Verfolgung in Deutschland ihren Höhepunkt in drei großen Wellen zwischen 1560 und 1660 fand, war ein Sonderdelikt mit deutlichem Frauenbezug. Sie ist so oft behandelt worden, daß sie hier ausgeklammert werden konnte.

Es gibt auch Delikte, bei denen das weibliche Geschlecht fast immer deutlich unterrepräsentiert war: Verbrechen wie Gotteslästerung[112] und Verbrechen gegen den Staat z. B. – wenn man von der Beteiligung von Frauen an Hungeraufständen absieht,[113] die viel Aufmerksamkeit erfahren hat, und von dem funktionellen Rollentausch, der stets stattfand, wenn ein Vertreter der Obrigkeit vor der Tür stand und Steuern eintreiben, pfänden oder ein Familienmitglied verhaften wollte: Empfangen wurde er von der Frau, der als Frau ein gewisser verbaler Freiraum zustand, während der Mann nicht anzutreffen war, und man zögerte, gegen die Ehefrau, drastisch vorzugehen.[114] Untypisch für Frauen waren auch Gewalttaten, Mord, Selbstmord[115] und Körperverletzungen. Das trifft auch auf das geschlechtsspezifische Delikt des Kindsmords zu, der im 18. Jahrhundert an der Spitze der Tötungsdelikte überhaupt stand,[116] wie auch auf die Ermordung von älteren eigenen und fremden Kindern und von Ehemännern,[117] Dienstherren und Nachbarn. Diese auf den sozialen Nahraum beschränkten Verbrechen erregten zwar Aufsehen, waren aber insgesamt sehr selten.

IV.

Die entscheidende Frage ist, wie diese qualitativen und vor allem quantitativen Unterschiede zu erklären sind. Dafür sind seit Ende des letzten Jahrhunderts unterschiedliche Interpretationsmodelle vorgebracht worden. Zwar sind die der ersten Jahrhunderthälfte nicht mehr aktuell, aber ein kurzer Blick auf die kriminologischen Positionen bis zum Beginn der historischen Beschäftigung mit weiblicher Kriminalität ist trotzdem angebracht, tauchen doch Elemente der alten Erklärungen in modernen historischen Untersuchungen wieder auf.

In der Kriminologie herrschte vom Ausgang des vorigen Jahrhunderts bis in die sechziger Jahre allgemein eine Forschungspektive vor, die auf das einzelne Individuum ausgerichtet war, und eine Interpretation, die als biologisch bzw. psychologisch zu bezeichnen ist. Die Erklärung der Devianz von Frauen wurde lange Zeit primär im weiblichen Körper gesehen. Auf der Suche nach dem geborenen Verbrecher stellte Lombroso am Ende des 19. Jahrhunderts zuerst einmal fest, daß Frauen in der Regel nicht diesem Typus angehörten.[118] Er schrieb der Frau einen niedrigeren geistigen und emotionalen Entwicklungszustand zu, der dem eines Kindes entspreche. Sie konnten also nichts besonderes auf dem Gebiet der Kriminalität leisten, waren allenfalls Gelegenheitstäterinnen. Fielen sie trotzdem einmal ausnahmsweise in die Gruppe der geborenen Verbrecher, dann waren ihre Taten weit schrecklicher als die der Männer, eben wegen ihres niedrigen Entwicklungsstandes, der sie auch für die Prostitution prädestinierte. Die Verbrechen solcher Frauen bedeuteten eine Annäherung an männliches Verhalten. Da die Kriminalität des Mannes aber als eine Ausnahme unter zivilisierten Menschen begriffen wurde und die weibliche als Ausnahme von dieser Ausnahme, wurde die Frau zu einem „biologische(n) Ungeheuer."[119]

Diese Sichtweise war zu Ende des 19. und zum Beginn dieses Jahrhunderts vorherrschend, doch begann die Forschung bald, eine ganze Reihe von Faktoren zu betrachten, wenn sie versuchte, den Ursachen der Straftaten von Frauen nachzuspüren. In Deutschland allerdings kam es zunächst zu einer Zuspitzung der biologischen Erklärung: Die weibliche Sexualiät wurde als eigentliche Ursache der Straftaten von Frauen gesehen, die Frau zur „Sexualverbrecherin": „Bei dem Weibe (stehen) die meisten kriminellen Auswirkungen aus naheliegenden psycho-physiologischen Gründen in irgendeinem näheren oder entfernten Zusammenhang mit seinem Geschlechtsleben."[120] Die Frau als Sexualverbrecherin – das war ein Erklärungsansatz von großem Beharrungsvermögen: der legendäre Hinweis auf die Menstruation zur Erklärung des Ladendiebstahls, die erotischen Phantasien, die angeblich hinter Brandstiftungen standen, der Mord im Klimakterium[121] – sie alle gehörten noch bis zum Beginn der siebziger Jahre zur Standardinterpretation der Kriminalität von Frauen. Fast als Satire kann man heute den Versuch lesen, alle Diebstahlsarten biologisch zu erklären: Da gab es den Diebstahl in der Phase gesteigerter biologischer Aktivität, den nach der Menopause, den als sexuelle Ersatzhandlung, den aus sexueller Hörigkeit und schließlich den Intimitätsdiebstahl.[122] Die Biologie des Mannes oder seine Sexualität als Erklärung heranzuziehen, kam nieman(n)dem in den Sinn und das, wo doch der sogenannte Lustmord eine männliche Spezialität ist.[123]

Akzeptierten diese Werke die krasse Ungleichverteilung als Faktum, so versuchte eines der einflußreichsten Werke der Nachkriegszeit, sie grundsätzlich in Frage zustellen. In Wirklichkeit seien Frauen genauso kriminell wie die Männer, behauptete Otto Pollak 1950.[124] Die vorliegenden statistischen Angaben versuchte er mit der Annahme einer hohen

Dunkelziffer zu widerlegen. So ist denn die These von einer versteckten, einer maskierten Kriminalität zentral in seinem Werk. Für die hohe Dunkelziffer brachte er gesellschaftliche wie auch biologische Argumente vor. Wenn sich hier auch einige überzeugende Bemerkungen finden – sicherlich gibt die Beschränkung von Frauen auf den sozialen Nahraum ihnen Möglichkeiten, Straftaten zu vertuschen – so sind doch Annahmen über das weibliche Wesen eingeflossen, die wiederum auf der Sexualität beruhen, genau: auf dem Geschlechtsakt. Denn während die Männer weder die Fähigkeit zum Geschlechtsverkehr vortäuschen noch die Unfähigkeit dazu verhüllen können, erlaubt der weibliche Körper solche Vorspiegelungen zu einem gewissen Grade. Ergo geht Pollak von der Falschheit der Frau, von ihrem betrügerischen Charakter aus. Dem fügt er gesellschaftliche Gründe hinzu: Da die Konventionen die Frauen dazu zwingen, die Menstruation zu verheimlichen und den Kindern die Unwahrheit über die Sexualität zu sagen, sind sie auch von daher zur Täuschung, zum Betrug disponiert. Diese negativen Züge des weiblichen Wesens werden bei Pollak ergänzt durch einen positiven männlichen: die Ritterlichkeit der Männer gegenüber dem anderen Geschlecht. Sie trägt ebenfalls dazu bei, daß die Kriminalität der Frauen den Anschein erweckt, als sei sie gering. Männer, so lautet die These, würden aus diesem Grund davor zurückschrecken, Frauen anzuklagen, zu verhaften und zu verurteilen.[125]

Während die Kriminologie sich in den siebziger Jahren stark rollentheoretisch orientierte und Feministinnen gleichzeitig eine Theorie der weiblichen Kriminalität zu entwickeln versuchten, etablierte sich im Ausland die neue historische Kriminalitätsforschung, zu der, wenn auch in kleinem Maßstab, auch die Erforschung der weiblichen Kriminaliät gehörte. Eine generelle Tendenz läßt sich kaum entdecken, dazu ist die Zahl der Arbeiten zu gering, doch kann man beobachten, daß die historischen Untersuchungen zur Frauenkriminalität die Wandlungen der Geschichtswissenschaft mitvollziehen. Man kann drei Gruppen unterscheiden: Es gibt weitgehend traditionelle Untersuchungen, in denen man alte Topoi wiederentdecken kann, so wenn z. B. gesagt wird, daß das Handeln von Frauen dem von Jugendlichen gleiche[126] oder weibliche Straftäterinnen als reißende Tiere, genau als Tigerinnen, präsentiert werden.[127] Das ist nichts anderes als die alte Vorstellung, daß Frauen, wenn sie dann Verbrechen begehen, zu den schlimmsten Exzessen fähig sind.

Daneben lassen sich zwei Ansätze ausmachen, die als typisch für die beginnende Forschung betrachtet werden können, die aber auch Entwicklungsmöglichkeiten aufscheinen lassen. Der eine geht von der Gesellschaft und Wirtschaft aus, der andere nimmt seinen Ausgangspunkt von der Dichotomie der Geschlechter. Die sozialgeschichtliche Betrachtungsweise des weiblichen Verbrechens, so wie sie in John M. Beatties Aufsatz über weibliche Kriminalität in englischen Grafschaften in der zweiten Hälfte des 17. sowie im 18. Jahrhundert zu erkennen ist, steht für einen typischen Ausgangspunkt der Zeit.[128] Die Studie ist ein sehr gutes Beispiel für eine sozio-strukturell orientierte Sozialgeschichte, quantifizierend und mit einer starken Betonung der ökonomischen Kräfte. Der kanadische Historiker weist nicht nur auf die gesellschaftliche Rolle der Frau hin, die sie stark auf den Haushalt und die Familie beschränkt, sondern sucht auch nach makrostrukturellen Erklärungen insbesondere wirtschaftlicher Art, so wenn er eine Korrelation zum Auf und Ab der Preise feststellt[129] und die Verhältnisse am Arbeitsmarkt als Teilerklärung heranzieht.

Separiert diese Studie die weibliche Kriminalität als ein Gebiet der Sozialgeschichte, so werden in einem etwa gleichzeitig erschienenen Aufsatz die Akzente ganz anders gesetzt: Die zentrale Frage in dem Aufsatz von Carol Z. Wiener ist, ob die Ausformung der dichotomischen Geschlechtsrollen im 16. Jahrhundert weniger stark war, was man vermuten könnte, oder ob sie der heutigen weitgehend ähnelt.[130] Dabei geht es der Autorin nicht um die normative oder Diskursebene, um die Vorschriften in den Verhaltensbüchern der Zeit, sondern um das tatsächliche Verhalten. Die Untersuchung der Kriminalität dient also der Lösung einer anderen Frage, die Häufigkeit einzelner Deliktgruppen als Argument in der Diskussion. Wenn der Aufsatz auch offensichtliche Mängel aufweist (mangelnde soziale Differenzierung, zahlreiche plausible, aber nicht bewiesene Prämissen), so ist er doch typisch für eine andere Entwicklungsmöglichkeit: die Erforschung der Kriminalität für die (damals so noch nicht bekannte) Geschlechtergeschichte, das Verbrechen als paradigmatisch für gesellschaftliche Verhältnisse von Männern und Frauen, so wie auch feministische Historikerinnen einzelne männliche Verbrechen wie die Vergewaltigung genutzt haben, um die gesellschaftliche Unterdrückung von Frauen zu demonstrieren. Die totale Zurückdrängung sozio-struktureller Fragen deutet sich bereits an; sie wird weiter getrieben in Diskursanalysen, in Arbeiten, die im Schatten Derridas tief- und feinsinnige Interpretationen der kodierten Texte sprich Gerichtsprotokolle liefern, um die Geschlechterverhältnisse tiefer zu ergründen. In radikaler Konsequenz ist dann von Kriminalität als solcher nicht mehr die Rede.[131] In diesem Fall besteht die Verbindung, vom Quellenkorpus abgesehen, nur noch in der gemeinsamen Frage nach dem Denken und den Beziehungen zwischen den Geschlechtern.

V.

Drei Bemerkungen zum Abschluß. Zum einen: Bei der Schilderung der Forschungsentwicklung fällt eines in die Augen: die extreme Ideologieanfälligkeit des Gebietes. Es war in der Vergangenheit der ideale Tummelplatz für Vorurteile, Ideologien und Mythen über das weibliche Geschlecht. Die Frau wurde auf die Natur reduziert, auf ihre Sexualität, die Verbrechen des Mannes wurden dagegen zwar nicht auf Kultur, doch auf Gesellschaft und Ökonomie zurückgeführt. Weit über die unvermeidliche Zeit- und Standortgebundenheit beeinflußten also unreflektierte und unkritisch übernommene Vorstellungen die Forschungen, so daß sie sich jetzt geradezu als vorzügliche Quelle für das Denken über die Geschlechter anbieten. Unser Denken über die Geschlechter und ihr Verhältnis (und besonders wie es sein sollte) ist ein anderes. Die Frage ist allerdings, ob die Ideologieanfälligkeit heute soviel geringer ist, wie wir vielleicht meinen. Die hektische Aktivität nach Freda Adlers Buch *Sisters in Crime*, als erneut die ebenso alte wie brisante These diskutiert wurde, daß Emanzipation zu mehr weiblicher Kriminalität führe[132], und bei der die Stellungnahmen nicht ohne politische Implikationen bleiben konnten, läßt Skepsis aufkommen.

Zum anderen: Methodisch erscheint es nicht ratsam, das Schwergewicht auf Statistiken und anonyme Strukturen zu legen und von hier aus die großen Fragen zu beantworten. Die Notwendigkeit von Statistiken ist unbestritten; die Probleme, die sie mit sich bringen, sind es allerdings auch. Zu den allgemeinen Schwierigkeiten, wie sie z. B. in der berühmt-berüchtigten Dunkelziffer ihren Ausdruck finden, kommen für die Frühe Neuzeit noch eine Reihe von zusätzlichen Unsicherheitsfaktoren. Sie war nicht nur ein vorstatistisches Zeitalter, sondern die Quellenbestände, aus denen statistische Angaben erarbeitet werden können, sind lückenhaft und dadurch z. T. nicht ohne Tendenz. Darüber hinaus kann man bei Vergleichen zwischen verschiedenen Territorien und Ländern zu sich ähnelnden Zahlen kommen, die in Wirklichkeit nur verhüllen, daß ganz unterschiedliche Entwicklungszustände den Hintergrund bilden und die gleich hohen Zahlen Unterschiedliches bedeuten.[133] Englische Forscher sind bereits so weit gegangen, die Quantifizierung in der historischen Kriminalitätsforschung gleichsam als Sackgasse zu bezeichnen.[134] Besonders bei der weiblichen Kriminalität besteht bei einer quantitativen Orientierung auch immer die Gefahr, sie, wenn einmal dieser Ausgangspunkt gewählt wird, nur als eine Untergruppe der männlichen zu sehen.

Ebenso wie den grundsätzlichen Sinn von Statistiken wird keiner die Bedeutung von Getreidepreisentwicklungen leugnen; ihre Wirkung auf das kriminelle Verhalten hat man schon im 19. Jahrhundert herausgearbeitet. Aber wenn auch Strukturen einmal übermächtig wurden, so wurden sie es selbst in dem Augenblick nicht in gleicher Weise für alle; und außerdem waren die kulturell vermittelten Reaktionen der Menschen in den kleinen Lebenswelten der Frühen Neuzeit noch breiter gestreut. Statt den einzelnen Menschen hinauszuaggregieren, statt ihn zu einer Puppe zu machen, die einzig und allein an Fäden hängt, die der anonyme „Spieler", die Struktur, in der Hand hat, scheint der Versuch sinnvoll, in geschlechtsspezifischer Perspektive festzustellen, welche subjektiven Motive im einzelnen Fall vorlagen, welche Bedeutungen die handelnden Subjekte mit ihren Taten verbanden, in welche Denk- und Gefühlssysteme diese Gedanken einzubetten sind, ob sich Identitäten herausarbeiten lassen und welchen sozialen Netzen die Personen selbst angehörten und wie die einzelnen Teile interagierten und auf die Tat reagierten.[135] Das Verhalten vor Gericht, die Verteidigungssstrategien[136] und die wahrscheinlich geschlechtsspezifischen Erzählstrategien,[137] die Haltung vor der Folter und vor der Hinrichtung – alle diese Aspekte sind zu untersuchen und eröffnen einen Blick in die mentale Welt der Frauen.[138] Ein solcher Ansatz im Sinne einer „qualitativen Sozialgeschichte"[139] scheint um so eher sinnvoll, als die Zahl der Quellen und damit der Fälle zum Teil klein ist.[140] Fallstudien, wie von der Geschlechtergeschichte vorgeschlagen, bieten sich als hoffnungsvoller Pfad an.[141] Das damit verbundene vorläufige Aufschieben der „großen" Fragen hat den Vorteil, daß pauschale und damit unbefriedigende Antworten vermieden werden.

Schließlich ist es klar, daß die Ergebnisse in die allgemeine Geschichte integriert oder zumindest mit ihr verbunden werden müssen. Studien von Kriminalität erforschen nicht nur einen Aspekt der gesellschaftlichen Realität[142] und gehören damit zu dem Unternehmen, daß man als *historie totale* beschreibt: Die weibliche Kriminalität bildet einen Teil davon, ohne den eine Gesamtdarstellung nicht komplett wäre. Studien zur Kriminalität werden darüber hinaus auch mit ihrer Sondenfunktion gerechtfertigt, also damit, daß sie Rückschlüsse auf die Gesamtgesellschaft zulassen, insbesonders seit Kriminalität als normaler Bestandteil gesellschaftlichen Lebens begriffen wird. Man kann durchaus die These vertreten, daß die Kriminalität die Spitzes des Eisbergs sozialen Verhaltens darstellt,[143] daß sich in der Kriminalität von Frauen und Männern die Struktur der Gesellschaft abbildet. Wenn dem so ist, dann müßten die Ergebnisse der historischen Kriminalitätsforschung relativ leicht und gut integrierbar sein. In der Tat hat Gerd Schwerhoff darauf hingewiesen, daß dieser Forschungszweig eine hohe Anschlußfähigkeit an Theorien gesellschaftlicher und historischer Entwicklung besitzt.[144] Diese Feststellung kann aber nicht ohne weiteres auf das Feld der weiblichen Kriminalität übertragen werden. Die Schwierigkeiten, die der Integration der Frauen- bzw. Geschlechtergeschichte in die allgemeine Geschichte gegenüberstehen, sind bekannt. Einfache Addition ist oft unmöglich (und auch nicht wünschenswert) und eine grundsätzliche Neukonzeption im Augenblick nicht in Sicht. Ähnliches ist für die Ergebnisse der Erforschung der weiblichen Kriminalität zu erwarten. So scheint der gangbarste Weg der zu sein, der vorerst nur auf die Integration und Interpretation einzelner Delikte in den jeweiligen Gesamtzusammenhang abzielt. Das ist bei frauenspezifischen Delikten bereits in gewissem Ausmaß der Fall; die Delikte, die quantiativ an der Spitze der weiblichen Kriminalität stehen – Beleidigungen, Sittlichkeitsdelikte, Gewalt auf dem Lande – könnten als nächste sinnvoll eingeflochten werden, soweit es nicht schon versucht worden ist.

Die Untersuchung der weiblichen Devianz erweist sich als Gebiet, das Hoffnungen auf viele Einsichten macht, denn nirgendwo sonst gibt es soviele herausfordernde Fragen, die auf eine Antwort warten. Ohne Zweifel wird sie für die Lage der Frau in der Frühen Neuzeit neue Interpretationshorizonte erschließen. Sie verspricht auch ein vertieftes und differenziertes Verständnis der Beziehungen zwischen den Geschlechtern und sie wird Erkenntnisse über die Bedeutung der Kategorie Geschlecht in unterschiedlichen Kontexten erbringen. Mit den folgenden Beiträgen wird ein erster Anfang gemacht. Sie allein zeigen schon, daß es immens viel zu entdecken gibt bei der Untersuchung der Kriminalität von Frauen und daß die ersten Antworten neue Fragen anregen.

Anmerkungen

* Ich bin dankbar für ein Stipendium am Max-Planck-Institut für Geschichte in Göttingen, das mir ermöglichte, diese Einleitung in Ruhe zu schreiben.

1 Joan Kelly, The Social Relation of the Sexes: Methodological Implications of Women's History, in: dies., Women, History, and Theory. The Essays of Joan Kelly, Chicago and London 1986, 1, 9.

2 Claudia Ulbrich, Aufbruch ins Ungewisse. Feministische Frühneuzeitforschung, in: Beate Fieseler/Birgit Schulze (Hrsg.), Frauengeschichte. Gesucht – gefunden. Auskünfte zum Stand der historischen Frauenforschung, Köln – Weimar – Wien 1991, 4; irreführend ist Ute Frevert, Historische Frauenforschung, in: Sozialwissenschaftliche Frauenforschung in der Bundesrepublik Deutschland, Berlin 1994, 157–167, da hier das Mittelalter und die Frühe Neuzeit ignoriert werden.

3 Vgl. auch Rebekka Habermas und Heide Wunder, Nachwort, in: Geschichte der Frauen, Bd. III, hrsg. von Arlette Farge und Natalie Zemon Davis, Frankfurt am Main – New York 1994, 545.

4 Heide Wunder, „Er ist die Sonn', sie ist der Mond". Frauen in der frühen Neuzeit, München 1992; Lyndal Roper, The Holy Household. Women and Morals in Reformation Augsburg, Oxford 1989; Merry E. Wiesner, Working Women in Renaissance Germany, New Brunswick/N.J. 1986.

5 Vgl. Carola Lipp, Überlegungen zur Methodendiskussion, in: Frauenalltag Frauenforschung. Beiträge zur 2. Tagung der Kommission Frauenforschung der Deutschen Gesellschaft für Volkskunde, Freiburg, 22.–25. Mai 1986, hrsg. von der Arbeitsgruppe Volkskundliche Frauenforschung Freiburg, Frankfurt am Main – Bern – New York – Paris 1988, 35.

6 Natalie Zemon Davis, Gesellschaft und Geschlechter. Vorschläge für eine neue Frauengeschichte, in: Frauen und Gesellschaft am Beginn der Neuzeit, Berlin 1986, 124; zuerst 1976. Auf diese Passage haben für Kriminalitätsforschung bereits J. Kelly Weisberg (ed.), Women and the Law. The Social Historical Perspective, Cambridge/Ma. 1982, XII und Robert Jütte, Geschlechtsspezifische Kriminalität im späten Mittelalter und in der Frühen Neuzeit, in: Savigny-Zeitschrift für Rechtsgeschichte, Germ. Abt. 108 (1991), 86 f. hingewiesen.

7 Nicole Castan, Straffällige Frauen, in: Geschichte der Frauen, Bd. III, hrsg. von Arlette Farge und Natalie Zemon Davis, Frankfurt am Main – New York 1994, 493–505, Literaturangaben in der Ausgabe Paris 1991.

8 Rebekka Habermas, Geschlechtergeschichte und „anthropology of gender", in: Historische Anthropologie 1 (1993), 498 erwähnt lediglich zwei Studien zu Verbrechen aus Leidenschaft im 19. Jahrhundert.

[9] Vgl. Joan Scott, Women's history, in: Peter Burke (ed.), New Perspectives on Historical Writing, Cambridge 1991, 42-66.

[10] A. Abbiateci u. a., Crimes et criminalité en France sous l'Ancien Régime, Paris 1971.

[11] J. Innes and J. Styles, „The Crime Wave". Recent Writing on Crime and Criminal Justice in Eighteenth-Century England, in: Journal of British Studies 25 (1986), 380-435.

[12] Vgl. Richard J. Evans (ed.), The German Underworld. Deviants and Outcasts in German History, London 1988.

[13] Dirk Blasius, Bürgerliche Gesellschaft und Kriminalität. Zur Sozialgeschichte Preußens im Vormärz, Göttingen 1976; ders., Kriminalität und Alltag. Zur Konfliktgeschichte des Alltagslebens im 19. Jahrhundert, Göttingen 1978 sowie zahlreiche Aufsätze zur Thematik.

[14] Isoliert stehen die Versuche der fünfziger Jahre dar: Gustav Radbruch/Heinrich Gwinner, Geschichte des Verbrechens. Versuch einer historischen Kriminologie, Stuttgart 1951; K.S. Bader, Aufgaben, Methoden und Grenzen einer historischen Kriminologie, in: Schweizerische Zeitschrift für Strafrecht 71 (1956), 17–31.

[15] Richard van Dülmen, Theater des Schreckens, München 1985.

[16] Dieser Arbeitskreis tagt seit 1991 regelmäßig in Stuttgart. Vgl. auch Gerd Schwerhoff, Devianz in der alteuropäischen Gesellschaft, in: Zeitschrift für Historische Forschung 19 (1992), 385–414 und Andreas Blauert und Gerd Schwerhoff (Hrsg.), Mit den Waffen der Justiz, Frankfurt am Main 1993.

[17] Vgl. Michael R. Weisser, Crime and Punishment in Early Modern Europe, Atlantic Highlands 1979, 178.

[18] Vgl. Wolfgang Behringer, Mörder, Diebe, Ehebrecher. Verbrechen und Strafen in Kurbayern vom 16. bis 18. Jahrhundert, in: Richard van Dülmen (Hrsg.), Verbrechen, Strafen und soziale Kontrolle. Studien zur historischen Kulturforschung III, Frankfurt am Main 1990, 101.

[19] Vgl. Bonnie S. Anderson, Judith Zinsser, A History of Their Own. Women in Europe from Prehistory to the Present, vol. II, New York etc 1989, 481.

[20] Vgl. u. a. Otto Ulbricht, Kindsmord und Aufklärung in Deutschland (= Ancien Régime Aufklärung Revolution, Bd. 18), München 1990; Richard van Dülmen, Frauen vor Gericht. Kindsmörderinnen in der Frühen Neuzeit, Frankfurt am Main 1991. Falsche Charakterisierung meines Werkes als nicht sozialgeschichtlichlich durch van Dülmen, Frauen, 9 f.; Clemens Zimmermann, „Behöriger Orten angezeigt." Kindsmörderinnen in der ländlichen Gesellschaft Württembergs 1581–1792, in: Medizin in Geschichte und Gesellschaft 10 (1991), 67–102; Günter Jerouschek, Lebensschutz und Lebensbeginn. Kulturgeschichte des Abtreibungsverbots, Stuttgart 1988; Karin Stukenbrok, Abtreibung im ländlichen Raum Schleswig-Holsteins im 18.Jahrhundert, Neumünster 1993; Robert Jütte (Hrsg.), Geschichte der Abtreibung, München 1993.

[21] Günter Jerouschek und Hinrich Rüping, Literaturbericht Strafrechtsgeschichte, in: Zeitschrift für die gesamte Strafrechtswissenschaft 106 (1994), 163.

[22] Vgl. D. Kelly Weisberg, Introduction, in: dies. (ed.), Women and the Law, part I, Cambridge/Ma. 1982, XI.

[23] Einige wenige Aufsätze waren lange Zeit alles, auf das man zurückgreifen konnte. Vgl. Hans Thieme, Die Rechtsstellung der Frau in Deutschland, in: Recueils de la Société Jean Bodin pour l'histoire comparative des institutions XII, La Femme, Bruxelles 1962, 351–376; Gernot Kocher, Die Frau im Rechtsleben der Frühen Neuzeit, in: Helfried Valentinitsch (Hrsg.),

Hexen und Zauberer. Die große Verfolgung – ein europäisches Phänomen in der Steiermark, Bd. 1, Graz – Wien 1987, 155–163.

[24] Vgl. Elisabeth Koch, Maior dignitas est in sexu virili: das weibliche Geschlecht im Normensystem des 16. Jahrhunderts (= Studien zur europäischen Strafrechtsgeschichte, Bd. 57), Frankfurt am Main 1991, 9; Ausführungen zum Strafrecht 91–165.

[25] Vgl. Mechthild Rotter, Die Frau in der Kriminologie, in: Kriminalsoziologische Bibliografie 6 (1979), 83, 87; Margo Andriessen und Caren Japenga, Die großen Männer der Kriminologie und ihr Frauenbild, in: Monatsschrift für Kriminologie und Strafrechtwissenschaft 68 (1985), 314.

[26] Dorie Klein, The Etiology of Female Crime: A Review of the Literature, in: The Female Offender, ed. by Laura Crites, Lexington, Massachusetts – Toronto 1977, 5.

[27] Vgl. Hermann Mannheim, Vergleichende Kriminologie, Bd. 1, Stuttgart 1976, 831.

[28] In dem fast tausendseitigen Werk von Hans-Jochen Schneider, Kriminologie, Berlin-New York 1987 wird die Frauenkriminalität auf den Seiten 561 bis 575 abgehandelt; allerdings als eigenständiges, nicht als abgeleitetes Phänomen; Günther Kaiser, Kriminologie. Ein Lehrbuch, 2. völlig neubearb. u. erw. Aufl. Heidelberg 1988, 430–446 unter dem Titel: „Geschlecht und Kriminalität". Die französische Kriminologie hat das Thema bereits vor einiger Zeit entdeckt, vgl. La criminalité des femmes, Toulouse 1989.

[29] So auch Schwerhoff, Devianz, 409.

[30] Vgl. Claire M. Renzetti, Daniel J. Curran, Women, Men and Society. The Sociology of Gender, Boston – London – Sydney 1989, 209.

[31] Vgl. Susanna Burghartz, Kein Ort für Frauen? Städtische Gerichte im Spätmittelalter, in: Bea Lundt (Hrsg.), Auf der Suche nach der Frau im Mittelalter. Fragen, Quellen, Antworten, München 1991, 49.

[32] Vgl. Frank McLynn, Crime and Punishment in Eighteenth-Century England, Oxford 1991, Kap. 6 u. Kap. 7. Ein schönes Beispiel bietet auch Carol Smart, Women, Crime and Criminology: A Feminist Critique, London 1976, die einen großen Teil ihres Buches über Frauenkriminalität der Vergewaltigung widmet.

[33] Anne-Marie Roets, Vrouwen en criminaliteit: Gent in de achttiende eeuw, in: Tijdschrift voor Geschiedenis 95 (1982), 364.

[34] Vgl. Olwen Hufton, Women in History I. Early Modern Europe, in: Past und Present 101 (1983), 139.

[35] Leslie T. Wilkens, Crime: Offense Patterns, in: International Encyclopedia of the Social Sciences, vol. 3, repr. New York – London 1972, 476.

[36] Ulbricht, Kindsmord, 118; vgl. Karl Legert, Popular Culture, Crime and Social Control in 18th-Century Württemberg, Stuttgart 1994, 13.

[37] George A. Löning, Totschlag zu Kiel und andere Rechtsfälle aus dreieinhalb Jahrhunderten, hrsg. von Wolfgang Sellert, Göttingen 1992, 34–36.

[38] Z.B. Michaela Hohkamp, „Auf ein so erlogenes Maul gehört eine Maultaschen." Verbale und körperliche Gegen-Gewalt von Frauen. Ein Fallbeispiel aus dem Schwarzwald des 18. Jahrhunderts, in: Werkstatt*Geschichte* 4 (1993), 9–19 zeigt u.a., daß einem Konflikt zwischen Dorfbewohnerinnen innerfamiliäre Probleme zugrundelagen.

[39] Vgl. Lutz Gero Leky, Frauenkriminalität, in: Roswitha Wiesnieski/Hermann Kunst, Handbuch für Frauenfragen, Stuttgart 1988, 212; Irmgard Eisenbach-Stangl, Weiblicher Körper

und männliche Vernunft. Abweichung und Kontrolle von Frauen, in: Kriminalsoziologische Bibliografie 6 (1979), 4–38.

40 Vgl. Joan Scott, Gender: A Useful Category of Historical Analysis, in: American Historical Review 91 (1986), 1053–1075; die umstrittene postmoderne Ausrichtung des Scottschen *gender*-Begriffs kann hier nicht diskutiert werden. Gisela Bock, Geschichte, Frauengeschichte, Geschlechtergeschichte, in: Geschichte und Gesellschaft 14 (1988), 372–374; Hanna Schissler, Einleitung: Soziale Ungleicheit und historisches Wissen. Der Beitrag der Geschlechtergeschichte, in: dies., Geschlechterverhältnisse im historischen Wandel, Frankfurt – New York 1993, 13–15.

41 Vgl. Frances Olsen, Das Geschlecht des Rechts, in: Kritische Justiz 23 (1990), 305.

42 Ob und wieweit das Männliche aufgehoben war in übergeordneten Kategorien, ist im Augenblick eine offene Frage.

43 Vgl. Wunder, „Er ist die Sonn',...", 194 über den Hexen-Paragraphen in den Sächsischen Konstitutionen von 1572.

44 Eine der Thesen, die Dale Hoffman-Bustamante, The Nature of Female Criminality, in: Issues in Criminology ((1973), 117–136 vertritt.

45 Die Peinliche Halsgerichtsordnung Kaiser Karls V. von 1532, hrsg. von Gustav Radbruch, 4. verb. u. ergänzte Aufl. hrsg. von Alfred Kaufmann, Stuttgart 1978, 48 (Art. 39).

46 Lesław Pauli, Poenae propriae. Das Problem der Sonderstrafen in der europäischen Gesetzgebung aus den Jahren 1751–1903,Warszawa-Krakow 1982, 57–87; E.J. Burford and Sandra Shulman, Of Bridles and Burnings. The Punishment of Women, New York – London 1992.

47 Vgl. van Dülmen, Theater, 118.

48 Vgl. David Sabean, Property, Production, and Family in Neckarhausen, 1700–1870, Cambridge etc 1990, 140–142; Karl-S. Kramer, Hohnsprake, Wrakworte, Nachschnack und Ungebühr. Ehrenhändel in holsteinischen Quellen, in: Kieler Blätter zur Volkskunde 16 (1984), 65 f. sowie jede Studie, die sich mit Beleidigungen beschäftigt.

49 Vgl. Beattie, Criminality, 90; auch zitiert von Jütte, 86 f.

50 Vgl. Laura Gowing, Language, power, and the law: women's slander litigation in early modern London, in: Jenny Kermode and Garthine Walker (eds), Women, crime, and the courts in early modern England, London 1994, 30.

51 Vgl. Arlette Farge, Vivre dans la rue à Paris au XVIIIe siècle, Paris 1979, 138.

52 Von einer „geringere(n) Geisteskraft und entsprechend geringere(n) Strafmündigkeit" spricht Martin Dinges, „Weiblichkeit in „Männlichkeitsritualen"? in: Francia 18/2 (1991), 92, m.E. eine unzulässige Gleichsetzung von Diskurs und Strafrechtstheorie und -praxis.

53 Vgl. Koch, 159; ein Gegenbeispiel Hohkamp, 9.

54 Vgl. Rebekka Habermas, Frauen und Männer im Kampf um Leib, Ökonomie und Recht. Zur Beziehung der Geschlechter in Frankfurt der Frühen Neuzeit, in: Richard van Dülmen (Hrsg.), Dynamik der Tradition, Frankfurt am Main 1992, 111.

55 Vgl. Otto Ulbricht, Kindsmörderinnen vor Gericht. Verteidigungsstrategien von Frauen in Norddeutschland, 1680–1810, in: Mit den Waffen der Justiz, hrsg. von Andreas Blauert und Gerd Schwerhoff, Frankfurt am Main 1993, 54–85, 223–229.

57 Vgl. Barbara A. Hanawalt, The Female Felon in Fourteenth-Century England, in: Women in Medieval Society, ed. by Susan Mosher Stuard, Philadelphia 1976, 128.

57 Vgl. J.M. Beattie, Crime and the Courts in Surrey 1736–1753, in: J.S. Cockburn (ed.), Crime in England, 1550–1800, London 1977, 182.

58 Vgl. Cécile Dauphin, Arlette Farge, Geneviève Fraisse et alii, Culture et Pouvoir des femmes: essai d' historiographie, in: Annales ESC 41 (1986), 283. Für England im 19. Jahrhundert zumindest für bestimmte Gerichtshöfe nachgewiesen; vgl. George Rudé, Criminal and Victim. Crime and Society in Early Nineteenth-Century England, Oxford 1985, 60–64.

59 Vgl. Donna J. Spindel, Crime and Society in North Carolina, 1663–1776, Baton Rouge 1989, 79, 104, 145; N.E.H Hull, Female Felons. Women and Serious Crime in Colonial Massachusetts, Urbana and Chicago 1987, 105 f.

60 Vgl. André Lachance, Women and Crime in Canada in the Early Eighteenth Century, in: Crime and criminal justice in Europe and Canada 1712–1759, Waterloo/Ontario 1981, 168.

61 Jütte, 109 errechnete auf der Basis des Tagebuch des Meisters Franz eine geringere Bestrafung von Frauen bei schwerem Diebstahl; 109. Die Frage ist allerdings, ob die Klassifikation der Diebstähle dort exakt genug ist für solche Berechnungen, bei denen man außerdem noch andere Faktoren in Betracht ziehen müßte.

62 Vgl. Rudolf Weigand, Zur mittelalterlichen Ehegerichtsbarkeit, in: Savigny-Zeitschrift für Rechtsgeschichte, Kan. Abt. 67 (19881), 216–22; Rainer Beck, Frauen in Krise, in: Richard van Dülmen (Hrsg.), Dynamik der Tradition, Frankfurt am Main 1992, 142.

63 Vgl. Gowing, 28.

64 Karl Roetzer, Die Delikte der Abtreibung, der Kindstötung sowie Kindesaussetzung und ihre Bestrafung in der Reichsstadt Nürnberg, Jur. Diss. Erlangen 1957, 158 f.

65 Vgl. Ulbricht, Kindsmord, 379–385.

66 Vgl. Inger Dübeck, Poor Women's Criminality in 18th Century Denmark and Norway, in: Thomas Riis (Hrsg.), Aspects of Poverty in Early Modern Europe II, Odense 1986,197 f.

67 Vgl. Ruth Mohrmann, Sittlichkeitsdelikte in Wilster im Spiegel rechtlicher Quellen, in: Kieler Blätter zur Volkskunde 8 (1976), 50.

68 Vgl. Michael S. Kimmel, Rethinking ‚Masculinity'. New Directions in Research, in: ders., Changing Men. New Directions in Research of Men and Masculinity, 2nd ed. Newbury Park 1988, 9–24; John Tosh, What should Historians do with Masculinity? Reflections on Nineteenth-Century Britain, in: History Workshop 38 (1994), 179 ff.; Anne-Charlott Trepp, Anders als sein „Geschlechtscharakter": Der bürgerliche Mann um 1800 – Ferdinand Beneke (1774–1848). Erscheint in: Historische Anthropologie 4 (1996).

69 Vgl. Lipp, 34.

70 Bock, 369.

71 Beispiel für eine sehr pauschale Einordnung Robert Muchembled, Le temps des supplices. De l'obéissance sous les rois absolus. XVe-XVIIIe siècle, Paris 1992, 92.

72 Vgl. Dübeck, 201 trifft diese Aussage für eine spezifische Deliktgruppe. Claudia Ulbrich, Frauenarmut in der Frühen Neuzeit, in: Zeitschrift für die Geschichte der Saargegend 40 (1992), 108–120.

73 Vgl. Otto Ulbricht, Landesverweisung für Kindsmord – milde Strafen in harter Zeit? Ein Segeberger Fall aus dem Jahre 1684, in: Mare Balticum. Beiträge zu Geschichte des Ostseeraums in Mittelalter und Neuzeit. Festschrift zum 65. Geburtstag von Erich Hoffmann, hrsg. von Werner Paravicini, Sigmaringen 1992, 274.

74 Vgl. Hans-Ulrich Wehler, Deutsche Gesellschaftsgeschichte, Bd. I, München 1987, 580.

[75] Vgl. Mannheim, Bd. 1, 830; Günther Kaiser, Das Bild der Frau im kriminologischen Schrifttum, in: Zeitschrift für die gesamte Strafrechtswissenschaft 98 (1986), 660 f.; Leky 211 f.; Helga Einsele, Weibliche Kriminalität und Frauenstrafvollzug, in: Handwörterbuch der Kriminologie, Bd. 3, 2. Aufl. Berlin 1975, 616–618.

[76] Vgl. Stuart Woolf, The Poor in Western Europe in the Eighteenth und Nineteenth Centuries, London and New York 1986, 3.

[77] Vgl. Yvonne Bongert, Délinquance juvénile et responsibilité pénale du mineur au XVIIIe siècle, in: A. Abbiateci u. a. (Hrsg.), Crimes et criminalité en France sous l'Ancien Régime, Paris 1971, 63. Vgl. auch Arlette Farge, Delinquence et Criminalité: Le vol d'aliments à Paris au XVIIIe siècle, Paris 1974, 117: in der Gruppe der 5–15Jährigen ist der Prozentsatz von Jungen eindeutig höher.

[78] Annalen der Gesetzgebung und Rechtsgelehrsamkeit in den Königl.-preussischen Staaten 7 (1791), 37–54. Vgl. hierzu Otto Ulbricht, Kriminelle Frauen in der Frühen Neuzeit: Brandstifterinnen, Hausdiebinnen, Kindsmörderinnen, in: „Der Stand der Frauen, wahrlich, ist ein harter Stand" (= Veröffentlichungen des schleswig-holsteinischen Landesarchivs, Bd. 39), hrsg. von Elke Imberger, Schleswig 1994, 27–45.

[79] Vgl. Nicole Castan, La criminalité familiale dans le ressort du Parlement de Toulouse 1690–1730, in: Abbiateci u. a. (Hrsg.), Crimes et criminalité en France sous l'Ancien Régime, Paris 1971, 91–107; für Deutschland, Wunder, „Er ist die Sonn'", 230 f.

[80] Andreas Blauert, Sackgreifer und Beutelschneider. Die Diebesbande der alten Lisel, ihrer Streifzüge um den Bodensee und ihr Prozeß 1732, Konstanz 1993, 35.

[81] 1778 wurde die Witwe Brömmers, Mutter von drei ehelichen Kindern, wegen eines Kindsmordes hingerichtet, vgl. Ulbricht, Kindsmord, 421.

[82] Castan, Straffällige Frauen, 493–505.

[83] Rudolf Glanz, Geschichte des niederen jüdischen Volkes in Deutschland, New York 1968, 186. Zur jüdischen Kriminalität siehe auch Otto Ulbricht, Crime und Punishment of the Jews in the Early Modern Period, in: In and out of the Ghetto, ed. by Ronnie Po-Hsia and Hartmut Lehmann. Erscheint Cambridge 1995.

[84] Vgl. Carsten Küther, Räuber und Gauner in Deutschland, Göttingen 1976, 83; Uwe Danker, Räuberbanden im Alten Reich um 1700, Bd. 1, Frankfurt am Main 1988, 266–273; Heiner Boehncke, Bettina Hindemith und Hans Sarkowicz, Die großen Räuberinnen, Frankfurt am Main 1994.

[85] Blauert, 19.

[86] Vgl. Peter Wettmann-Jungblut, „Stelen in rechter hungersnodtt". Diebstahl, Eigentumsschutz und strafrechtliche Kontrolle im vorindustriellen Baden, in: Richard van Dülmen (Hrsg.), Verbrechen, Strafen und soziale Kontrolle. Studien zur historischen Kulturforschung III, Frankfurt am Main 1990, 159 f.; vgl. auch Schwerhoff, Devianz, 401.

[87] Vgl. Brita Rang, Zur Geschichte des dualistischen Denkens über Mann und Frau. Kritische Anmerkungen zu den Thesen von Karin Hausen zur Herausbildung der Geschlechtscharaktere im 18. und 19. Jahrhundert, in: Jutta Dalhoff u. a. (Hrsg.), Frauenmacht in der Geschichte, Düsseldorf 1986, 194–204.

[88] Vgl. Ulbricht, Kindsmord, 259–265.

[89] Vgl. Hans-Claus Leder, Die geringere Delinquenzbelastung der Frau – Echte kriminologische und soziologische Verlegenheiten, in: Soziale Arbeit 24 (1975), 197–206.

90 Vgl. René van Hezewijk en Gerben Bruinsma, Vrouwencriminaliteit: de achhilleshiel van de criminologie in: Tijdschrift voor Criminologie 5 (1979), 221–231.

91 Umgerechnete Prozentzahlen für Luzern nach Susanna Burghartz, Leib, Ehre und Gut. Delinquenz in Zürich Ende des 14. Jahrhunderts, Zürich 1990, 23. Zum Sonderfall Olmütz (0,3 %) vgl. Martin Schüßler, Verbrechen im spätmittelalterlichen Olmütz. Statistische Untersuchung der Kriminalität im Osten des Heiligen Römischen Reiches, in: Savigny-Zeitschrift für Rechtsgeschichte, Germ. Abt. 111 (1994), 188–195.

92 Vgl. Gerd Schwerhoff, Köln im Kreuzverhör. Kriminalität, Herrschaft und Gesellschaft in einer frühneuzeitlichen Stadt, Bonn-Berlin 1991, 178.

93 Vgl. Wolfgang Behringer, Mörder, Diebe, Ehebrecher. Verbrechen in Kurbayern vom 16. bis 18. Jahrhundert, in: Richard van Dülmen (Hrsg.), Verbrechen, Strafen und soziale Kontrolle, Frankfurt am Main 1990, 101. Ausführliche Diskussion der Zahlen für weibliche Kriminalität in diesem Band.

94 Vgl. J.M. Beattie, The Criminality of Women in Eighteenth-Century England, in: Journal of Social History 8 (1974/75), 81.

95 Vgl. Nicole Castan, Les Criminels de Languedoc, Toulouse 1980, 26; dies., Justice et répression en Languedoc à l'époque des lumières, Paris 1980, 233.

96 Vgl. Raymond Gillespie, Women and Crime in Seventeenth-Century Ireland, in: Women in Early Modern Ireland, ed. by Margaret MacCurtain and Mary O'Dowd, Edinburgh 1991, 48.

97 Vgl. Jütte, 93.

98 Vgl. Frances M. Heidensohn, Women and Crime, New York 1985, 11.

99 Ann Jones, Frauen, die töten; Frankfurt am Main 1985; Mary S. Hartman, Victorian Murderesses. A True History of Thirteen Respectable French and English Women Accused of Unspeakable Crimes, New York 1977.

100 Vgl. Jütte, 98.

101 Vgl. Otto Pollak, The Criminality of Women, Philadephia 1950, 123.

102 Vgl. Julius R. Ruff, Crime, Justice and Public Order in Old Regime France. The Senéchausseés of Libourne and Bazas, 1696–1789, London – Sydney – Dover, New Hampshire 1984, 85–87 betont die Abhängigkeit von anderen bei Gewaltdelikten; Friedrich Hartl, Das Wiener Kriminalgericht. Strafrechtspflege vom Zeitalter der Aufklärung bis zur österreichischen Revolution, Wien – Köln – Graz 1973, 309.

103 Vgl. Heide Wunder, Überlegungen zum Wandel der Geschlechterbeziehungen im 15. und 16. Jahrhundert aus sozialgeschichtlicher Sicht, in: dies. und Christina Vanja (Hrsg.), Wandel der Geschlechterbeziehungen zu Beginn der Neuzeit, Frankfurt am Main 1991, 20.

104 So wurden z. B. 1560 in Göttingen zwei Falschmünzer gefaßt. „Der rad zu Gottingen must die gwaldige hant an das weib auch leggen, darauf der eine bekannte, das sie das gemunzete gellt ausgeben und es mit inen gewust und mit genoßen." Franciscus Lubecus, Göttinger Annalen, bearb. von Reinhard Vogelsang, Göttingen 1994, 418.

105 Zum Diebesgut von Frauen in Geldwert im Irland des 17. Jahrhunderts vgl. Gillespie, 48 und in Bremen in den 1840er Jahren vgl. Martina Käthner, Frauen in Not. Diebstähle von Frauen und ihre Sanktionierung 1840–1850, in: Criminalia. Bremer Strafjustiz 1810–1850, Bremen 1988, 46–51.

106 Vgl. Beattie, Criminality, 80.

[107] Vgl. Burghartz, Leib, 80.

[108] Vgl. zuletzt Flocel Sabaté, Femmes et violence dans la Catalogne du XIVe siècle, in: Annales du Midi 106 (1994), 278.

[109] So dominierten im kolonialen Masssachusetts noch im 18. Jahrhundert in den ländlichen Gebieten die Gewaltdelikte, im Bezirk der Hauptstadt Boston jedoch die verbale Gewalt. Vgl. Hull, 60–62.

[110] Hierzu zuletzt Susanna Burghartz, Jungfräulichkeit oder Reinheit. Zur Änderung von Argumentationsmustern vor dem Basler Ehegericht im 16. und 17. Jahrhundert, in: Richard van Dülmen (Hrsg.), Dynamik der Tradition, Frankfurt am Main 1992, 13–40.

[111] Vgl. Otto Ulbricht, Reformvorschläge und Reformmaßnahmen auf dem Gebiet der Illegitimität und des Kindsmordes in Nordwestdeutschland, in: Rudolf Vierhaus (Hrsg.), Das Volk als Objekt obrigkeitlichen Handelns, Tübingen 1992, 154–158.

[112] Vgl. Richard van Dülmen, Wider die Ehre Gottes. Unglaube und Gotteslästerung in der Frühen Neuzeit, in: Historische Anthropologie 2 (1994), 34.

[113] Vgl. E.P.Thompson, The Moral Economy of the English Crowd, in: Past and Present 50 (1971), 115 f.; John Bohstedt, Gender, Household and Community Politics: Women in English Riots 1790–1810, in: Past and Present 120 (1988), 88–122; Wunder, „Er ist die Sonn'", 230–234.

[114] Vgl. Lachance, 167. Vgl. die die Aufsätze von Jan Peters und Claudia Ulbrich in diesem Band.

[115] Zum Selbstmord vgl. Gabriela Signori, Aggression und Selbstzerstörung. „Geistesstörungen" und Selbstmordversuche im Spannungsfeld spätmittelalterlicher Geschlechterstereotypen (15. und beginnendes 16. Jahrhundert), in: Trauer, Verzweiflung und Anfechtung: Selbstmord und Selbstmordversuche in mittelalterlichen und frühneuzeitlichen Gesellschaften, hrsg. von Gabriela Signori, Tübingen 1994, 112–151. Zum Selbstmord im frühneuzeitlichen Schleswig-Holstein arbeitet, auch unter geschlechterbestimmten Gesichtspunkten, Vera Lind, Historisches Seminar der Universität Kiel.

[116] Vgl. Ulbricht, Kindsmord, 182.

[117] Vgl. dazu in diesem Band den Beitrag von Silke Göttsch; außerdem Joachim Burgheim, Besonderheiten weiblicher Tötungsverbrechen, in: Monatsschrift für Kriminologie und Strafrechtsreform 77 (1994), 232–237, der die gänzlich differierende Konfliktstrukur bei vielen weiblichen Mordtaten heute herausarbeitet.

[118] Vgl. Cesare Lombroso, Das Weib als Verbrecherin und Prostituierte. Anthropologische Studien, Hamburg 1894. Die Geschichte des vorwissenschaftlichen Denkens über kriminelle Frauen wäre noch aufzuhellen. Kurze Bemerkungen bei Christine E. Rasche, The Female Offender as an Object of Criminological Research, in: Annette M. Brodsky (ed.), The Female Offender, Beverly Hills/London 1975, 15.

[119] Vgl. Rotter, 83.

[120] E. Wulffen, Das Weib als Sexualverbrecherin – ein Handbuch für Juristen, Verwaltungsbeamte und Ärzte, Berlin 1923, 4.

[121] Vgl. Hildegard Damrow, Frauen vor Gericht. Ein Bericht über weibliche Kriminalität, Frankfurt/M. – Berlin 1969, 210–215.

[122] Vgl. Albert Ochmann, Diebstahlsdelikte von Frauen und ihre Ursachen, Hamburg 1965, 81. Vgl. auch Rotter, 84 f.

123 Vgl. Heidensohn, 112; Einsele, 608.

124 Otto Pollak, The Criminality of Women, Philadelphia 1950.

125 Auch später von Historikern vertreten, vgl. Geoffrey Elton, Introduction: Crime and the Historian, in: J. S. Cockburn (ed.), Crime in England, 1550–1800, Princeton, New Jersey 1977, 9. Der Klassencharakter dieser These ist früh entlarvt worden.

126 Nicole Gonthier, Délinquantes ou victimes, les femmes dans la société lyonnaise du XVe siècle, in: Revue historique 271 (1984), 33.

127 Vgl. McLynn, 118.

128 Vgl. J.M. Beattie, The Criminality of Women in Eighteenth-Century England, in: Journal of Social History 8 (1974/75), 80–116; vergleichbar im Ansatz Roets und Gillespie.

129 Vgl. Beattie, Criminality, 100-107. Ähnlich auch mit einem Hinweis Dirk Blasius, Kriminologie und Geschichtswissenschaft. Bilanz und Perspektiven interdisziplinärer Forschung, in: Geschichte und Gesellschaft 14 (1988), 148 f. und ders., „Diebshandwerk" und „Widerspruchsgeist". Motive des Verbrechens im 19. Jahrhundert, in: Richard van Dülmen (Hrsg.), Verbrechen, Strafen, soziale Kontrolle, Frankfurt am Main 1990, 225.

130 Vgl. Carol Z. Wiener, Sex Roles and Crime in Late Elisabethan Hertfordshire, in: Journal of Social History 8 (1974/75), 38-60.

131 Vgl. Lyndal Roper, Will and Honor. Sex, Words and Power in Augsburg Criminal Trials, in: Radical History Review 43 (1989), 45–71; dtsch. in Wunder/Vanja, 180–197.

132 Freda Adler, Sisters in Crime, New York 1975. Vorher bereits bei Mannheim I, 838 f.

133 Warnend vor Vergleichen auch Schwerhoff, Devianz, 397.

134 Vgl. John Styles, Crime in 18th-Century England, in: History Today 38 (1988), 39.

135 Vgl. Hans Medick, „Missionare im Ruderboot?" Ethnologische Erkenntnisweisen als Herausforderung an die Sozialgeschichte, in: Geschichte und Gesellschaft 10 (1984), 295–319; ders., Entlegene Geschichte? Sozialgeschichte und Mikro-Historie im Blickfeld der Kulturanthropologie, in: Zwischen den Kulturen, hrsg. von Joachim Matthes, Göttingen 1992, 167–178; Giovanni Levi, On Microhistory, in: Peter Burke (ed.), New Perspectives on Historical Writing, Cambridge 1991, 93–113; Otto Ulbricht, Mikrogeschichte – Versuch einer Vorstellung, in: Geschichte in Wissenschaft und Unterricht 45 (1994), 347–367.

136 Vgl. Otto Ulbricht, Kindsmörderinnen vor Gericht. Verteidigungsstrategien von Frauen in Norddeutschland, 1680–1810, in: Mit den Waffen der Justiz, hrsg. von Andreas Blauert und Gerd Schwerhoff, Frankfurt am Main 1993, 54–85, 223–229.

137 Natalie Zemon Davis, Fiction in the Archives, Cambridge 1987, 77–110; Gerd Schwerhoff, „Mach, daß wir nicht in eine Schande geraten!" Frauen in Kölner Kriminalfällen des 16. Jahrhunderts, in: Geschichte in Wissenschaft und Unterricht 44 (1993), 471 f.

138 Weitere Fragen in diesem Umkreis bieten sich an; z. B. die Haltung von Frauen zu öffentlichen Strafen, insbesondere Hinrichtungen (vgl. Arlette Farge, La violence, les femmes, et la sang au XVIIIe siècle, in: dies., Affaires de sang, Paris 1990, 101–102), die Frage nach dem immer wieder kommentierten Rechtssinn der Frau, die nach einer geschlechterspezifischen Dimension der Kriminalitätsfurcht usw. usf.

139 Martin Broszat, Plädoyer für Alltagsgeschichte. Eine Replik auf Jürgen Kocka, in: ders., Nach Hitler. Der schwierige Umgang mit unserer Geschichte, München 1988, 196.

140 Ähnlich argumentieren Kermode und Walker, Introduction, 4, 5; vermittelnd Schwerhoff, Devianz, 407.

[141] Vgl. Karin Hausen und Heide Wunder, Einleitung, in: dies. (Hrsg.), Frauengeschichte – Geschlechtergeschichte, Frankfurt am Main – New York 1992, 16 f.

[142] Vgl. Schwerhoff, Devianz, 387.

[143] Vgl. Wiener, 39.

[144] Vgl. Schwerhoff, Devianz, 410.

Heide Wunder

„Weibliche Kriminalität" in der Frühen Neuzeit

Überlegungen aus der Sicht der Geschlechtergeschichte

I.

Bei der Erforschung von frühneuzeitlicher Frauenkriminalität richtete sich das Hauptinteresse bislang auf Hexenprozesse, „Leichtfertigkeit" und „Kindermord" (Abtreibung und Kindsmord).[1] Besonders in den Arbeiten, die der Historischen Frauenforschung und der Geschlechtergeschichte verpflichtet sind, wird die generelle Diskriminierung von Frauen durch das Strafrecht herausgestellt, das sie für Schadenzauber und „Unzucht" in besonderer Weise verantwortlich machte. Es handelt sich dabei um solche Delikte, die einen engen Bezug zum weiblichen Körper haben oder von den Zeitgenossen aufgrund des Konzepts „weibliche Schwäche" in einen solchen gesetzt wurden, wie etwa die Teufelsbuhlschaft beim Delikt der Hexerei. Daher hat Johann Weyer die Verführbarkeit von Männern durch den Teufel darauf zurückgeführt, daß sie „Frewlichen gemüts" seien.[2] In der Forschung weniger beachtet blieb, daß bei nicht „typischen" Frauendelikten die verfolgenden Instanzen ebenfalls eine wesentliche Erklärung der Delinquenz im weiblichen Körper lokalisierten: Menstruation, Schwangerschaft, Geburt, Wochenbett, Laktation, Menopause.[3] Doch nicht genug damit: Diese „Zustände" des weiblichen Körpers, die mit den hochgeschätzten generativen Fähigkeiten der Frauen gegeben sind, wurden – je nach dem herrschendem Stand der Wissenschaften – als Folgen der minderwertigen weiblichen Disposition interpretiert, die sie z. B. für Melancholie oder Krankheiten besonders anfällig mache.[4] Allerdings unterscheidet sich diese Erklärung von der tendenziellen „Medikalisierung" des abweichenden Verhaltens in der modernen Kriminologie, über die der Kriminalsoziologe Fritz Sack urteilt: „Es gibt wohl keine sublimere Form sozialer Kontrolle als diejenige, die den Menschen als Kranken begreift und seine Hilflosigkeit zur Prämisse und Legitimation der Reaktion macht. Sie stellt die zugleich letzte und konsequenteste Ausformulierung des Prinzips individueller Verantwortung dar, vermag Abweichung nicht mehr als Resultante differierender Normensysteme und situationsangepaßter Rationalität zu begreifen, sondern nur noch als Symptome individueller Unmündigkeit, fehlgeschlagener Sozialisierung, therapeutischer Interventionserfordernisse u. dgl. mehr."[5] Kritisiert Sack hier die durch moderne Medikalisierung erzeugte Unmündigkeit der Individuen, so sollte dieses Ausgrenzungsverfahren für die Frühe Neuzeit um so kritischer beurteilt werden, als auf diese Weise das „weibliche Geschlecht" insgesamt in den Status der Unmündigkeit versetzt wurde und nicht über das „Jugendalter" hinauskommen konnte. Daß es sich dabei nicht um längst überwundene „vormoderne" Sichtweisen handelt, zeigt ein Blick in das bekannte „Lehrbuch der vergleichenden Kriminologie" (1974) von Hermann Mannheim, in dem die verschiedenen geschlechtsbezogenen Erklärungen für die „Delinquenz der Frau" vorgestellt werden.[6] Nicht zuletzt spielte in den zwanziger Jahren dieses Jahrhunderts der weibliche Körper in der Diskussion um die Zulassung von Juristinnen als Richterinnen eine wichtige Rolle, weil es darum ging, ob Frauen auch über Männer zu Gericht sitzen können.[7]

Diese knappen Hinweise auf die Rolle des Körperbezugs sowohl bei der Definition von typisch „weiblichen Delikten" als auch allgemein bei der Beurteilung von Frauenkriminalität belegen die Nutzung der Kategorie Geschlecht für die Konstruktion von geschlechtsspezifischen Vergehen im Strafrecht. Die neuere Kriminalsoziologie und die Kriminalgeschichtsforschung haben Delinquenz in Beziehung zu den jeweiligen sozialen und politischen Verhältnissen gesetzt und in der größeren Delinquenz der „kleinen Leute" oder der Unterschichten einen Ausdruck wirtschaftlicher und sozialer Ungleichheit gesehen.[8] Aus der Sicht der Geschlechtergeschichte, die sich als Gesellschaftsgeschichte versteht,[9] liegt es daher nahe, die generell niedrigere Frauenkriminalität im Kontext der sozialen Ungleichheit der Geschlechter zu analysieren und daraufhin zu befragen, welche Rolle die Differenz der Geschlechter für die Herstellung von rechtlicher und sozialer Ungleichheit spielt.

Grundlagen für die Konstruktion geschlechtsspezifischer Delinquenz bilden die Kriminalstatistiken. Ihre Daten und Aussagen sind jedoch in der Kriminologie wie in der Kriminalsoziologie heftig umstritten, so daß sie auch im Hinblick auf „weibliche Kriminalität" mit besonders kritischen Augen zu lesen sind. Bevor es um die Probleme bei der Erforschung von Frauenkriminalität in der Frühen Neuzeit geht, sollen die Implikationen des Arbeitsinstruments Statistik erörtert werden.

Im statistischen Zeitalter ist es üblich geworden, viele der von Staats wegen erhobenen Daten mit der Einführung der Kategorie „Geschlecht" überschaubarer zu machen. Auch die Zahlen der Kriminalitätsstatistik werden auf diese Weise gegliedert, und es zeigt sich, daß Frauen – abgesehen von Kindsmord und Abtreibung – durchgängig einen weitaus geringeren Anteil an den verfolgten schweren Straftaten haben und daß Männer und Frauen sich unterschiedlich auf die einzelnen Deliktgruppen verteilen. Die geschlechterbezogenen Daten der Kriminalstatistik bilden die Grundlage für typisch „männliche" und „weibliche" Deliktstrukturen, von denen auf eine geschlechtsspezifische Kriminalität geschlossen wird.[10] Als signifikante Unterschiede wird bei der Kriminalität von Männern auf ihre größere Bereitschaft zu Gewalttätigkeit verwiesen, während bei Frauen „passive" Formen der Konfliktaustragung bezeichnend seien.[11] Damit ereignet sich unversehens der Umschlag von Quantitäten in Qualitäten. Die Bewertungen, die unausgesprochenen in diesem Umschlag wirken, werden nicht reflektiert. So verweist z. B. das Gegensatzpaar „aktiv" – „passiv" auf alte Denkmuster des Männlichen und des Weiblichen, die – wissenschaftlich neu ausgestaltet – offenbar als kulturelle Selbstverständlichkeiten die Geltung von anthropologischen Konstanten erlangt haben.[12]

Davon scheinen sich neuere soziologische Interpretationsansätze weit entfernt zu haben. Als Gründe für die geringere kriminelle Aktivität von Frauen werden z. B. ihre geringe Mobilität, ihre Beschränkung auf Haus und Hof sowie die Verinnerlichung von Weiblichkeitsvorstellungen angeführt. Diese Argumentation verweist jedoch eher auf den „Klassenstandpunkt" ihrer Verfasser als auf die Lebens- und Arbeitssituationen von Frauen im 19. und 20. Jahrhundert. Denn sie orientieren sich am Leitbild der „Hausfrau und Mutter", das seine Herkunft aus den Zusammenhängen der „bürgerlichen Gesellschaft" nicht verleugnen kann.[13]

Während sich diese Interpretationen mehr oder weniger auf die Aussagen der Kriminalstatistik über die generell niedrige Frauenkriminalität einlassen, ohne sich mit dem Problem der Dunkelziffer[14] auseinanderzusetzen, gehen andere Interpretationen davon aus, daß die Dunkelziffer für kriminelles Verhalten von Frauen besonders hoch liege und daß es eigentlich keine quantitativen Unterschiede in den kriminellen Aktivitäten von Frauen und Männern gebe. Die weibliche Kriminalität erscheine nur deshalb geringer, weil sie einerseits zum größeren Teil im sozialen Nahraum lokalisiert sei und deshalb entweder unentdeckt bleibe oder nicht angezeigt werde, und zum anderen wegen der Nachsicht der Polizei („Ritterlichkeit") nicht verfolgt werde. Sicher werden hier einige Selektionsmechanismen auf dem Weg von der Tat zur Anzeige und gerichtlichen Verhandlung zutreffend benannt, aber das Argument der „Ritterlichkeit" ist völlig abwegig.[15] Dagegen hat Marlene Stein-Hilbers einen Erklärungsansatz entwickelt, der die Rolle der dominanten Frauenbilder und Rollenstereotype mit in den widersprüchlichen Prozeß einbezieht, in dem abweichendes Verhalten von Frauen durch die verfolgenden Instanzen – Polizei, Staatsanwaltschaft und Gerichte – registriert, bewertet und sanktioniert wird[16]: Frauen werden zwar aufgrund der statistischen „Tatsache", daß sie weitaus weniger straffällig werden und weniger Vorstrafen als Männer aufweisen, weniger schnell einer Tat verdächtigt, aber im Falle der Verdächtigung oder Verhaftung kommt ihrem Rollenverhalten große Bedeutung zu. Verhalten sie sich rollenkonform, dann neigen Polizisten eher zu „Nachsicht". Wenn ihr Verhalten aber nicht den Rollenerwartungen entspricht, machen sie sich besonders verdächtig. Vor Gericht kann es sich gravierend auswirken, wenn Frauen wegen eines typischen „Männerdelikts" angeklagt werden, denn sie müssen dann mit härteren Strafen rechnen. Aus der Sicht der Geschlechtergeschichte lassen sich diese Beobachtungen dahingehend interpretieren, daß die Praxis der Strafjustiz den Handlungsrahmen für Frauen in doppelter Weise festschreibt, positiv, indem Rollenkonformität belohnt wird, negativ, indem davon abweichendes Verhalten zu härteren Sanktionen führt.

Auch bei der Beobachtung des Weges von der Tat zum Prozeß zeigt sich also, wie zirkulär das nicht reflektierte Denken in Geschlechterstereotypen als strukturierendes Vorurteil in der quantitativen Erfassung wie in der Bewertung von Frauendelinquenz als „weiblicher Kriminalität" wirkt.[17] Was Sack generell zum Problem der Kriminalstatistik sagt, gilt insbesondere für die „weibliche Kriminalität“: Sie ist das Resultat einer sozialen Konstruktion und eignet sich nicht als Meßinstrument für den Vergleich.[18] Denn die statistische Kategorie „Geschlecht“ ist keineswegs beschreibend, sondern erweist sich als ausgesprochen kulturell geprägt. Sie ist auch nicht „neutral“ klassifizierend, da Statistiken mit bestimmten Absichten hergestellt werden.[19] Sie dienen als Argumentationsbasis für die Steuerung wirtschaftlicher und sozialer Prozesse, insbesondere der Bevölkerungspolitik und der Verteilung und Bewertung von Arbeit, die ihrerseits ausgesprochen geschlechterbezogene Züge tragen. Aus der Sicht des Staates stehen sie in einer besonderen Beziehung zueinander, und dementsprechend haben Frauen und Männer unterschiedliche Rollen zu übernehmen. Es kann sich durchaus als geeignet erweisen, Frauen, die als Mütter zentrale Erziehungsaufgaben haben, als dem weniger kriminellen Geschlecht zugehörig erscheinen zu lassen. Ein Argument, das neben den bereits angeführten diese Hypothese unterstützen könnte, ist die größere Zahl von Strafrechtsbestimmungen für typische „Männerdelikte“, die erklären, warum Männer häufiger vor Gericht kommen.[20] Die Delinquenz von Frauen wird als gesellschaftlich weniger gefährlich oder schädlich bewertet, so daß deren Sanktionierung auch anderen – nicht-staatlichen – Instanzen überlassen werden kann[21], allerdings mit der bezeichnenden Ausnahme von Abtreibung und Kindsmord, den im Strafrecht ausschließlich Frauen zugeschriebenen schweren Verbrechen. Es sei die These gewagt, daß mit der dominanten Gewaltkriminalität der Männer der Staat sein Gewaltmonopol bedroht sieht, während er seine Existenz in Frage gestellt sieht, wenn Frauen selbst über ihre generativen Fähigkeiten entscheiden.

Im Strafrecht zeichnet sich somit eine Ordnung der Geschlechter ab, der ordnende Funktionen für gesellschaftliche Zuständigkeiten von Frauen und Männern zugeschrieben werden. Zugleich bedingen „weibliche Schwäche“ und „männliche Stärke“ eine Asymmetrie der Geschlechter als Voraussetzung für eine Geschlechterhierarchie, in der Frauen den Männern untergeordnet sind. Die Herstellung und Wahrung der „richtigen Ordnung“ der Geschlechter erweist sich somit als Fundament für gesellschaftliche Ordnung überhaupt und als erste Instanz für die Verteilung gesellschaftlicher Macht.[22] Die Rolle des Rechts in diesem Vorgang erscheint demnach zentral für die Herstellung und Reproduktion sozialer Ungleichheit.

Die Analyse der Probleme der Kriminalstatistik aus der Sicht der Geschlechtergeschichte hat offengelegt, wie die gängigen Geschlechterstereotype die Normenproduktion, das Zustandekommen der Kriminalstatistik wie die Selektion von kriminellem Verhalten von der Tat zum Prozeß steuern. Die Erforschung des gesellschaftlich als schädlich verfolgten Verhaltens von Frauen in der Frühen Neuzeit kann daher nicht ohne weiteres von dem modernen Konstrukt „weibliche Kriminalität" ausgehen. Die zu beherzigende „Lehre" besteht vielmehr darin, daß nach den jeweils herrschenden Geschlechterstereotypen, den spezifischen Bedingungen der Normenproduktion und den Selektionsmechanismen zu fragen ist. Die Erarbeitung von quantitativen Grundlagen für eine „Kriminalstatistik" und deren Gliederung nach Deliktgruppen gehört daher zu den Hauptaufgaben[23] und gebietet, die eigenen Kategorien auf ihre Vorurteilsstrukturen im Hinblick auf die Wahrnehmung und Bewertung der Geschlechter hin zu überdenken.

Zunächst werde ich die Frage der Geschlechterstereotype für das frühneuzeitliche Strafrecht und seine Praxis erörtern und anschließend „sträfliches" Verhalten in den jeweiligen Handlungsräumen von Frauen und Männern, die von geschlechtsspezifischer Arbeitsteilung und unterschiedlichen Rollenzuweisungen an Frauen und Männer bestimmt werden, aufsuchen.

II.

Vor den frühneuzeitlichen Gerichten erschienen Frauen in Zivil- wie in Strafprozessen als Klägerinnen, Angeklagte und Zeuginnen. Sie besaßen Rechte, waren also rechtsfähig, und konnten diese vor Gericht verteidigen. Sie befanden sich dabei jedoch in einer paradoxen Situation: Aufgrund ihrer „weiblichen Schwäche" stand ihnen in Zivilprozessen meist ein Vormund (Vogt[24], Kriegsvogt[25]) zur Seite oder vertrat sie bei der Wahrnehmung ihrer Rechte. In Strafprozessen waren sie jedoch vollverantwortlich und standen in eigener Person vor Gericht. Hier zeitigte die Vorstellung der „weiblichen Schwäche" ganz andere Folgen: Einerseits wurden Frauen milder als Männer bestraft („Frauenfrevel"), sogar Todesstrafen wurden gemildert, und peinliche Verfahren sollten bei nachgewiesener Schwangerschaft ausgesetzt werden.[26] Andererseits machte

„weibliche Schwäche“ Frauen besonders anfällig für die Verführungskünste des Teufels und damit für den „Abfall von Gott“, das schlimmste Verbrechen überhaupt, da es die Majestät Gottes beleidigte.[27] So erklärt die biblisch (Schöpfungsgeschichte, Sündenfall) begründete „weibliche Schwäche“[28] den besonderen Frauenbezug beim Delikt der „Hexerei“, während den Vorstellungen derjenigen, die die Dienste von Zauberinnen und Zauberern in Anspruch nahmen, gerade die gegenteilige Annahme, nämlich die der Stärke, zugrunde lag.[29] Für die prozeßentscheidenden Gerichtspersonen machte es einen großen Unterschied, ob ein Abfall von Gott aufgrund „weiblicher Schwäche“ oder aufgrund „männlicher Stärke“[30] geschah: dies jedenfalls dokumentieren die unterschiedlichen Verfahren der wegen Majestätsbeleidigung Gottes angeklagten Männer und Frauen. Während Männer wegen Gotteslästerung, Schatzgräberei oder Münzfälschung vor Gericht standen und meist mit dem Leben davon kamen,[31] gerieten Frauen in den Verdacht der Hexerei und hatten bei der Überführung mit der Todesstrafe zu rechnen: „Weibliche Schwäche“ bewirkte keineswegs eine Milderung, sondern die Verschärfung der Verfahren und der Urteile.

Der hier erkennbare Zusammenhang von „weiblicher Schwäche“ und „weiblicher Kriminalität“ in der Frühen Neuzeit steht im Kontext der generellen Rechtsungleichheit in der ständischen Gesellschaft der Frühen Neuzeit, in der es keine für alle gleich gültige Rechtsordnung gab, sondern der Grundsatz „Jedem das Seine“ galt. Rechtsungleichheit an sich war nicht notwendigerweise identisch mit negativer Diskriminierung. So hat David Sabean für Württemberg nachgewiesen, daß der Kriegsvogt, der in Bürgschaftsangelegenheiten die Partei der Ehefrau vor Gericht vertrat, im Interesse der Ehefrau handelte. Als die Geschlechtsvormundschaft in Württemberg 1828 abgeschafft wurde, geschah dies im Interesse des Kredits: Seitdem waren Ehefrauen in ihren finanziellen Entscheidungen ebenso frei wie ihre Ehemänner, besaßen aber keinen Schutz ihrer eigenen Interessen mehr, da die Entscheidungen in der Privatheit des Haushalts fielen.[32] Die Bewertung von rechtlichen Ungleichheiten, die auf die Differenz der Geschlechter bezogen werden, kann also nicht nur durch die einfache Gegenüberstellung von Frauen- und Männerrechten erfolgen, sondern muß auch den jeweiligen Status von Frauen und Männern und ihre sozialen Rollen im Kontext der gesetzten Rechtsgüter berücksichtigen – im vorliegenden

Fall also Haushalt und Kinder, „Güter", die den Eheleuten gemeinsam waren.

Im Straf- und Polizeirecht hingegen gab es durchaus Bestimmungen, die die Gleichbehandlung von Frauen und Männern forderten, gerade auch im Hinblick auf Sittlichkeitsvergehen. Diese Gleichbehandlung lief auf die Höhe der zu zahlenden Buße hinaus. Doch bedeutete dies in der Praxis nicht Gleichheit, denn gleiche Strafgelder belasteten in der Regel Frauen höher, da ihre Löhne geringer waren.[33]

Die rechtliche Ungleichheit der Geschlechter schlug nicht nur im Falle der Hexenprozesse in Diskriminierung der Frauen um. Ob es nun um „weibliche Freiheit" oder um die „weiblichen Rechtswohltaten" ging, beides war Ausdruck „weiblicher Schwäche" und damit von essentieller Minderwertigkeit. Sie erklärt auch, warum weibliche Strategien der Konfliktlösung und des Konfliktaustrags als besonders bösartig und heimtückisch galten. Frauen griffen eher zu Gift als zu offener brutaler Gewalt.[34] Dieses Verhalten als Konsequenz ihrer materiellen Ohnmacht zu verstehen, scheint mir zu eng. Zum einen hängt es zu einem guten Teil mit den Tätigkeitsbereichen der Frauen zusammen: ihrer Zuständigkeit für das Essen, für Krankheit und Gesundheit.[35] Zum anderen gab es durchaus Vorstellungen von „Weibermacht", die hinter der „weiblichen Schwäche" drohte. Sie wurde in der Magie des weiblichen Körpers gesehen,[36] die Männer in ihrer Männlichkeit abhängig von Frauen macht. Es ist also die Wahrnehmung des weiblichen Körpers mit männlichen Augen, die ihm seine gesellschaftliche Bedrohlichkeit verleiht. Diese Vorstellungen finden sich nicht nur in gelehrten Diskursen, sondern hatten einen festen ‚Sitz im Leben', der in Wort und Bild als „Kampf um die Hosen" thematisiert wurde.[37] Dabei ging es ganz handfest um die Durchsetzungsfähigkeit von Ehefrau und Ehemann im gemeinsamen Haushalt.

Die Ungleichheit der Frauen vor Gericht hat bereits die Zeitgenossen stutzig gemacht[38] und im Zeitalter des Vernunftrechts mit dazu beigetragen, sowohl die Verfolgung von Frauen als „Hexen" außer Kraft zu setzen als auch die „weiblichen Rechtswohltaten" im Strafrecht abzuschaffen.[39] Allerdings fand im Privatrecht keine Angleichung der Rechte der Frauen an die der Männer statt: „weibliche Freiheit"[40] und die Geschlechtsvormundschaft blieben weiterhin bestehen.[41] Bezeichnenderweise forderte Olympe de Gouges 1791 in ihrer Erklärung der Rechte der Frauen die Aufhebung der „weiblichen Rechtswohltaten", nämlich Gleichberechtigung für Frauen im Privatrecht wie im Strafrecht, aber auch und vor allem in der politischen Öffentlichkeit, die an die privatrechtliche Stellung gekoppelt war.[42]

Die Kategorie Geschlecht, die von der Geschlechtergeschichte[43] gleichberechtigt neben die Kategorien Schicht, Klasse, Rasse und – neuerdings – Ethnizität zur Analyse und Erklärung sozialer Ungleichheit gestellt wird, war im Denken der Frühen Neuzeit explizit grundlegend für die gesellschaftliche Ordnung. Dementsprechend erschien Geschlechtertausch als fundamentale Gefährdung dieser von Gott gesetzen Ordnung und wurde mit der Todesstrafe geahndet.[44] Dennoch besaß „Geschlecht" nicht die gleiche ungebrochene Gültigkeit wie in der „bürgerlichen Gesellschaft" unter der Herrschaft des Bürgerlichen Gesetzbuches. Die Frauen der verschiedenen Stände und in den verschiedenen, mit dem Lebensalter verbundenen Statuspositionen verfügten über jeweils spezifische Rechte. Von besonderer Bedeutung war der Unterschied zwischen den Ehe- und Hausfrauen und den unverheirateten Mägden, die abhängige Arbeit verrichteten und in den Haushalten anderer lebten. Sie galten (noch) nicht als „Frauen", sondern als „Menscher". Sie wurden von ihrer Herrschaft derselben „widerspenstigen" und renitenten Einstellungen und kriminellen Verhaltensweisen verdächtigt wie Frauen allgemein von Männern und Bauern allgemein durch ihre Herrschaft: Sie galten als heimtückisch und moralisch schlecht.[45] Es ist jeweils der Blick „von oben herab", der diese analogen Bewertungen herstellt.

Geschlechterstereotype, so hat sich gezeigt, spielen sowohl in der modernen wie in der frühneuzeitlichen Konstruktion von Kriminalität eine entscheidende Rolle. Das Rechtssystem mit seinen Normen, Institutionen und seinem Personal hat ebenso wie Theologie und Medizin dazu beigetragen, misogyne Frauenbilder über die Epochengrenze und über die „Abschaffung der Erbsünde"[46] zu transportieren und die rechtliche und soziale Ungleichheit weiterhin auf der Differenz der Geschlechter zu gründen. Insofern läßt sich eine Kontinuität in der Wirksamkeit von Geschlechterstereotypen konstatieren, die auch im harten Kern der „typischen" Frauendelikte – Kindsmord und Abtreibung – zum Ausdruck kommt. Bemerkenswert ist dabei allerdings, daß die Zahl der wegen dieser Delikte zum Tode verurteilten Frauen – soweit sich dies aus den bislang vorliegenden Studien erkennen läßt[47] – im Vergleich mit der Zahl der wegen „typischer“ Männerdelike zum Tode verurteilten Männer niedrig ist. Das liegt sicher nicht nur daran, daß mit einer Dunkelziffer zu rechnen ist, sondern daß auch hier vor allem „Exempel“ statuiert werden sollten.[48]

III.

Daß Geschlechterstereotype immer als Selektionsinstanz für die Herstellung und Verfolgung von „Kriminalität“ wirksam sind, enthebt die Forschung keineswegs der Aufgabe, zum einen nach spezifischen Strukturen von Delinquenz in der Transformation der frühmodernen Agrargesellschaften und zum anderen nach der Rolle des Geschlechterbezugs zu fragen.

Die frühmodernen Deliktstrukturen sind zum einen Ausdruck eines älteren Normen- und Sanktionssystems, zum anderen aber auch Ausdruck des gesamtgesellschaftlichen Wandlungsprozesses, in dem neue Normen gesetzt und gegenüber den älteren durchgesetzt werden sollten. Strafrechtsgeschichtlich läßt sich dies als Kriminalisierung und Entkriminalisierung bestimmter Verhaltensweisen fassen. Gerade eine Reihe von Handlungsformen, die der „weiblichen Kriminalität“ subsumiert werden, wie „Hexerei“ oder „Unzucht“, belegen dies: Sie wurden im 15./16. Jahrhundert als Straftatbestand ‚erfunden‘ und verschwanden im 18. Jahrhundert aus der Praxis der Gerichte, vielfach auch aus der Gesetzgebung.[49] Ebenso grundsätzlicher Natur ist das damit verbundene Problem der Normenproduktion. Erst kürzlich hat Gerhard Dilcher[50] einleuchtend begründet, daß Normen, d. h. generalisierte Verhaltensregeln, sich im christlichen Abendland erst seit dem hohen Mittelalter mit der Entstehung der Städte als einer bürgerlichen Gesellschaft von Gleichen herausgebildet haben. Seit dem späten Mittelalter wird erkennbar, daß die Normierung des Verhaltens in den verschiedenen Bereichen, z. B. in Stadt und Land, unterschiedlich schnell voranschritt und daß das Verhalten der verschiedenen Stände, Geschlechter- und Altersklassen[51] von den Obrigkeiten in unterschiedlicher Weise normiert und reguliert wurde. Gleichzeitig läßt sich der Ausbau der Verfolgsinstanzen – Gerichtswesen, Verfahrensrecht, Gerichtspersonen – beobachten.[52]

Teil dieser Dynamik der Ausgestaltung des Rechtssystems und seiner Institutionen sind auch die wechselnden Grenzziehungen zwischen deviantem und strafrechtlich verfolgtem Verhalten, so daß die Historische Kriminalitätsforschung zu Recht das gesamte Feld abweichenden Verhaltens in den Blick nimmt, ohne Rücksicht darauf, ob es im Strafrecht kriminalisiert wurde oder nicht, ob es durch andere gesellschaftliche Instanzen kontrolliert und sanktioniert wurde oder nicht[53]. Allerdings ist damit das Problem nur z. T. benannt, weil überdies die Grenzen zwischen „normalem" und „abweichendem" Verhalten immer wieder neu gezogen wurden. So wurde z. B. durch den ostentativen Normenwandel in der Reformation das bis dahin „normale" Eheschließungsverfahren, demgemäß die Brautleute nach dem Eheversprechen den Geschlechtsverkehr aufnehmen durften, verboten und gerichtlich verfolgt.[54] Gleichwohl blieb es vor allem auf dem Land bis in das 18. Jahrhundert Praxis, was zu vielen Verfahren wegen „Unzucht" und nicht eingehaltenen Eheversprechen führte.[55] Eine weitere Dimension der problematischen Abgrenzung von „normal" – „abweichend" liegt in der Interpretationsfähigkeit von beobachtetem Sprechen und Verhalten. Sie spielte z. B. in den Zeugenaussagen der Hexenprozesse eine große Rolle und verweist darauf, daß Wahrnehmung und Verstehen vom jeweiligen Kontext abhängig sind.[56] Zu den frühneuzeitlichen Wahrnehmungsstrukturen gehörten auch Erinnerungsleistungen, die in den Zeugenaussagen vieler Prozesse erstaunlich weit zurückreichen. Wie die hier angeführten Beispiele zeigen, erscheint der Geschlechterbezug am deutlichsten bei den „typisch weiblichen" Delikten. Dieser Eindruck entsteht (1) durch die bislang vorherrschenden Forschungsinteressen und (2) durch die damit zusammenhängenden Zugriffe und Arbeitsmethoden.

(1) Die Forschungslage für das Heilige Römische Reich ist sehr uneinheitlich und unübersichtlich. Während die „Criminalia" seit dem 19. Jahrhundert zu den Selbstverständlichkeiten der Stadtgeschichtsschreibung gehören und gerade in jüngster Zeit neue Standards setzende Bearbeitung erfahren haben[57], ist die Zahl vergleichbarer Untersuchungen für die Landstädtchen und Dörfer sehr viel kleiner.[58] Daß viele Ähnlichkeiten zwischen moderner und frühneuzeitlicher geschlechterbezogener Kriminalität ins Auge stechen, liegt wohl mit an den von den städtischen Verhältnissen geprägten Fragehorizonten der Forschenden[59]. Allerdings könnte dieser Eindruck auch darauf beruhen, daß die Gerichtsprotokolle mit

modernen Kategorien bearbeitet worden sind.[60] Die Ähnlichkeit frühmoderner und moderner Deliktstrukturen hat jedoch einen substantiellen Grund darin, daß die Prozeßakten die Systematisierung der Gerichtsverfahren über die Gutachtertätigkeit der Juristischen Fakultäten widerspiegeln und daß es ein großes Interesse der Landesherrschaft gab, die Gerichtsbarkeit ihrer zentralen Kontrolle zu unterstellen.[61] Es waren ihre Ordnungsinteressen, die darüber entschieden, was an die übergeordneten Gerichte gelangte. Daher überrascht es nicht, die bekannten Muster von Frauen- und Männerkriminalität vorzufinden. Gleichwohl läßt sich mit diesem Verfahren Wandel in den Deliktstrukturen fassen, z. B. der bereits angeführte Vorgang der Kriminalisierung und Entkriminalisierung von „Unzucht". Eine methodische Schwierigkeit bietet die Klassifizierung von einzelnen Deliktgruppen. So gehörte „Hexerei" ohne Zweifel zu den Verbrechen gegen die Religion, zugleich war sie jedoch als Majestätsbeleidigung das schwerste „politische" Vergehen überhaupt.[62] Dieser Sachverhalt schafft einerseits Probleme bei der Herstellung von Statistiken, die für den intertemporalen Vergleich geeignet sind, andererseits verweist er auf eine zentrale Dimension des Wandels in den Beziehungen von weltlicher Herrschaft und Religion vom 16. zum 18. Jahrhundert.

(2) Bislang fußt die Historische Kriminalitätsforschung[63] der Frühen Neuzeit im deutschen Sprachraum vor allem auf den Akten der städtischen Gerichte sowie denen der territorialen Mittel- und Obergerichte, während sowohl die Nieder- als auch die geistliche Gerichtsbarkeit kaum systematisch untersucht worden sind.[64] Die dörflichen Rügegerichte gar werden – anders als in der Rechtlichen Volkskunde[65] – in historischen Untersuchungen so gut wie gar nicht berücksichtigt. Diese Arbeitsweise wird der frühneuzeitlichen Gesellschaft, die noch weitgehend eine Agrargesellschaft war, in keiner Weise gerecht und verhindert, daß die fundamentalen Konflike der ländlichen Gesellschaft und ihre Regulierung überhaupt in den Blick kommen. Hier findet sich bislang das spezifische Dunkelfeld der frühneuzeitlichen Kriminalität. Daher besteht die erste Forderung an die Erforschung der Kriminalität in der Frühen Neuzeit darin, der polyzentrischen Rechtsordnung und dem polyzentrischen Normensystem Rechnung zu tragen. Es reicht nicht aus, die verschiedenen gerichtlichen Instanzen der ständischen Rechtsordnung, vor allem das Nebeneinander von weltlichen und geistlichen Gerichten mit spezifischen Kompetenzen, zu bearbeiten und die jeweiligen Befunde aufeinander zu beziehen. Denn die Tätigkeit der lokalen Rügegerichte verweist auf Rechtsbereiche und Regelungskompetenzen, die tatsächlich einen signifikanten Unterschied zum modernen Rechtswesen darstellen.

Damit rückt der Bereich institutionalisierter Nachbarschaft ins Blickfeld. Er war ursprünglich nicht herrschaftlich organisiert und wird deshalb von der Forschung als „informell" bezeichnet. Da sich der herrschaftliche Zugriff auf die Gemeindeebene seit dem 15. Jahrhundert verstärkte, erscheint ihr Aktionsfeld z. T. auch in der herrschaftlichen Dokumentation rechtlicher Konfliktlösung, aber sie wurde von den Obrigkeiten zunehmend weniger als legitime rechtliche Instanz denn als Inbegriff von angemaßter Autorität angesehen. In diesem Prozeß entstand der Gegensatz von Recht und Brauch: Recht als Ausdruck formal gültiger Norm, Brauch als Ausdruck informeller Macht. Ausgehend von falschen Prämissen, blendet diese moderne Sicht auf die ländliche Gesellschaft die Bedeutung von Gemeinde und Nachbarschaft für die lokale Organisation des Lebens im umfassenden Sinne aus. Dieser Bereich war in vielen Teilen Deutschlands spätestens seit dem 15. Jahrhundert durch schriftlich niedergelegte Dorfordnungen (Willküren und Beliebungen) geregelt.[66] Das Willkürrecht der lokalen Gemeinden beinhaltete die Aufstellung von Regeln und eine Sanktionspraxis, die eine Entsprechung zum individuellen bürgerlichen Willkürrecht[67] darstellte. Im Kern geht es um eine Selbstverpflichtung der Gemeindemitglieder, die Regeln einzuhalten und bei ihrer Übertretung die fälligen „Brüche" zu zahlen. Zu diesem Willkürrecht gehörte, daß die Gemeindemitglieder zur Rüge (Anzeige) verpflichtet waren; eine Polizei gab es nicht. Hier zeigt sich der Charakter lokaler Konfliktregelung als Selbstorganisation, die jedoch nicht mit Selbstjustiz zu verwechseln ist. Ziel war es, Frieden zwischen Nachbarn und damit in der Gemeinde zu stiften. Die Nachbarn verfügten mit den Schiedsleuten über ein weiteres Instrument, ihre Streitigkeiten vorgerichtlich zu schlichten.[68] Prinzip war auch hier die Vermittlung und die Vermeidung von Selbstjustiz.

Während die lokale Kompetenz der Gemeinde auch in der herrschaftlichen Überlieferung erscheint, sind die verschiedenen nach Geschlechter- und Altersklassen gegliederten Formationen der institutionalisierten Nachbarschaft nicht mit gleicher Schärfe erkennbar, es sei denn, sie waren mit in die bäuerlich-herrschaftlichen Beziehungen eingebunden, wie die Flurgenossenschaft der Hofbesitzer und die Gruppe der verheirateten Frauen, die die Hebamme wählten. Die Knabenschaften übernahmen Aufgaben bei der Eheanbahnung wie bei der Rüge von altersmäßig „ungleichen Paaren" und bei der Einheirat Auswärtiger.[69]

Demgegenüber waren die verheirateten Frauen für die Wahrung der innerehelichen Ordnung zuständig, wie das zufällig überlieferte „Weibergericht“ in Breitenbach (bei Kassel) belegt.[70] Es hielt Gericht wie das dörfliche Grebengericht und verhängte Sanktionen wie Dachabdecken – also Schandstrafen.[71] Sanktioniert wurde jedoch nicht die Frau allein, die ihren Mann verprügelt hatte, sondern das Ehepaar. Die gerichtliche Verfolgung von „Unzucht“ stellte also insgesamt nur einen ganz bestimmten Ausschnitt aus dem Feld der Vergehen gegen die Sittlichkeit dar und müßte somit neu bewertet werden. Zugleich läßt das „Weibergericht“ erkennen, worauf es der Nachbarschaft ankam: auf die Reintegration der „Verbrecher“, nicht auf deren Ausgrenzung.[72]

Es war bezeichnend für diese Form, Ordnungsprobleme durch Knabenschaften und „Weibergericht“ zu regeln, daß sie nichts einbrachte, nichts abzurechnen hatte und daher kaum schriftlich überliefert ist: Alles wurde gemeinsam verzehrt, wie das Martinhager Weibergericht zeigt, um durch die Tischgemeinschaft die verlorene Nachbarschaftlichkeit rituell wiederherzustellen. Ähnlich verfuhren die Rügegerichte, die Flurfrevel und Vergehen gegen die Nachbarschaft mit Bier- und Weinbußen ahndeten, die gemeinsam beim Gemeindebier vertrunken wurden. Zum Teil läßt sich diese Gerichtsbarkeit nur mehr über Verwaltungsakten fassen, wie z. B. herrschaftliche Einnahmeverzeichnisse und Kirchenrechnungen, in denen Strafgelder aufgeführt werden, die zusätzlich zu den Bußen an die Herrschaft zu entrichten waren.[73]

Es gilt also, die Felder der frühneuzeitlichen ländlichen Gesellschaft, in denen Konflikte entstanden und unter Umständen mit sträflichem oder gar strafbarem Verhalten ausgetragen wurden, neu abzustecken und zu vermessen, um die kontrollierenden und sanktionierenden Instanzen als System fassen zu können. Andernfalls würde die Forschung unkritisch die Positionen der frühmodernen Bürokraten übernehmen, die diesen Bereich aufgrund der kleinen Strafen und Bußen für „Bagatellen“ hielten. Denn in ihrem näheren Umfeld waren die Menschen selten mit „Mord- und Totschlag“, denen das Interesse der Obrigkeiten und der Historischen Kriminalitätsforschung gilt, konfrontiert, wohl aber mit ihrer tagtäglichen Selbstbehauptung in der Auseinandersetzung mit Familienmitgliedern, Nachbarn und nicht zu selten mit den lokalen Amtspersonen beschäftigt. Es ging ihnen um Leib und Leben, um Gut und Ehre. In diesem Kontext muß nach dem Geschlechtsbezug von Konfliktaustragung und Sanktionierung gefragt werden.

Eigentumsdelikte machten – nach den vorliegenden Untersuchungen zu schließen – einen großen Teil des sanktionierten Verhaltens von Frauen und Männern aus.[74] Dazu gehörte zum einen „Mundraub", also etwa der Diebstahl von Äpfeln oder Trauben, der in den fränkischen Gemeinden mit dem „Naschkorb"[75] bestraft wurde.[76] Gravierender waren die Flur- und Holzfrevel, also Schädigungen der nachbarlichen Nutzungsrechte sowohl in der Flur als auch im Wald. Sie wurden bisher nur als herrschaftlich-bäuerliche Konflikte, nicht aber als innerdörfliche Konflikte thematisiert. Im Land- und Ruggericht der Herrschaft Tannenberg wurden für das Dorf Nentershausen (bei Sontra) in den Jahren 1694–1705 folgende Fälle von Flurfrevel angeführt: 1694 waren von 36 Fällen 35 Flurfrevel, an denen 33 Männer und 17 Frauen beteiligt waren; 1695 waren es 31 Fälle mit 22 Männern und 17 Frauen; 1696 20 Fälle mit je 10 beteiligten Männern und Frauen; 1697 27 Fälle mit 14 Männern und 15 Frauen; 1700 erschienen in 26 Fällen 25 Männer und 11 Frauen; 1705 gab es 41 Fälle, in die 14 Männer und 28 Frauen involviert waren.[77] Die Nentershäuser Flurfrevel zeigen also eine wechselnde Beteiligung von Frauen und Männern an den gerügten Fällen.[78] Sie wurden bei den gewöhnlichen Arbeiten in der Flur verübt und stehen im Zusammenhang mit den Haushaltspositionen, die die jeweiligen Personen innehatten. Die Beteiligung von Frauen an Flurfreveln erklärt sich aus ihrer Arbeit in Haus, Hof und Flur und ihrer Zugehörigkeit zu einem Haushalt, gleich ob als Hauswirtin, Tochter oder Magd.[79] Für die dörfliche Gesellschaft waren diese Frevel keineswegs geringfügig oder banal, vielmehr sahen sie in ihnen einen Angriff auf das sorgfältig ausgeklügelte System von Nutzungsrechten, ging es um die mißbräuchliche Aneignung von Nutzungen, die dem Mangel[80] an lebensnotwendigen Gütern steuern sollte.

Ein weiterer Aspekt von Haushalt und Delinquenz tritt hervor, wenn die Eheleute gemeinsam straffällig wurden. Aufschlußreich ist ein Fall von Krautdiebstahl, den ein Ehepaar 1613 in Frickenhausen begangen hatte: „darumb soll er in thurn und das weib ins narnhaus gelegt und ihr ein krauthstrauch für das loch gehenckt werden".[81] Die Eheleute wurden also in unterschiedlicher Weise für den gemeinsamen Diebstahl bestraft: Der Ehemann erhielt eine ehrenvolle „Männerstrafe" und die Frau eine schmähliche Schandstrafe. Dieses Verfahren stellt keineswegs die Ausnahme dar, sondern findet sich auch in der herrschaftlichen Sanktionspraxis gegen bäuerliche Ehepaare, die gemeinsam Widerstand gegen herrschaftliche Zumutungen leisteten.[82] Während die Männer mit Lebens-, Leibes-, Geld- und Verweisungsstrafen zu rechnen hatten, erhielten die Frauen überwiegend Schandstrafen. Im Bauernkrieg 1525 wurden sie z. B. in Dettwang (bei Rothenburg ob der Tauber) ins Narrenhaus gesperrt.[83] Ins Narrenhaus wurden auch Knaben gesteckt, die über die Stränge geschlagen hatten. Allerdings war es für sie keine Schandstrafe, sondern eine Analogie zur Behandlung der betrunkenen nächtlichen Ruhestörer.[84]

Frauen finden sich also an verschiedenen „Widersetzlichkeiten" beteiligt: gegen den Ehemann, gegen die Herrschaft, gegen die Obrigkeit, als „Hexe" gegen die göttliche Schöpfung. Sie galten schlechthin als Feindinnen der Ordnung. Diese „Ordnungswidrigkeiten" wurden von verschiedenen Instanzen sanktioniert: dem Weibergericht, dem Dorfgericht und den herrschaftlichen Gerichten. Verstöße gegen die rechte Ordnung waren offensichtlich auf das engste mit der Geschlechterhierarchie verknüpft und berührten somit die Fundamente der politischen Ordnung. Dieses frühneuzeitliche Verständnis von Politik als „gute Polizey" ist bei der Klassifizierung der Delikte und beim intertemporalen Vergleich der Verbrechen gegen Religion und Staat zu berücksichtigen.

Ebenso wichtig für die soziale Position wie die materielle Ausstattung war der Besitz von Ehre. Wie eine Analyse von lippischen Gogerichtsakten ergeben hat, brachten Männer weitaus häufiger als Frauen Ehren- und Beleidigungsklagen vor Gericht.[85] Dies steht in eklatantem Gegensatz zur viel berufenen „weiblichen Ehre" und zum unterstellten zänkischen Charakter der Frau, die mit ihrer scharfen Zunge beleidigten und damit Unfrieden stiftet. Zunächst bietet sich die Erklärung an, daß Streitigkeiten unter Frauen und zwischen Frauen und Männern – hier geht es insbesondere um Ehefrauen, Witwen und Ehemänner – vorgerichtlich beigelegt wurden, z. B. durch die eheherrliche Autorität, während bei den Ehrhändeln der Männer die nachbarschaftlichen Schiedsleute[86] keine hinreichende Autorität besaßen, um dergleichen Konflikte beizulegen, so daß dies vor der gerichtlichen Öffentlichkeit geschehen mußte. Es scheint, daß die Ehre der Frauen geringer als die der Männer war. Dafür könnte auch das angeführte Beispiel der unterschiedlichen

Bestrafung von Eheleuten für einen gemeinsam begangenen Feldfrevel sprechen. Offen bleibt, wie der Ehemann sich zur Ehrminderung seiner Frau stellte. Allerdings konnte verlorene Ehre wiederhergestellt werden.

Hier wird, wie mir scheint, ein wichtiges Kennzeichen des Rechtsdenkens in der Frühen Neuzeit erkennbar: Die Verantwortlichkeit für abweichendes Verhalten wurde nur einem Teil der „Verbrecher" selbst zugewiesen, vielmehr zu einem nicht unerheblichen Teil den personalen Ordnungsinstanzen in Ehe und Haushalt: den Ehemännern für ihre Ehefrauen, den Hausvätern, aber auch den Hausmüttern für Kinder und Gesinde. Zudem wurden viele Vergehen der Haushaltsangehörigen aufgrund der Disziplinargewalt der Hausväter innerhalb der Haushalte – ohne an die Gerichte zu gelangen – gemaßregelt. Damit entzieht sich die große Zahl der auf diese Weise geregelten Fälle unserer Kenntnis und muß als bezeichnendes Dunkelfeld der frühneuzeitlichen Delinquenz gelten.

IV.

Die Erforschung des kriminellen Verhaltens von Frauen in der Frühen Neuzeit als „weibliche Kriminalität" ist ein problematisches Unterfangen. Die generelle Frage nach dem Anteil der Frauen in Strafprozessen läßt sich m.E. nur angemessen bearbeiten, wenn die Aussagen, die in Akten und Gesetzeswerken erscheinen, als Resultat einer Selektion nach bestimmten Herrschaftsinteressen angesehen werden, die durch bestimmtes Verhalten von Männern und Frauen die „öffentliche Ordnung" und den sozialen Frieden infragegestellt sahen. Für welche Delikte besonders Männer oder Frauen verantwortlich gemacht wurden, hing davon ab, wo den Geschlechtern jeweils die Fähigkeit zugetraut wurde, diese öffentliche Ordnung zu gefährden: Brutale Gewalt als Ausdruck „männlicher Stärke" wurde offenbar als bedrohlicher angesehen als die Ambivalenzen „weiblicher Schwäche". Damit wurde auch in der Frühen Neuzeit die niedrige Kriminalitätsrate der Frauen gesellschaftlich hergestellt.

Die Historische Kriminalitätsforschung steht somit vor der Aufgabe, die Grundlagen für eine Datenbasis zu erarbeiten, in der die Kriminalität von Männern und Frauen in einer Weise dokumentiert ist, die auch die Selektionsmechanismen bei der Herstellung von „weiblicher“ und „männlicher“ Kriminalität und geschlechterbezogener Deliktstrukturen erkennen läßt. Es muß klar erkennbar sein, was aus welchen Gründen im Dunkeln bleibt, vor allem ob es die schlechte „Aktenlage“ ist, oder ob es die Auswahlkriterien der Forschenden sind, die entscheiden, was das Licht der Wissenschaft erblicken darf und was nicht.

Aus der Perspektive der Geschlechtergeschichte sind im Blick auf Kriminalität neue Dimensionen sozialer Ungleichheit zutage gekommen, die über die Differenz der Geschlechter vermittelt wurden. Die Differenz wurde zu einer Ordnung der Geschlechter umgestaltet, die auf „männlicher Stärke“ und „weiblicher Schwäche“ beruhte. Wie „Geschlecht“ eine zentrale Kategorie der wissenschaftlichen Analyse von gesellschaftlicher Ungleichheit ist, so erweist sich „männliche Stärke“ – „weibliche Schwäche“ als ein durchgängiges „Deutungsmuster sozialer Wirklichkeit“[87], das damit Einfluß auf Wirklichkeit nimmt.

Anmerkungen

1 Vgl. Wolfgang Behringer, Erträge und Perspektiven der Hexenforschung, in: HZ 249 (1989), S. 619–640; Peter Kriedte, Die Hexen und ihre Ankläger. Zu den lokalen Voraussetzungen der Hexenverfolgungen in der frühen Neuzeit – Ein Forschungsbericht, in: Zeitschrift für Historische Forschung 14 (1987), S. 47–71; Robert Jütte, Geschlechtsspezifische Kriminalität im Späten Mittelalter und in der Frühen Neuzeit, in: Zeitschrift der Savigny-Stiftung für Rechtsgeschichte, Germ. Abt. 101 (1991), 86–116.

2 Zitiert nach Esther Fischer-Homberger, Medizin vor Gericht. Gerichtsmedizin von der Renaissance bis zur Aufklärung, Bern, Stuttgart, Wien 1983, 127.

3 Esther Fischer-Homberger, Krankheit Frau. Zur Geschichte der Einbildungen, Darmstadt 1994, 49–53.

4 Beispiele bei Fischer-Homberger, Medizin, 126–134.

5 Fritz Sack, Probleme der Kriminalsoziologie, in: Handbuch der empirischen Sozialforschung, hg. von René König, Bd. 12, Stuttgart 1978, 386. Sack bezieht sich im anschließenden Satz auf die Individualisierung von Schuldzuweisung, die im Hinblick auf Frauen eine doppelte negative Ausgrenzung bewirke.

6 Hermann Mannheim, Vergleichende Kriminologie. Ein Lehrbuch in zwei Bänden (engl. 1962), Stuttgart 1974, Bd. 2, 830–852.

7 Stefan Bajor, Kathrin Rödiger-Bajor, Die Diskriminierung der Juristin in Deutschland bis 1945, in: Kritische Justiz 13 (1980), 41 f.

8 Dirk Blasius, Kriminalität und Alltag. Zur Konfliktgeschichte des Alltagslebens im 19. Jahrhundert, Göttingen 1978, S. 13; Sack, 197, 301.

[9] Gisela Bock, Geschichte, Frauengeschichte, Geschlechtergeschichte, in: Geschichte und Gesellschaft 14 (1988), 364–391; Karin Hausen, Heide Wunder (Hg.), Frauengeschichte – Geschlechtergeschichte (Geschichte und Geschlechter, Bd. 1), Frankfurt a.M., New York 1992, Einleitung, 9–18

[10] Elsbeth Brökling, Frauenkriminalität. Darstellung und Kritik kriminologischer und devianzsoziologischer Theorien. Versuch einer Neubestimmung, Stuttgart 1980, 6–13.

[11] Marlene Stein-Hilbers, Zur Frage der geschlechtsspezifisch unterschiedlichen Strafverfolgung, in: Kriminologisches Journal 10 (1978), 281.

[12] Die wesensmäßige Zuschreibung bestimmter Delikte auf Männer oder Frauen spielt z.B. in der christlichen Anthropologie, in der medizinischen Lehre von den Körpersäften sowie in der Gynäkologie des 19. Jahrhunderts eine Rolle.

[13] Darauf verweist nachdrücklich Jütte, 98.

[14] Vgl. den Überblick bei Sack, z.B. S. 286, 291–295, 305.

[15] Zutreffender erscheinen die Überlegungen, die Mannheim über die Tatsache anstellt, daß Männer Gesetze machen, die Frauen betreffen und über sie zu Gericht sitzen.

[16] Stein-Hilbers.

[17] Was hier am Beispiel der Geschlechtszugehörigkeit „weiblich“ herausgearbeitet wurde, hat eine Entsprechung in der Kategorie „männlich“, die in gleicher Weise zu analysieren wäre.

[18] Sack, 318.

[19] Ebd., S.291.

[20] Brökling, 78.

[21] Ebd., S. 97 f.

[22] Joan W. Scott, Gender and the Politics of History, New York 1988, 42; Heide Wunder, „Er ist die Sonn', sie ist der Mond.“ Frauen in der Frühen Neuzeit, München 1992, 67.

[23] Wichtig wäre, diese Befunde mit chronistischen Aufzeichnungen zu vergleichen, die sich z.B. in den Schreibkalendern und Hausbüchern finden. So verzeichnet etwa die Gunkelsche Chronik für das 18. Jahrhundert in Kassel eine Reihe von Kindsmörderinnen: Philipp Losch (Hg.), Zwei Kasseler Chroniken des achtzehnten Jahrhunderts. Ein Beitrag zur Orts- und Familiengeschichte, Kassel 1904, z.B. 23.

[24] Belege für Basel bei Hans-Rudolf Hagemann, Basler Rechtsleben im Mittelalter, Basel, Frankfurt a.M. 1987, 140–161.

[25] Belege für Württemberg bei David Sabean, Property, Production, and Family in Neckarhausen, 1700–1870, Cambridge, New York, Port Chester, Melbourne, Sydney 1990, z.B. 211–218.

[26] Rudolf His, Geschichte des deutschen Strafrechts bis zur Karolina, München, Berlin 1928, 7 f.

[27] H. Holzhauer, Artikel „Majestätsbeleidigung“, in: Handwörterbuch zur deutschen Rechtsgeschichte, hg. v. A. Erler u. E. Kaufmann, Bd. 3, Berlin 1984, 177–182.

[28] Helen Schüngel-Straumann, Die Frau am Anfang. Eva und die Folgen, Freiburg im Breisgau 1989; Elisabeth Gössmann, Anthropologie und soziale Stellung der Frau nach Summen und Sentenzenkommentaren des 13. Jahrhunderts, in: Miscellanea Medievalia 12 (1979), 281–297.

[29] Eva Labouvie, Zauberei und Hexenwerk. Ländlicher Hexenglaube in der frühen Neuzeit, Frankfurt a. M. 1991, 62 f.; siehe hierzu auch den Beitrag von Silke Göttsch im vorliegenden Band.

30 Elisabeth Koch, Major dignitas est in sexu virili. Das weibliche Geschlecht im Normensystem des 16. Jahrhunderts, Frankfurt a. M. 1991.

31 Gerd Schwerhoff, Köln im Kreuzverhör: Kriminalität, Herrschaft und Gesellschaft in einer frühneuzeitlichen Stadt, Bonn, Berlin 1991, 248; Heide Wunder, Hexenprozesse im Herzogtum Preußen während des 16. Jahrhunderts, in: Christian Degn, Hartmut Lehmann, Dagmar Unverhau (Hg.), Hexenprozesse. Deutsche und skandinavische Beiträge, Neumünster 1983, 200, Anm. 47.

32 Vgl. Sabean, 430.

33 Ewald Fritsch, Vom Bergmann zum Spielzeugmacher, in: Deutsches Jahrbuch für Volkskunde 2 (1956), S. 179–211, hier S. 196.

34 Vgl. Fischer-Homberger, Medizin, 364–376.

35 Wunder, Hexenprozesse, 188 f.; Ingrid Ahrendt-Schulte, Schadenzauber und Konflikte. Sozialgeschichte von Frauen im Spiegel der Hexenprozesse des 16. Jahrhunderts in der Grafschaft Lippe, in: Heide Wunder, Christina Vanja (Hg.), Wandel der Geschlechterbeziehungen zu Beginn der Neuzeit, Frankfurt a. M. 1991, 208–212.

36 Sigrid Schade, Schadenzauber und die Magie des Körpers, Worms 1983.

37 Vgl. Wunder, „Er ist die Sonn'", 74, 104, 111, 200.

38 Heide Wunder, Friedrich von Spee und die verfolgten Frauen, in: Doris Brockmann, Peter Eicher (Hg.), Die politische Theologie Friedrich von Spees, München 1991, 117–131.

39 Dieter Schwab, Artikel „Gleichberechtigung (der Geschlechter)", in: Handwörterbuch zur deutschen Rechtsgeschichte, hg. v. A. Erler u. E. Kaufmann, Bd. 1, Berlin 1971, 1696–1702.

40 Wunder, „Er ist die Sonn'" 125; Merry E. Wiesner, Working Women in Renaissance Germany, New Brunswick, New York 1986, 26–30; Erich Maschke, Die Familie in der deutschen Stadt des späten Mittelalters (Sitzungsberichte der Heidelberger Akademie der Wissenschaften, Phil.-hist. Klasse, 1980, 4. Abh.), Heidelberg 1980, 41.

41 W. Ogris, Artikel „Munt, Muntwalt", in: Handwörterbuch zur deutschen Rechtsgeschichte, hg. v. A. Erler u. E. Kaufmann, Bd. 3, Berlin 1984, 750–761; Dietmar Willoweit, Artikel „Vogt, Vogtei", in: ebd. 36. Lieferung, Berlin 1993, 942: Vogtei als Vormundschaft; Schwab, wie Anm. 39, Sp. 1697 f.

42 Olympe de Gouges, Erklärung der Rechte der Frau und Bürgerin, in: dies., Schriften, hg. v. Monika Dillier, Vera Mostowlansky, Regula Wyss, Basel, Frankfurt a. M. 1980, 40–44.

43 Vgl. Bock; Hausen/Wunder.

44 Heide Wunder, Geschlechtsidentitäten. Frauen und Männer im späten Mittelalter und am Beginn der Neuzeit, in: Hausen/Wunder (Hg.), wie Anm. 9, 133 f.; Sully Roecken, Carolina Brauckmann, Margaretha Jedefrau, Freiburg im Breisgau 1989.

45 Paul Münch, Tiere, Teufel oder Menschen? Zur gesellschaftlichen Einschätzung der „dienenden Klassen" während der Frühen Neuzeit, in: Gotthard Frühsorge (Hg.), Dienstboten im 18. Jahrhundert (im Druck); Ulrike Gleixner, „Das Mensch" und „der Kerl". Die Konstruktion von Geschlecht in Unzuchtverfahren der Frühen Neuzeit (1700–1760), Frankfurt a. M., New York 1994; Renate Dürr, „Des Menschen Feinde werden seine eigene(n) Haußgenossen seyn". Mägde im „ganzen Haus" am Beispiel von Schwäbisch Hall im 17. Jahrhundert, Diss. phil. Berlin 1994.

46 Wilhem Schmidt-Biggemann, Mutmaßungen über die Vorstellung vom Ende der Erbsünde,

in: Bernhard Fabian, Wilhelm Schmidt-Biggemann, Rudolf Vierhaus (Hg.), Deutschlands kulturelle Entfaltung. Die Neubestimmung des Menschen, München 1980, 171–192.

47 Otto Ulbricht, Kindsmord und Aufklärung in Deutschland, München 1990; Richard van Dülmen, Frauen vor Gericht. Kindsmord in der Frühen Neuzeit, Frankfurt a. M. 1991; Wolfgang Behringer, Mörder, Diebe, Ehebrecher. Verbrechen und Strafen in Kurbayern vom 16. bis 18. Jahrhundert, in: Richard van Dülmen (Hg.), Verbrechen, Strafen und soziale Kontrolle. Studien zur historischen Kulturforschung III, Frankfurt a. M. 1990, 102; Schwerhoff, 158; Clemens Zimmermann, „Behörigen Orthen angezeigt". Kindsmörderinnen in der ländlichen Gesellschaft Württembergs, 1581–1792, in: MedGG 1O (1991), 67–102.

48 Richard van Dülmen, Theater des Schreckens. Gerichtspraxis und Strafrituale in der Frühen Neuzeit, 2. Aufl. München 1988; Peter Wettmann-Jungblut, „Stelen inn rechter hungersnodtt". Diebstahl, Eigentumsschutz und strafrechtliche Kontrolle im vorindustriellen Baden 1600–1850, in: Richard van Dülmen (Hg.), Verbrechen, Strafen und soziale Kontrolle. Studien zur historischen Kulturforschung, Frankfurt a. M. 1990, 147; Schwerhoff, Köln, 153–166; vgl. dagegen Helfried Valentinitsch, Zur Geschichte des Kindsmordes in Innerösterreich. Gerichtspraxis und landesfürstliches Begnadigungsrecht im 17. Jahrhundert, in: ders. (Hg.), Recht und Geschichte. Festschr. Hermann Baltl zum 70. Geburtstag, Graz 1988, 573–591; Otto Ulbricht, Landesverweisung für Kindsmord – milde Strafen in harter Zeit? Ein Segeberger Fall aus dem Jahre 1684, in: Werner Paravicini (Hg.), Mare Balticum. Beiträge zur Geschichte des Ostseeraums in Mittelalter und Neuzeit. Festschrift zum 65. Geburtstag von Erich Hoffmann, Sigmaringen 1992, 262–278; Heinz Schilling, Frühneuzeitliche Formierung und Disziplinierung von Ehe, Familie und Erziehung im Spiegel calvinistischer Kirchenratsprotokolle, in: Paolo Prodi (Hg.), Glaubensbekenntnisse, Treueformeln und Sozialdisziplinierung zwischen Mittelalter und Neuzeit, München 1993, 199–236.

49 Lyndal Roper, „Wille" und „Ehre": Sexualität, Sprache und Macht in Augsburger Kriminalprozessen, in: Heide Wunder, Christina Vanja (Hg.), Wandel der Geschlechterbeziehungen zu Beginn der Neuzeit, Frankfurt a. M. 1991, 180–197; Behringer, Mörder, 99 f.

50 Gerhard Dilcher, „Hell, verständig, für die Gegenwart sorgend, die Zukunft bedenkend". Zur Stellung und Rolle der mittelalterlichen deutschen Stadtrechte in einer europäischen Rechtsgeschichte, in: Zeitschrift der Savigny-Gesellschaft für Rechtsgeschichte, Germ. Abt. 106 (1989), 23.

51 Vgl. Fischer-Homberger, Medizin, 119–125; Mannheim, 822–830.

52 Vgl. Karl Kroeschell, Deutsche Rechtsgeschichte, Bd. 2 (1250–1650), 5. Aufl. Opladen 1983, 207–210.

53 Dirk Blasius, Kriminologie und Geschichtswissenschaft. Bilanz und Perspektiven interdisziplinärer Forschung, in: Geschichte und Gesellschaft 14 (1988), 136–149; Gerd Schwerhoff, Devianz in der alteuropäischen Gesellschaft. Umrisse einer historischen Kriminalitätsforschung, in: Zeitschrift für Historische Forschung 19 (1992), 385–414.

54 Michael Schröter, Staatsbildung und Triebkontrolle. Zur Regulierung des Sexualverhaltens vom 13. bis 16. Jahrhundert, in: P. Gleichmann, Johan Goudsblom, Hermann Korte (Hg.), Macht und Zivilisation. Materialien zu Norbert Elias Zivilisationstheorie, Frankfurt a. M. 1984, 148–192; Heinz Schilling, Sündenzucht und frühneuzeitliche Sozialdisziplinierung. Die calvinistische presbyteriale Kirchenzucht in Emden vom 16. bis 19. Jahrhundert, in: Georg Schmidt (Hg.), Stände und Gesellschaft im Alten Reich, Stuttgart 1989, 265–302.

[55] Christian Simon, Untertanenverhalten und obrigkeitliche Moralpolitik, Studien zum Verhältnis zwischen Stadt und Land im ausgehenden 18. Jahrhundert am Beispiel Basels, Basel, Frankfurt a. M. 1981; Susanne Dettlaff, Sittliche Verstöße und niedergerichtliche Straftätigkeit. Aufschlüsse aus Brücheregistern in schleswig-holsteinischen Amtsrechnungen, in: Frauke Rehder, Annelie Stobinsky, Susanne Dettlaff, Volksleben, Kirche und Obrigkeit in Schleswig-Holstein von der Reformation bis ins 19. Jahrhundert, Neumünster 1989, 395 f.

[56] Heide Wunder, Der dumme und der schlaue Bauer, in: Cord Meckseper, Elisabeth Schraut (Hg.), Mentalität und Alltag im Spätmittelalter, Göttingen 1985, 34–52.

[57] Susanna Burghartz, Kein Ort für Frauen? Städtische Gerichte im Spätmittelalter, in: Bea Lundt (Hg.), Auf der Suche nach der Frau im Mittelalter. Fragen, Quellen, Antworten, München, 1991, S. 49–64; Schwerhoff, Köln; Katharina Simon-Muscheid, Gewalt und Ehre im spätmittelalterlichen Handwerk am Beispiel Basels, in: Zeitschrift für Historische Forschung 18 (1991), 1–31.

[58] Vgl. Wettmann-Jungblut; Sabean; Thomas Robisheaux, Rural Society and the Search for Order in Early Modern Germany, Cambridge, New York, New Rochelle, Melbourne, Sydney 1989; Albert Schnyder-Burghartz, Alltag und Lebensformen auf der Basler Landschaft um 1700, Liestal 1992.

[59] Vgl. Jütte, 93 f., 96 f.

[60] So läßt sich fragen, ob es statthaft ist, Delikte gegen die Person von denen gegen Eigentum so streng zu trennen, wie dies Robert Jütte tat: denn der Angriff auf den Besitz war zugleich ein Angriff auf die Person. Sie war nicht ohne Bezug zu Besitz definierbar. Ebenso problematisch ist die Klassifizierung der Verstöße gegen Moral als „Verstöße gegen die herrschende Sexualmoral“, da es für diesen Bereich nicht nur eine Norm gab. (Jütte, 109).

[61] Behringer, Mörder, 88 f.

[62] Behringer, ebd., 96 rechnet Hexerei zu den Verbrechen gegen die Religion.

[63] Zur Abgrenzung von Kriminologie, Kriminalsoziologie und Rechtsgeschichte s. Blasius, Kriminologie, und Schwerhoff, Devianz.

[64] Vgl. Wettmann-Jungblut.

[65] Vgl. vor allem die Arbeiten von Karl-Sigismund Kramer: Bauern und Bürger im nachmittelalterlichen Unterfranken. Eine Volkskunde auf Grund archivalischer Quellen, Würzburg 1957; Volksleben im Hochstift Bamberg und im Fürstentum Coburg (1500–1800), Würzburg 1967; ders., Volksleben im Fürstentum Ansbach, Würzburg 1961; Josef Dünninger, Rügegericht eines unterfränkischen Dorfes im 19. Jahrhundert, in: Kulturformen im ländlichen Südwesten, Festschrift f. Heiner Heimberger, hg. v. Peter Assion, Stuttgart 1971, 31–36.

[66] Heide Wunder, Die bäuerliche Gemeinde in Deutschland, Göttingen 1986, 45.

[67] Wilhelm Ebel, Die Willkür, Göttingen 1953.

[68] Rainer Walz, Hexenglaube und magische Kommunikation im Dorf der Frühen Neuzeit. Die Verfolgungen in der Grafschaft Lippe (= Forschungen zur Regionalgeschichte, Bd. 9), Paderborn 1993, 314–317.

[69] Karl-Sigismund Kramer, Grundriß einer rechtlichen Volkskunde, Göttingen 1974, 72; Schnyder, 265–274.

[70] Christina Vanja, „Verkehrte Welt“. Das Weibergericht zu Breitenbach, einem hessischen Dorf des 17. Jahrhunderts, in: Journal für Geschichte 5 (1986), 22–29.

[71] G. Haberer, Artikel „Schandstrafen“, in: Handwörterbuch zur deutschen Rechtsgeschichte,

hg. v. A. Erler u. E. Kaufmann, Bd. 4, Berlin 1990, 1353–1355; Barbara James, Frauenstrafen des 18. Jahrhunderts in Lied, Bild und Redensart, in: Jahrbuch für Volksliedforschung 27/28 (1982/83), 307–315.

72 Susanna Burghartz, Leib, Ehre und Gut. Delinquenz in Zürich Ende des 14. Jahrunderts, Zürich 1990.

73 So z. B. in Amtsrechnungen des Herzogtums Preußen für das 16. und 17. Jahrhundert (Geheimes Staatsarchiv Berlin).

74 Behringer, Mörder; Jütte.

75 Kramer, Bauern und Bürger, 96.

76 Vgl. hierzu einen Konfliktfall in Sontra im Herbst 1579, in: Werner Sippel, Sippenbuch der Stadt Sontra in Hessen, etwa 1700–1825 (4. Teil), (Veröffentlichungen aus der Geschichte der althessischen Landschaft an der Werra, Bd. 10, H. 30), Göttingen 1986, 509–511 und Walter Rummel, Verletzung von Körper, Ehre und Eigentum, in: Andreas Blauert, Gerd Schwerhoff (Hg.), Mit den Waffen der Justiz. Zur Kriminalitätsgeschichte des späten Mittelalters und der Frühen Neuzeit, Frankfurt a. M. 1993, 89.

77 Ich danke Herrn Ferdinand Wetterau (Kassel) für die freundliche Überlassung dieser Informationen.

78 Noch genauer zu überprüfen ist die Anzeigepraxis in Nentershausen.

79 Vgl. hierzu Hans Joachim Grembowietz, Das Bauerngericht der freien Reichsstadt Rothenburg ob der Tauber vom späten Mittelalter bis zu seinem Niedergang (1403–1678), Diss. jur. Würzburg 1974, 26, Anm. 2.

80 Alois Hahn, Soziologische Aspekte der Knappheit, in: Kölner Zeitschrift für Soziologie und Sozialpsychologie, 28. Sonderheft 1987, 119–132.

81 Kramer, Bauern und Bürger, 95.

82 Andreas Suter, Die Träger bäuerlicher Widerstandsaktionen beim Bauernaufstand im Fürstbistum Basel 1726–1740: Dorfgemeinde – Dorffrauen – Knabenschaften, in: Winfried Schulze (Hg.), Aufstände, Revolten, Prozesse. Beiträge zu bäuerlichen Widerstandsbewegungen im frühneuzeitlichen Europa, Stuttgart 1983, 89–111; Werner Troßbach, „Rebellische Weiber"? – Frauen in bäuerlichen Protesten des 18. Jahrhunderts, in: Heide Wunder, Christina Vanja (Hg.), Frauen in der ländlichen Gesellschaft der Frühen Neuzeit (Druck in Vorb.).

83 Marion Kobelt-Groch, Von „armen frowen" und bösen wibern" – Frauen im Bauernkrieg zwischen Anpassung und Auflehnung, in: Archiv für Reformationsgeschichte 79 (1988), 125.

84 Kramer, Bauern und Bürger, 95.

85 Rainer Walz, Schimpfende Weiber, in: Wunder, Vanja (Hg.).

86 Rainer Walz, Der Hexenwahn vor dem Hintergrund dörflicher Kommunikation, in: Zeitschrift für Volkskunde 82 (1986), 1–18.

87 Zu diesem Begriff vgl. Otto Gerhard Oexle, Deutungsschemata der sozialen Wirklichkeit im frühen und hohen Mittelalter. Ein Beitrag zur Geschichte des Wissens, in: Frantisek Graus (Hg.), Mentalitäten im Mittelalter (Vorträge und Forschungen Bd. 35), Sigmaringen 1987, 65.

Wolfgang Behringer

Weibliche Kriminalität in Kurbayern in der Frühen Neuzeit

Daß „weibliche Kriminalität" in Deutschland auch heute noch kaum im Rahmen der sozialgeschichtlichen Entwicklung eines Territoriums betrachtet wird, hat seine einfachen Ursachen darin, daß die „historische Kriminologie" der deutschen Territorien der frühen Neuzeit immmer noch „terra incognita" ist[1]. Dabei bietet die Kontextualisierung von Teilmengen, zumal in einer großen Untersuchungseinheit mit konsistenter Rechtstradition[2], wichtige Anhaltspunkte zu ihrem Verständnis. Zumindest war dies meine erkenntnisleitende Annahme, als ich mich nach Untersuchungen über Hexenprozesse[3] sowie Zauberei- und Aberglaubensgesetzgebung[4] einer allgemeineren Studie über „Verbrechen und Strafen in Kurbayern in der Frühen Neuzeit" zuwandte[5].

Das Herzogtum bzw. (seit 1623) Kurfürstentum Bayern schien für die Durchführung einer solchen Studie in besonderem Maße geeignet. Es war in der frühen Neuzeit eines der größeren Territorien des deutschsprachigen Raumes, sowohl was die Fläche als auch was die Bevölkerungszahl betrifft. Es umfaßte in den Landesteilen Ober- und Niederbayern gegen Ende des 16. Jahrhunderts ein Gebiet von ca. 500 Quadratmeilen (27 500 qkm) mit einer Bevölkerung von ca. 900 000 Einwohnern in 34 Städten, 93 Märkten, 4700 Dörfern und 4130 Einzelhöfen. Im Dreißigjährigen Krieg soll die Bevölkerung nahezu halbiert worden sein, Berechnungen für die Zeit um 1700 ergeben ca. 680 000 Einwohner, die erste Volkszählung 1770 nennt für Altbayern 982 505 Einwohner[6]. Wie in früheren Studien deutlich geworden ist, stellten sich in einem solchen Kontext manche Probleme auf einer ganz anderen Ebene als bei kleineren Herrschaftseinheiten, etwa in den Reichsstädten oder selbst kleineren weltlichen und geistlichen Territorien. Ein großer Vorteil liegt auch in der guten Quellenlage im Hinblick auf eine quantifizierende Auswertung[7]. Die große Zahl der auftretenden Kriminalfälle im Vergleich zu kleineren Untersuchungseinheiten spricht in jedem Fall für eine größere Repräsentativität der Ergebnisse. Von dieser Position aus möchte ich im folgenden skizzieren, worin „weibliche Kriminalität" bestand, welche Rolle sie im Kontext der gesamten Kriminalität eines großen Flächenstaates spielte, und wie sie sich über einen längeren Zeitraum hinweg entwickelte[8].

Geht man einmal im Einklang mit sozialwissenschaftlichen Kriminalitätstheorien[9] davon aus, daß „Kriminalität" nicht einfach an sich existiert[10], sondern als „abweichendes Verhalten" in einer komplexen Interaktion mit der Gesellschaft und ihren Normen steht[11], wäre es methodisch bedenklich, allein die Ergebnisse eines vielschichtigen Sanktionsprozesses zu beachten. Dies gilt für die kodifizierten Rechtsnormen, wie wir sie in den zeitgenössischen Gesetzbüchern finden, das klassische Arbeitsgebiet der Rechtsgeschichte[12]. Es gilt jedoch auch für die Rechtswirklichkeit, wie sie ihren Niederschlag in Akten von Strafprozessen und endlich Hinrichtungsverzeichnissen findet, das Tätigkeitsfeld der „Historischen Kriminologie" oder Kriminalitätsgeschichte[13]. Wichtige Vorentscheidungen über die Sanktionswürdigkeit „abweichenden Verhaltens"[14] werden getroffen, bevor die Obrigkeit überhaupt ins Spiel kommt. Und da wir auch in der frühen Neuzeit mit einer Divergenz zwischen obrigkeitlichem Blick und populären Diskurs rechnen müssen[15], erscheint es zunächst einmal als angebracht, einen Blick auf diesen populären Diskurs über Delinquenz zu werfen, soweit wir ihn fassen können.

II.

Der populäre Diskurs über Delinquenz spiegelt sich wider in Injurienklagen, die in den Protokollen der niederen Gerichtsbarkeit ihren Niederschlag finden. Allein für die bayrische „Haupt- und Residenzstadt" München sind zahlreiche Jahrgänge solcher Protokollbände in Folge vorhanden. Diese serielle Quelle wurde im Zusammenhang des DFG-Projektes „Verbrechen und Strafen in Kurbayern in der Frühen Neuzeit" gesichtet[16]. Geleitet wurden die Sitzungen des Stadtgerichts, bestehend aus dem Richter und sechs Beisitzern, durch den vom Stadtrat ernannten

Kriminalität in Kurbayern, 1. Hälfte des 17. Jahrhunderts

Delikte	Delinquenten m	Delinquenten w	Delinquenten S		Prozentzahlen m	Prozentzahlen w	Prozentzahlen S	
1. Gewalt				277				18,0
Totschlag	135	4	139		8,7	0,3	9,0	
Kindsmord	6	22	28		0,4	1,4	1,8	
Giftmord	4	8	12		0,3	0,5	0,8	
Selbstmord	29	17	46		1,9	1,1	3,0	
Körperverletzung	21	1	22		1,4	0,1	1,4	
Bedrohung	6	0	6		0,4	0	0,4	
Brandstiftung	4	1	5		0,3	0,1	0,3	
Exzesse	19	0	19		1,2	0	1,2	
2. Eigentum				347				22,5
Raub	2	0	2		0,1	0	0,1	
Diebstahl	197	36	233		12,8	2,3	15,1	
Viehdiebstahl	5	0	5		0,3	0	0,3	
Wilderei	67	0	67		4,3	0	4,3	
Kirchendiebstahl	12	2	14		0,8	0,1	0,9	
Hehlerei	15	4	19		1,0	0,3	1,2	
Betrug	4	1	5		0,3	0,1	0,3	
Falschspiel	2	0	2		0,1	0	0,1	
3. Sittlichkeit				443				28,7
Notzwang	5	0	5		0,3	0	0,3	
Sodomie/Tier	3	0	3		0,2	0	0,2	
Sodomie/Mensch	9	0	9		0,6	0	0,6	
Inzest	20	19	39		1,3	1,2	2,5	
Bigamie	2	1	3		0,1	0,1	0,2	
Ehebruch	64	32	96		4,1	2,1	6,2	
Unzucht	87	154	241		5,6	10,0	15,6	
Konkubinat	0	31	31		0	2,0	2,0	
Kuppelei	0	3	3		0	0,2	0,2	
liederliches Leben	11	2	13		0,7	0,1	0,8	
4. Religion				87				5,6
Hexerei	7	14	21		0,5	0,9	1,4	
Zauberei	29	21	50		1,8	1,4	3,2	
Gotteslästerung	7	0	7		0,5	0	0,5	
Ketzerei	6	0	6		0,4	0	0,4	
Sonstige	3	0	3		0,2	0	0,2	
5. Staat				45				2,9
Majestätsbeleidigung	1	0	1		0,1	0	0,1	
Amtsuntreue	15	3	18		1,0	0,2	1,2	
Amtsmißbrauch	1	0	1		0,1	0	0,1	
Falschmünzerei	9	0	9		0,6	0	0,6	
Betrug	7	1	8		0,5	0,1	0,5	
Schmuggel	8	0	8		0,5	0	0,5	
6. Verfahren				47				3,0
gebrochene Urfehde	0	3	3		0	0,2	0,2	
unerl. Rückkehr	41	3	44		2,7	0,2	2,9	
7. Sozial				102				6,6
Garten	46	0	46		3,0	0	3,0	
Bettel	14	4	18		0,9	0,3	1,2	
Vaganten	18	9	27		1,2	0,6	1,8	
Zigeuner	9	2	11		0,6	0,1	0,7	
8. Sonstige	35	20	55	55	2,3	1,3	3,6	3,6
9. Unklar	107	33	140	140	6,9	2,1	9,1	9,1
Gesamt	1092	451		1543	70,7	29,2		100,0

Kriminalität in Kurbayern – die fünf Jahre 1685, 1686, 1687, 1688, 1689

Delikte	Delinquenten				Prozentzahlen			
	m	w	S		m	w	S	
1. Gewalt				317				21,7
Totschlag	69	4	73		4,7	0,3	5,0	
Kindsmord	1	28	29		0,1	1,9	2,0	
Giftmord	3	14	17		0,2	1,0	1,2	
Selbstmord	20	8	28		1,4	0,5	1,9	
Körperverletzung	56	3	59		3,8	0,2	4,0	
Bedrohung	12	1	13		0,8	0,1	0,9	
Brandstiftung	16	3	19		1,1	0,2	1,3	
Exzesse	64	1	65		4,4	0,1	4,5	
Duell	8	0	8		0,5	0	0,5	
Mord	6	0	6		0,4	0	0,4	
2. Eigentum				531				36,3
Raub	6	0	6		0,4	0	0,4	
Diebstahl	215	70	285		14,7	4,8	19,5	
Viehdiebstahl	2	0	2		0,1	0	0,1	
Wilderei	206	2	208		14,1	0,1	14,2	
Kirchendiebstahl	15	6	21		1,0	0,4	1,4	
Betrug	2	1	3		0,1	0,1	0,2	
Sonstiges	6	0	6		0,4	0	0,4	
3. Sittlichkeit				296				20,2
Notzwang	2	0	2		0,1	0	0,1	
Sodomie/Tier	4	0	4		0,3	0	0,3	
Inzest	23	24	47		1,6	1,6	3,2	
Ehebruch	53	51	104		3,6	3,5	7,1	
Unzucht	46	55	101		3,1	3,8	6,9	
Konkubinat	0	3	3		0	0,2	0,2	
liederliches Leben	21	6	27		1,4	0,4	1,8	
Bigamie	3	1	4		0,2	0,1	0,3	
Sonstige	2	2	4		0,1	0,1	0,3	
4. Religion				102				7,0
Hexerei	6	4	10		0,4	0,3	0,7	
Zauberei	49	10	59		3,3	0,8	4,0	
Gotteslästerung	20	1	21		1,4	0,1	1,4	
Sonstige	11	1	12		0,8	0,1	0,8	
5. Staat				39				2,7
Falschmünzerei	19	3	22		1,3	0,2	1,5	
Betrug	5	0	5		0,3	0	0,3	
Amtsuntreue	5	0	5		0,3	0	0,3	
Verschwörung	6	0	6		0,4	0	0,4	
Sonstige	1	0	1		0,1	0	0,1	
6. Verfahren				14				1,0
gebrochene Urfehde	2	1	3		0,1	0,1	0,2	
unerl. Rückkehr	4	1	5		0,3	0,1	0,4	
Meineid	4	0	4		0,3	0	0,3	
Zuchthausausbruch	2	0	2		0,1	0	0,1	
7. Sozial				105				7,2
Garten	11	2	13		0,8	0,1	0,9	
Bettel	4	3	7		0,3	0,2	0,5	
Vaganten	45	8	53		3,1	0,5	3,6	
Zigeuner	13	8	21		0,9	0,5	1,4	
Türken	11	0	11		0,8	0	0,8	
8. Sonstige	15	2	17	17	1,0	0,1	1,2	1,2
9. Unklar	31	12	43	43	2,1	0,8	2,9	2,9
Gesamt	1125	339		1464	76,8	23,3		100,0

Stadtoberrichter[17]. In den Jahren 1592–1601 war dies der aus Münchner Patriziat stammende Adelige Berhard Barth von Harmating (1650–1630), mit dessen Amtsantritt im April 1592 die Protokolle einsetzen. Barth stieg später in zentrale staatliche Positionen auf (Hofrat, Hofoberrichter, Rentmeister) und setzte sich unter persönlichem Risiko mutig für eine Eindämmung der Hexenprozesse in Bayern ein[18]. Diese spätere Aktivität paßt mit der Behandlung der Streitfälle in der Zivilgerichtsbarkeit zusammen. Bevorzugungen oder Benachteiligungen wegen Herkunft, Stand, Geschlecht, Alter etc. werden in seinen Protokollen nicht erkennbar. Bei Armut wurden mildernde Umstände anerkannt, etwa durch die Reduzierung von Geldstrafen. Die maßvolle und unparteiische Art und Weise, wie dieses Gericht seine Urteile aufgrund erbrachter Beweise fällte, nötigt auch dem heutigen Leser der Protokolle Respekt ab.

Im Jahr 1593 behandelte das Stadtgericht neben 228 „Verbott- und Schuldt Sachen“ 202 „Rumor und Iniuri Handlungen“[19]. Pro Jahr wurden in der Hauptstadt etwa 150–250 solcher Konfliktfälle, in denen der gute Ruf auf dem Spiel stand, verhandelt. In ca. 20 % der Fälle zogen Frauen vor Gericht, dabei klagten sie 1593 genauso oft gegen Männer wie gegen andere Frauen (jeweils 21 Fälle). In 75 % aller Fälle klagten Männer gegeneinander und nur in ca. 5 % gegen Frauen. Allerdings bezogen sich nicht wenige der Beleidigungspozesse zwischen Männern darauf, daß nicht der Mann, sondern die Frau beleidigt worden war und der Mann ihre – und damit auch seine – Ehre zu schützen hatte[20]. Doch abgesehen davon: Die Rollenfeindbilder waren – wie auch die Züricher Befunde des 14. Jahrhunderts[21], Augsburger des frühen 16. Jahrhunderts[22] oder Kölner des späten 16. Jahrhunderts[23] zeigen – erstaunlich stabil: Frauen bezeichneten sich gegenseitig (36 Fälle im Jahr 1592) als Huren (50 %), Unholden, Hexen oder Zauberinnen (19 %), Kupplerinnen (16 %) oder Diebinnen (6 %) – und dasselbe Klischee reproduzierten auch die Männer. Für sie waren (17 Fälle) Frauen Huren (53 %), Hexen (12 %), Kupplerinnen (12 %) oder Diebinnen (6 %). Männer hingegen denunzierten sich gegenseitig (79 Fälle) als Schelmen (39 %) und Diebe (30 %), Lügner (6 %) und Verräter (5 %) – und so sahen es auch die Frauen (nur 9 Fälle, davon 5 Schelmen und 3 Diebe)[24].

Von kulturgeschichtlich interessanten Injurien wie „Jesuiterische Huer“ für – in den Augen der Zeitgenossen – der Moral der Gegenreformation zu sehr verbundene Frauen sehen wir hier ab[25]. Komplexe Beleidigungen, wie: „henckermessige, prangermessige, ausgestrichene mülnerische Huer“, „henckhermessige verdrunckhne versofne Huern“, „schelmische diebshuer“, „gründige lose merch“ (gemeint ist vermutlich „Mähre“, also schlechter Gaul) mit denen Frauen ihre Gegnerinnen überzogen[26], auch „diebische, henckhermessige, aussetzige, frantzösische Huern“[27] lassen den Eindruck entstehen, daß sich Frauen mit Verbalattacken mehr Mühe gaben als Männer, die – nach der Zahl der „Raufhändel“ und „Bluetrunsten“ zu schließen – eher handgreiflich wurden[28]. Natürlich gab es auch Ausnahmen von dieser Regel. So verklagte 1604 der Arzt Michael Riß die Barbara Lindentalerin, Gattin eines Berufskollegen, weil sie ihn auf dem Marktplatz öffentlich mit der Aussage beleidigt hatte, er habe seine Kunst von einer alten Hure gelernt. Zudem habe sie ihm „auch 2 guete Mauldaschen geben“. In ihrer Replik entschuldigte sich die gewalttätige Verklagte damit, der Kläger habe zuerst mit Beleidigungen begonnen, indem er gesagt habe, „sy habe einen Losen Mann“. Da habe „sy Ime 2 guete Maulschellen geben“. Der Kläger erwiderte in seiner Duplik, für die Wahrheit seiner Version gebe es 30 Zeugen, doch traue sich keiner, vor Gericht zu erscheinen, „weilen sy sy alle vor Irem Beesen maul förchten“. Die Beklagte jedoch konnte ihre Darstellung durch einen Zeugen erhärten. Bestraft wurde sie allerdings dennoch: wegen Gewaltanwendung und Fluchens[29].

Ein gutes Beispiel für die Klage einer Frau gegen einen Mann ist die der Brauersgattin Agnes Beringerin gegen den Bierbrauer Melchior Kindler, der sie „ein Unhold und Zauberin“ geheißen. Der Rückzug des Beklagten, er „hab sie rev[erendo] ein hueren geheißen, aber kein Unhold und Zäubrin“, sie habe ihn jedoch zuvor „rev[erendo] ein ehrnvergessenen dieb und schelm gehaißen“, überzeugte den Stadtoberrichter Ferdinand Nadler nicht. Er beraumte weitere Termine an, auf denen die Kontrahenten ihre jeweilige Version beweisen sollten. Schließlich gab der Brauer seine Verfehlung zu und versuchte, sich mit dem – auch heute noch beliebten – Hinweis auf seine Trunkenheit zu entschuldigen. Der Richter ließ sich auf diese Entschuldigung nicht ein: Kindler mußte förmliche Abbitte leisten und 2 Pfund Pfennige Strafe leisten. Das Gericht hob die Beleidigung „ex officio“ auf und sprach ein förmliches Friedegebot aus, bei Androhung weiterer Strafen[30].

Im Spiegel dieser Stadtgerichtsbücher wird Monat für Monat und Jahr für Jahr deutlich, daß die bloße Verleumdung niemanden zum Verbrecher stempelte, weder zum Dieb noch zur Hexe. Die Lektüre der seriellen Quellen vermittelt den nachhaltigen Eindruck, daß vor einem solchen Gericht für die Einleitung von Kriminalprozessen in der Regel handfestere Indizien nötig waren: Das Stadtgericht bekämpfte wirksam die Gefahr der Akkumulation von Verleumdungen und garantierte damit die Aufrechterhaltung des bürgerlichen Friedens. Doch auch wenn der Stadtrichter wie der weise Salomo über den Parteien thronte und geschlechtsspezifische Bevorzugungen oder Benachteiligungen nicht sichtbar werden, wird anhand der statistischen Auswertung der Beleidigungsklagen deutlich: Im städtischen Ehrentheater gab es festumrissene geschlechtsspezifische Rollenklischees für Normabweichungen. Wie auch in anderen europäischen Ländern[31] bezogen sich die Injurien gegenüber Frauen vor allem auf ihr sexuelles Verhalten gegenüber Männern und auf mögliche magische Delikte, während sonstige Devianz eine untergeordnete Rolle spielte[32].

Man darf wohl annehmen, daß diese Rollenklischees nicht immer nur reflexhaft, sondern auch reflektiert, mitunter sogar mit großer Virtuosität eingesetzt wurden. Deutlich wird das Spiel auf einer – geschlechtsspezifischen – Ehrverletzungsskala, wenn der Stadtoberrichter die Streithähne und -hennen bei der Beilegung ihres verbalen Konfliktes zur Minderung ihres Strafmaßes erklären ließ, warum sie gerade diese spezifische Art der Beleidigung angewandt hätten. Dabei wird häufig genug deutlich, daß die Beleidigung zur „Veröffentlichung" eines Konfliktes diente, der tatsächlich auf ganz anderen Ebenen gelagert war. Im Zivilverfahren wurden dann beide Konflikte beigelegt. Daß dieses Schema auch in anderen deutschen Landschaften nach demselben Muster funktionierte, ist vor kurzem von Rainer Walz am Beispiel des Quellenmaterials der Grafschaft Lippe für den Dorfdiskurs gezeigt worden[33], für schleswig-holsteinische Städte von Klaus-J. Lorenzen-Schmidt[34]. Man könnte den Streitverlauf samt der kalkulierten und kalkulierbaren Einbeziehung des obrigkeitlichen Gerichts gewissermaßen als Inszenierung eines Konflikts begreifen, als spezifisch frühneuzeitliches Ritual zur Beilegung eines „sozialen Dramas" im Sinne von Victor Turner[35].

III.

Derartige Alltagsnormalität kann eine Folie für das Verständnis jenes Bereichs von „Verbrechen und Strafen“ bilden, um den es jetzt gehen soll. Betrachten wir, um das ganze Feld der Gerichtsbarkeit abzuschreiten, zunächst einmal den harten Kern an Kapitaldelikten, für die Todesstrafen verhängt wurden, um von daher einen Eindruck von „weiblicher Kriminalität“ auf der obersten Sanktionsebene zu erhalten. Ein Stadtunterrichter, der in München für Schwerkriminalität zuständige Beamte, des späten 16. Jahrhunderts hat ein Verzeichnis der während seiner 17jährigen Amtszeit 1574–1591 hingerichteten Personen angelegt, das uns hier als Basis dienen soll[36]. Zwar bezog sich dieses Verzeichnis nur auf den Amtssprengel, es gibt aber dennoch ein repräsentatives Bild, insofern München als Residenzstadt mit ca. 20000 Einwohnern die weitaus größte Stadt des Landes war[37], mit ziemlich großem Einzugsgebiet, und die wenigsten der hier Hingerichteten Einwohner Münchens waren. Unter den 51 zum Tode Verurteilten, einer im zentraleuropäischen Raum durchaus durchschnittlichen jährlichen Hinrichtungsrate für eine Stadt dieser Größenordnung[38], waren 10 Frauen (ca. 20%). Zwei von ihnen wurden wegen Mordes hingerichtet, zwei andere wegen gemeinschaftlich mit ihren Männern begangenen Delikten, nämlich Diebstahl und Falschmünzerei. Vier Frauen fielen der Hexenverfolgung des Jahres 1590 zum Opfer. Zwei wegen Kindsmords zum Tode verurteilte Frauen wurden zu Landesverweis begnadigt.

Etwa 170 Jahre später ordnete die Regierung von Kurbayern eine generelle Übersicht über die Hinrichtungszahlen der letzten Jahre an. Daraus ergibt sich, daß in den Jahren 1749–1759 im Rentamt München (= Landesteil Oberbayern-München)[39] in 32 Landgerichten 126 Personen hingerichtet worden sind, darunter 17 Frauen (= 13,5%). Die meisten Frauen wurden jetzt wie bei den Männern wegen Eigentumsdelikten hingerichtet, gefolgt von Kindsmord und Mord. In der Hauptstadt München selbst lag der Frauenanteil bei nur 5,7% der 70 hier Hingerichteten – dies als Vergleichszahl zu dem zuvor genannten dreifach höheren Frauenanteil im späten 16. Jahrhundert. Wie sind diese Zahlen zu interpretieren?

Im folgenden möchte ich die These untersuchen, ob man von einem langfristigen Zurücktreten der Frauen in der Kriminalität in der Frühen

Neuzeit sprechen muß – „Verlustgeschichte“[40] auch auf diesem heiklen Terrain – oder ob wir es lediglich mit einem relativen Rückgang der Hinrichtungszahlen zu tun haben. Dazu muß man von der bequem auswertbaren Quelle zeitgenössischer Hinrichtungsverzeichnisse Abschied nehmen und sich auf die Ebene der tatsächlich durchgeführten Kriminalverfahren begeben. Dies ist im Falle Bayerns mit sehr unterschiedlichen Quellen möglich[41]. Eine der möglichen Quellen dafür sind die weitgehend erhaltenen Protokolle des Hofrats[42] in München. Dieser Hofrat war die oberste Behörde für alle „Policey“- und damit alle Justizsachen im Herzog- bzw. Kurfürstentum, zusätzlich die immediate Oberbehörde (Regierung) für den Landesteil Oberbayern-München, dem etwa ein Drittel der Landgerichte des Gesamtterritoriums zugehörten[43]. Mindestens seit dem Beginn des 16. Jahrhunderts existierte in Bayern eine straffe Justizadministration, die eine Behandlung von Kriminalfällen allein von der Entscheidung der Oberbehörden (in München, Landshut, Straubing und Burghausen) abhängig machte. Nach jedem Verhör mußten die Landrichter die Prozeßakten vollständig einsenden und weitere Befehle abwarten. Tortur konnte nur durch den Hofrat angeordnet werden, dieses Kollektivorgan setzte auch die Urteile fest. Prozeßakten und Bannrichtergutachten wurden von dieser Zentralbehörde kontrolliert, Fehler scharf gerügt. Die Landgerichte waren nur ausführende Organe. Der Quellenbestand Kurbayern Hofrat (KHR) beginnt mit dem Jahr 1557, Band 1 umfaßt die Jahre 1557–1580, enthält aber noch keine Kriminalsachen[44]. Bis Ende 1606 finden sich nur wenige Kriminalfälle in den Protokollen[45], doch im selben Jahr wurde die Führung zweier vollständiger Protokolle angeordnet, eines Bescheidbuches (Beschlußprotokoll) und eines Sitzungs- oder Verlaufsprotokolls. Das Beschlußprotokoll scheint zunächst nicht zur Ausführung gekommen zu sein, doch besitzen wir seit 1607 für etwa 120 Jahre vollständige Sitzungsprotokolle, die für jeden Sitzungstag eine Protokollnotiz über jeden verhandelten Gegenstand enthalten. Die Protokolle umfassen jetzt pro Jahr ca. vier umfangreiche Protokollbände. Alle Hochgerichtsfälle – deren Meldung für die Landgerichte bereits seit Jahrzehnten obligatorisch war – wurden jetzt samt getroffener Entscheidung protokolliert[46]. Entscheidend für die Wahl dieser Quelle war der Umstand, daß man durch ihre Auswertung einen Überblick über „Verbrechen und Strafen“ in einem ganzen Territorium bekommt. „Verbrechen“ bedeutet hier Malefizdelikt nach dem damals im Fürstentum gültigen Strafensystem, das mit dem der Constitutio Criminalis Carolina[47] weitgehend identisch war. Wir sprechen im folgenden durchweg von Kapitaldelikten, die nach damaliger Auffassung die Todesstrafe oder Landesverweisung nach sich ziehen konnten[48].

Das Bild des Umgangs mit „abweichendem Verhalten", das sich aus den Hofratsprotokollen ergibt, ist weit weniger ansprechend, als das aus den Niedergerichtsprotokollen. Dies soll an einem typischen Fallbeispiel weiblicher Kriminalität dargelegt werden. Anfang Januar 1607 wurde im Pfleggericht Reichenhall im Südosten des Territoriums eine junge Frau namens Margaretha Pfränzlerin wegen „Verdacht eines verthonen Kinds oder abgetriebener Frucht" verhaftet. Die Tat war unumstritten, da das Kind gefunden worden und die junge Mutter offenbar geständig war. Da Kindsabtreibung (Art. 133 CCC) ein todeswürdiges Verbrechen war, schickte der Pflegrichter einen Boten nach München, um vom Hofrat weitere Befehle einzuholen. Der Hofrat beschloß aufgrund des berichteten Tatbestands, die junge Frau zur Aufklärung der näheren Tatumstände foltern zu lassen: „auf ordentliche interrogatoria an ort strenger frag mit anleg: und zutruckhung des Thaumbstocks". Die gemachten Aussagen sollten ordentlich niedergeschrieben und nach München eingeschickt werden. Der Bote reiste zurück nach Reichenhall und der Richter führte diesen Befehl aus. Sein ausführlicher zweiter Bericht legte die Tatumstände dar: die voreheliche Schwangerschaft, die auf Anraten von Bekannten mit einem Abtreibungstrunk beendet worden war. Der Bote ritt mit diesem Bericht von Reichenhall wieder nach München, der Hofrat beriet erneut und ordnete am 7. Februar die förmliche Befragung von sechs weiteren Personen an, die in den Fall verwickelt waren: Die Eltern des Mädchens, ihr Liebhaber, das Ehepaar, das zu dem Abtreibungstrunk geraten hatte, und eine Frau, die den Trank gemixt hatte. Außer den Eltern sollten alle Verdächtigten ebenfalls inhaftiert werden, die drei unmittelbar an der Abtreibung Beteiligten sollten ebenfalls der Tortur unterzogen werden. Mit diesem Bescheid ritt der Bote wieder nach Reichenhall. Der Liebhaber bzw. Vater des abgetriebenen Kindes hatte mittlerweile die Flucht ergriffen und konnte daher nicht verhört werden, doch die übrigen Bestandteile der Anordnung wurden vom Pflegrichter pflichtgemäß ausgeführt. Durch die bei den Verhören gemachten Aussagen gerieten fünf weitere Personen in dringenden Tatverdacht. Der Bote wurde wieder in Bewegung gesetzt. Am 2. März wurde der Fall erneut im Hofrat referiert. Der Referent führte den Beschluß des Hofrates herbei, das Mädchen „für das Malefiz zu stellen", also hinrichten zu lassen. Gegen eine Frau namens Krausin, die „das Poleywasser ausgebreut", also den Abtreibungstrank gemixt hatte, sollte wegen Hexereiverdachts ermittelt werden. Dieses Verfahren scheint jedoch später eingestellt worden zu sein. Die weiteren Verdächtigten wurden mit kurzen Gefängnisstrafen abgestraft und danach auf freien Fuß gesetzt. Nach dem Vater des Kindes sollte gefahndet werden, offenbar kehrte er jedoch nicht wieder in das Land zurück, sondern zog ein Leben in der Fremde der zuhause drohenden Bestrafung vor. Da durch den Pflegrichter von Reichenhall keine weitere Rückfrage wegen dieses Hofratsbeschlusses mehr gestellt wurde, kann man davon ausgehen, daß er das Gerichtsverfahren vor Ort den Anweisungen gemäß durchgeführt und – vermutlich noch im März 1607 – die Todesstrafe ausführen hat lassen[49].

Dieses Fallbeispiel, das sich in nichts von vergleichbaren Kriminalprozessen gegen männliche Delinquenten unterscheidet, verdeutlicht Effektivität und Grausamkeit des bürokratisierten Blutgerichtsverfahrens gleichermaßen. Der Hofrat entschied – wie in anderen Gebieten des Reichs die Schöppenstühle oder Universitäten, an die gemäß Carolina die Akten verschickt werden mußten – nach Aktenlage über das Schicksal von Beschuldigten, die er selbst kaum jemals zu Gesicht bekommen hatte. Die Kriminalität des Landes setzte sich in den Augen des Hofrates aus zahlreichen Meldungen aus den ca. 35 einzelnen Landgerichten zusammen, die direkt seiner Hochgerichtsbarkeit unterstanden. Ein Jahr wie z. B. 1618 bot den Hofräten folgendes Bild weiblicher Kriminalität: Am Dienstag, dem 2. Januar wurden zwei Fälle von Leichtfertigkeit bzw. fornicatio (= voreheliche Sexualität)[50] aus den Landgerichten Dachau und Mainburg verhandelt, in die zwei Frauen und drei Männer verwickelt waren. Die nächsten neun Tage brachten außer einem weiteren Fall von Leichtfertigkeit in der Münchner Vorstadt Au nur männliche Delinquenten mit den üblichen Delikten Diebstahl, Viehdiebstahl, Wilderei, Totschlag und Müßiggang, das Verfahrensdelikt der unerlaubten Rückkehr nach Landesverweis und schließlich eine Vergewaltigung im Landgericht Kösching. Am 11. Januar wurde für dieses Delikt die erste Todesstrafe des Jahres ausgesprochen, während man sich Tage zuvor bei dem erwähnten Fall von homicidium noch mit Pranger, Rutenstrafe und ewigem Landesverweis begnügt hatte.

Am 12. Januar wurde der erste Fall schwerer weiblicher Kriminalität verhandelt, ein Fall von Kindsmord, dessen eine „Bauerndirn“ namens Anna Lipplin aus dem Landgericht Aichach beschuldigt wurde. Wie bei dem anderen Mordfall dieses Januars 1618 wurde hier unter Einsatz der Tortur prozediert, doch auch hier einigten sich die Räte aufgrund des Protokolls der peinlichen Aussage auf eine mildere Strafe, einen auf sechs Jahre befristeten Landesverweis, weil man es nicht als bewiesen ansah, daß das Kind nicht wirklich bereits tot geboren worden war, wie die Mutter behauptete. Natürlich war bekannt, daß alle Frauen dies behaupteten; doch dieser schenkte man Glauben. Da sich die Akten nicht erhalten haben, wissen wir jedoch nicht, ob dafür etwa das Gutachten eines Arztes oder einer Hebamme entscheidend war oder ob die Aussagen im Verhör selbst ausschlaggebend gewesen waren[51].

Im ganzen Jahr 1618 wurden im Rentamt München 294 Kriminalfälle verhandelt, davon 97 „weibliche“ – das sind nicht weniger als 33 %. Nimmt man, um die Repräsentativität zu erhöhen, fünf ausgesuchte Jahre in Zehnjahresabstand (die vollständig dokumentierten Jahrgänge 1607, 1618, 1628, 1637, 1646), so erhält man eine Grundmenge von 1543 Fällen – durchschnittlich 300 pro Jahr. Der Frauenanteil liegt auch hier noch bei knapp 30 %. Woher rührt diese im internationalen Vergleich[52] hohe Zahl weiblicher Delinquenz? Die Zusammensetzung des Deliktfeldes, gemessen an zeitgenössischen Definitionen, unterscheidet sich dramatisch nach Geschlechtern. Bei näherem Zusehen zeigt sich, daß Frauen in einigen zentralen kriminellen Disziplinen stark unterrepräsentiert waren. *Homicidium* beispielsweise, das mit insgesamt 9 % aller Fälle zu Buche schlug, hatte nur einen Frauenanteil von 2,9 %. *Vulneratio* – gefährliche Körperverletzung – weist einen Frauenanteil von 4,8 % auf, andere Gewaltdelikte wie „Bedrohung“ und „Exzesse“ und natürlich Vergewaltigung waren reine Männerdelikte. Nimmt man alle *Tötungsdelikte* (ohne Selbstmord), steigt der Frauenanteil jedoch immerhin auf 19 % an, denn bei Kindsmord (infanticidium) und Giftmord (veneficium), von Zeitgenossen als geschlechtsspezifische Delikte betrachtet, überwogen die Täterinnen. Der Frauenanteil bei den *Eigentumsdelikten* erscheint mit nur 12,4 % als niedrig, was nicht zuletzt daran liegt, daß Wilderei und Viehdiebstahl rein männliche Domänen waren. Dies gilt bei den Todesstrafen auch für Raub, obwohl wir von der Untersuchung der Räuberbanden wissen, daß Frauen in Banden durchaus wichtige Rollen spielten[53].

Ganz anders sieht es bei den beiden folgenden Deliktfeldern aus: Die aus religiösen Gründen zu Verbrechen hochstilisierten *Sittlichkeitsdelikte* waren das einzige Feld, auf dem Frauen generell dominierten und dies aus einem ganz einfachen Grund: Tendenziell mußte jeder Fall von inkriminierter nichtehelicher Sexualität symmetrisch besetzt sein, hinzu kam jedoch ein beträchtliches Kontingent von Priesterkonkubinen, deren Partner nicht der weltlichen Gerichtsbarkeit unterstanden. So liegt auf diesem Gebiet der Frauenanteil bei 54,6 %, wobei „Leichtfertigkeit" (fornicatio) an der Spitze stand, gefolgt von Ehebruch (adulterium), Priesterkonkubinat (concubinatus) und Inzest (incestus), womit in der damaligen Gerichtspraxis meist Verkehr zwischen entfernteren Verwandten gemeint war, der heute nicht mehr mit diesem Begriff belegt würde. In schweren Fällen bzw. Wiederholungsfällen konnte für jedes dieser „Verbrechen", also theoretisch auch für wiederholten außerehelichen Geschlechtsverkehr, die Todesstrafe verhängt werden. In der Praxis kamen vor allem die Frauen mit geringeren Strafen davon, etwa einer kurzen Haftstrafe oder Kirchenbuße, schlimmstenfalls einer Schandstrafe oder einem Landesverweis. Bei Männern wurden schwerere Strafen bis hin zur Todesstrafe verhängt.

Der zweite Sektor mit nennenswertem Frauenanteil lag im frühen 17. Jahrhundert bei den *Delikten gegen die Religion*, bei der untersuchten Einheit lag der Anteil knapp über 40 %. Ob Hexerei, Zauberei, Blasphemie oder Ketzerei, in diesem Feld herrschte prinzipiell Gleichberechtigung, auch wenn die Statistik verdeutlicht, daß Männern eher Zauberei, Frauen eher Hexerei zugeschrieben wird, eine interessante Unterscheidung insofern, als Zauberei eine erlernte Kunst, Hexerei jedoch tendenziell eine ererbte, körperbezogene Eigenschaft war. Addiert man jedoch die gleichermaßen gefährlichen magischen Delikte, so zeigt sich in Bayern wie im übrigen Alpenraum in der ersten Hälfte des 17. Jahrhunderts eine unerwartet gleichmäßige Verteilung auf die Geschlechter. Anders war dies bei den *Verbrechen gegen den Staat*, die sich wie Majestätsbeleidigung oder Rebellion in der öffentlichen Sphäre abspielten, oder wie Desertion, Amtsuntreue und Amtsmißbrauch a priori kaum von Frauen begangen werden konnten. Der Frauenanteil lag hier unter 9 %. Im wesentlichen, so kann man überraschenderweise schließen, ist eine Kongruenz populärer Klischees, wie wir sie aus den Injurienverfahren kennen, mit den Befunden aus dem Bereich der Kriminalgerichtsbarkeit zu erkennen.

IV.

Betrachtet man jetzt die *Verschiebung der Deliktfelder* im Verlauf des 17. Jahrhunderts und dann im 18. Jahrhundert, so kann man folgende Beobachtung machen: Die Sittlichkeitsdelikte erlebten aus mehreren Gründen ihre Höchstbewertung zwischen 1635 und 1650. Der gegenreformatorische Rigorismus war zu dieser Zeit noch stark, ein relativer Rückgang der Gewalt- und Eigentumsdelikte ließ die Sittlichkeitsdelikte stärker hervortreten, was eine Verschärfung der Gesetzgebung durch den Hofrat provozierte: das berühmt-berüchtigte Sittenmandat vom 20. 9. 1635, in dem zum erstenmal die beliebte Landessitte des „Fensterlns" erwähnt wird[54]. Bereits 1646 und nochmals 1651 wurden aus Gründen der Humanität, aber auch der Staatsräson, drastische Strafmilderungen vorgenommen, schwere Sanktionen wie die Landesverweisung konnten bei der Bestrafung von Leichtfertigkeitsdelikten „in favorem matrimonii" zu Geld- und Haftstrafen gewandelt werden[55]. Im Hintergrund stand natürlich der drastische Bevölkerungsrückgang während des Dreißigjährigen Krieges: Die Verknappung an Untertanen bewirkte offensichtlich ein vorsichtigeres Vorgehen der Obrigkeit mit dieser kostbaren Ressource[56].

Mit dem erneuten demographischen Aufschwung, der Wiederkehr der Knappheitskrisen und auch der Gewaltkriminalität, entstand einerseits eine neue oder erneute „Unbarmherzigkeit" [57], andererseits eine Neudefinition von Kriminalität: Wegen zunehmender Arbeitsüberlastung wollte der Hofrat in den späten 1670er Jahren zusehends weniger mit einfacher Leichtfertigkeit (fornicatio simplex, fornicatio duplex) belästigt werden. Die Herabstufung der Leichtfertigkeitsdelikte bewirkte einen starken nominellen Rückgang weiblicher Kriminalität in unserer retrospektiven Statistik, natürlich nicht der vorehelichen Sexualität in der Lebenswirklichkeit. Bekanntermaßen wurde das Delikt der Leichtfertigkeit praktisch nur im Falle einer außerehelichen Schwangerschaft aktenkundig und dies war auch weiterhin der Fall, jetzt allerdings nur mehr auf Landgerichtsebene[58]. Die in der administrativen Behandlung zum Ausdruck kommende Rückstufung der leichten Sittlichkeitsdelikte weist nur bedingt voraus auf die endliche Abschaffung der Schandstrafen für Leichtfertigkeit 1780 und die Abschaffung des Deliktes zu Beginn des 19. Jahrhunderts, das eine rechtliche, nicht jedoch eine soziale Besserstellung der Frau zur Folge hatte. Denn im ausgehenden 17. Jahrhundert verschwinden die Fornikationsdelikte zwar zunehmend aus den Hofratsprotokollen, doch kann man angesichts der neu eingeführten Schandstrafen kaum von einer generellen Strafmilderung sprechen.[59] Das weibliche Kriminalitätskonto wurde im späteren 17. Jahrhundert an zweiter Stelle durch den statistischen Rückgang des Priesterkonkubinats beeinflußt. Wenn man bedenkt, daß das Sexualverhalten des niederen Klerus von den geistlichen Obrigkeiten seit etwa 1600 mit großem Argwohn überwacht wurde, wird man diesen Rückhang eher für die Spiegelung eines realen Vorgangs halten.[60]

Nimmt man fünf Erhebungsjahre in den 1680er Jahren als Vergleichsjahre (Gesamtzahl: 1464 Fälle), dann kann man feststellen, daß das stärkere Hervortreten der Gewalt- und Eigentumsdelikte nicht nur ein relatives ist, sondern daß die absoluten Zahlen angestiegen sind. Ob man aus der Halbierung der Homicidium-Fälle auf einen Trend zur Pazifizierung der Gesellschaft im Sinne der von Lawrence Stone angedeuteten Entwicklung[61] sprechen kann, angesichts einer annähernden Verdopplung der Exzesse, Körperverletzungen, Brandstiftungen und Bedrohungen, sei dahingestellt. Es könnte sich darin auch eine verstärkte Sanktionierung dieser Gewaltdelikte spiegeln. Bei den Eigentumsdelikten schlägt vor allem die Wilderei mit fast 38 % zu Buche, auch diese war praktisch ein reines Männerdelikt. Es war sogar das Männerdelikt par excellence, bei dem ökonomischer Vorteil, Mutproben im Sinne der ‚rites de passage' und erotische Phantasien, bei denen das zu jagende Wild mit der zu gewinnenden Geliebten gleichgesetzt wurde, zusammenfielen. Solange wir darüber regionale Quellenbefunde haben, blieb diese Gemengelage konstant[62], das Ansteigen des Delikts wird im Zusammenhang mit seiner symbolischen Bedeutung während der Epoche des Absolutismus gesehen[63]. Der weibliche Anteil an der Gesamtkriminalität sank jedenfalls in den 1680er Jahren auf unter 25 % ab. Dort bewegte er sich auch in fünf Erhebungsjahren im ersten Jahrzehnt des 18. Jahrhunderts.

Der eigentliche Umbruch des Deliktfeldes ereignete sich im 2. Drittel des 18. Jahrhunderts. Diese weitere Verschiebung des Deliktfeldes läßt sich mit Hilfe der Hofratsprotokolle nicht präzise rekonstruieren, da mit der Schaffung der stehenden Heere ein Teil der männlichen Delinquenten der zivilen Gerichtsbarkeit entzogen wurde. Erst das Hinrichtungsverzeichnis der Jahre 1749–1759 zeigt die Veränderung: Fast 10 % aller Hinrichtungen wurden jetzt durch die Militärgerichtsbarkeit angeordnet, meist wegen Desertion (7,1 % aller Hinrichtungen). Die Verbrechen gegen den Staat – eine männliche Domäne – waren im Zeitalter des Absolutismus zu einem Wachstumssektor geworden, während die Verfolgung der Verbrechen gegen die Religion mit dem Wirksamwerden der Aufklärung auf staatlicher Ebene zunächst stark eingeschränkt und endlich eingestellt wurden. Hinrichtungen wegen magischer Delikte, Ketzerei oder Blasphemie wurden jetzt sehr selten[64], mithin verschwand ein weiteres Feld weiblicher Kriminalität spurlos.

V.

Betrachtet man die in der Alltagskultur relativ konstanten Rollenbilder, so muß man feststellen, daß das Stereotyp der Frau als potentieller Hure, Hexe oder Kupplerin relativ konstant erhalten blieb, und zwar sowohl bei Männern als bei Frauen, also als gesellschaftliches, geschlechtsunspezifisches Klischee, daß aber gerade diese „weiblichen" Delikte im Zuge der Verbürgerlichung der Gesellschaft[65] mit der tendenziellen Privatisierung der Sexualität und Marginalisierung der Metaphysik allmählich aus der Hochgerichtsbarkeit verabschiedet wurden. Diebe, Schelmen, Verräter und Lumpen hingegen wurden im Zuge einer Verschärfung der staatlichen Disziplinierung und Betonung der Eigentumsdelikte und der Verbrechen gegen den Staat stärker sanktioniert als früher. Populäre Klischees zeigen so eine unerwartete und geschlechtsspezifische Wechselwirkung mit der Verschiebung des Sanktionsrahmens im Verlauf der frühen Neuzeit.

Die Frage nach einem Zurücktreten weiblicher Kriminalität – bezogen auf die damaligen Definitionen – im Verlauf der Frühen Neuzeit kann somit positiv beantwortet werden, allerdings weniger im Hinblick auf die Veränderung tatsächlicher Verhaltensweisen von Frauen als auf deren Bewertung durch die sanktionsübenden Institutionen. Gesamtgesellschaftliche Entwicklungsprozesse, insbesondere die nach dem Ende des Dreißigjährigen Krieges stufenweise fortschreitende Säkularisierung der Gesellschaft bewirkten den „Rückgang" weiblicher Kriminalität in unseren retrospektiven Statistiken. Dabei ist es interessant, zu sehen, daß diese Entkriminalisierung nicht automatisch eintrat, sondern das für weibliche Kriminalität infragekommende Deliktfeld – Leichtfertigkeit,

Hexerei und Kindsmord – in besonders hohem Maße Gegenstand langdauernder kontroverser Debatten war.

Als Ergebnis dieser Debatten, die Kriminalität auf die heute in der westlichen Welt geläufigen Kerndelikte – Gewaltverbrechen, Eigentumsdelikte, aber auch „Hochverrat" – reduzierten, wandelte sich das Rollenbild der Frau in einem Maße, der in etwa der Distanz zwischen „Malleus maleficarum" und „Cautio Criminalis" entspricht: Von den durch den Sündenfall biologisch zum Verbrechen prädestinierten Täterinnen zu „reinen" Opfern gesellschaftlicher Verhältnisse, die durch die Rechtsprechung im besonderem Maße in Schutz genommen werden sollten. Über die Abstrafung der Schandstrafen speziell für Frauen schrieb der bayrische Strafrechtsreformer Andreas Zaupser mit Blick auf deren neue Opferrolle: „Wer ist der Mann, dem die Natur ein empfindsames Herz gegeben und der die Auftritte ohne Rührung, ohne Abscheu ansehen kann, welche noch in einigen Gegenden Deutschlands üblich sind …?"[66] Weibliche Kriminalität verdeutlicht damit in besonderem Maße die Veränderlichkeit dessen, was von einer Gesellschaft als normverletzendes Verhalten empfunden und sanktioniert wird.

Anmerkungen

1 Karl Siegfried Bader, Verbrechen, Strafe und Strafvollzug in der Landgrafschaft Heiligenberg nördlich des Bodensees, in: Monatsschrift für Kriminologie und Strafrechtsreform 50 (1967), 195.

2 Heinrich Mitteis, Stand und Aufgaben der bayerischen Rechtsgeschichte, in: Zeitschrift für bayerische Landesgeschichte 15 (1949), Heft 2, 127; „Gerechtigkeit erhöht ein Volk". Recht und Rechtspflege in Bayern im Wandel der Geschichte [Ausstellungskatalog], München 1990.

3 Wolfgang Behringer, Hexenverfolgung in Bayern. Volksmagie, Glaubenseifer und Staatsräson in der frühen Neuzeit, München 1987 [2. Aufl. 1988].

4 Wolfgang Behringer, Mit dem Feuer vom Leben zum Tod. Hexengesetzgebung in Bayern, München 1988.

5 Im Rahmen eines Postdoc-Stipendiums der DFG in den Jahren 1986–1988. – Ergebnisse wurden präsentiert auf dem Bamberger Historikertag 1988: Wolfgang Behringer, Verbrechen und Strafen in Kurbayern in der frühen Neuzeit, in: Bericht über die 37. Versammlung deutscher Historiker in Bamberg (12.–16. Oktober 1988), Stuttgart 1990, 157–160. – Der Titel schließt natürlich an an: Cesare Beccaria, Dei delitti e delle pene [deutsch zuletzt: Über Verbrechen und Strafen (übers. u. hgg. v. W. Alff), Frankfurt/M. 1988].

6 Max Spindler (Hg.), Handbuch der bayrischen Geschichte, 4 Bde., München 1967–1975, Bd. 2, S. 560 (2. Aufl. 1977); Gertrud Diepolder, Das Volk in Kurbayern zur Zeit des Kur-

fürsten Max Emanuel. Beobachtungen zur Demographie, in: Hubert Glaser (Hg.), Kurfürst Max Emanuel. Bayern und Europa um 1700, Bd. 1, Ausstellungskatalog München 1976, 387–405, S. 388 f.

7 Reinhard Heydenreuter, Gerichts- und Amtsprotokolle in Altbayern. Zur Entwicklung des gerichts- und grundherrlichen Amtsbuchwesens, in: Mitteilungen für die Archivpflege in Bayern: 25/26 (1979/80), 11–46.

8 Vgl. auch: Wolfgang Behringer, Mörder, Diebe, Ehebrecher. Verbrechen und Strafen in Kurbayern vom 16. bis 18. Jahrhundert, in: Richard van Dülmen (Hrsg.), Verbrechen, Strafen und soziale Kontrolle. Studien zur historischen Kulturforschung III, Frankfurt/Main 1990, 85–132, 287–293.

9 Ignatz Kerscher, Sozialwissenschaftliche Kriminalitätstheorien. Eine Einführung, Weinheim 1977; Fritz Sack, Probleme der Kriminalsoziologie, in: René König (Hg.), Handbuch der Empirischen Sozialforschung, Bd. 12, Stuttgart 1978, 192–492.

10 Henner Hess/Johannes Stehr, Die ursprüngliche Erfindung des Verbrechens, in: Kriminologie und Geschichte (1987). 18–56.

11 Alfred Soman, Deviance and Criminal Justice in Western Europe 1300–1800: An Essay in Structure, in: Criminal Justice History 1 (1980), 3–28; Gerd Schwerhoff, Devianz in der alteuropäischen Gesellschaft. Umrisse einer historischen Kriminalitätsforschung, in: Zeitschrift für historische Forschung 19 (1992), 385–414.

12 Hans Schlosser, Rechtsetzung und Gesetzgebungsverständnis im Territorialstaat Bayern im 16. Jahrhundert, in: ZBLG 50 (1987), 41–61.

13 Gustav Radbruch/Heinrich Gwinner, Geschichte des Verbrechens. Versuch einer historischen Kriminologie, Stuttgart 1951.

14 Klaus Lüderssen/Fritz Sack (Hrsg.), Seminar: Abweichendes Verhalten, Bd. I: Die selektiven Normen der Gesellschaft, Frankfurt/Main 1975; Bde. II–III: Die gesellschaftliche Reaktion auf Kriminalität 1–2, Frankfurt/Main 1975/1977.

15 Peter Burke, Popular Culture in Early Modern Europe, London 1978.

16 StadtA München, Stadtgericht 867/1–24 (1592–1617); 868/1–20 (1634–1707). – Zum Projekt vgl. Anmerkungen 5 und 8.

17 Stadtarchiv München, Bestand Stadtgericht 6 (Stadtgerichtsordnung von 1586), fol. 2.

18 Behringer, Hexenverfolgung, 255, 292, 302–306.

19 StadtA München, Stadtgericht 867/2 (Januar–Dezember 1593).

20 Martin Dinges, Die Ehre als Thema der Stadtgeschichte. Eine Semantik im Übergang vom Ancien Régime zur Moderne, in: Zeitschrift für historische Forschung 16 (1989), 409–440.

21 Susanna Burghartz, Leib, Ehre und Gut. Delinquenz in Zürich Ende des 14. Jahrhunderts, Zürich 1990, 130 ff.

22 Lyndal Roper, ‚Wille' und ‚Ehre': Sexualität, Sprache und Macht in Augsburger Kriminalprozessen, in: Heide Wunder/Christine Vanja (Hrsg.), Wandel der Geschlechterbeziehungen zu Beginn der Neuzeit, Frankfurt/Main 1991, 180–197.

23 Gerd Schwerhoff, Köln im Kreuzverhör. Kriminalität, Herrschaft und Gesellschaft in einer frühneuzeitlichen Stadt, Bonn/Berlin 1991, 178–182, 272 ff.

24 StadtA München, Stadtgericht 867/1 (1592) und 2 (1593).

25 Beispiele in: Stadtgericht 867/14 (1604), fol. 36; 867/18, fol. 56; 867/23 (1611), sine fol. (9. April).

26 Ebd., (11. April), (18. April), (9. Mai).

27 Ebd., 867/18 (1607), fol. 80.

28 Ähnlich jetzt: David Sabean, Property, Production and Family in Neckarhausen, 1700–1870, Cambridge 1990, 139–146, 142.

29 Stadtgericht 867/14, fol. 60.

30 Stadtgericht 867/20, fol. 5v., 7–8.

31 Jacques Chiffoleau, Les Justices du Pape. Délinquance et Criminalité dans la région d' Avignon au 14e siècle, Paris 1984, 145; Burghartz, Leib, 127 f.; J. M. Beattie, The Criminality of Women in Eighteenth-Century England, in: Journal of Social History 8 (1975), 80–116.

32 Susanna Burghartz, Rechte Jungfrauen oder unverschämte Töchter. Zur weiblichen Ehre im 16. Jahrhundert, in: Journal Geschichte, Februar 1991, 38–45.

33 Rainer Walz, Hexenglaube und magische Kommunikation im Dorf der frühen Neuzeit. Die Verfolgungen in der Grafschaft Lippe, Paderborn 1993.

34 Klaus-J. Lorenzen-Schmidt, Beleidigungen in schleswig-holsteinischen Städten im 16. Jahrhundert. Soziale Norm und soziale Kontrolle in Städtegesellschaften, in: Kieler Blätter zur Volkskunde 10 (1978), 5–27.

35 Victor Turner, Das Ritual. Struktur und Anti-Struktur. Aus dem Englischen von Sylvia M. Schomburg-Scherff, Frankfurt/Main 1989 [The Ritual Process. Structure and Anti-Structure, Ithaca 1977].

36 StadtA München, Stadtgericht 866/1.

37 Ingo Schwab, Zeiten der Teuerung. Versorgungsprobleme in der zweiten Hälfte des 16. Jahrhunderts, in: Richard Bauer (Hg.), Geschichte der Stadt München, München 1992, 167 f.

38 Hartmut von Hentig, Kriminalstatistische Daten aus früheren Jahrhunderten, in: Ders., Studien zur Kriminalgeschichte, 170–187, Bern 1962; Richard van Dülmen, Theater des Schrekkens. Gerichtspraxis und Strafrituale in der frühen Neuzeit, München 1985, 113; Behringer, Mörder, 98.

39 HStAM GR 140/111.

40 Heide Wunder, „Er ist die Sonn', sie ist der Mond". Frauen in der Frühen Neuzeit, München 1992, 268.

41 Vgl. dazu Behringer, Mörder.

42 Gerhard Heyl, Die Protokolle der kurbayrischen Zentralbehörden, in: Mitteilungen für die Archivpflege in Bayern 4 (1958), 54–56; Reinhart Heydenreuter, Der landesherrliche Hofrat. Studien zum Behördenaufbau und zur Behördenreform unter Herzog bzw. Kurfürst Maximilian, München 1980.

43 Übersicht über die Landgerichtsorganisation: Max Spindler/Gertrud Diepolder (Hrsg.), Bayerischer Geschichtsatlas, München 1969, S. 31.

44 HStAM, KHR 1.

45 HStAM, KHR 56–58 (1606).

46 Zur Bewertung der Quelle vgl. Behringer, Mörder.

47 Gustav Radbruch (Hrsg.), Die Peinliche Gerichtsordnung Karls V. von 1532, Stuttgart 1960.

48 Reformation der bayrischen Landrecht, [München] 1518; Landes- und Polizeiordnung der Fürstenthumben Obern und Nidern Bayrn, [München] 1616; Malefizprozeßordnung der Fürstenthumben Obern und Nidern Bayrn, [München] 1616.

[49] HStAM KHR 59, fol. 18, fol. 66, fol. 109.

[50] Dazu jetzt grundsätzlich: Stefan Breit, „Leichtfertigkeit" und ländliche Gesellschaft. Voreheliche Sexualität in der frühen Neuzeit, München 1991.

[51] HStAM, KHR 137, fol. 1–39. – Vgl zu diesem Komplex Otto Ulbricht, Landesverweisung für Kindsmord, milde Strafen in harter Zeit? Ein Segeberger Fall aus dem Jahr 1684, in: Mare Balticum. Beiträge zur geschichte des Ostseeraums in Mittelalter und Neuzeit. Festschrift zum 65. Geburtstag von Erich Hoffmann, Sigmaringen 1992, 261 ff. und 276 ff.

[52] James S. Cockburn (ed.), Crime in England 1550–1800, London 1977; James A. Sharpe, Crime in Early Modern England 1550–1750, London 1984.

[53] Uwe Danker, Räuberbanden im Alten Reich um 1700. Ein Beitrag zur Geschichte von Herrschaft und Kriminalität in der Frühen Neuzeit, 2 Bde., Frankfurt/M. 1988, Bd. 1, 269 ff.; Andreas Blauert, Sackgreifer und Beutelschneider. Die Diebesbande der Alten Lisl, ihre Streifzüge um den Bodensee und ihr Prozeß 1732, Konstanz 1993.

[54] HStAM, Mandatensammlung; HStAM Generalregistratur Fasz. 321 Nr. 7.

[55] HStAM, Mandatensammlung; HStAM Generalregistratur Fasz. 321 Nr. 7.

[56] Vgl. Behringer, Mörder, 107 f.

[57] Norbert Schindler, Die Entstehung der Unbarmherzigkeit. Zur Kultur und Lebensweise der Salzburger Bettler am Ende des 17. Jahrhunderts, in: Bayerisches Jahrbuch für Volkskunde 1988, 61–30.

[58] Vgl. Breit, 177–141.

[59] Ebd., 133 ff., 289 f.

[60] Benno Hubensteiner, Vom Geist des Barock. Kultur und Frömmigkeit im alten Bayern, 2. Aufl., München 1978, 132 f., 145 f.; Leo Weber, Veit Adam von Gepeckh Fürstbischof von Freising 1618 bis 1651, München 1972, 253–301, insbesondere 285–296.

[61] Lawrence Stone, Interpersonal Violence in English Society 1300-1980, in: Past & Present Nr. 101 (1983) 22–33.

[62] Heinz Thomas, Ludwig der Bayer. Kaiser und Ketzer, Regensburg 1993; Regina Schulte, Das Dorf im Verhör. Brandstifter, Kindsmörderinnen und Wilderer vor den Schranken des bürgerlichen Gerichts. Oberbayern 1848–1910, Reinbek 1989, 179–275.

[63] Edward P. Thompson, Whigs and Hunters. The Origin of the Black Act, London 1975.

[64] Wolfgang Behringer, Hexenverfolgung in Bayern. Volksmagie, Glaubenseifer und Staatsräson, München 1988, 2. Auflage, Vorwort.

[65] Der Begriff nach: Leo Balet/Eberhard Gerhard [Rebling], Die Verbürgerlichung der deutschen Kunst, Literatur und Musik im 18. Jahrhundert, 2. Aufl. Frankfurt/Main 1979.

[66] Wolfram Peitzsch, Kriminalpolitik in Bayern unter der Geltung des Codex Juris Criminalis Bavarici von 1751, München 1968, 92 ff., 149 ff.; Andreas Zaupser, Gedanken über einige Punkte des Kriminalrechtes, 4. Auflage, München 1781, 40 ff.

Gerd Schwerhoff

Geschlechtsspezifische Kriminalität im frühneuzeitlichen Köln

Fakten und Fiktionen

Am 17. April 1589 wurde die Dienstmagd Enne von Frechen auf einem Stadtturm der Reichsstadt Köln von den städtischen Turmherren verhört. Der Grund ihrer Verhaftung blieb zunächst im Halbdunkel. Mit fünf Talern, die sie von ihrem Meister Goddart Snider erhalten hatte, war sie zu einem Teufelsfänger gegangen. Der sollte die verlorengegangenen Kleider von Goddart wiederbeschaffen. Der magiekundige Mann habe ihr für das Geld den Rat gegeben, Meister Goddart solle das Gebet richtig sprechen, dann fänden sich die Kleider schon wieder ein. Weswegen war Enne festgenommen worden? Zunächst gewinnt der Leser der Verhörsprotokolle den Eindruck, als habe die Obrigkeit die Konsultation eines Wahrsagers bestrafen wollen. Aber das war offenbar nicht der Grund. Eine wegweisende Bemerkung machte Enne erst am Ende der Vernehmung. Sie sei zu dem Wahrsager gegangen, um selber nicht in Verdacht zu geraten, die Kleider gestohlen zu haben.

Bei der nächsten Vernehmung aber, neun Tage später, nahm die Geschichte eine Wende. Enne gestand nun, selbst den Kleiderdiebstahl begangen, die Geschichte mit dem Wahrsager dagegen frei erfunden zu haben. Immerhin erscheint es bemerkenswert, daß der bestohlene Goddart seiner Magd bereitwillig Geld für den Hellseher gegeben hatte und von ihr gleich doppelt geschädigt worden war. Nach ihrem Geständnis ging die Magd jedoch direkt wieder in die Offensive; ihrer Darstellung zufolge war die Entwendung der Kleider nicht als gewöhnlicher Diebstahl, sondern als ein Akt ausgleichender Gerechtigkeit zu verstehen. In Meister Goddarts Haus, so erzählte sie, war sie an einen Ehemann geraten, mit dem sie zweimal sexuell ‚zuschaffen' gehabt habe. Dafür hätte sie nicht viel bekommen. Der Meister hätte das nicht verhindert, weswegen sie sich selbst den Lohn für ihr Leid habe sichern müssen. Ihr Arbeitgeber, mit der Verhafteten konfrontiert, leugnete alles ab. Jedoch wurde er in der Folge zunächst selbst verhaftet.

Am 17. Mai, bei einem dritten Verhör – Enne saß jetzt schon einen runden Monat auf dem Turm – verschärfte sie ihre Anklagen gegen Goddart noch und konkretisierte ihre Geschichte: Auf Anstiftung des Meisters hätte sie sich mit dem Schreiber an der Hahnenpforte eingelassen. Goddart hätte sie sogar mit anderen Männern verkuppeln wollen – ein schwerwiegender Vorwurf, der beide in das Zwielicht von Zuhälterei und Prostitution zu bringen drohte. Der Rat entschloß sich jedoch, das Gespinst der gegenseitigen Beschuldigungen und Anklagen mit Freilassungen und Ermahnungen zu beenden. Offenbar ging er davon aus, das beide Beteiligten nicht sünd- und schuldlos waren, daß die konkreten Delikte aber noch nicht den Schweregrad erreicht hatten, der ein zwingendes öffentliches Interesse und eine exemplarische Strafe erforderlich machte.[1]

1. Kriminalitätsrate und Einzelfallanalyse – wider die kliometrische Versuchung

Kriminalität in der Vergangenheit, auch und gerade die Frauenkriminalität, stellt für viele Historiker vor allem ein „ausgezeichnet zählbares Phänomen" dar[2]; die historische Kriminalitätsforschung erscheint demzufolge oft als eine Hochburg der Kliometriker. Aber selbst der modernen Kriminalstatistik gegenüber wächst die Skepsis der Experten, denn nicht alle begangenen Straftaten werden angezeigt, nicht alle angezeigten aufgeklärt, nicht alle aufgeklärten mit einem Urteil abgeschlossen.[3] Die Quantifizierung vormoderner, nicht zur statistischen Nutzung gefertigter Quellen stellt uns darüberhinaus vor ganz neue Probleme. Der hier kurz geschilderte, eher unspektäkuläre Fall der Enne von Frechen z. B. berührt drei verschiedene Deliktbereiche, in denen Frauen als Verdächtige in Kölner Kriminalquellen auftauchen – Magie, Diebstahl und sexuelle Unzucht. Keiner der Zeitgenossen hat sich die Mühe gemacht, der Geschichte ein eindeutiges juristisches Etikett zu verpassen, und auch der nach Willkürrecht entscheidende Kölner Rat mußte sich nicht auf einen präzisen Verhaftungs- oder Freilassungsgrund festlegen. Die klare Identifizierung der Vorwürfe oder die deliktspezifische Kategorisierung und Typisierung der Fälle, all das bleibt somit dem Historiker überlassen und bringt Probleme mit sich, die bei der Präsentation von Tabellen und Befunden zu häufig schamvoll unterschlagen werden.

Aber es geht nicht allein um die Abwägung verschiedener Tatbestände. Sehr schnell entstehen Zweifel über die Bedeutung, die Interpretation und den Realitätsgehalt dieser Tatbestände selber. Herkömmliche kriminologische Termini und Kategorien, etwa die Rede von den ‚Tätern' und den ‚Opfern', werden bald obsolet. So erscheint Enne einmal als ‚Täterin', als Kleiderdiebin, stellt sich aber andererseits als das eigentliche ‚Opfer' dar, das von ihrem Meister sexuell ausgebeutet wurde. Fakten und Fiktionen sind, was das Verhalten der Beteiligten angeht, schwer voneinander zu unterscheiden. Daß Enne von Frechen die Kleider gestohlen hat, ist mit hoher Wahrscheinlichkeit ein Faktum, wohingegen die Story vom Wahrsager eine Fiktion zu sein scheint. Die Unsicherheiten aber beginnen spätestens bei ihrer Motivation. Steht wirklich der Vergeltungsgedanke aufgrund der erfahrenen sexuellen Ausbeutung dabei Pate, oder stellt dieser vielmehr eine nachträgliche Rationalisierung dar? Damit ist aber zugleich der Realitätsgehalt ihres sexuellen Kontaktes mit dem Schreiber im Haus des Meisters fragwürdig. Zumindest die Bewertung dieser Vorgänge, unterstellt man sie als wahr, scheint extrem zu differieren. Der in anderen Fällen durchaus mögliche Fall einer Eheanbahnung unter Aufsicht des Meisters, die ab einer gewissen Stufe der Verbindlichkeit, nach Ablegung des heimlichen Gelöbnisses, nach den gültigen informellen Regeln durchaus auch sexuelle Beziehungen erlaubte, scheint in unserem Fall ausgeschlossen – Enne sagt ja selbst, sie habe mit einem Ehemann zu tun gehabt. Möglich immerhin, daß sie darüber vorher nicht informiert war bzw. daß sie bewußt im unklaren gelassen wurde. Über ihre eigenen Motive äußert sich die Frau aber nicht. Hat der Meister sie gedrängt, hat er ihre Naivität und jugendliche Unerfahrenheit ausgenutzt? Das scheint nahezuliegen, jedenfalls vermittelt die Magd in ihrer Aussage das Bild eines unverantwortlichen Mannes, der eine junge, hilflose Frau verkuppelt. Ihre Initiative zum Diebstahl und ihr Erfindungsreichtum bei der Geschichte vom Wahrsager widersprechen jedoch diesem Bild; ihre Einlassungen, sie hätte für den Sexualverkehr mit dem Schreiber ‚nicht viel bekommen' und der Hinweis auf weitere Kuppeleiversuche des Meisters bringen sie selbst in die Gefahr, zusätzlich zum Diebstahl noch wegen des unzüchtigen Lebenswandels vom Rat bestraft zu werden. Sie wäre nicht die erste gewesen, die einer Verschiebung der ursprünglichen Anklage zum Opfer gefallen wäre. Ähnliche Fälle mündeten schließlich in eine Ehrenstrafe oder in einem Stadtverweis.

Eine endgültige Beurteilung der Erzählungen Ennes fällt schwer. Nicht nur in diesem Fall bleibt nach der Lektüre der Protokolle eine gewisse Erleichterung zurück, nicht für eine der auftretenden Personen Partei ergreifen oder über ihr Schicksal entscheiden zu müssen. Unvermeidlich ist aber angesichts derartiger Probleme die vorsichtige Verwendung des analytischen und begrifflichen Instrumentariums. So erscheint der Begriff der ‚Kriminalität' und erst recht der der ‚Frauenkriminalität' nur aus Gründen der Sprachkonvention verwendbar. Der Kriminologe Günther Kaiser definiert sie als „die Summe aller strafrechtlich mißbilligten Handlungen".[4] Trotz der Zunahme von Kriminal- und Polizeiordnungen seit dem späten Mittelalter oder der Existenz von Handbüchern wie Damhouders *Praxis rerum criminalium* dürfen wir kein anachronistisches Verständnis von Kriminalität in den Untersuchungszeitraum transponieren. Von einem einheitlichen und widerspruchsfreien Strafrecht konnte lange Zeit nicht die Rede sein. Viele der hier diskutierten Fälle fielen nicht in die Zuständigkeit der peinlichen Gerichtsbarkeit im engen Sinn. Das gilt in verstärktem Maß für diejenigen Fälle, an denen Frauen beteiligt waren. Was die ‚Mißbilligung' angeht, so müßten wir den Fall der Enne von Frechen aus der Erörterung der ‚Frauenkriminalität' ausklammern, weil sie vom Rat eben nicht kriminalisiert, sondern freigelassen worden ist. Und was schließlich die ‚Handlung' anbetrifft, so war schon von der Schwierigkeit die Rede, ihren Realitätsgehalt zu bestimmen, erst recht den der näheren Umstände, die oft kontrovers dargestellt werden.

Nicht nur wegen ihrer größeren Allgemeinheit bietet sich in diesem Zusammenhang eher die Verwendung sozialwissenschaftlichen Begriffe wie ‚abweichendes Verhalten' bzw. ‚Devianz' an. Hier wird nicht die Existenz eines geschlossenen und allgemeingültigen Strafrechts vorausgesetzt; denkbar sind vielmehr verschiedene, unter Umständen miteinander konfligierende Normensysteme, von denen aus ‚Abweichung' bestimmt werden kann. Ebenso treten neben den Staat bzw. die Obrigkeit die verschiedensten gesellschaftlichen Gruppen, die soziale Kontrolle auszuüben suchen und die sich zu diesem Zweck sowohl die bestehenden Institutionen und Gerichtsinstanzen nutzbar machen wollen wie auch auf zahlreiche informelle Regeln und Verhaltensweisen zurückgreifen können. Wenn Kriminalität in dieser Perspektive als deviantes Verhalten aufgefaßt bzw. erforscht wird, verliert sie ihren vermeintlich dinglichen Charakter und wird als Ergebnis sozialer Zuschreibungsprozesse erkennbar. Nicht allein die ‚Summe' der Sanktionen, sondern auch und gerade diese Prozesse werden zum Objekt des Forscherinteresses. Sie versprechen Aufschluß zu geben über soziale Codes und Formen der Konfliktbewältigung zwischen Frauen und Männern in vormodernen Gesellschaften. Natürlich schwingt dabei die Hoffnung mit, im Spiegel des abweichenden Verhaltens ein Stück ‚Normalität' zu fassen zu bekommen.

Enne von Frechen ist nur eine von 321 Frauen in meiner Stichprobe aus den Kölner Turmbüchern, einer Quelle, die Gefangenen- und Zeugenverhöre sowie Entscheidungen des Rates dokumentiert. Die Stichprobe umfasst die drei Fünfjahresschritte 1568–72, 1588–1592 und 1608–1612. In diese Stichprobe sind insgesamt 1993 vom Kölner Rat verhaftete und verhörte Personen eingegangen.[5] Dieser Anteil von Frauen unter den Verhafteten, der insgesamt bei 16,1 % lag, variiert übrigens während der drei Stichprobenphasen nicht wesentlich (15,4 %; 15,7 %; 17 %). Mit 14,5 % Frauenanteil in einem ersten erhaltenen Turmbuch aus dem Zeitraum 1515–1522 scheint sich hier ein relativ gleichbleibender Anteil von ‚Frauenkriminalität' anzudeuten.

Zu beachten ist dabei der Charakter der Datenbasis, deren Grundeinheit wie erwähnt die Verhafteten, nicht die Delikte, die Freigelassenen oder die Verurteilten sind. Die Stadt Köln war als einzige bedeutende Reichsstadt in der Frühen Neuzeit nicht im Besitz ihrer völligen Gerichtsautonomie; zwar konnte der Rat Bürger, Gäste und Fremde ‚antasten', d. h. festnehmen und verhören, aber er war formell gehalten, stark Verdächtige in peinlichen Kriminalfällen an das kurfürstliche Hohe Gericht zu überstellen. Wegen der politischen Spannungen zwischen Kurfüsten und Stadt eignete sich die Stadt zwar faktisch immer weitgehendere Kompetenzen in der Kriminalgerichtsbarkeit an, indem sie viele der Verhafteten aus eigener arbiträrer Machtvollkommenheit bestrafte, dennoch blieb ein harter Kern von verdächtigen Kriminellen, die an das Gericht geliefert wurden, im Stichprobenzeitraum waren das 253 von 1993, also 12,7 %.

Unter diesen 253 dem Gericht überstellten Gefangenen waren wiederum 37 Frauen, was einem Anteil von ca. 14,6 % entspricht. Über die Verhandlungen vor dem Hochgericht sind wir sehr schlecht unterrichtet. Einzig aus den Jahren 1575–1588 ist ein Protokollband erhalten, der uns auch über die Geschlechterverteilung Auskunft gibt: von den 188 Angeklagten waren 19, also 10,1 % Frauen. Die Kriminalitätsrate von Frauen in Köln variierte also je nach Zeitraum und Datenbasis zwischen 10 % und 17 %.

Köln paßt sich mit diesen Zahlen gut in den überregionalen Vergleich ein. Überall liegt im Spätmittelalter und in der Frühneuzeit die Anzahl der Frauen in Kriminalquellen wesentlich unter der von Männern.[6] Daran anknüpfend, wurden in der älteren Forschung allerhand Behauptungen über biologische oder physiologische Faktoren als die entscheidenden Determinanten in die Welt gesetzt. Diese Ansätze brauchen hier nicht diskutiert zu werden; sie sind in der neueren Forschung durch soziologische Überlegungen ersetzt worden. Doch mit welchen methodischen Prämissen auch immer, es erscheint nach den vorausgegangenen Überlegungen prinzipiell fragwürdig, derartigen hoch aggregierten Daten zuviel an Beweislast aufzubürden. Die Datenbasis ist einmal sehr heterogen, Hinrichtungszahlen werden da umstandslos mit Deliktzahlen oder Verhaftetenzahlen vermischt. Der Unterschied zwischen dem Frauenanteil unter den Verhafteten und unter den Verurteilten in Köln gibt einen ersten wichtigen Hinweis auf die geschlechtsspezifische Selektivität einzelner juristischer Instanzen. Für eine Metropole wie Paris konnten Studien zur Frauenkriminalität im 18. Jahrhundert auf der Grundlage verschiedener Quellen zu sehr unterschiedlichen Ergebnissen führen. Während für die meisten Forscher unabhängig vom Geschlecht Diebstahl das Paradedelikt dieser Epoche darstellt, weisen Untersuchungen auf breiterer Quellengrundlage darauf hin, daß – entsprechend den Äußerungen der Zeitgenossen – Frauen meist wegen moralischer Vergehen belangt wurden.[7]

Außerdem ist bei näherem Hinsehen die Variationsbreite der Zahlen beträchtlich. Als eindrucksvolle Abweichungen vom Kölner Muster seien hier nur die Zahlen aus einigen niederländischen Städten in der Frühneuzeit angeführt: In Gent wurde zwischen 1700 und 1789 ca. jedes vierte Urteil über eine Frau gesprochen, in Leiden standen zwischen 1678 und 1794 41,4 % Frauen vor Gericht, und in Amsterdam stieg der Frauenanteil im 17. Jahrhundert sogar bis auf 50 %.[8]

Statistische Auszählungen können ein nützlicher und oft notwendiger Ausgangspunkt für kriminalhistorische Studien sein; sie geben Anhaltspunkte für die Repräsentativität bestimmter Verhaltens- und Sanktionsformen und regen zu weitergehenden Fragen und Hypothesen an. Ohne ihre qualitative Unterfütterung aber, ohne die Berücksichtigung des jeweiligen Kontextes, kann eine angemessene Interpretation kaum erfolgreich geleistet werden. Wer lediglich mit abstrakten Zahlen jongliert, kommt kaum über relativ willkürliche, von außen dem Material übergestülpte Generalerklärungen hinaus. In der Auseinandersetzung mit Einzelfällen wie dem geschilderten wird die Breite möglicher Faktoren deutlich, die auf die ‚Frauenkriminalitätsrate' Einfluß haben kann.

Grob können die Einflußfaktoren vielleicht in zwei Bündel eingeteilt werden, wobei das eine Bündel das Verhalten der devianten Frauen betrifft, das andere die Sanktionierung dieses Verhaltens. Meist geht es bei der Diskussion über die Verhaltensebene um geschlechtsspezifische Einschränkungen, etwa um weibliche Rollenzwänge, die bestimmte illegale Handlungsoptionen, die den Männern offenstehen, versperren. Ein Beispiel wäre die eingeschränkte Möglichkeit von Frauen, ihren Interessen gewaltsam Geltung zu verschaffen. Verstehen wir ‚Kriminalität' als eine aktive Lösungsstrategie, muß man aber auch spezifisch weibliche Strategien in Betracht ziehen. Als eine solch typische weibliche Form des Konfliktaustrages hat Ingrid Ahrendt-Schulte den Schadenszauber in der lippischen Kleinstadt Horn beschrieben; der Rechtsweg hätte Frauen demgegenüber nur beschränkt offengestanden.[9] Aber natürlich kann deviantes Verhalten von Frauen gerade auch darin bestehen, ihre Rollen zu überschreiten oder sich ihnen zu verweigern.

Auf der anderen Seite kann das Bündel der Sanktionsformen ebenfalls noch weiter aufgeschnürt werden. Da wäre zunächst die Frage der geschlechtsspezifischen Etikettierung: Möglicherweise gibt es signifikante Unterschiede in der Zuschreibung von abweichendem Verhalten zwischen Männern und Frauen bei ähnlichen Verhaltensweisen, etwa unterschiedliche Sensibilitäten bei der Bewertung sexueller Devianz. Liegt in den Augen der sozialen Umwelt ein abweichendes Verhalten vor, dann wäre die nächste Ebene die der außerjuristischen Sanktionen: Sowohl für die frühe Neuzeit wie auch für die moderne Frauenkriminalität ist die These aufgestellt worden, daß weibliches abweichendes Verhalten eher informell sanktioniert wird und daß sich deswegen die Gerichte häufiger mit männlicher Devianz auseinanderzusetzen haben.[10] Hat sich ein Kläger dann zu formellem Vorgehen über den Rechtsweg entschlossen, dann mögen die Chancen für eine gerichtliche Bestrafung durchaus je nach Geschlecht unterschiedlich sein. Schließlich kann auch die Obrigkeit, soweit sie von sich inquisitorisch tätig wird, in sehr unterschiedlichem Maß gegen Männer und Frauen vorgehen. So ergeben sich in der Kombination der verschiedenen Faktoren je nach Institution, Delikt und historisch-sozialem Kontext sehr verschiedene Kriminalisierungsmuster. Einige davon seien für Köln im folgenden vorgestellt.

2. Das geschlechtsspezifische Profil der Delikte

Eine detailliertere Analyse der Devianz von Frauen darf sich nicht lange mit der Interpretation hoch aggregierter Kriminalitätsraten aufhalten, sondern sollte sich mit den einzelnen Delikten beschäftigen.

Trotz der geringen Fallzahlen (siehe Tabelle 1) sollen zusätzlich auch die Daten aus der Auswertung des einzig erhaltenen Hochgerichtsprotokolls gegeben werden (siehe Tabelle 2). Dabei wird kein dramatisch unterschiedlicher Befund sichtbar, aber die Selektivität der unterschiedlichen Instanzen läßt den Frauenanteil doch erheblich zurückgehen.

Als die zwei typischen Frauendelikte stehen Kindsmord und Magie bzw. Zauberei an der Spitze der Tabellen. Diese beiden Vergehen, die zu 80 bzw. fast 70 Prozent Frauen als Täterinnen aufweisen[11], sind allerdings im Kontext der Gesamtstatistik von zahlenmäßig nur geringer Bedeutung. Selbst unter den insgesamt verhafteten Frauen nehmen sie sich mit einem Anteil von 2,5 bzw. 5,6 Prozent eher unauffällig aus.

Zu ihrem geringen quantitativen Vorkommen steht ihre Präsenz im Bewußtsein der Zeitgenossen ebenso wie das große Interesse nachfolgender Historikergenerationen in auffallendem Widerspruch. Das mag einmal mit der Tatsache zusammenhängen, daß diese Delikte als besonders scheußliche Verbrechen wahrgenommen wurden, Verbrechen, die heimlich und heimtückisch begangen wurden, Verbrechen, die mit teuf-

Tabelle 1
Frauenanteil unter den Verhafteten im Stichprobenzeitraum, aufgeschlüsselt nach Delikten
(Quellen: HAStK Verf. u.Verw.G 211/13; 224/28; 237/41).

	insg. Verhaftete	insg. Anteil	weibl. Verhaftete	weibl. Anteil
Kindsmord	10	0,5 %	8	80,0 %
Magie/Zauberei	26	1,3 %	18	69,2 %
Sittendelikte	234	11,7 %	90	38,5 %
Beleidigung	71	3,6 %	19	25,0 %
Mißachtung des Stadtverweises	57	2,9 %	14	24,6 %
Eigentumsdelikte	341	17,1 %	78	22,9 %
Schuldenhaft	46	2,3 %	8	17,4 %
Religionsdelikte	186	9,3 %	32	17,2 %
Fälschung	15	0,8 %	2	13,3 %
Ordnungsdelikte	172	8,6 %	14	8,1 %
Bettelei	79	4,0 %	5	6,3 %
Totschlag	71	3,6 %	4	5,7 %
Raub	106	5,3 %	5	4,7 %
Gewalt	417	20,9 %	18	4,4 %
Obrigkeitsdelikte	128	6,4 %	5	3,9 %
Amtsvergehen	34	1,7 %	1	2,9 %
insgesamt	1993	100,0 %	321	16,1 %

lischer Hilfe bzw. gegen die natürliche Ordnung verübt wurden, Untaten, die sich gegen Wehrlose und Schutzbedürftige richteten. Das weibliche Geschlecht der Täterinnen stand mit diesem Charakter des Kindsmordes und der Zauberei/Hexerei als ‚horror crimes' in direktem Zusammenhang bzw. wurde von den zeitgenössischen Beobachtern damit in Verbindung gebracht.

Das große Interesse für die beiden Frauendelikte hängt weiterhin sicherlich mit den starken konjunkturellen Schwankungen zusammen, denen sie unterlagen. Im Fall des Kindsmords lassen sich bisher, wenn überhaupt, eher langfristige quantitative Veränderungen beobachten. Ein Anstieg der Fälle ergibt sich nach den Studien van Dülmens erst für

Tabelle 2
Frauenanteil unter den Angeklagten des Hohen Gerichts 1575–1588, aufgeschlüsselt nach Delikten
(Quelle: HAStK Hohes Weltliches Gericht G 1)

	insg. Verhaftete	insg. Anteil	weibl. Verhaftete	weibl. Anteil
Kindsmord	2	1,1 %	2	100,0 %
Magie/Zauberei	1	0,5 %	1	100.0 %
Sittendelikte	9	4,8 %	7	77,7 %
Fälschung	2	1,1 %	1	50,0 %
Religionsdelikte	4	2,1 %	1	25,0 %
Eigentumsdelikte	75	39,9 %	7	9,3 %
Gewalt	37	19,7 %	/	0,0 %
Raub	33	17,5 %	/	0,0 %
Totschlag	12	6,4 %	/	0,0 %
Beleidigung	4	2,1 %	/	0,0 %
Obrigkeitsdelikte	5	2,7 %	/	0,0 %
Mißachtung des Stadtverweises	2	1,1 %	/	0,0 %
Spiel	1	0,5 %	/	0,0 %
?	1	0,5 %	/	0,0 %
insgesamt	188	100,0 %	19	10,1 %

die zweite Hälfte des 17. und die erste des 18. Jahrhunderts, wo die Deliktraten in Städten wie Nürnberg oder Danzig einen absoluten Höhepunkt erreichen, die Hinrichtungszahlen insgesamt dagegen rückläufig sind.[12] Aber schon im 16. Jahrhundert weisen diese Städte wesentlich mehr gerichtete Kindsmörderinnen auf als Köln. Hier wurden im gesamten Zeitraum zwischen 1568 und 1617 fünf Frauen wegen dieser Tat verurteilt. Da aber in diesen Städten insgesamt mehr peinliche Strafen verhängt wurden als in der Rheinmetropole, scheint der Anteil der Kindsmordsfälle an der Gesamtkriminalität durchaus vergleichbar.

Auch bei den Bereichen Magie und Zauberei handelt es sich während des Untersuchungszeitraums in Köln um quasi endemische Phänomene. Was die Magie angeht, so handelt es sich dabei vor allem um Dienstleistungen wie Wahrsagen, Heilen, Schatzsuchen etc., die vorwiegend von

Frauen aus der Unterschicht, von Dienstmägden und Tagelöhnerinnen, angeboten wurden. Es gab für dieses Angebot durchaus eine rege Nachfrage unter der Kölner Bevölkerung.[13] Allerdings besteht kein Anlaß, diese Handlungsoption als aktive Problemlösungsstrategie zu sehr zu verklären; die Tätigkeit als ‚weise Frau' war eher aus der Not geboren und sicherte allenfalls ein kärgliches Zubrot. Zudem standen den Frauen auf dem Gebiet der Magie männliche Konkurrenten gegenüber, die von der Kriminalisierungsgefahr weniger betroffen waren als sie. Da waren einmal die reisenden Geisterseher und Heilkundigen, die sich schnell davonmachen konnten, wenn ihnen der Boden unter den Füßen zu heiß wurde. Da waren auf der anderen Seite eine Reihe von einfachen Klerikern, die sich speziell in Köln als Experten in magischen Angelegenheiten und Hexenbanner betätigten.

Neben den magischen Dienstleistungen geben die Turmbücher auch Zeugnis von Zaubereibezichtigungen, die von Einzelpersonen oder gar von ganzen Nachbarschaften vorgetragen wurden. Der Rat und seine Beamten reagierten darauf keineswegs so aufgeklärt, wie ihnen bis heute immer wieder unterstellt wird. In der Regel ließ er wegen Magie und Zauberei verdächtige Personen nicht frei, sondern lieferte sie an das Hohe Gericht. Allerdings wurden bis zum Anfang des 17. Jahrhunderts die wegen derartiger Anklagen Verhafteten nicht als Hexen stigmatisiert; in den Verhören durchaus vorhandene Anknüpfungspunkte wurden von den Inquisitoren übergangen. 1617 dann kam es in Köln zur ersten Verbrennung einer Hexe. Bekanntlich sollte es in der Reichsstadt im Zeitraum von 1627 bis 1631 zu 33 Hexenprozessen mit 24 nachweisbaren Hinrichtungen kommen. Hier haben wir eines der Beispiele für das Anschwellen einer Prozeßwelle vor uns, die in der deutschen Hexenforschung mittlerweile bekannt sind. Die Monstrosität derartiger Zahlen wird auch dadurch deutlich, daß man sie mit den Hinrichtungsquoten überhaupt vergleicht: für alle Kriminaldelikte zusammengenommen ergibt sich hier ein Schnitt von knapp vier Hinrichtungen pro Jahr. In einem Zeitraum von fünf Jahren starben also ‚normalerweise' zusammengenommen nicht so viele Menschen auf dem Schafott wie in dieser Zeit allein als Hexen auf dem Scheiterhaufen landeten.[14]

Beide Typen von Vergehen lassen das Spannungsfeld von realem Verhalten und geschlechtsspezifischer Zuschreibung deutlich werden. Auf der Ebene des Verhaltens können Kindsmord und Magie, wenn auch auf sehr unterschiedlichen Ebenen, als Notwehr- und Überlebensstrategien von Frauen gegenüber gesellschaftlichen Zwängen verstanden werden oder umgekehrt: als Bewahrung oder Verbreiterung ihrer Handlungsspielräume. Allerdings erscheint es mir sehr wichtig, eine Trennlinie zwischen Normalität und Außeralltäglichkeit zu markieren. Kindsmord war nicht der Normalfall, sondern eine sehr extreme Verhaltensmöglichkeit. Wenig deutet auf eine hohe Dunkelziffer und damit darauf hin, daß es sich bei der Kindstötung um ein geheimes Massendelikt gehandelt hat.[15] Magie dagegen scheint durchaus ein Bestandteil des städtischen Alltags gewesen zu sein, allerdings in einer unspektakulären, mit christlichen Elementen durchsetzten Ausprägung, die wenig mit dem gelehrten Hexenbild gemein hatte. Erst ein Zuschreibungs-und Kriminalisierungsprozeß, der wesentlich in einem negativen Geschlechterstereotyp wurzelte, verwandelt die magiekundige Frau in eine böse Hexe.

Außer bei den beiden bisher erörterten Delikten waren die Frauen überall in der Minderheit. Bei den Eigentumsvergehen gehörte noch nicht einmal jede fünfte unter diesem Vorwurf verhaftete Person dem weiblichen Geschlecht an. Der Grund dafür läßt sich vielleicht in realen Verhaltensunterschieden suchen. Idealtypisch lassen sich nach Wettmann-Jungblut drei Kategorien von Tätern in dieser Deliktsparte unterscheiden, nämlich Vaganten, Dienstboten und Gemeinschaftsmitglieder.[16] Fremde und Fahrende verübten in Köln die Masse der Diebstähle. Frauen sind unter dieser Gruppe deutlich in der Minderheit. Eine mögliche Erklärung bietet die Tatsache, daß der Großteil dieser Delikte klar in den Bereich der professionellen Kriminalität fällt. Bei Beutelschneiderei, Einbruch- oder Kirchendiebstählen waren bestimmte handwerkliche Fertigkeiten aus dem Gaunermilieu gefragt. Darüber aber verfügten Frauen in viel geringerem Maß, anders herum gewendet: Auch im Milieu des professionellen Verbrechens scheint es eine klare Arbeitsteilung gegeben zu haben, nach der Frauen von aktiver Beteiligung eher ausgeschlossen waren. Dafür spricht auch die relativ durchlässige Grenze zwischen Diebstahl und gewaltsamem Raub, die zwar bei einer speziellen Tat leicht zu ziehen ist, nicht jedoch beim Täter – wer heute einen Einbruch ohne Gewalt bewerkstelligen kann, könnte sich morgen schon – vom Hausherren überrascht – zur Wehr stellen müssen. Auch dieser Aspekt würde Frauen eher ausschließen, denn unter den gewalttätigen

Räubern fanden sich nur vereinzelt Frauen. Eine Ausnahme bildete z. B. Entgen, die Tochter des ‚bunten Richard', die sich mit ihrem Geliebten und dem Mann ihrer unehelichen Tochter im Bergischen Land herumtrieb. Diese kleine ‚Bande' hatte verschiedene Diebstähle begangen und lebte mit der Verwandtschaft in Streit und gewalttätiger Auseinandersetzung. Die Frau war von ihren Komplizen bereits in Wermelskirchen aus dem Gefängnis befreit worden, wobei man den Wärter schwer verwundet hatte. In Köln 1612 verhaftet, wurden alle drei vom Hohen Gericht zum Tode verurteilt.[17]

Dienstbotenkriminalität in Form von Hausdiebstählen dagegen erscheint bei Männern und Frauen gleichmäßig ausgeprägt. Aus eigener Not oder einfach durch die verführerische Nähe zum begehrten Besitz verleitet, ließen sowohl Knechte als auch Mägde alle mögliche bewegliche Habe, angefangen vom alltäglichen Gebrauchsgegenstand bis hin zu wertvollen und repräsentativen Pretiosen mitgehen. Mit einer gewissen Regelmäßigkeit wurde alle paar Jahre ein reicherer Kölner Haushalt von einer solchen Diebstahlsaffäre erschüttert. Nicht untypisch erscheint die Anstiftung der Mägde durch erfahrene ältere Frauen außerhalb des Hauses oder durch ihre Geliebten, die sich dann mit der Beute längst auf und davon gemacht hatten, während die jungen Frauen auf dem Turm inhaftiert saßen.

Sowohl typische als auch außergewöhnliche Züge vereint unter diesem Gesichtspunkt jener Fall der Dienstmagd Magdalena die Goetten. Sie hatte als Aufwärterin einer Frau namens „die schöne Maria" Tag und Nacht die Gäste zu bedienen gehabt, wobei das Etablissement besagter Marie offenbar kein gewöhnliches Gasthaus war. Die Zeugenaussagen waren allerdings parteiisch, so daß nicht klar ist, ob hier tatsächlich Kuppelei und Prostitution betrieben wurde oder ob der Kuppeleivorwurf lediglich als Waffe in einem Streit diente. Magdalenas frühere Arbeitgeberin Margaretha Kamps überzeugte sie erfolgreich, sich wieder zu Maria in Diensten zu begeben. Margarethas Mann Jorgen Kall überredete sie aber gleichzeitig, ihm den Schlüssel von Marias Haus zu leihen und fertigte einen Nachschlüssel. Eines Abends verschaffte er sich damit Zugang bei Maria und nahm Kleider, silbernes Besteck und eine verschlossene Kiste mit sich. Der nicht sonderlich professionell ausgeführte Diebstahl kam schnell ans Licht, schließlich hatte der alkoholisierte Jorg seinen Mantel am Tatort vergessen. Nach eigener Angabe handelte es sich bei der ganzen Aktion ohnehin nicht um simplen Diebstahl, sondern um eine Rache an Maria; ‚diese' Hure hätte ihn oftmals beleidigt, er habe sie nur ein wenig ärgern wollen. Außerdem hätte Maria der Magd Magdalena ihren Lohn vorenthalten. Offenbar war die junge Frau zum Spielball eines Nachbarschaftskonfliktes zwischen den in der Marienstraße wohnenden Eheleuten Kamps/Kall und der „schönen Maria" geworden, deren Haus in der kleinen Neugasse bei Unter Sachsenhausen lag. Jorgen Kall wurde übrigens unter Auflagen freigelassen – wie der Turmschreiber bemerkt, konnte er von großem Glück sagen. Maria hatte die Klage offenbar nicht aufrechterhalten, vielleicht im Zusammenhang damit, daß ihre eigene Reputation vor der Obrigkeit nicht die beste war.[18]

Die relativ seltene Eigentumskriminalität von Eingesessenen und Bürgern, die weniger in Diebstahl als in Unterschlagung oder Hehlerei besteht, wurde von Frauen ebenso wie von Männern begangen. Vieler dieser Delikte spielten sich in der Sphäre des Hauses und damit im Verfügungsbereich der Frauen ab. So veruntreute eine Frau im Jahr 1568 ein Paket mit Kleidern und anderen Wertgegenständen, das zeitweilige Untermieter bei ihr in Verwahrung zurückgelassen hatten. Die Frau, eine Bettlerin, legt im Verhör den Verdacht nah, bei den Sachen habe es sich um Diebesgut gehandelt, um ihre – zusammen mit einem Nachbarspaar begangene – Unterschlagung zu rechtfertigen. Den zurückgekehrten Mietern hatte sie versucht weiszumachen, die Obrigkeit hätte das Paket beschlagnahmt.[19]

Zu den wichtigsten Essentials einer Geschlechtergeschichte gehört die Forderung, die alte androzentristische Sichtweise nicht lediglich durch eine Geschichte der Frauen zu ergänzen, sondern beide Geschlechter gleichermaßen zum Thema zu machen. Um die fundamentale geschlechtsspezifische Prägung der sozialen Wirklichkeit angemessen erfassen zu können, dürfen Männer nicht länger als der gesellschaftliche Normalfall, sondern müssen ebenfalls als geschlechtsspezifisch geprägte und agierende Wesen verstanden werden.[20] Übertragen auf die Beschäftigung mit dem Phänomen ‚Kriminalität' bedeutet das, ebenso wie die ‚typischen' Frauendelikte die Männervergehen unter geschlechtsspezifischen Aspekten zu interpretieren. Insofern in der Abgrenzung vom anderen die Eigenheiten des eigenen Geschlechtes bestimmt werden, werden bei der Analyse typisch männlicher Kriminalität auch immer notwendigerweise Aussagen über weibliches Verhalten getroffen.

Bei einigen Delikten läßt sich die Abwesenheit von Frauen sehr leicht erklären: Ihre nicht vorhandene Amtsfähigkeit erklärt die Abwesenheit bei Amtsdelikten. Ebenso läßt ihre Abwesenheit im politischen Raum die Tatsache plausibel erscheinen, daß vorwiegend Männer sich gegen die Obrigkeit oder deren Vertreter vergingen. Natürlich gibt es Ausnahmen und Gegenbeispiele wie etwa den Fall jener Krämerin Tringen Meinertzhagen, die den Gewaltrichter Gobbel von Zons öffentlich einen meineidigen Schelm, Dieb und Bösewicht gescholten hatte. Dieser oberste Kölner Polizeibeamte hatte sie mehrmals aufgefordert, angeblich gestohlene Gegenstände zurückzugeben, eine Nachrede, wie Tringen im Verhör erzählte, die ihr so geschadet habe, daß sie an keinem Ort ruhig geduldet würde.[21] Diese Geschichte ist kein Einzelfall, aber im Ganzen gesehen geraten Frauen eher selten mit der Obrigkeit aneinander.

Bleibt also der zentrale Bereich der Politik eine Männerdomäne, für die Frauen- und Geschlechtergeschichte zumindest in diesem Fall uneinnehmbar?[22] Dagegen ist zu fragen, ob der Befund der Turmbücher in diesem Fall wirklich das Alltagsverhalten wiederspiegelt? Oder ob es nicht vielmehr der Rat auf männliche Kritik wesentlich sensibler und schneller reagierte, weil er hier Aufruhr und Empörung witterte? Mit der politischen Rechtlosigkeit der Frauen mochten durchaus Freiräume korrespondieren, die sie ungestraft nutzen konnten. Eine gewisse Parallele ergibt sich hier zum – ebenfalls politisch ‚sensiblen' – Bereich der Religionsdelikte. Unter den religiösen Abweichlern, den Wiedertäufern, Reformierten und Protestanten, die in der katholischen Reichsstadt am Niederrhein verhaftet wurden, waren vergleichsweise wenig Frauen. Dieses geschlechtsspezifische Sanktionsmuster darf jedoch nicht zu dem Kurzschluß verleiten, der weibliche Anteil unter den Religionsdissidenten sei unbedeutend gewesen. Andere Quellen korrigieren in diesem Fall den Befund der Turmbücher; Listen über die Teilnehmer heimlicher Konventikel, die von der Obrigkeit aufgespürt worden waren, zeigen im Fall der Wiedertäufer geradezu eine Dominanz des weiblichen Geschlechts. Aber nur ein Teil der entdeckten Andersgläubigen wurde in der Folge inhaftiert. Die Zahlen der Tabelle lassen sich in diesem Punkt also deutlich auf eine selektive, die Männer benachteiligende Verhaftungspraxis des Rates zurückführen. Religiöse Abweichung und Konventikelbildung bei Männern, Verhaltensweisen, die eng mit politischer Konspiration in Verbindung gebracht wurden, erschienen wesentlich gefährlicher als bei

Frauen. Oder umgekehrt: im Fall der Religionsdelikte waren Frauen wegen ihres Geschlechts in einer privilegierten Position.[23]

Im Fall der politischen Alltagsdevianz[24] muß letztlich offen bleiben, inwieweit tatsächlich die geschlechtsspezifisch differenzierte Sanktionierungsstrategie des Rates die Abwesenheit von Frauen erklärt und ob nicht doch tatsächliches weibliches (Nicht-)Handeln den Ausschlag gab. Bei den protestierenden Männern stand häufig das Bewußtsein der politischen Berechtigung im Hintergrund, schwang Unzufriedenheit mit dem Stadtregiment mit, das Selbstbewußtsein, den Rat selbst gewählt zu haben – Faktoren, die bei den Frauen als politisch nicht berechtigte Stadtbewohner keine Rolle spielten. Man fühlt sich an die so provokative wie mit zweifelhaften Argumenten untermauerte These von Martha Howell erinnert, daß gerade in solchen Städten wie Köln, das über die Korporationen (die Gaffeln) seinen männlichen Bürgern vergleichsweise hohe Partizipationschancen bot, die aus diesen Korporationen ausgeschlossenen Frauen in besonderem Maß in einen unpolitischen Familienraum abgedrängt waren.[25]

Wichtig unter dem Gesichtspunkt einer vergleichenden Geschlechtergeschichte erscheinen vor allem die Gewaltvergehen, weil hier Frauen weitgehend abwesend sind.[26] Das versteht sich zumindest für die ‚verbale' Gewalt nicht von selbst. Sie gilt in der Forschung manchmal als eine Domäne der Frauen, ebenso wie schon im Frauenbild der Zeitgenossen die weibliche Spitzzüngigkeit einen prominenten Platz einnahm: Geiler von Kaisersberg predigte über die Unversöhnlichkeit und Zornmütigkeit als einer der Hauptfehler der Frauen – Zitat: „Es weiß jederman, das kein grausamer noch erschröcklicher thier auff der Welt ist, weder ein bös und zornig Weib" – und ein französisches Sprichwort der Frühneuzeit konstatiert, zwei Frauen machten einen ganzen Gerichtssaal aus.[27] Das vorliegende Material stützt diese Ansicht zunächst nicht: Zwar waren Frauen bei Injurienfällen mit einem Anteil von ca. 25 % in ganz anderen Dimensionen vertreten als bei den übrigen Gewalthändeln, die Zahl der Männer aber überwog damit immer noch bei weitem. Nun geben die Turmbücher gerade in dieser Hinsicht wieder nur ein stark verkürztes Bild wieder, weil die meisten Beleidigungen – wenn überhaupt – auf dem bürgerlichen Rechtsweg verhandelt wurden und damit nicht in den Turmbüchern auftauchten. Nur in besonders schwerwiegenden Fällen wurden Verhaftungen vorgenommen. Es wäre möglich, daß überdurchschnittlich viele Frauen dadurch einer Erfassung entgangen sind. Eine genauere Analyse der zum Teil ausführlich wiedergegebenen Fallgeschichten läßt jedenfalls nicht erkennen, daß Frauen sich im Konfliktfall größere Zurückhaltung auferlegten als Männer. Bei den Beschimpfungs- und Beleidigungsritualen auf Kölner Straßen finden wir sie oft in Aktion. Vielleicht mag es hier auch so etwas gegeben haben wie geschlechtsspezifische Arbeitsteilung, indem die Frauen Stellvertreterkriege für ihre Ehemänner führten, sozusagen das verbale Vorspiel für die handgreiflichen Privatkriege der Männer.[28]

In handgreifliche oder gar bewaffnete Auseinandersetzungen sind Frauen dagegen kaum verstrickt. Gelegentlich waren sie Mitglied einer Gruppe, die wegen Gewalthändeln auf dem Turm erschien, oder sie wurden als potentielle Mitwisser von Totschlägen eine Zeitlang in Haft gehalten. Eher waren sie Opfer als Täter, wobei die manifeste Gewalt auf der Straße sich weniger häufig gegen Frauen richtete als die verdeckte im Haus, oft von den eigenen Ehemännern ausgeübt und nur durch Indizienbeweise in ihrer ganzen Breite aus den Turmbüchern erschließbar.[29] In den stark von männlichen Ehrvorstellungen und rituellem Verhalten geprägten Gewalthändeln in der Öffentlichkeit dagegen waren Frauen nicht satisfaktionsfähig. Schlaglichter auf die dahinterstehende Verhaltenslogik werfen Einzelfälle wie der einer Hauptmannsfrau, die ihrem Mann im nächtlichen Kampf gegen seine unzufriedenen Soldaten tatkräftig zur Seite stehen will und der von einem der Angreifer entgegengehalten wird, wenn sie Mannswerk tue, müsse sie auch mit Mannslohn, sprich mit Prügel, rechnen.[30] Ebenfalls ins Milieu der Soldaten spielt die karnevaleske Verkehrung der Welt, die Grietgen Seidenspinnersche auf den Turm brachte. Bei der Kindstaufe eines Leinewebers, bei der es hoch her gegangen war, hatte sie sich schließlich Bruch und Oberhosen des Hausherren angelegt, ein wollenes Mannshemd übergezogen, darüber den Umhang des Nachbarn Adolf Zimmermann, schließlich noch einen Hut aufgesetzt und zur Krönung des Ganzen ein Schwert an die Seite gehängt. Nachdem sie sich solcherart mit den Attributen der männlichen Teilnehmer der Feier ausstaffiert hatte, ging sie zum Haus eines Wachhauptmannes und forderte das Geld für einen Landsknecht. Nach eigenem Bekenntnis hatte sie gesprochen, ‚gibt man den Überlegenen Geld, warum soll man den Unterlegenen kein Geld geben. Sie könne ebensogut den Spieß schurren.‘ Offenbar hörte für den

Hauptmann hier der Spaß auf, wie die Verhaftung zeigt. Erst auf Supplik der Nachbarn kam Grietgen wieder frei.[31] Die groteske Pointe dieser Rollenumkehr konnte nur funktionieren, weil Frausein und soldatische Existenz, mithin die Verkörperung von Gewalt, damals nicht zusammengingen. Allerdings sollten wir, bevor der Disziplinierungsaspekt gegenüber dieser rebellischen Frau, die ihre Rollengrenzen überschreitet, zu sehr in den Vordergrund tritt, die Tatsache beachten, daß die männlichen Festteilnehmer diese spaßige karnevaleske Verkehrung der Welt aktiv unterstützt haben. Die Normen der sozialen Umwelt und die der Vertreter der Obrigkeit konnten durchaus differieren. Das ändert allerdings nichts daran, daß sowohl durch die ärgerliche Reaktion des Hauptmanns wie durch das launige Einverständnis der Feiernden die Außergewöhnlichkeit eines solchen Zusammenhanges von Weiblichkeit und Gewalt unterstrichen wird.

Selbst als Opfer der Totschläge, die zwischen 1557 und 1620 in Köln von den Gewaltrichtern registriert werden, tauchen Frauen nur in vier von 165 Fällen, d. h. in 2,4 %, auf. Als Gewalttäter sind Frauen noch sehr viel seltener. Bezeichnenderweise sind es hier vor allem Angehörige des Randgruppenmilieus, die im wahrsten Sinn des Wortes aus der Rolle fallen, wie Marri Hermann aus Kaiserswerth, nach eigener Aussage eine ehemalige Hure aus dem Kölner Frauenhaus, die vom sündigen Leben Abstand genommen hatte. In einem Weinhaus verwundete sie einen Spielmann, der sie ob ihres Lebenswandels ein „Vercken" geschimpft hatte, mit dem Messer und wurde daraufhin der Stadt verwiesen.[32] Ungewöhnlich an diesem Fall ist auch die Tatsache, daß sich weibliche Gewalt gegen einen Mann richtete. Gewöhnlich waren hier andere Frauen das Opfer bzw. die Gegnerinnen im Konflikt, der meist – wie z. B. Prügeleien zwischen Marktfrauen – unbewaffnet und unspektakulär verlief.

Hierin läßt sich gewissermaßen der Extremfall eines geschlechtsspezifischen Interaktionsschemas erkennen, das weniger krass allenthalben begegnet. In einer Stadt wie Köln mit rechtlich relativ weit entwickelter Chancengleichheit der Geschlechter, mit vergleichsweise vielfältigen Berufsmöglichkeiten für Frauen bis hinein in das zünftische Handwerk und den Handel kann zwar von einer weitgehenden Abschottung männlicher und weiblicher Interaktionskreise keine Rede sein, aber bei aller Überschneidung lassen sich diese Kreise immer noch erkennen, ablesbar auch in den Turmbüchern.

3. Status und geschlechtsspezifische Sanktionierung

Bei der Erstellung eines Sozialprofils der verhafteten Frauen tut sich eine doppelte, kaum überwindbare Schwierigkeit auf. Einmal besitzen wir zu den Verhafteten lediglich diejenigen Informationen, die in den Turmbüchern überliefert sind. Diese Angaben sind unterschiedlich dicht, bei den als ‚schwerkriminell' eingestuften Vaganten wird manchmal der ganze Lebenslauf erfragt, bekannte und eingesessene Kölner dagegen erscheinen vielleicht nur mit ihrem Namen. Die Minibiographien der Vaganten können im Einzelfall gut erfunden sein, nachprüfbar sind sie nicht, wenn nicht die Inquisitoren selbst Zweifel artikuliert haben. Eine Möglichkeit, Namen von Verhafteten mit anderen sozialstrukturellen Quellen, etwa mit Steuerlisten, abzugleichen, gibt es im Fall Köln nur sehr selten. Von daher ist schon die Einordnung der männlichen Häftlinge in ein Schichtmodell ziemlich spekulativ. Bei den Frauen kommt darüber hinaus das Problem hinzu, daß sie keine eigene Tätigkeit benennen, höchstens indirekt über den Beruf des Mannes sozial lokalisierbar werden.

So wird man sich mit der vagen Aussage begnügen müssen, daß der Sozialstatus der verhafteten Frauen im Mittel geringer war als der der Männer. Gehörten also nach meiner Schätzung von zehn Häftlingen insgesamt sechs der Unterschicht, zwei einer Randgruppe und zwei der Mittelschicht an (wobei die wenigen Mitglieder der ‚Oberschicht', deren Anteil unter einem Prozent ausmachen, zu vernachlässigen sind), so mag sich bei gleichbleibendem Anteil der Unterschicht bei den Frauen die Zahl der Randgruppenangehörigen verdoppelt, die der Mittelschicht halbiert haben. Indizien für diese Einschätzung sind die relativ häufige Nennung von Berufsangaben, die ins Milieu der unteren Schichten oder sogar der Randgruppen verweisen (Gelegenheitsarbeiterinnen, verachtete Berufe wie Prostituierte oder Vagantinnen) sowie die Tatsache, daß jede fünfte verhaftete Frau nachweislich bereits mit der Obrigkeit bzw. den Gesetzen in Konflikt gekommen war. Als dritter Indikator läßt sich die Deliktverteilung zur Plausibilisierung des Befundes heranziehen: Gewaltdelikte, Religionsvergehen oder politischer Protest waren diejenigen Bereiche, die typischerweise am wenigsten in sozialen Problemlagen wurzelten oder strafende Ausgrenzung nach sich zogen. Hier waren Frauen tendenziell in der Minderheit. Für die Vergehen, in die Frauen vorwiegend involviert waren – Sitten- und Eigentumsdelikte, die rund die Hälfte der verhafteten Frauen betrafen, wie auch Kindsmord und Magie/Zauberei, die deren Domänen darstellten – gilt eher das Gegenteil. Hier weist das kriminalisierte Verhalten darauf hin, daß die Täterin sich in sozialen Problemzonen bewegte. Zudem war die Wahrscheinlichkeit relativ groß, mit ausgrenzenden Strafen belegt zu werden. Anders gewendet: Während der Zusammenhang zwischen Devianz und sozialer Randständigkeit in Köln keineswegs so eng und allgemeingültig war wie oft angenommen, gilt für die Frauen eher als für die Männer, daß die Strafjustiz mit marginalen Existenzen umging und gleichzeitig diese Randständigkeit durch ihre Sanktionen produzierte.

Die verhängten Strafen verdienen gesonderte Aufmerksamkeit. Kann man eine geschlechtsspezifische Sanktionierung durch Rat und Hochgericht konstatieren? Um mit dem stärksten und in der Forschung am häufigsten diskutierten Extrem zu beginnen: in den Stichprobenphasen wurden insgesamt 64 Hinrichtungen vollstreckt, darunter lediglich drei gegen Delinquenten weiblichen Geschlechts. Unter den insgesamt 193 Hingerichteten in Köln im Zeitraum von 1568 bis 1617 befanden sich 13 Frauen, was einem Anteil von 6,8 % entspricht. Die vier Todesurteile für Kindsmörderinnen entsprechen der harten gesetzlichen Vorgabe, die Milde und Gnade in dieser Zeit kaum kannte. Die erste Hinrichtung einer Hexe am Ende des Zeitraums (1617) deutet auf die kommende ‚Karriere' eines neuen Deliktes hin. Die übrigen acht Urteile betreffen Diebstahlsfälle. Sie fallen alle ins beginnende 17. Jahrhundert und scheinen eine Verschärfung der Strafjustiz gegen Frauen anzudeuten. Aufs Ganze gesehen werden weibliche Diebe relativ gesehen weniger häufig mit dem Tode gestraft als männliche. Die naheliegenste Erklärung dafür findet sich jedoch nicht in geschlechtsspezifisch differenzierten obrigkeitlichen Sanktionsstrategien, sondern im Verhalten der Täter. Die große Masse der hingerichteten Delinquenten waren professionelle Diebe und Räuber, unter denen sich ohnehin kaum Frauen befanden. Nur am Rande sei die bekannte Tatsache vermerkt, daß die Hinrichtungsformen sehr wohl geschlechtsspezifisch differierten: In Köln war die am häufigsten vollzogene Todesstrafe für Frauen das Ertränken im Rhein.

Schauen wir uns am entgegengesetzten Ende der Sanktionsskala die Zahl derjenigen an, die – z. T. nach vom Rat explizit festgesetzten

Haftstrafen, Geldbußen oder anderen Auflagen – ohne weitere Strafen wieder vom Turm freikamen, so sind darunter ebenfalls relativ gesehen weniger Frauen als Männer. Kamen insgesamt von zehn Häftlingen fast sechs auf diese Weise davon, so waren es unter den weiblichen Verhafteten keine fünf. Mit anderen Worten: Der Rat mag mit der Verhaftung von Frauen zurückhaltender gewesen sein, doch wenn er sie erst einmal inhaftieren ließ, so war die Wahrscheinlichkeit, bestraft zu werden, für sie etwas höher als für ihre männlichen Leidensgefährten. Die häufigste Strafe, die etwa jeden fünften Häftling, gleich ob Frau oder Mann, traf, war der Stadtverweis. Leichte Unterschiede zwischen den Geschlechtern ergeben sich jedoch bei den Ehrenstrafen, die entweder den Stadtverweis begleiteten oder als eigenständiges Sanktionsinstrument verwandt wurden. Das Stehen oder gar Ausgeprügeltwerden am Kax, am städtischen Pranger, oder das Bußritual des ‚Kerzen-und-Steine-Tragens' war nicht allein den Frauen vorbehalten, aber sie wurden diesen Strafen relativ gesehen häufiger unterworfen. In gewisser Weise bildeten die schweren Varianten der öffentlichen Schande, kombiniert mit peinlicher Bestrafung, die ultima ratio städtischer Strafjustiz gegen Frauen, für die es zur Hinrichtung noch nicht ganz ‚reichte'.

Insgesamt erscheint der geschlechtsspezifische Charakter der obrigkeitlichen Sanktionen aus der Vogelperspektive betrachtet eher geringer zu sein, als man es erwarten könnte. Natürlich müßte die Analyse der Sanktionen durch Rat und Gericht ergänzt werden durch die der informellen Sozialkontrolle durch Familie und Nachbarschaft. Beide Ebenen ergänzten sich und griffen ineinander, ohne die ‚Hilfe' der informellen Kontrollinstanzen hätte der Kölner Rat mit seinem kleinen Stab von Amtsträgern und Dienern kaum Chancen zur ‚erfolgreichen' Strafverfolgung gehabt. Frauen und Männer waren im Netz dieser sozialen Kontrolle – entsprechend ihrer verschiedenen Rollen – sehr unterschiedlich verwoben. Ob Frauen wesentlich intensiver und umfassender kontrolliert wurden als Männer, das ist eine ebenso reizvolle wie schwer zu beantwortende Frage – anders als obrigkeitliche Strafen läßt sich informelle Sozialkontrolle gar nicht ‚messen'. Auf jeden Fall wäre es verfehlt, in Frauen lediglich die Disziplinierungsopfer zu sehen. Vielmehr traten sie auch als aktive Kontrolleure auf; manchmal könnte man sogar den Eindruck gewinnen, daß sie die wesentlichen Trägerinnen des Gerüchts darstellten, das auf die Reputation der betreffenden Mitmenschen entscheidenden Einfluß ausübte.[33] Unbehagen bleibt auch bei dieser Arbeitshypothese: Die Frauen als Hüterinnen der öffentlichen Meinung – sicher ein attraktiveres Bild als das von den umfassend Disziplinierten, aber eben doch nur die Ersetzung der einen durch eine andere Imagination von weiblicher Verhaltensweise.

4. Die Sittendelinquenz als Konfliktfeld der Geschlechter

Sittenvergehen – also Ehebruch, sexuelle Unzucht und Gewalt, Prostitution sowie Kuppelei – wurden bisher aus der Betrachtung weitgehend ausgeklammert. Dabei folgen sie als quantitativ bedeutsamer Bereich weiblicher Delinquenz an dritter Stelle der beiden präsentierten Tabellen. Hier erscheint das Geschlechterverhältnis als einigermaßen ausgeglichen, wobei unter den Verhafteten die Frauen immer noch eine Minderheit stellen. Daß sie unter den gerichtlich Verurteilten dominieren, darf wegen der geringen Fallzahl nicht überbewertet werden, könnte aber ein Hinweis auf eine besondere Sensibilität der Obrigkeit gegenüber weiblicher im Vergleich zu männlicher sexueller Devianz sein. Für eine verstärkte Sensibilität von Obrigkeit und Gericht gegenüber sittlichen Vergehen im Zuge der Konfessionalisierung, das sei hier aber angemerkt, gibt es in der Reichsstadt Köln bis zum Beginn des 17. Jahrhunderts wenig Indizien; eine deutliche Puritanisierungstendenz läßt sich im Medium der Kriminalität kaum erkennen.

Besondere Attraktivität als Untersuchungsfeld für unser Thema haben die Sittendelikte aber, weil hier Männer und Frauen zahlenmäßig am gleichmäßigsten beteiligt sind. Meist[34] liegen den Delikten Interaktionen zwischen den Geschlechtern zugrunde, beide stehen entweder als Sittenverletzer gemeinsam vor den Turmherren oder sie agieren als Konfliktparteien gegeneinander. Nicht wie bisher der geschlechtstypische Charakter eines bestimmten Delikts steht hier zur Diskussion, sondern das spezifisch männliche und weibliche Verhalten (bzw. dessen Bewertung) auf einem gemeinsamen Feld. Dieses Feld soll am Schluß noch einer gesonderten Betrachtung unterworfen werden. Eine zentrale Leitfrage kann dabei sein, inwieweit die Frauen sowohl im alltäglichen Handeln als auch vor den Schranken der Obrigkeit ebenso viele Handlungsoptionen und ebenso große Durchsetzungschancen hatten wie die Männer.

In einem ersten Anlauf läßt sich diese Frage durchaus positiv beantworten. Heimliche Liebesbeziehungen zwischen verheirateten Erwachsenen zeugen von einer beidseitigen Leidenschaft und Zuwendung, die ein phantasievollerer Historiker umstandslos als romantische Liebe bezeichnen würde. Vielleicht weniger romantisch, dafür aber umso verbreiteter war in den unteren Schichten der Kölner Gesellschaft eine andere Variante von Ehebruch, die rechtlich als Bigamie galt. Da lebte ein Paar – meist verheiratet, manchmal auch ohne kirchlichen Segen – Jahre und Jahrzehnte zusammen, bis eines Tages ruchbar wurde, daß ein früherer Ehepartner, der oder die vor langer Zeit über alle Berge verschwunden war, noch am Leben sei. Diese Geschichten sind äußerst informativ für uns: Sie zeigen die Fragilität der Familienstrukturen in den Unterschichten sowie das diffizile Widerspiel von nachbarschaftlicher Toleranz auf der einen, strengen moralischen Normen auf der anderen Seite. Hier interessiert vor allem die Tatsache, daß kaum eine geschlechtsspezifische Differenz bei der Rollenverteilung zu beobachten ist: Frauen verließen ihre Männer und wurden verlassen, sie schienen nicht passiver oder eingeschränkter zu leben. Gleiches wie für den Ehebruch gilt für die voreheliche Unzucht: Die wenigen Fälle, in denen Kinder wohlhabenderer Familien wegen unerlaubter heimlicher Hochzeiten verhaftet wurden, zeigen die jungen Frauen durchaus als aktiv Beteiligte, die ebenso gegen die elterliche Autorität opponierten wie ihre jungen Ehemänner. Die Vorgeschichten heimlicher Verlöbnisse, denen sexuelle Aktivität als gewollte, Schwangerschaft und Verhaftung als ungewollte Konsequenz folgten, erzählen durchaus von aktiven jungen Frauen, die die Initiative übernahmen. Viele der jungen Männer, die die Konsequenzen des Verlöbnisses nicht auf sich nehmen wollen, sprechen sogar davon, die spätere Geliebte habe die Initiative übernommen, sie sei ihnen nachgegangen oder sogar, wie es öfter heißt, ‚ihnen auf den Leib gerannt.'

Doch an dieser Stelle können und müssen wir stutzig werden. Es ist offensichtlich, daß sich im Initiativreichtum der Frauen zwar eine reale Verhaltensmöglichkeit verbirgt – die Turmherren mußten das ganze schließlich glauben –, daß die angebliche Verführung durch die Frauen aber dazu dienen soll, die Männer von der Verantwortung zu entlasten. Dabei konnten die Männer an ein herkömmliches Frauenstereotyp anknüpfen, das Bild der Eva, die Adam den Apfel gleichsam aufgedrängt hatte. Die Verteidigungsstrategie der Männer ging konsequenterweise dahin, ihrer Geliebten mindestens die Initiative im konkreten Fall zuzuschieben, sie oft sogar als Frau mit einem allgemein unzüchtigen, promiskuitiven Lebenswandel zu diskreditieren und damit letztlich als Hure hinzustellen. Mehr oder weniger offen und mehr oder weniger aggressiv wurde dieser Vorwurf als gebräuchlichste Waffe im Geschlechterkampf vor Gericht benutzt. Natürlich konnten die Frauen ihrerseits zurückschlagen, indem sie den Männern Gewalt oder falsche Versprechungen, im wesentlichen also Mißbrauch ihrer physischen und sozialen Macht vorwarfen. Was den männlichen Angriff und den Hinweis auf einen möglichen promiskuitiven Lebenswandel aber ungleich gefährlicher machte, war die Tatsache, daß er sich zentral gegen die weibliche Ehre der Betroffenen überhaupt richtete.

Diese weibliche Ehre war, wie neuere Untersuchungen herausgearbeitet haben[35], zentral mit der sexuellen Integrität und dem sittlich-moralischen Lebenswandel der Frau verknüpft. Als ein wichtiger Indikator dafür kann der eindeutige geschlechtsspezifische Charakter der allgemein gebräuchlichen Schimpfworte gewertet werden. In Köln wurden weibliche Kontrahenten gemeinhin als ‚Ehebrechersche', ‚Hure' oder ‚lose Pritt'[36] beschimpft, wobei in Kombinationen wie ‚Pfaffenhure' oder ‚diebische und ehebrechersche Hure' vielfältige Steigerungsformen gegeben waren. Dabei muß der Vorwurf der ‚Hurerei' weder etwas mit dem konkreten Anlaß des Streites zu tun haben, noch meinte er notwendigerweise die gewerbsmäßige Prostitution. Er zielte allgemein auf sexuell unehrenhaftes Verhalten. Männer dagegen wurden nur selten mit sexuell getönten Injurien angegangen, wobei dann der Akzent auf tabuisierten, als unnatürlich betrachteten Sexualpraktiken und -beziehungen lag (‚er solle seine Mutter liebhaben'). Meist wurden Männer aber als ‚Diebe' oder ‚Schelme' beschimpft.[37]

Für den Bereich der Sittengerichtsbarkeit bedeutet dies aber, daß mit den konkreten Vorwürfen und Verfehlungen zugleich immer die Ehre der betroffenen Frau überhaupt, ihre gesamte persönliche Integrität zur Disposition stand. Sie war in diesem Bereich hochgradig verwundbar, viel verwundbarer als ein Mann. Umgekehrt konnte diesen der Vorwurf der Gewaltausübung und des Machtmißbrauchs, wie Frauen ihn oft gegen ihre Gegner erhoben, weit weniger gefährlich werden, war doch die Ausübung von Macht und Gewalt für einen Mann als ‚pater familias' prinzipiell keine illegale Verhaltensweise. Was das sexuelle Verhalten anbetraf, so spiegelt sich die Ungleichheit in der Bewertung schon in den alltäglichen sprachlichen Wendungen: Ein Mann hat mit einer Frau ‚zu schaffen', oder er hat mit ihr ‚seinen Willen' und erscheint somit als der aktive Teil – der Frau dagegen bleibt die erleidende Rolle; typisch ist der Sprachgebrauch der jungen Grietge Weinroeffers, sie sei einigen Schiffsknechten „zu willen gewesen und (habe) iren lib zum besten geben".[38]

Bei gerichtlich ausgetragenen Konfliktsituationen herrschte also eine grundsätzliche Chancenasymmetrie zwischen den Geschlechtern: Die Frauen wurden sehr schnell mit grundsätzlichen Angriffen auf ihre Ehre konfrontiert, während sie ihrerseits den Männern den Mißbrauch einer an sich legitimen und ehrfördernden Verhaltensweise nachweisen mußten. Die Auswirkungen dieser Asymmetrie auf die gerichtlichen Untersuchungen sind nicht auf den ersten Blick so dramatisch, wie man vermuten könnte, sie drücken sich z. B. nicht in einer strengeren oder häufigeren Verurteilung weiblicher Delinquenten aus. Nicht selten gelingt es auch einzelnen Frauen, ihre Männer wegen häuslicher Mißhandlungen auf den Turm zu bringen. Dabei stellen härtere obrigkeitliche Sanktionen gegen das Familienoberhaupt aber rare Ausnahmefälle dar. Daß dabei nicht nur die patriarchale Kumpanei zwischen männerdominierter Obrigkeit und männlichem Familienoberhaupt eine Rolle spielte, belegt die Tatsache, daß viele der mißhandelten Ehefrauen sich – sei es aus materiellen Gründen oder zur Bewahrung ihrer Ehre – bemüßigt fühlten, selbst für ihre Peiniger um Gnade zu bitten.[39] Eine Ausnahme bildet hier z. B. der Fall des Kalkschlägers Arndt Leutzenkirchen. Er hatte in einem Tobsuchtsanfall und offenbar unter Alkoholeinwirkung sein Bett ‚auseinandergeschlagen' und dermaßen gewütet, daß die gesamte Nachbarschaft sich vor der Tür versammelte. Der Grund für seine Wut war nach Angaben seiner Tochter Eva, daß sie und ihre Schwester „seine huiren nicht sein wolten". Er habe verlangt, daß sie ihm die Hosen auszögen und ihnen an den Leib getastet mit den Worten, er müßte sehen, ob sie „einen dicken arss" hätte. Diese Aussage Evas sowie der Vorwurf, seine Frau zu mißhandeln und sein Geld zu versaufen, wird von zahlreichen Nachbarn bestätigt, Arndt daraufhin an das Hohe Gericht geliefert und aufgrund eines Schöffenurteiles aus der Stadt gestäupt.[40] Bemerkenswert an diesem Fall ist die eindeutige Front von Gegnern, vor denen Arndt schließlich kapitulieren mußte, was auch damit zu tun hatte, daß er mit seinem Verhalten einen Grad an Öffentlichkeit hergestellt hatte, der ungewöhnlich war. Vor allem war es die sexuelle Gewalt gegen seine Töchter, die in Kombination mit seinen übrigen Verfehlungen das Faß zum Überlaufen brachte.

Sexueller Mißbrauch, sei es in der eigenen Familie, sei es durch Männer aus der Nachbarschaft oder durch Fremde, ist in den Quellen häufiger beschrieben und ähnelt in vielen Zügen den Verhaltensmustern, die aus der neueren Literatur dazu bekannt sind.[41] Das mag bei dem Grad an Tabuisierung, mit dem das Thema in der Moderne bis vor kurzem behaftet war, erstaunen. Kann es sein, daß Kinder diesseits der Geschlechtsreife – ganz im Gegensatz zu heute! – von den Zeitgenossen als relativ glaubwürdige ‚Opfer' betrachtet wurden? Gab es soetwas wie das Image sexueller Unschuld von Kindern, denen man, anders als ‚erwachsenen Frauen', kaum eine Eigenverantwortlichkeit für die Tat zuschreiben konnte? Erstaunlich erscheint der Befund jedenfalls vor dem Hintergrund, daß im Stichprobenzeitraum sehr wenige Fälle von erwiesener Vergewaltigung in den Turmbüchern verzeichnet sind, eigentlich nur zwei innerhalb von 15 Jahren. Hier greift nach meiner Interpretation nun die Erklärung der asymetrischen Situation von Frauen und Männern vor Gericht, wenn man sich nicht mit der Erklärung zufrieden geben will, die Abwesenheit derartiger Verfahren spiegele getreu die reale Geringfügigkeit sexueller Gewalt. Vergewaltigungsklagen drohten immer die Ehre des Opfers zu gefährden und waren nur erfolgversprechend, wenn eine Reihe von normativ geforderten Verhaltensweisen eingehalten worden waren: laute und entschiedene Gegenwehr des Opfers, sofortige Anzeige, Alarmierung von Zeugen und dramatischer öffentlicher Auftritt ‚mit weinenden Augen'. Viele Frauen hatten nach Lage der Dinge keine Chance zur Umsetzung dieses Verhaltenskanons. Sie mochten sich zudem scheuen, auf dem Rechtsweg ihre Ehre vollends aufs Spiel zu setzen, so sehr sie sich auch im Recht fühlen konnten.

Die angesprochenen zwei Fälle waren allerdings keineswegs die einzigen Verhandlungen, in denen es um den Vorwurf der Vergewaltigung ging. Bei den anderen Geschichten handelt es sich jedoch allesamt um gescheiterte Notzuchtverfahren. Am Ende dieser Verfahren standen die Anklägerinnen, oft ohnehin von zweifelhafter Reputation, als die eigentlichen Kriminellen dar, als Verleumderinnen, die mit dem Gang vor Gericht ihre durch öffentliches Gerede angeschlagenen Ehre verteidigen wollten oder lediglich einen Vater für ihr uneheliches Kind suchten. Andere scheinen versucht zu haben, sich mittels der Notzuchtklage materielle Vorteile zu verschaffen oder an einem männlichen Gegner zu rächen. Es ist schwer, Licht in die Hintergründe derartiger Fälle zu bringen, in die Emotionen, Motive und materiellen Interessen der Beteiligten Einblick zu nehmen. Ein besonders drastischer Fall datiert vom November 1610. Zu diesem Zeitpunkt saß der junge Soldat Peter Blomenbergs auf dem Turm, weil er von seiner Schwester wegen inzestuöser Handlungen angeklagt worden war. Folgt man der Darstellung ihrer Klageschrift, dann war er nachts besoffen in ihr Haus gekommen und habe die Kerzen gelöscht. Dann habe er „mich als seine leibliche und naturliche schwester, mit hoichster gewaldt an meiner frewligkeit, buissen meinen willen, wider Godt sein gebot und alle menschliche natur ergriffen und angetast, meine handt zu seiner manligkeit starck und grewlicher weis gezogen, selbige seine manligkeit mir auf mein Leib oder bouch gewalthatlicher weis angesetzt und aufgedrungen, dermassen und gestalt, das mir, Margarethen, sein Peters saem ... uber mein Leib wider meinen willen hin und herueber fallen und abgehen lassen." Peter leugnete nicht, nachts im Haus seiner Schwester übernachtet zu haben. Er bestritt aber sexuelle Handlungen zwischen ihnen. Immerhin sprach er von Kitzeleien und Neckereien, mit denen Margaretha ihn herausgefordert habe. Seinerseits beschuldigte er sie des Ehebruchs und lieferte so gleich ein mögliches Motiv für ihre Anklage gegen ihn: Margaretha habe mit einem Junker in Abwesenheit ihres Mannes Unzucht getrieben, was er ihr auch vorgeworfen habe.

Langwierige Untersuchungen und Zeugenverhöre waren die Folge. Auch andere, so etwa der Schreiber Johannes Pistorius, wußten etwas vom Verhältnis zwischen Margaretha und einem gewissen Junker Kamber. Einmal hätte sie geäußert, mit diesem davonziehen zu wollen. Schließlich nahm das Verfahren eine überraschende Wende: Margaretha zog die Beschuldigungen gegen ihren Bruder zurück. Die Schuld für die Falschbezichtigung aber versuchte sie jetzt ihrem Mann in die Schuhe zu schieben – der habe ihr den Rat gegeben und die ‚scharfen' Worte in die Klageschrift gebracht. Natürlich leugnete dieser das ab, und nach den von verschiedenen Seiten vorgebrachten Ehebruchbeschuldigungen sowie nach dem Zusammenbruch ihrer Klage hatte Margaretha in den Augen der Ratsherren jede Glaubwürdigkeit verloren. Kurz nach Weihnachten 1610 wurde sie der Stadt verwiesen.[42]

Die gleichsam ‚obrigkeitliche' Lesart dieser Geschichte erscheint klar genug: Eine Frau erhebt den Vorwurf gewaltsamen Inzestes gegen ihren Bruder aus Rache, weil dieser ihr unmoralisches Verhalten anprangert hatte; als dieser als falsch entlarvt wird, beschuldigt sie ihren Ehemann, um die Schuld von sich abzuwälzen. Gleich doppelt versucht sie damit ihre Opferrolle als Waffe in einer rechtlichen Auseinandersetzung zu verwenden; sie scheitert in beiden Fällen. Was diese Lesart unbefriedigend erscheinen läßt, ist der Wortlaut ihrer Klage. Tatsächlich, und insofern ist der obrigkeitlichen Wertung zu folgen, läßt sich nur schwer vorstellen, daß eine derart plastische, detaillierte und originelle Anklage auf einen ‚Rat' des Ehemannes zurückgeht. Gleichermaßen unwahrscheinlich erscheint aber die Möglichkeit, daß es sich hier lediglich um eine von Margaretha gut erfundene Geschichte, um reine Fiktion handelt. Immerhin gesteht der Bruder, ihr indirekt einen realen Kern zu, wenn er das Ganze auch als Kitzeleien und Neckereien verharmlost. Auf jeden Fall wird damit ein deutliches Fragezeichen hinter die vorgeblich so eindeutige Rollenverteilung zwischen der unmoralischen und lügenhaften Margaretha auf der einen, den unschuldigen Männern auf der anderen Seite gesetzt. Es wäre unabdingbar für die weitere Interpretation, mehr zu wissen über die Beziehungen hinter den Kulissen, über Bruder, Ehemann und vorgeblichem Liebhaber. Leider lassen uns die Kriminalquellen in diesem zentralen Punkt zu oft im Stich.

Was das generelle Bild angeht, so bleibt am Schluß ein paradoxes Resümee. Da sind auf der einen Seite Frauen, die den Notzuchtvorwurf als Waffe vor den Schranken des Gerichts einsetzen, um damit andersartige Konflikte zu bestreiten oder um materielle Vorteile zu erreichen. Dieser Befund mag etwas mit eingeschränkten weiblichen Handlungsoptionen auf anderen Feldern zu tun haben. Daß sie damit selten Erfolg hatten und selbst ein hohes Kriminalisierungsrisiko eingingen, verweist wiederum auf den prekären Charakter der weiblichen Ehre. Auf diesen Charakter deutet auf der anderen Seite ebenfalls die Vermutung, daß viele Frauen trotz manifester sexueller Gewalt der rechtlichen Konfliktbewältigung aus dem Weg gingen. Diese ‚argumentationes ex silentio' mögen nicht jeden überzeugen, es mag andere Möglichkeiten geben, die Befunde zu deuten. Die nackten Daten und Zahlen allein jedenfalls geben keinen hinreichenden Aufschluß über den Zusammenhang von Kriminalität und Geschlecht und befriedigen unsere historische Neugier nur unzureichend.

5. Kriminalität und Geschlecht

Gerade in den Pionierjahren der Frauengeschichte ist oft beklagt worden, wie wenig Spuren Frauen in den von männlicher Optik geprägten Quellen und in der Historiographie hinterlassen haben und wie schwierig deshalb ihre Geschichte zu schreiben sei. Noch weniger als von den Männern in den unteren Strata der Gesellschaften des Mittelalters und der frühen Neuzeit sei von ihren Frauen bekannt. Wenn überhaupt von Frauen die Rede sei, dann gehe es mehr um ‚imaginierte Weiblichkeit' (Bovenschen), um die Geschlechterstereotypen, als um die Lebensrealität der betroffenen Frauen. Eine Geschichte der Kriminalität und Devianz verspricht hier wichtige neue Einsichten. Kriminalprotokolle als serielle Massenquelle erzählen vor allem von Menschen und damit auch von Frauen aus der Unterschicht oder aus marginalen Gruppen. Zudem scheint es nicht um abstraktes Räsonnement über Weiblichkeit und Frauen, sondern um konkrete Fälle, um Realität zu gehen. Frauen figurieren hier schließlich nicht als passive Spielbälle männlicher Aktivitäten, als ‚Opfer', sondern ebenso als Agierende, als Täterinnen, deren Motive und Kalküle vor Gericht untersucht werden können. Die Chancen, im Medium der Kriminalquellen der Einschnürung durch ein oft ahistorisch verstandenes und übermächtig gezeichnetes Patriarchatskonzept zu entgehen, sind verlockend.

Der Kölner Befund zeigt aber auch, wie verschieden ausdeutbar die in den Kriminalquellen vorgefundenen Fakten sind und wie sich manchmal sogar vermeintliche Realitäten in Fiktionen auflösen können. Ein Delikt mit hohem Frauenanteil wie Magie/Zauberei verweist sowohl auf die Wirkmächtigkeit misogyner Stereotype wie auch auf eingegrenzte weibliche Handlungsmöglichkeiten. Wenn Frauen in bestimmten Deliktbereichen kaum präsent sind – wie ist dieses Ergebnis zu interpretieren? Wurde weiblicher politischer Protest nicht obrigkeitlich sanktioniert oder war er wenig existent? Deutet die Abwesenheit von Frauen bei den öffentlichen Gewaltritualen auf ihre Machtlosigkeit hin oder spiegelt sich hier lediglich ein anderer Kommunikationsstil? Bei der Interpretation der Ergebnisse und der Bewertung ihrer ‚Normalität' wird eine Kombination mit anderen Quellen unabdingbar sein. Insofern weist die Frage nach der ‚Frauenkriminalität' weit über das engere Arbeitsgebiet einer historischen Kriminalitätsforschung hinaus. Wünschenswert wäre im Gegenzug aber auch ein methodischer Rückkopplungseffekt. Die Probleme bei der Interpretation von Daten zur geschlechtsspezifischen Devianz sollten ein wirkungsvolles Remedium gegen ein allzu positivistisches Vorgehen der historischen Kriminalitätsforschung darstellen.

Anmerkungen

1 Historisches Archiv der Stadt Köln (HAStK), Verf. u. Verw. G 225, fol. 161b ff.; 168a ff.; 192b; 194b f.; 196a f. – Der vorliegende Essay knüpft an Befunde und Gedanken aus meinem Buch ‚Köln im Kreuzverhör. Kriminalität, Herrschaft und Gesellschaft in einer frühneuzeitlichen Stadt, Bonn 1991' an. Außer bei direkten Zitaten verzichte ich im folgenden auf das Anführen von Belegstellen daraus. Für Kommentare und Kritik danke ich Lyndal Roper und Gabriela Signori.

2 Zitiert nach J.A. Sharpe, Crime in Early Modern England 1550–1750, London 1984, 41.

3 Hans-Jürgen Kerner, Kriminalstatistik, in: Kleines Kriminologisches Wörterbuch, hrsg. von G. Kaiser u. a., zweite völlig neu bearb. Aufl. Heidelberg 1985, 261.

4 Günther Kaiser, Kriminalität, in: Kleines Kriminologisches Wörterbuch, 204.

5 Die folgenden Daten beziehen sich, wo nicht anders angemerkt, immer auf diese Stichprobe. Ich hatte mit dieser Stichprobe nicht den Ehrgeiz, historische Entwicklungskurven in den Blick zu bekommen, sondern wollte mich mit einer strukturellen Querschnittanalyse bescheiden, die allerdings sehr wohl kurzfristige Schwankungen zu berücksichtigen in der Lage sein sollte.

6 Vergleichszahlen bei Robert Jütte, Geschlechtsspezifische Kriminalität im Späten Mittelalter und in der Frühen Neuzeit, in: Savigny Zeitschrift für Rechtgeschichte, Germ. Abt. 108 (1991), 93 ff. Dort und bei Susanna Burghartz, Kein Ort für Frauen? Städtische Gerichte im Spätmittelalter, in: B. Lundt (Hg.): Auf der Suche nach der Frau im Mittelalter, München 1991, 49 ff. die Darstellung der traditionellen biologischen oder physiologischen Interpretamente und deren Kritik. Vgl. außerdem die Einleitung zu diesem Band.

7 Vgl. die Darstellung bei Susan P. Connor, Thievery, violence or vice: women's criminality in revolutionary Paris, in: M.-F. Brive (Hrsg.), Les femmes et la Révolution française, Toulouse 1990, 31 u. 35.

8 Anne-Marie Roets, Vrouwen en criminaliteit: Gent in de achttiende eeuw, in: Tijdschrift voor Geschiedenis 95 (1982), 366 f.; Els Kloek, Criminality and Gender in Leiden's Confessieboeken, 1678–1794, in: Criminal Justice History 11 (1990), 1 u. 4.

9 Ingrid Ahrendt-Schulte, Schadenszauber und Konflikte. Sozialgeschichte von Frauen im Spiegel der Hexenprozesse des 16. Jahrhunderts in der Grafschaft Lippe, in: Heide Wunder/

Christina Vanja (Hrsg.), Wandel der Geschlechterbeziehungen zu Beginn der Neuzeit, Frankfurt/M. 1991, 226.

[10] Johannes Feest: Frauenkriminalität, in: Kleines Kriminologisches Wörterbuch, 119; Susan D. Amussen: Féminin/masculin: le genre dans l'Angleterre de l'époque moderne, in: Annales E.S.C. 40 (1985), 275.

[11] Männer tauchen bei dem ersten nur gelegentlich als Unterstützer und Mitwisser, bei dem zweiten in einer Minderheit auch als magische Praktiker oder Zauberer auf. Bezeichnend für Kölner Verhältnisse erscheint die Tatsache, daß die Dienstmagd Enne in ihrer erfundenen Geschichte von einem Besuch bei einem männlichen Magiekundigen erzählt.

[12] Vgl. Richard van Dülmen, Frauen vor Gericht. Kindsmord in der Frühen Neuzeit, Frankfurt 1991, 58 ff.; skeptischer Otto Ulbricht, Kindsmord und Aufklärung in Deutschland, München 1990, 174 ff.

[13] Vgl. dazu auch Robert Jütte, Ärzte, Heiler und Patienten. Medizinischer Alltag in der frühen Neuzeit, München 1991, 148 ff.

[14] Zu den Hinrichtungszahlen Schwerhoff, Köln im Kreuzverhör, 154 ff. Vgl. jetzt Gerd Schwerhoff, Hexenverfolgung in einer frühneuzeitlichen Großstadt – Das Beispiel der Reichsstadt Köln, in: Hexenverfolgung im Rheinland (= Bensberger Protokolle 85), Bensberg 1995.

[15] So auch Ulbricht, Kindsmord, 176 ff.

[16] Peter Wettmann-Jungblut, „Stelen inn rechter hungersnodtt." Diebstahl, Eigentumsschutz und strafrechtliche Kontrolle im vorindustriellen Baden 1600–1850, in: Richard van Dülmen (Hrsg.), Verbrechen, Strafen und soziale Kontrolle, Frankfurt/M. 1990, 154 f.

[17] HAStK Verf. u. Verw. G 240, fol. 136a–145a; 163a.

[18] HAStK Verf. u. Verw. G 224, fol. 164b ff., 175b.

[19] HAStK Verf. u. Verw. G 211, fol. 149a ff., 159a f.

[20] Ute Frevert, Männergeschichte oder die Suche nach dem ‚ersten' Geschlecht, in: M. Hettling u. a. (Hrsg.), Was ist Gesellschaftsgeschichte?, München 1991, 31–43; grundlegend Giesela Bock: Geschichte, Frauengeschichte, Geschlechtergeschichte, in: Geschichte und Gesellschaft 14 (1988), 364–91; vgl. als Ansatz einer praktischen Umsetzung eines solchen Forschungsprogrammes Lyndal Roper, Männlichkeit und männliche Ehre, in: K. Hausen/H. Wunder (Hrsg.), Frauengeschichte – Geschlechtergeschichte, Frankfurt/M. 1992, 154–172; interdisziplinär Giesela Völger/Karin v. Welck (Hrsg.), Männerbande – Männerbünde. Zur Rolle des Mannes im Kulturvergleich, 2 Bde., Köln 1990.

[21] HAStK Verf. u. Verw. G 225, fol. 150b ff.

[22] Vgl. Cécile Dauphin u. a.: Culture et pouvoir des femmes: Essai d'historiographie, in: Annales E.S.C. 41 (1986), 271–293, die im Bereich der Politik ein entscheidendes Bewährungsfeld der Geschlechtergeschichte sehen.

[23] Für eine moderne Untersuchung zu den unterschiedlichen Chancen der Geschlechter vor Gericht vgl. Geißler, Rainer/Norbert Marißen: Junge Frauen und Männer vor Gericht. Geschlechtsspezifische Kriminalität und Kriminalisierung, in: Kölner Zeitschrift für Soziologie und Sozialpsychologie 40 (1988), 505–526.

[24] Die schwierige Frage nach der Rolle von Frauen in politischen Unruhen bleibt hier ausgeklammert. Vgl. dazu (allerdings eher für den ländlichen Bereich) als instruktive Fallstudie John Bohstedt, Gender, Household and Community Politics: Women in English Riots

1790–1810, in: Past and Present 120/1988, S. 88–122; für den deutschen Bereich zusammenfassend Heide Wunder, „Er ist die Sonn', sie ist der Mond": Frauen in der Frühen Neuzeit, München 1992, 230 ff.

25 Martha C. Howell: Citizenship and Gender. Women's political status in northern medieval cities, in: M. Erler/ M.Kowaleski (eds.), Women and power in the Middle Ages, Georgia 1988, 37–60.

26 Unter Gewaltdelikten soll hier die gesamte Spanne vom Totschlag (sowie den wenigen vorsätzlichen Morden, die unter diese Sparte gerechnet wurden) über gewaltsame physische Auseinandersetzungen bis zu den Beleidigungen und Drohungen, die von den Zeitgenossen als verbale Gewalt verstanden wurden, betrachtet werden.

27 Zitat nach Peter Ketsch, Frauen im Mittelalter: Quellen und Materialien Band II, Düsseldorf 1984, 84; Jean Delumeau: Angst im Abendland, Bd. 2, Reinbek bei Hamburg 1985, 502.

28 Das Beispiel eines solchen ‚Stellvertreterkrieges' bei Gerd Schwerhoff: ‚Mach, das wir nicht in eine Schande geraten!' Frauen in Kölner Kriminalfällen des 16. Jahrhunderts, in: Geschichte in Wissenschaft und Unterricht 44 (1992), 451–473, 452; vgl. ferner Martin Dinges, „Weiblichkeit" in „Männlichkeitsritualen"? Zu weiblichen Taktiken im Ehrenhandel in Paris im 18. Jahrhundert, in: Francia 18/2 (1991), 71–98, der den weiblichen Anteil an den öffentlichen Gewalthändeln aufgrund seines Befundes insgesamt höher einschätzt.

29 Vgl. zu häuslichen Konflikten die Fallstudie von Rainer Beck: Frauen in Krise. Eheleben und Ehescheidung in der ländlichen Gesellschaft Bayerns während des Ancien régime, in: Richard van Dülmen (Hrsg.): Dynamik der Tradition, Frankfurt/M.1992, 137–212.

30 Schwerhoff, Köln im Kreuzverhör, 302.

31 HAStK Verf. u. Verw.G 213, fol. 153b.– Vgl. allgemein Uschi Bender-Wittmann u. a., Grenzüberschreitungen: Frauen in Männerkleidern als Widerlegung der Alltagstheorie der Zweigeschlechtlichkeit, in: M. Otheinin-Girard u. a.(Hrsg.): Frauen und Öffentlichkeit. Beiträge der 6. Schweizerischen Historikerinnentagung, Zürich 1991, 99–114 (mit weiterer Literatur).

32 HAStK Verf. u. Verw. G 226, fol. 168a ff., 173a f. Im Oktober 1566 wurde Merg Schrader, die schon zweimal vom Scharfrichter mit Ruten aus der Stadt geprügelt worden war, im Rhein ertränkt, weil sie bei Streit im Wirtshaus einen Buhlen ihrer Schwester tödlich mit dem Messer verwundet hatte, HAStK Verf. u. Verw. G 211, fol. 59a f.

33 Dabei ist das Gerücht nicht mit der kleinen Negativauswahl gerichtsnotorischer öffentlicher Injurien zu verwechseln, bei denen die Frauen, wie gezeigt, wiederum die Minderheit stellten. Vgl. weiter zur informellen sozialen Kontrolle Schwerhoff, Frauen in Kölner Kriminalfällen, 467 ff.

34 D.h. mit Ausnahme der ‚Sodomiten'; vgl. dazu für Köln Bernd-Ulrich Hergemöller, Die „unsprechliche stumme Sünde" in Kölner Akten des ausgehenden Mittelalters, in: Geschichte in Köln 22 (1987), 5–51.

35 Z.B. Susanna Burghartz, Rechte Jungfrauen oder unverschämte Töchter? Zur weiblichen Ehre im 16. Jahrhundert, in: Hausen/Wunder, Frauengeschichte – Geschlechtergeschichte, 173–183.

36 *Pritt* (*Prie, Prick, Pritsch*) = ordinäres, liederliches Weib.

37 Schwerhoff, Köln im Kreuzverhör, 315 f.; vgl. für die Vergleichbarkeit Dinges, „Weiblichkeit" in „Männlichkeitsritualen", 87 f. oder Jütte: Geschlechtsspezifische Kriminalität, 105; für die gewollte Unschärfe des Begriffs ‚Hurerei' im zeitgenössischen Sprachgebrauch, der noch

nicht – oder nicht mehr – einen eindeutigen Bereich professioneller Prostitution bezeichnet, Lyndal Roper, The Holy Household. Woman and Morals in Reformation Augsburg, Oxford 1989, 124 f.

[38] HAStK Verf. u. Verw. G 221, fol. 167a; vgl. Schwerhoff, Köln im Kreuzverhör, 390; vgl. dazu Lyndal Roper, „Wille" und „Ehre": Sexualität, Sprache und Macht in Augsburger Kriminalprozessen, in: Wunder/Vanja (Hrsg.), Wandel der Geschlechterbeziehungen, 187 ff., die ebenfalls das männliche Argument der weiblichen Anreizung vor Gericht herausstellt und zwischen diesem und dem allgemeinen Sprachgebrauch zu Recht einen Widerspruch konstatiert.

[39] Vgl. Schwerhoff, Köln im Kreuzverhör, 171.

[40] HAStK Verf. u. Verw.G 238, fol. 167a ff.

[41] Vgl. Schwerhoff: Köln im Kreuzverhör, 398 ff. – Kein unbedingt typischer, aber ein aufschlußreicher Fall war der des Jacob de Boiß: er hatte nach eigenem Bekenntnis ein kleines Mädchen von sieben oder acht Jahren – es war angeblich freiwillig zu ihm gekommen, um mit ihm zu tanzen – mit sich genommen, an der Stadtmauer in der Nähe der Severinspforte auf den Boden gelegt, „uff den Arß gekletzet (und) ... an das naturgen, auch in das portzgen getastet". Weiter sei allerdings, wie er entschuldigend anführt, nichts geschehen. Das mag stimmen, allerdings nur, weil er in diesem Moment von einer Frau entdeckt wurde, die ihn anrief. Sie gibt später zu Protokoll, daß das Kind „auf dem Angesicht gelegen, und den hinderst bloiß gehat, etwas in die hohe, der behaffter hett hinder dem kindt uff den knien geseßen". Jacob flüchtete, wurde von Bauersleuten verfolgt, die ihm schließlich als Pfand den Mantel abnahmen. Auch im Verhör zeigt er sich überzeugt, „das er kein ubels begangen." Der Rat verurteilt ihn zu einer Strafe von 25 Goldgulden, kein geringer Betrag, aber andererseits gerade mal die Hälfte dessen, was die Besucher protestantischer Konventikel zu zahlen hatten (HAStK Verf. u. Verw.G 231, fol. 30b ff.; 46a f.).

[42] HAStK Verf. u. Verw.G 239, fol. 60a–84a, Zitat fol. 63a f.

Robert Jütte

Dutzbetterinnen und Sündfegerinnen

Kriminelle Bettelpraktiken von Frauen in der Frühen Neuzeit

Vorbemerkung

Der Anstoß, sich mit historischen Aspekten der Thematik „Armut und Geschlecht" zu befassen, kommt, worauf Brigitte Schnegg[1] in der Einleitung zu einem Sammelband über Armut in der Schweiz zu Recht hinweist, nicht nur von der neueren Frauen- bzw. Geschlechtergeschichte, sondern auch aus der aktuellen Diskussion über das Phänomen der „Neuen Armut", die vor allem in den Vereinigten Staaten zu Beginn der achtziger Jahre intensiv geführt wurde. In der inzwischen sehr umfangreichen Literatur zur Armut und Armenfürsorge im vorindustriellen Europa wurden Frauen und ihre spezielle Notsituation zwar im allgemeinen wohl „mitgedacht" oder beiläufig erwähnt, aber nicht gleichberechtigt und parallel mituntersucht, wenn man von einigen wenigen lokal-, regional- oder institutionengeschichtlichen Studien der letzten Jahre einmal absieht.[2] So fehlen immer noch umfassende Untersuchungen zu geschlechtsspezifischen Aspekten von Armut und Bedürftigkeit sowie zu den unterschiedlichen Auswirkungen armenpolitischer Maßnahmen auf Männer und Frauen. Vor allem fehlt es aber an Studien, die die Zusammenhänge zwischen den Formen weiblicher Armut, den Normvorstellungen weiblichen Sozialverhaltens und der Ausgrenzung der betroffenen Frauen oder Bettlerinnen beleuchten. Hier gibt es bislang nur einige wenige Forschungsarbeiten, die sich allerdings zeitlich auf die Phase des Pauperismus beschränken.[3]

Im folgenden soll der Versuch unternommen werden, einen Teilaspekt des Themas „Armut und Geschlecht", nämlich die Rolle der Frau in der

Bettlerkultur, für die frühe Neuzeit einmal ausführlicher abzuhandeln. Nach dem Forschungsüberblick in der Einleitung wird im ersten Abschnitt gezeigt werden, daß weibliche Armut nicht undifferenziert und allein unter quantitativen Gesichtspunkten betrachtet werden darf. Vielmehr soll deutlich werden, daß verschiedene Gruppen von Frauen in ganz unterschiedlicher Weise mit der Armut fertig wurden und von armenpolitischen Maßnahmen betroffen waren. Im Gegensatz zur relativen gesellschaftlichen Anerkennung der Hilfsbedürftigkeit von Witwen und Ehefrauen mit Kindern steht die soziale Ächtung von Frauen, die aus anderen Gründen an den Bettelstab kamen. Hier handelt es sich vorwiegend um nichtseßhafte Bettlerinnen, die mit der traditionellen Lebensweise der Frau brachen und damit das Risiko einer vollständigen gesellschaftlichen Marginalisierung auf sich nahmen. Am Beispiel der Frauen, die durch ihre als betrügerisch eingestuften Bettelpraktiken auffielen, soll aufgezeigt werden, wie die Kategorie Geschlecht über Normensystem, Arbeitsmarkt und Rechtssprechung die sozialen Realitäten für Männer und Frauen in diesem Milieu in unterschiedlicher Weise strukturierte und dabei auch Handlungsspielräume eröffnete, die ansonsten Frauen in der frühneuzeitlichen Gesellschaft in der Regel nicht besaßen.

1. Geschlechtsspezifische Aspekte von Armut und Bettel

Betteln, Vagieren und Prostitution zählen zu den illegalen Überlebensstrategien, die die Existenzgrundlage von pauperisierten Dienstmägden und Tagelöhnerinnen in der vorindustriellen Gesellschaft sichern halfen. Noch im 19. Jahrhundert wurde die Tatsache, daß viele Frauen aufgrund der schlechten Chancen auf dem Arbeitsmarkt und infolge einer restriktiven Armenpolitik in diese Lebensformen gedrängt wurden, nicht in ihrem ökonomisch-sozialen Kontext gesehen, sondern als Ausdruck sittlicher Verdorbenheit und einer spezifisch weiblichen charakterlichen Disposition interpretiert. Betteln und Vagieren wurden auf den angeblich für das weibliche Geschlecht typischen Hang zur Faulheit und Müßiggang, Prostitution auf die spezifisch weibliche „Liederlichkeit“ und den triebhaften Charakter der weiblichen Sexualität zurückgeführt.[4] Und so überrascht es auch nicht, daß bereits fast dreihundert Jahre früher weibliche Devianz in Form von Nichtseßhaftigkeit und damit einhergehendem Betteln bei den Zeitgenossen moralische Entrüstung hervorrief. So zeigte sich beispielsweise der spanische Arzt und Verfasser eines Traktats über die Reform des Armenwesens, Cristóbal Pérez de Herrera, besonders empört über die weiblichen Vaganten, da diese seiner Meinung nach nicht nur an der Ausbreitung der Syphilis Schuld tragen, ihre Kinder vernachlässigen oder gar aussetzen, sondern auch zu einer Aushöhlung der allgemeinen Moral beitragen. Als „Medizin" empfiehlt er die Unterbringung in einer Anstalt („albergue") und die Erziehung der dort eingesperrten Vagantinnen durch „bescheidene Kost, Drohungen, Bestrafungen, das Legen in Ketten oder das Einspannen in den Stock, für diejenigen, die nicht korrigierbar sind".[5]

Angesichts dieser moralischen Entrüstung könnte man vielleicht den falschen Schluß ziehen, daß unter den mit einem Bettelstab umherziehenden, in Lumpen gekleideten Bettlern in den vergangenen Jahrhunderten besonders viele Frauen gewesen seien. Doch der erste Eindruck täuscht. Die zahlreichen Einzelstudien zum frühneuzeitlichen Armen- und Bettlerwesen zeichnen ein differenzierteres Bild von der geschlechtsspezifischen Ausprägung von Armut und durch ökonomische Notlagen bedingte Formen weiblicher Devianz. Dabei gilt es zunächst streng zwischen den sogenannten „wahren" Armen und dem nicht-legitimierten, häufig als „starke" Bettler bezeichneten Personenkreis zu unterscheiden, denn nur die zuletztgenannte Bevölkerungsgruppe wurde ja bekanntlich seit dem ausgehenden Mittelalter zum Objekt einer obrigkeitlichen Politik, die in zunehmendem Maße auf die Marginalisierung bzw. Kriminalisierung der Betroffenen abzielte.[6]

Es kann kein Zweifel daran bestehen, daß Frauen unter den Armen, die in Genuß einer Unterstützung kamen oder wenigstens als „bedürftig" registriert wurden, in ganz verschiedenen Epochen stets überproportional vertreten sind. Daraus hat unter anderem Gisela Bock den Schluß gezogen, daß Armut nicht nur ein Ergebnis von Klassenzugehörigkeit sei, sondern von Faktoren wie Geschlecht und ethnischer Herkunft abhänge.[7] Und Wolfram Fischer wagt sogar den Vergleich zwischen Armut im Spätmittelalter und der frühen Neuzeit mit Erscheinungsformen der Bedürftigkeit in der Gegenwart: „Hätte das Mittelalter unsere heutige Erhebungsmethoden der Sozialhilfe gekannt, so würde sich mit großer Sicherheit ergeben, daß Frauen – seien es Mütter mit Kindern, Alleinstehende oder Alte – einen besonders hohen Anteil von Unterstützungsfällen oder Fällen verschämter Armut ausmachten, nicht anders als heute."[8] Auch wenn für die Zeit vor 1800 systematisch erhobene sozialstatische Daten kaum zur Verfügung stehen, so gibt es gleichwohl doch Untersuchungen, in denen die durch einen glücklichen Zufall überlieferten seriellen Quellen ausgewertet wurden. Aus diesem – allerdings nur sehr punktuell vorliegenden – Zahlenmaterial ergibt sich, daß der Anteil der Frauen an den registrierten Almosenempfängern bzw. anerkannten Hilfsbedürftigen in der frühen Neuzeit meist zwischen 60 und 85 Prozent betrug (vgl. Tabelle 1). Insofern kann man auch für diese Epoche bereits von einer „Feminisierung der Armut"[9] sprechen.

Anders sieht dagegen das Bild aus, wenn man sich die sogenannten „nichtwürdigen" Armen anschaut, unter denen die vagierenden Bevölkerungsgruppen besonders stark vertreten sind. So gibt die Differenzierung der nichtseßhaften Bevölkerungsgruppe nach Geschlecht Aufschluß über die geschlechtsspezifisch unterschiedlichen Ausprägungen von Armut und Bedürftigkeit (vgl. Tabelle 2). Das zahlenmäßige Übergewicht der Männer unter den Bettlern, die mit Bettelstab von Ort zu Ort zogen, zeigt sich nicht nur im berühmten Zyklus mit Bettlerdarstellungen („Les Gueux") von Callot[10], es wird vor allem auch durch die Untersuchungen zum Bettler- und Vagantentum der frühen Neuzeit bestätigt. Danach ergibt sich in den meisten Fällen ein Verhältnis von Männern zu Frauen von beinahe 2:1. Nur einige wenige Studien kommen zu abweichenden Ergebnissen. In Köln beispielsweise stellten die Frauen nur 10 Prozent der verhafteten Bettler, doch könnte das damit zusammenhängen, daß die städtische Obrigkeit in dem von Gerd Schwerhoff[11] untersuchten Zeitraum bei verbotenem Bettel, der von Frauen ausgeübt wurde, eher bereit war, ein Auge zuzudrücken bzw. die Toleranzschwelle in der Bevölkerung erheblich höher war, als in späteren Jahrhunderten, in denen die Bettlerplage, nach zeitgenössischen Aussagen zu urteilen, ein sehr viel größeres Ausmaß angenommen hatte. Außerdem macht Schwerhoff darauf aufmerksam, daß in der ersten Stichprobenphase Bettler und Vaganten nicht aufgrund konkreter strafrechtlicher Delikte verhaftet wurden, sondern weil es sich bei ihnen um mittlerweile unerwünschte „mutwillige" (d.h. arbeitsscheue) Bettler handelte. Es wurde also die Existenzform „Bettelei" teilweise wenigstens, wenn auch nicht so radikal wie in anderen Städten, kriminalisiert. In diesem Zusammenhang ist auch darauf hinzuweisen, daß die Kriminalisierung der meist fremden Bettler durch Verhaftung und anschließende Ausweisung nur die extreme Form obrigkeitlicher Reaktion, die zudem konjunkturellen Schwankungen unterliegt und häufig ein Vollzugsdefizit aufweist, darstellte.[12]

Befragt man die Quellen nach der Geschlechterverteilung im Falle der Vagierenden, unter denen sich bekanntlich nicht nur Bettler, sondern auch Personen befanden, die ein (meist wenig einträgliches) ambulantes Gewerbe ausübten, so ergibt sich ebenfalls ein eindeutiges Bild, das mit den Ergebnissen von Untersuchungen, die mit einem Sample arbeiten, das nur aus Personen besteht, die ausdrücklich als Bettler bezeichnet werden, übereinstimmt. Männer waren unter den aufgegriffenen nichtseßhaften Bevölkerungsgruppen entschieden zahlreicher vertreten, wenn auch aufgrund der jeweils ausgewerteten Quellenbestände mehr oder weniger erhebliche Differenzen zu konstatieren sind. So unterscheidet sich beispielsweise das Geschlechterverhältnis in den von Carsten Küther untersuchten bayerischen Gerichtsrechnungen (1 : 1) und österreichischen Bettelschub-Listen (1,3 : 1) recht deutlich von den ebenfalls in die Untersuchung mit einbezogenen Festnahmelisten des bayerischen Jägerkorps (2 : 1). Die Abweichungen sind nicht nur auf die Eigenheiten der Quellen zurückzuführen, sondern finden ihre Erklärung darin, daß in den Fällen, bei denen ein besonders hoher Frauenanteil vorzuliegen scheint, gerade diejenigen Bettler erfaßt wurden, die im Nahbereich einer größeren Stadt bettelten. So betrug beispielsweise das Verhältnis Männer zu Frauen unter den Personen, die von Österreich aus lediglich über die bayerische Grenze transportiert wurden, 1 : 1. Unter denjenigen, die bis in die Oberpfalz und darüber hinaus geschickt wurden, belief sich der entsprechende Wert auf 1,5 : 1; das heißt, bei Vagierenden mit überregionalem Wanderradius lag der Frauenanteil erheblich niedriger.[13] Auch eine Untersuchung über Fahrende im frühneuzeitlichen England kommt übrigens zu einem ähnlichen Ergebnis.[14]

Für die Überrepräsentation der Männer speziell in der kriminalisierten Bettlerpopulation bieten sich ebenfalls verschiedene Erklärungsmöglichkeiten an. Zunächst ist darauf zu verweisen, daß im Unterschied zu den Männern es das sogenannte „schwache" Geschlecht offensichtlich leichter hatte, als „wahre" und damit unterstützungsbedürftige Arme anerkannt zu werden. Außerdem scheint die in diesem Bettlermilieu vorherrschende nichtseßhafte Lebensweise für Frauen problematischer gewesen zu sein als für Männer. Als Ehefrau, Tochter oder Dienstbotin war die Frau sehr viel stärker in eine stabile, an einem Ort angesiedelte Haushaltsgemeinschaft wirtschaftlich und rechtlich eingebunden. Insofern unterliegen Frauen vor allem in ökonomischen Notlagen einem höheren sozialen und moralischen Druck, der dazu führt, daß Frauen auch unter schlechteren Bedingungen länger seßhaft bleiben und nicht so leicht mit dem Absinken in die Gruppe der vagierenden Bettlerinnen die unterste Stufe des sozialen Abstiegs erreichen. Für diese These spricht nicht zuletzt die Altersgliederung dieser Gruppe. Norbert Schindler hat gezeigt, daß die Altersstruktur der im Zusammenhang mit den Salzburger Hexenprozessen verhafteten Bettlerinnen wesentlich ausgeglichener ist als die ihrer männlichen Kollegen. Während die Hälfte der männlichen Bettler das 16. Lebensjahr noch nicht erreicht hatte, betrug der Anteil der Bettlerinnen unter 20 Jahren nur etwa ein Viertel.[15] Ein ähnliches Bild zeichnen Untersuchungen, die die Zusammensetzung der im 18. Jahrhundert in Frankreich wegen „Bettelei" (mendicité) festgenommenen Personen beschreiben.[16] Der Schritt ins Bettlermilieu war – so scheint es jedenfalls – eher für Männer als für Frauen eine reale Alternative, um Existenzkrisen zu bewältigen.

2. Die Rolle der Frau in der Bettlerkultur

Es müssen also bestimmte Bedingungen vorliegen, damit eine Frau die seßhafte Existenz aufgibt und bettelnd (falls nicht andere, starke Mobilität erfordernde Wirtschaftsweisen, z. B. Hausieren, in Frage kommen) durch die Lande zieht. Als frauenspezifische Ursache von Nichtseßhaftigkeit, auf die man im damaligen Bettlermilieu immer wieder stößt, sind zunächst die moralisch- sexuellen Normverletzungen und Verstöße gegen die herrschenden eherechtlichen Bestimmungen, die zur Stigmatisierung und damit zum Ausschluß aus dem Sozialverband der Gemeinde führen, zu nennen.[17] Unter den verhafteten Salzburger Bettlerinnen fällt beispielsweise die außerordentlich hohe Ledigenquote (ca. 60 %) auf.[18] Das hängt vor allem damit zusammen, daß die bestehenden Heiratsschranken für die besitzarmen Schichten seit dem 17. Jahrhundert in einzelnen Regionen erhöht wurden. Im Bamberger Territorium beispielsweise forderte im 18. Jahrhundert die Obrigkeit als Voraussetzung für eine Heiratsgenehmigung einen Vermögensnachweis von 200 Gulden, und zwar mit der ausdrücklichen Begründung, „die Vermehrung des Bettelvolks“[19] zu verhindern. Aus diesen Gründen waren viele Arme gezwungen, ohne offizielle Trauung zusammenzuleben. Doch in den Augen der Obrigkeit galten diese Paare als „Fornicanten“, was insbesondere für die Frau, wenn diese Ehe auf Zeit scheiterte, ernste Folgen haben konnte. „Der Diskriminierung der unverheirateten Frau“, so Claus Kappl, „folgte ihre Kriminalisierung und damit der endgültige Ausschluß aus der Gesellschaft“[20]. Und so überrascht es nicht, daß wir einem Teil der betroffenen Frauen als Bettlerinnen auf der Landstraße wiederbegegnen, wobei wiederum auffällt, daß diese zu einer nichtseßhaften Lebensweise mehr oder weniger gezwungenen Frauen in den Quellen häufig pauschal als Dirnen oder liederliche Frauenzimmer bezeichnet werden.

Als weiterer Faktor, der mit dazu beitrug, den bei Frauen höheren sozialen Anpassungsdruck auszuschalten, sind die damals oft prekären Beschäftigungsmöglichkeiten als Dienstbotinnen, Mägde oder Tagelöhnerinnen, die zur Mobilität während der Arbeitssuche und zum Vagieren bei längerer Arbeitslosigkeit führen, zu nennen.[21] Aus den Angaben der in der zweiten Hälfte des 18. Jahrhunderts in Österreich aufgegriffenen und über die Landesgrenze abgeschobenen Bettler geht beispielsweise hervor, daß sehr viele und vor allem relativ junge Frauen versucht hatten, mit mehr oder weniger Erfolg in den großen Städten (vor allem Wien) Arbeit als Amme, Küchenmagd oder Dienstbotin zu finden. Wenn die Arbeitssuche auf Dauer erfolglos blieb oder das Arbeitsverhältnis nach kurzer Zeit endete, war dieser Personenkreis, da es ihm an einem sozialen Netz in der fremden Umgebung mangelte, auf die Sicherung des Lebensunterhaltes durch Betteln angewiesen, was die meist jungen Frauen wiederum früher oder später mit den für die Durchsetzung des allgemeinen oder speziellen Bettelverbots beauftragten Behörden in Konflikt brachte.[22]

Die Grundlagen für die Kriminalisierung der Bettelei wurden, wie bereits angedeutet, an der Wende vom fünfzehnten zum sechzehnten Jahrhundert geschaffen. Im Deutschland setzte dieser Prozeß auf Reichsebene mit den Reichsabschieden und -polizeiordnungen des 16. Jahrhunderts ein, in denen der Grundsatz, daß jede Gemeinde ihre Armen selbst unterhalten muß, festgeschrieben wurde. Bis zur Mitte des 17. Jahrhunderts waren daher vom Bettelverbot vor allem die „fremden" (d. h. ausländischen) Bettler betroffen.[23] Als Sanktionen gegen diese Personengruppe wurden zunächst die Abweisung (am Stadttor oder am Grenzübergang) oder die Ausweisung verhängt. Eine Bestrafung im eigentlichen Sinne war nur dann vorgesehen, wenn die Bettler sich eines besonderen Delikts schuldig gemacht hatten. Dies war insbesondere dann der Fall, wenn ein gefälschter Bettelbrief benutzt oder ein anderer Trick zur leichteren Erlangung eines Almosens angewandt wurde. Bestraft wurde hier also nicht in erster Linie das verbotene Betteln, sondern ein sogenanntes „crimen falsi". Wenn ein Bettler nach einer Ausweisung wieder in der Stadt oder dem betreffenden Territorium angetroffen wurde, so war nicht der wiederholte Verstoß gegen die örtliche Bettelgesetzgebung strafwürdig, sondern der Meineid, denn der Betreffende hatte, bevor er als „starker" Bettler oder Landfahrer ausgewiesen wurde, Urfehde zu schwören, die im Falle einer vorzeitigen Rückkehr als gebrochen angesehen wurde.[24] In dem Maße, in dem Zucht- und Arbeitshäuser im 17. Jahrhundert zu einer Aufbewahrungs- und Erziehungsanstalt für Asoziale, rückfällige Verbrecher und andere gesellschaftliche Randgruppen wurden, nahm auch die Kriminalisierung des Bettelns immer allgemeinere Züge an. Fortan gab es so etwas wie einen Tatbestand „Bettelei". Ein konkretes Delikt (Urfehdebruch, Betrug, Prostitution, Unzucht, Hexerei[25], Armutsdiebstahl), das häufig im ursächlichen Zusammenhang mit der Lebensweise der Bettler steht, erübrigte sich. Die Tatsache, daß jemand, wie es in den englischen zeitgenössischen Quellen so treffend heißt, ein „masterless man"[26] war und kein Gewerbe hatte, dem er regelmäßig nachging, reichte meist zur Verhaftung und Bestrafung wegen „Bettelei" aus.

Von diesem Kriminalisierungsprozeß waren selbstverständlich auch die Frauen, die mit oder ohne Anhang almosenheischend durch die Lande zogen, betroffen, wenn auch vielleicht nicht – wie wir bereits gesehen haben – in demselben Maße wie ihre männlichen Kollegen. Zu Beginn der frühen Neuzeit, als es diesen zugegebenermaßen sehr vagen und damit interpretationsbedürftigen Straftatbestand noch nicht gab oder dieser noch nicht in das allgemeine Bewußtsein gedrungen war, wurde eine Frau als „Bettlerin" – ähnlich wie der Mann – nur dann bestraft, wenn sie sich des betrügerischen Bettelns schuldig machte.

Unter den zahlreichen Formen der arglistigen Täuschung spendenfreudiger Bürger, die in der Literatur des ausgehenden Mittelalters und vor allem der frühen Neuzeit häufig beschrieben wurden, befinden sich auch spezifisch weibliche Finten. Diese Täuschungsmanöver, die im folgenden näher beschrieben werden sollen, werfen ein bezeichnendes Licht auf die Art und Weise, wie Frauen aus der ihnen zugebilligten Geschlechterrolle in ihrer Not soziales Kapital schlagen. Sie spiegeln im Grunde bereits das wider, was Karin Hausen im anderen Zusammenhang die „Dissoziation von Erwerbs- und Familienleben“[27] genannt hat. Daß bestimmte Bettelformen als spezifisch weiblich angesehen wurden, darauf deuten bereits die entsprechenden Bezeichnungen im Rotwelsch hin, der im deutschen Bettlermilieu gebräuchlichen Sondersprache, die in anderen Ländern unter dem Namen „Argot“ oder „Cant“ bekannt ist. Diese Ausdrücke haben nämlich eindeutig weibliche Endungen (vgl. die Übersicht in Tabelle 3).

Es überrascht nicht, daß die meisten der als typisch weiblich bezeichneten kriminellen Bettelpraktiken im Umfeld von Sexualität und biologischer Reproduktion angesiedelt sind. Eine nicht nur in der häufig immer noch weitgehend als Fiktion eingestuften „literature of roguery“[28] vorkommende Figur ist die der reuigen Prostituierten, die ihrem verruchten Gewerbe abgeschworen hat und sich deshalb von Almosen ernähren muß. Diese im Rotwelsch als „sündfegerinnen“[29] bezeichneten Bettlerinnen heischten Almosen im Namen der Hl. Maria Magdalena, die nach christlicher Überlieferung von ihrem sündhaften Tun gelassen und Einkehr und Reue gezeigt hatte.[30] Es ist zu vermuten, daß sich diese Bettlerinnen die „falsche“ Identität dadurch verschafften, daß sie die in der christlichen Ikonographie[31] fest verankerten Attribute der Hl. Maria Magdalena (langes, gegürtetes Kleid, Mantel oder Überwurf und Kopfbedeckung) in ihrer Kleidung übernahmen und ansonsten durch Worte und Gebärden auf ihr angebliches Schicksal aufmerksam machten. Erst eine verstärkte Bereitstellung entsprechender „Resozialisierungs“-Angebote in Form von „Frauenhäusern“ oder Spitälern, die häufig den Namen Maria Magdalena trugen, dürfte – vor allem in den Ländern, in denen die Gegenreformation die Entstehung solcher FürsorgeInstitutionen begünstigte, – dazu geführt haben, daß dieser Vorwand zum Betteln an Bedeutung verlor und die „reuigen“ Prostituierten ebenfalls von der Straße verschwanden.[32]

Im 18. Kapitel des „Liber vagatorum", dem wohl bekanntesten und populärsten „Gaunerbüchlein" der frühen Neuzeit, werden die Bettlerinnen geschildert, die eine Schwangerschaft vortäuschten, indem sie sich alte Kleider oder ein Kissen vor den Leib banden. Dieser recht einfache Trick der sogenannten „biltregerinnen"[33] muß, wie die zahlreichen schriftlichen und bildlichen Quellenzeugnisse belegen, bis weit in die frühe Neuzeit verbreitet gewesen sein. So heißt es beispielsweise in einem Magdeburger Steckbrief aus dem Jahre 1540 über die Frau eines gesuchten Gauners: „[sie] macht einen grossen bauch, vnd steht vor der kirchen"[34]. In Köln bekannte Fychen Mullers 1599 im Verhör, daß sie sich etwas auf den Bauch gebunden habe und „armutz halber simuliert, alß wenn sie schwanger were, welches doch in wahrheitt nitt also, hett darumb gethan, damitt sie mittleiden bei andern gutten leuten erwecken mogte, weil sie schuldig gewest [Schulden gehabt, R.J.] und nitt zu betzalen gehatt."[35]. Und auf einem Kupferstich des 18. Jahrhunderts ist eine Bettlerin abgebildet, die laut beigefügtem erklärenden Text „ihren falschen Leib mit Lumpen überzogen/Schon Neun und dreyßig Jahr die Statt und Land betrogen"[36]. Zahlreiche weitere Quellenbelege des 16. bis 18. Jahrhunderts lassen auf die Popularität dieses Täuschungsmanövers schließen.[37]

Nicht nur aus der Schwangerschaft, sondern auch aus dem Wochenbett ließ sich notfalls im frühneuzeitlichen Bettlermilieu Kapital schlagen. Die „dutzbetterinnen", von denen im 15. Kapitel des „Liber vagatorum" die Rede ist, waren Bettlerinnen, die vor den Kirchentüren lagen und sich als arme Wöchnerinnen ausgaben. Diese Bettlerinnen machten sich die kirchliche Vorschrift zunutze, wonach einer Frau in den vierzig Tagen nach der Entbindung der Kirchenbesuch nicht gestattet war. Es war damals nicht ungewöhnlich, daß sich eine arme Wöchnerin, üblicherweise mit einem weißen Leinentuch bedeckt, vor einer Kirchentür niederließ und die Passanten um ein Almosen bat. Wie volkskundliche Studien zeigen, war in den sechs Wochen nach der Geburt insbesondere für die Pflege der ärmeren Mütter durch die Nachbarschaft oder gesetzliche Maßnahmen gesorgt.[38] Bezeichnend ist, daß die Nürnberger Betelordnung von 1478 nur den Wöchnerinnen das Almosensammeln vor den Kirchentüren gestattete, die zuvor von einer „ehrbaren" Frau oder einer Hebamme eine entsprechende Bescheinigung bekommen hatten.[39] Eine Variante dieser Betrugsart wird im Geständnis des getauften Juden

Hans von Straßburg aus dem Jahre 1487 erwähnt. Dieser hatte gelegentlich unter dem Vorwand gebettelt, daß seine Frau im Wochenbett liege und er deshalb Geld für ein Leinentuch sammeln müsse.[40] Als „dutzbetterin" wurde gleichfalls eine Bettlerin bezeichnet, die vortäuschte, ein Monstrum statt einem Kind zur Welt gebracht zu haben. So wird uns beispielsweise im „Liber vagatorum" berichtet, daß eine Frau in Pforzheim im Jahre 1509 die Passanten zu Mitleid rührte, indem sie ihnen weismachte, sie habe eine lebendige Kröte zur Welt gebracht.[41] Die Wundergläubigkeit[42] der Zeitgenossen führte dazu, daß sich Frauen auch noch andere Tricks ausdachten, die mit einer Wundergeburt im Zusammenhang stehen. Dazu gehört beispielsweise der Hinweis auf einen wundersamen Bauchinhalt. Der berühmte französische Chirurg Ambroise Paré (1510–1590) schildert in seinem Buch über „Monster" eine Frau, die von sich behauptete, eine Schlange im Bauch zu haben und die Passanten aufforderte, durch Handauflegen ihre Angaben nachzuprüfen. Auf sein Betreiben hin wurde die Frau festgenommen. Bei der eingehenden körperlichen Untersuchung stellte sich dann heraus, daß die Bettlerin mit dem wundersamen Bauchinhalt durch eine geschickte Muskelreizung eine schlangenartige Bewegung im Unterleib hervorrufen konnte.[43]

Das Mitleid, das Krankheit und körperliche Mißbildung bei Nicht-Betroffenen normalerweise hervorruft, wurde häufig von Bettlern unter Vorspiegelung falscher Tatsachen in klingende Münze umgewandelt. Allerdings scheint das Vortäuschen bestimmter Krankheiten im späten Mittelalter und in der frühen Neuzeit keine speziell weibliche Domäne gewesen zu sein. So gab es, wie die zeitgenössische Literatur, aber auch die Kriminalakten selbst belegen, nicht wenige männliche Bettler, die die verschiedensten Krankheiten (Aussatz, Epilepsie, Gelbsucht etc.) simulierten, um leichter in den Genuß eines Almosens zu kommen. Gleichwohl scheinen einige dieser Betrugsarten vorwiegend oder sogar ausschließlich von Frauen angewandt worden zu sein. Dazu gehört beispielsweise das Vortäuschen von Geisteskrankheit. In diesem Fall war das Spekulieren auf das Mitleid der Passanten durchaus üblich, denn die spätmittelalterliche und frühneuzeitliche Gesellschaft versteckte die Geisteskranken – mit Ausnahme der Gemeingefährlichen – nicht hinter Anstalts- oder Gefängnismauern, sondern ließ sie frei herumlaufen. Und es ist bezeichnend für die damalige gesellschaftliche Wahrnehmung von Geisteskrankheiten, daß der „Liber vagatorum" das Vortäuschen des

Wahnsinns vor allem mit dem weiblichen Geschlecht in Verbindung bringt, auch wenn die Endung der betreffenden Bezeichnung nicht die übliche feminine Movierung mit „in" aufweist. Als „vopper"[44] werden dort Frauen bezeichnet, die, so der Verfasser dieses Gaunerbüchleins, „sich an ysen ketten fueren [lassen], als ob sy unsinnig weren und zerzeren die schleier und cleider von iren lyben umb das sie die lüt betriegen"[45]. Doch könnte man vielleicht einwenden, daß diese Pauschalisierung in Hinblick auf das weibliche Geschlecht mit dem beschränkten Erfahrungshorizont des Verfassers zusammenhängt, wenn es nicht weitere Quellen gäbe, in denen ausdrücklich Frauen als Anwenderinnen eines solchen Täuschungsmanövers genannt werden. So heißt es beispielsweise in einem Eintrag im Augsburger Achtbuch, daß man 1366 eine Frau mit Namen Ann Stockerin der Stadt verwiesen habe; denn sie sei „ain efferin [Betrügerin, R.J.] und laufft als ain unsinnig und nimt den lüten ir gelt ab"[46]. Und auch in der niederdeutschen Ausgabe des „Liber vagatorum" ist es eine angeblich geisteskranke Frau, die im Jahre 1510 in Xanten von zwei ihrer Begleiter gefesselt (die obligatorischen eisernen Ketten dürfen als Attribute natürlich nicht fehlen!) vor die Kirchentüre zum Almosensammeln gelegt wurde.[47]

Die „vopper" waren laut Verfasser des „Liber vagatorums" nicht nur Bettlerinnen, die Geisteskrankheiten simulierten, sondern auch Frauen, die ein Brustleiden vortäuschten: „Es sind auch etlich vopperin mit namen frawenn die tuen sich auß wie das inen we an den brüsten sei und nemen ein miltz und schelen das an einer seiten und legen das über die brust, unnd keren das geschelt end heruß, und bestreichen das mit bluet das man wenen sol es sy die brust [...]"[48]. Daß es sich dabei keinesfalls um einen Einzelfall handelt, beweist die detaillierte Beschreibung eines solchen Betrugsmanövers bei Ambroise Paré[49], der sich wiederum auf den Augenzeugenbericht seines Bruders, ebenfalls ein Chirurg und Wundarzt von Beruf, bezieht. Die Manipulation an anderen Körperteilen, die im frühneuzeitlichen Bettlermilieu ebenfalls verbreitet war, wird dagegen mit einem rotwelschen Terminus („seffer")[50] belegt, der eher auf eine männliche oder geschlechtsneutrale Nutzung solcher Finten hindeutet.

Als typische weibliche Bettelpraktik, die Mißbrauch nicht ausschloß, wird in der einschlägigen Literatur noch das Betteln in Begleitung „geliehener" Kinder genannt.[51] Da den Zeitgenossen die typische Erscheinungsform weiblicher Armut (alleinstehende Frau/Witwe, die eine große Schar hungriger Mäuler stopfen) muß, nur zu bekannt war, verwundert es nicht, daß in der Regel Frauen und nicht Männer unter diesem Vorwand um ein Almosen nachsuchten. Der Verfasser des „Liber vagatorum" bringt als Beweis einen Fall, der sich in der Schweiz ereignet haben soll.[52] Ähnliche Vorfälle muß es auch im frühneuzeitlichen Nürnberg gegeben haben, denn sonst hätte der Rat wohl kaum in der Bettlerordnung von 1478 Vorkehrungen getroffen, die darauf abzielten, die Zahl der Kinder, die mit einem Elternteil zusammen bettelten, zu begrenzen.[53]

Wie wir gesehen haben, beziehen sich die wenigen spezifisch weiblichen Spielarten des betrügerischen Bettels ausschließlich auf die Rolle der Frau im biologischen Reproduktionsbereich (Sexualität, Schwangerschaft, Geburt, Familie), während Krankheiten (von einer Ausnahme abgesehen) durchaus von Männern und Frauen simuliert und gewinnbringend beim Almosenheischen eingesetzt werden konnten. Die Rolle der Frau in der Bettlerkultur (und wir können hinzufügen: auch im kriminalisierten Bettlermilieu) ist somit, wie es Norbert Schindler einmal ausgedrückt hat, „im großen und ganzen nur ein Spiegelbild ihrer allgemeinen Zurücksetzung in der Kultur der frühneuzeitlichen Gesellschaft"[54]. Bestimmungen und Fähigkeiten der Bettlerin verweisen ebenfalls auf die private Reproduktion. Die Frau wird in diesem Milieu primär als Geschlechtswesen definiert. Auch das Bettlermilieu, das gelegentlich als „Gegengesellschaft" bezeichnet wird, orientiert sich weitgehend an den herrschenden Legitimations- und Orientierungsmustern, die für die Ausbildung von Geschlechterrollen, d.h. für die eindeutige geschlechtsspezifische Zuordnung physiologischer, psychischer und sozialer Eigenschaften, verantwortlich sind. Dennoch wird man kaum abstreiten können, daß im Unterschied zur weitgehend traditionellen, aus der Bibel legitimierten Position der herrschaftsunterworfenen Frau oder Hausfrau, wie wir sie in der frühneuzeitlichen Gesellschaft allerorts antreffen, in der Bettlerkultur gleichwohl Frauen einen etwas größeren Freiraum, der allerdings auch seinen Preis hatte, erringen konnten.

Da ist in diesem Zusammenhang zunächst einmal auf die Herausbildung sogenannte weiblicher „Bettelsolidaritäten" hinzuweisen. Norbert Schindler hat als erster darauf aufmerksam gemacht, daß diese weiblichen Solidargemeinschaften nicht nur gruppeninternen Charakter hatten, sondern bisweilen auch über die Klassen- und Standesgrenzen, die häufig zwischen Gebenden und Nehmenden bestanden, hinausreichten. Diese Zusammenschlüsse von ledigen Frauen, die durchaus vor harte Bewährungsproben, z. B. bei Hexereiverdächtigungen, gestellt werden konnten, waren sicherlich eine, wenn auch nur selten gewählte Alternative zur Zeit-Ehe oder zum Konkubinat, die als Formen des von Männern dominierten Zusammenlebens normalerweise die Kultur der Vaganten, Bettler und Gauner kennzeichnete. Allerdings sollte man davor warnen, Einzelbeispiele in den Quellen zu verallgemeinern oder gar zu idealisieren, wovon die ältere Frauengeschichtsforschung niemals ganz frei gewesen ist. Wenn überhaupt von einer gewissen Freiheit der Frau in der Bettlerkultur gesprochen werden kann, so ist es nicht die Existenzform in der Gruppe, sondern das nicht unproblematische Einzelgängertum, das den Frauen auf der untersten sozialen Stufe eine gewisse Selbständigkeit und Willensfreiheit ermöglicht. Hier ist auf die Mutter-Courage-Typen unter den Bettlerinnen zu verweisen. Häufig handelt es sich dabei um ältere Frauen, die vom Leben auf der Landstraße gezeichnet waren, sich aber nicht haben „unterkriegen" lassen. Ihr Mundwerk war gefürchtet, und wenn es notwendig war, konnten sie auch gegenüber Männern rabiat oder handgreiflich werden. Noch gefürchteter allerdings waren ihre Drohungen mit Schadenzauber, wenn beispielsweise eine Bitte um ein Almosen von Bauern oder Bürgern, Frauen oder Männern, abschlägig beschieden wurde. Ein solches Bettelweib war beispielsweise Adelheit von Erckelentz, die 1571 aus Köln ausgewiesen wurde, weil sie „sich allein beddelens ernhere" und sich auch täglich betrinke, schändlich daherrede, ehrbare und fromme Bürger „ärgere" und nicht zuletzt durch ihre „zauberey" ins Gerede geraten sei.[55] Auf Schilderungen ähnlich auffälliger oder „unweiblicher" Verhaltensweisen stößt man häufiger in den einschlägigen Quellen, die Aufschluß über die frühneuzeitliche Bettlerkultur geben.[56] Das Leben auf der Straße, der Kampf ums tägliche Überleben hat diese Bettlerinnen hart gemacht und ihnen gleichsam maskuline Züge verliehen. Und gelegentlich wurde sogar der letzte Schritt zum Rollenwechsel getan, indem diese bettelnden Frauen auch noch durch das Tragen von Hosen eine männliche Identität anzunehmen versuchten.[57] Doch scheint diese Verkleidung von Frauen als Männer eher bei eindeutig kriminellen Straftaten (Einbruch, Diebstahl, Raubmord etc.) als im betrügerischen Bettel eingesetzt worden zu sein.

Fassen wir zusammen: Die Rolle der Frau in der Bettlerkultur ähnelt im großen und ganzen der Stellung, die dem weiblichen Geschlecht in der frühneuzeitlichen, weitgehend patriarchalisch geprägten Gesellschaft zugewiesen wurde. Doch im Unterschied zur bäuerlichen und bürgerlichen Welt ließ sich im gemeinsamen Leben auf der Landstraße die traditionelle Frauenrolle nicht immer aufrechterhalten. Hier galten die Hauptkriterien der normativen Positionszuschreibung nur bedingt. Die „Ökonomie des Notbehelfs" (Olwen Hufton) verlangte von Frauen, die aus nackter Not oder aus anderen Gründen in das kriminelle (oder genauer gesagt: kriminalisierte) Bettlermilieu geraten waren, eine größere Selbständigkeit und Durchsetzungsfähigkeit, die nur der unbedingte Wille zum Überleben in einer weitgehend frauenfeindlichen Umgebung hervorbringen konnte. Statt Eigenschaften wie Passivität oder Steuerung durch unberechenbare Triebe, die bis ins 19. Jahrhundert den Diskurs über den Geschlechtscharakter der Frau bestimmten,[58] zählten im Randgruppen-Milieu, zu dem auch die Bettler gehören, eher solche „männlichen" Kennzeichen wie Aktivität und Rationalität, also Merkmale, die üblicherweise damals dem Mann oder dem Hausvater zugeschrieben wurden. Zwar bedeutet auch für die Frau bereits in der frühen Neuzeit und nicht erst im 19. Jahrhundert die Nichtseßhaftigkeit eine Möglichkeit zu überleben, doch wurden Männer, die dieses Schicksal ereilte, im geringeren Maße stigmatisiert als Frauen. Der Anpassungsdruck im moralisch-sittlichen Bereich war für das weibliche Geschlecht sehr viel höher. Die vagierende Bettlerin war von den Konsequenzen, die ihr abweichendes Verhalten nach sich zog, allem Anschein nach in besonderem Maße betroffen.

Tabelle 1: Anteil von Frauen und Männern an den Almosenempfängern

Ort/Region	Frauen		Männer		Unbekannt	
	abs.	%	abs.	%	abs.	%
Straßburg 1523	182	69	81	31	–	
Genf 1545	116	52	101	45	7	3
Toledo 1573	–	63	–	37	–	–
Trier 1591/1650	–	63	–	26	–	11
Bordeaux 1660/70	–	25	75		–	–
Grenoble 1771/74	–	67	–	33	–	–
Würzburg 1791	658	82	143	18	–	–

Tabelle 2: Geschlechtsspezifische Verteilung der wegen Bettelei aufgegriffenen oder inhaftierten Personen, 16.–18. Jahrhundert

Ort	Zeit	Männer		Frauen		Statistische Grundlage
		abs.	%	abs.	%	
Köln	1568–1612	74	93	5	7	inhaftierte Bettler
Toledo	1597	136	82	33	19	ausgewiesene Bettler
Cheshire	1570–1600	129	51	48	19	Vaganten (nur Singles)
Essex	1597–1620	69	67	18	17	Vaganten (nur Singles)
Norwich	1597–1609	186	50	106	28	Vaganten (nur Singles)
London	1624–1625	453	56	320	39	Vaganten (nur Singles)
Chelmsford	1620–1680	143	72	56	28	inhaftierte Bettler
Salzburg	1675–1690	–	70	–	30	inhaftierte Bettler
Aix	1724	834	70	360	30	inhaftierte Bettler
Bayern/ Franken/ Schwaben	1750–90	4739	65	2518	35	abgeschobene Vaganten
Meaux/ Melun	1768–1790	–	83	–	17	inhaftierte Vaganten
Rennes	1777	135	66	68	34	inhaftierte Bettler
Grenoble	1772–1790	–	63	–	37	Insassen dépôt de mendicité

Tabelle 3: Bezeichnungen für betrügerische Bettlerinnen in einigen mittelalterlichen und frühneuzeitlichen Gaunersprachen

Bettelpraktik	Rotwelsch 16. Jhdt.	Cant 16. Jhdt.	Gergo 15. Jhdt.	Arab. Argot 12. Jhdt.
täuschen Geisteskrankheit oder Brustleiden vor	vopper/in	abraham man	asciones	al-lagh
geben sich als Wöchnerin aus	dutzbetterin	–	–	–
geben sich als reuige Prostituierte aus	sündvegerin	–	–	–
täuschen Schwangerschaft vor	biltregerin	–	–	–

Anmerkungen

[1] Vgl. Brigitte Schnegg, Armut und Geschlecht, in: Armut in der Schweiz (17.–20. Jh.), hg. von Anne-Lise Head und Brigitte Schnegg, Zürich 1989, 9–18, bes. 11. Vgl. jetzt auch Claudia Ulbrich, Frauenarmut in der Frühen Neuzeit, in: Zeitschrift für die Geschichte der Saargegend 40 (1992), 108–120.

[2] Vgl. Gisela Bock, Frauenräume und Frauenehre. Frühneuzeitliche Armenfürsorge in Italien, in: Journal für Geschichte 2 (1985), März/April-Heft, 22–29; Daniela Lombardi, Povertà maschile, povertá femminile. L'ospedale dei mendicanti nellar Firenze dei Medici, Bologna 1988. Zur Frage „Geschlecht und Armut" vgl. weiterhin Claudia Ulbrich, Frauenarmut in der Frühen Neuzeit, in: Zeitschrift für die Geschichte der Saargegend 40 (1992), 108–120; Martin Dinges, Stadtarmut in Bordeaux, 1525–1675. Alltag – Politik – Mentalitäten, Bonn 1988, 150 ff., 437 ff. und passim; Ernst Schubert, Arme Leute, Bettler und Gauner in Franken des 18. Jahrhunderts, Neustadt a. d. Aisch 2. Aufl. 1990, 120 ff.; Klaus Kappl, Die Not der kleinen Leute. Der Alltag der Armen im 18. Jahrhundert im Spiegel der Bamberger Malefizamtsakten, Bamberg 1984, 126 ff.; Robert Jütte, Poverty and Deviance in Early Modern Europe, Cambridge 1994, 40 ff.

[3] Vgl. die einschlägigen Beiträge von Regula Ludi, Thomas Meier/Rolf Wolfensberger, Eva Sutter und Regina Wecker im Sammelband von Schnegg/Head.

[4] Vgl. Regula Ludi, Frauenarmut und weibliche Devianz um die Mitte des 19. Jahrhunderts im Kanton Bern, in: Head/Schnegg, Schweiz, 19–32, hier: 32.

[5] Cristobál Pérez de Herrera, Discursos para el amparo de los legitimos pobres y reducción de los fingidos: y de la fundación y principio de los Albergues destos Reynos, y amparo de la milicia de ellos, Madrid 1598 (ND Madrid 1975), 124. Eigene Übersetzung.

[6] Zur Kriminalisierung des Bettels immer noch grundlegend: Bronislaw Geremek, Criminalité, vagabondage, paupérisme: la marginalité à l'aube des temps modernes, in: Revue d'histoire moderne et contemporaine 21 (1974), 337–375. Vgl. auch Robert Jütte, Poor Relief and Social Discipline, in: European Studies Review 11 (1981), 25–52, bes. 41 ff.

[7] Vgl. Gisela Bock, Geschichte, Frauengeschichte, Geschlechtergeschichte, in: Geschichte und Gesellschaft 14 (1988), 364–391, bes. 389. Vgl. auch Carol Z. Wiener, Sex Roles and Crime in Late Elizabethan Hertfordshire, in: Journal of Social History 8 (1975), 38–60, bes. 41.

[8] Wolfram Fischer, Armut in der Geschichte, Göttingen 1982, 24.

[9] Der Begriff wurde zuerst Anfang der achtziger Jahre in Amerika geprägt: Diana Pearce/Harriet McAdoo, Women and Children: Alone and in Poverty, Washington D.C. 1981. Vgl. dazu Schnegg, 12.

[10] Von den insgesamt 27 Bettlergestalten, die in diesem Zyklus dargestellt sind, sind zehn weiblichen Geschlechts. Das entspricht einem Anteil von 37 Prozent. Zur Typisierung dieser Bettlerdarstellungen vgl. Robert Jütte, Windfang und Wetterhahn. Die Kleidung der Bettler und Vaganten, in: Terminologie und Typologie mittelalterlicher Sachgüter: Das Beispiel der Kleidung, Wien 1988, 177–204, bes. 200 ff.

[11] Vgl. Gerd Schwerhoff, Köln im Kreuzverhör. Kriminalität, Herrschaft und Gesellschaft in einer frühneuzeitlichen Stadt, Bonn – Berlin 1991, 178 ff.

[12] Zum Streit um die Vollzugsdefizite in der Armenpolitik vgl. Martin Dinges, Frühneuzeitliche Armenfürsorge als Sozialdisziplinierung? Probleme mit einem Konzept, in: Geschichte und Gesellschaft 17 (1991), 5–29; Robert Jütte, „Disziplin zu predigen ist eine Sache, sich ihr zu unterwerfen eine andere" (Cervantes) – Prolegomena zu einer Sozialgeschichte der Armenfürsorge diesseits und jenseits des Fortschritts, ebd., 92–101.

[13] Vgl. Carsten Küther, Menschen auf der Straße. Vagierende Unterschichten in Bayern, Franken und Schwaben in der zweiten Hälfte des 18. Jahrhunderts, Göttingen 1983, 30.

[14] Vgl. A.L. Beier, Masterless Men. The vagrancy problem in England 1560–1640, London – New York 1985, 52.

[15] Vgl. Norbert Schindler, Die Entstehung der Unbarmherzigkeit. Zur Kultur und Lebensweise der Salzburger Bettler am Ende des 17. Jahrhunderts, in: Derselbe, Widerspenstige Leute. Studien zur Volkskultur in der frühen Neuzeit, Frankfurt/M. 1992, 258–314,bes. 279.

[16] Vgl. u. a. Kathryn Norberg, Rich and Poor in Grenoble 1600–1814, Berkeley u. a. 1985, 224; Cissie Fairchilds, Poverty and Charity in Aix-en-Provence, Baltimore 1976, 110 ff.; Anne-Marie Barras-Dorsaz, Un mode de répression Genevois aux XVII et XVIIIe siècles: La maison de discipline, in: Sauver l'âme, nourrir le corps. De l'Hôpital Général à L'Hospice Général de Genève 1535–1985, Genf 1990, 77–112, bes. 90 f.

[17] Zu diesem Ursachenkomplex vgl. u. a. Thomas McStay Adams, Bureaucrats and Beggars. French Social Policy in the Age of the Enlightenment, New York – Oxford 1990, 8; Robert M. Schwartz, Policing the Poor in Eighteenth-Century France, Chapel Hill – London 1988, 122 ff; Beier, 52 ff.; Olwen H. Hufton, The Poor of Eighteenth-Century France 1750–1789, Oxford 1974, 114 f.; Schubert, Bettler, 120 ff.; Kappl, 152 ff.; Robert W. Scribner, Mobility: Voluntary or Enforced? Vagrants in Württemberg in the Sixteenth Century, in: Migration in der Feudalgesellschaft, hg. von Gerhard Jaritz und Albert Müller, Frankfurt/M. 1988, 65–88, bes. 76 ff.

[18] Vgl. Schindler, 280.

[19] Zitiert nach Kappl, 132.

[20] Ebd., 133.

[21] Allgemein zur schwierigen Lage der Dienstbotinnen vgl. Schwartz, Policing, Fairchilds; Rolf Engelsing, Der Arbeitsmarkt der Dienstboten im 17., 18. und 19. Jahrhundert, in: Wirtschaftspolitik und Arbeitsmarkt, hg. von Hermann Kellenbenz, München 1974, 159 ff.; Dinges, Armut, 82 ff. Zur Darstellung des Dienstboten-Schicksals (Bettelei, Kleinkriminalität) in der frühneuzeitlichen Schwankliteratur vgl. Ernst Schubert, Randgruppen in der Schwankliteratur des 16. Jahrhunderts, in: Städtische Randgruppen und Minderheiten, hg. von Bernd Kirchgässner und Fritz Reuter, Sigmaringen 1986, 131–160, bes. 146.

[22] Vgl. Küther, Straße, 30. Auch unter den im Frankreich des 18. Jahrhunderts aufgegriffenen Bettlerinnen finden sich viele ehemalige Dienstmägde und Tagelöhnerinnen, vgl. z. B. die Auflistung bei Adams, 12, Tabelle 1.

[23] Vgl. dazu vor allem Karl Otto Scherner, Das Recht der Armen und Bettler im Ancien Régime, In: Zeitschrift der Savigny-Stiftung für Rechtsgeschichte, Germ. Abt. 96 (1979), 55–99, bes. 79 ff.

[24] Insofern sind Urfehdeakten deutscher Territorien und Städte eine ausgezeichnete Quelle für soziale Randgruppen. Wie ergiebig diese Akten im Einzelfall für die Rekonstruktion der Lebensweise der vagierenden Bevölkerungsschichten sind, zeigt Robert Jütte, Der Prototyp eines Vaganten. Hans von Straßburg, in: Das Buch der Vaganten. Spieler, Huren, Leutbetrüger, hrsg. von Heiner Boehncke und Rolf Johannsmeier, Köln 1987, 117–132. Vgl. auch die erste größere quantitative Studie zu dieser Quellengruppe von Scribner, Mobility.

[25] Daß Bettlerinnen, aber auch Bettler, häufig der Zauberei verdächtigt wurden, zeigt beispielsweise die Studie von Schindler. Vgl. die plastische Schilderung der Konsequenzen eines solchen Verdachts bei Michael Kunze, Straße ins Feuer, München 1982. Es handelt sich dabei um einen historischen Roman, der auf der soliden rechtsgeschichtlichen Dissertation desselben Autors beruht.

[26] Vgl. zu diesem Terminus, der englischen Quellen des 16. Jahrhunderts entnommen wurde, u. a. Christopher Hill, The World Upside Down. Radical Ideas During the English Revolution, Harmondsworth 1975, 39 ff; und Beier. Daß diese „Bindungslosigkeit" – quantitativ betrachtet – vor allem ein Männerproblem war, deutet sich in dieser Quellenbezeichnung bereits an.

[27] Karin Hausen, Die Polarisierung der „Geschlechtscharaktere" – Eine Spiegelung der Dissoziation von Erwerbs- und Familienleben, in: Seminar: Familie und Gesellschaftsstruktur. Materialien zu den sozioökonomischen Bedingungen von Familienformen, hrsg. von Heidi Rosenbaum, 4. Aufl. Frankfurt/M. 1988, 161–191.

[28] Vgl. dazu die bibliographischen Hinweise bei Robert Jütte, Abbild und soziale Wirklichkeit des Bettler- und Gaunertums zu Beginn der Neuzeit. Sozial-, mentalitäts- und sprachgeschichtliche Studien zum Liber vagatorum, Köln – Wien 1988, 53 ff.

[29] Vgl. ebd., 89.

[30] Zur mittelalterlichen Tradition vgl. František Graus, Randgruppen der städtischen Gesellschaft im Spämittelalter, in: Zeitschrift für historische Forschung 4 (1981), 385–437, bes. 405. Vgl. auch derselbe, Herrscher und Heiliger im Reich der Merowinger, Prag 1965, 103 f.

[31] Vgl. dazu Joseph Braun, Tracht und Attribute der Heiligen in der deutschen Kunst, Stuttgart 1943 (ND Stuttgart 1964), 496. Vgl. auch Lexikon der christlichen Ikonographie, Bd. VII, Freiburg/Brsg. 1990, Sp. 516–541.

[32] Zu Frankreich vgl. u. a. Colin Jones, The Charitable Imperative. Hospitals and Nursing in Ancien Régime and Revolutionary France, London – New York 1989, 253 ff.; zu Italien vgl. Bock, Frauenräume; Lombardi, 146 ff.

[33] Vgl. dazu ausführlich Jütte, Abbild, 89.

[34] Zitiert nach der Edition in: Friedrich Kluge, Rotwelsch. Quellen und Wortschatz der Gaunersprache und der verwandten Geheimsprachen, Bd. 1 (mehr nicht erschienen): Rotwelsches Quellenbuch, Straßburg 1901, 101.

[35] Zitiert nach Franz Irsigler/Arnold Lassotta, Bettler und Gaukler, Dirnen und Henker. Randgruppen und Außenseiter in Köln 1300–1600, Köln 1984, 52. Ein ähnlicher Fall wird aus England berichtet: In London wird 1560 eine Bettlerin ertappt die, „feigned herself with a pack of clothes to be great with child," zitiert nach Beier, 118.

[36] Abgebildet bei Theodor Hampe, Die fahrenden Leute in der deutschen Vergangenheit, Leipzig 1902, 75, Nr. 65. Vgl. auch Eugen Holländer, Wunder, Wundergeburt und Wundergestalt in Einblattdrucken des fünfzehnten bis achtzehnten Jahrhunderts, Stuttgart 1921, 245, Fig. 130.

[37] Vgl. z. B. die reformatorische Propagandaschrift „Ein Gesprech des Herrn mit Petro", abgedruckt bei Oskar Schade (Hrsg.), Satiren und Pasquillen aus der Reformationszeit, 3 Bde. Hannover 2. Auflage 1863 (ND Hildesheim 1963), hier: Bd. I, 173. Daß dieses Problem auch die Mediziner beschäftigte, zeigt Ambroise Paré, De Monstres et prodiges, hrsg. von Jean Céard, Genf 1971, 73 mit Anm. 131, 174.

[38] Zum Brauchtum vgl. Ludwig Andreas Veit, Volksfrommes Brauchtum und Kirche im deutschen Mittelalter. Ein Durchblick, Freiburg/Brsg. 1936, 158.

[39] Vgl. die bei Christoph Sachße/Florian Tennstedt, Geschichte der Armenfürsorge in Deutschland. Vom Spätmittelalter bis zum 1. Weltkrieg, Stuttgart u. a. 1980, 66, abgedruckte Ordnung.

[40] Vgl. Stadtarchiv Nördlingen, Blutbuch 1415–1515, f. 63 v. Zu Hans von Straßburg vgl. Jütte, Prototyp.

[41] Vgl. Liber vagatorum, Ausgabe Kluge, 47.

[42] Vgl. die zahlreichen Beispiele bei Rudolf Schenda, Die französische Prodigienliteratur in der zweiten Hälfte des 16. Jahrhunderts, München 1961; und Holländer.

[43] Vgl. die ausführliche Schilderung dieses Falles bei Paré, 78 f.

[44] Vgl. dazu ausführlich Jütte, Abbild, 86.

[45] Zitiert nach Ausgabe Kluge, 46.

[46] Zitiert bei A. Buff, Verbrechen und Verbrecher zu Augsburg in der 2. Hälfte des 14. Jahrhunderts, in: Zeitschrift des historischen Vereins für Schwaben und Neuburg 4 (1878), 160–231, hier: 203. Vgl. auch einen Fall aus Holstein (1586), zitiert bei Ludwig Krause, Zur Geschichte des Gaunerwesens und Verbrecheraberglaubens in Norddeutschland im 16. Jahrhundert, in: Beiträge zur Geschichte der Stadt Rostock 6 (1912), 71–126, bes. 81. Allerdings lassen sich auch männliche (Gegen-)Beispiele bringen: vgl. z. B. Historisches Archiv der Stad Köln Verfassung und Verwaltung G 230, f. 55r (1596 Januar 18). Daß es auch zahlreiche Männer gegeben haben muß, die sich als Geisteskranke ausgaben, darauf deutet auch die Bezeichnung in den englischen Quellen, nämlich „abraham man", hin. Vgl. dazu Arthur F. Kinney (Hrsg.), Rogues, Vagabonds & Sturdy Beggars, Amherst 1990, 91.

[47] Vgl. das entsprechende Kapitel 13, abgedruckt bei Kluge, 68.

[48] Liber vagatorum, Ausgabe Kluge, 46.

[49] Vgl. Paré, Monstres, 70.

[50] Vgl. Jütte, Abbild, 93 f.

[51] Vgl. dazu Hufton, Poor, 213.

[52] Vgl. Liber vagatorum, Ausgabe Kluge, 51. Vgl. in diesem Zusammenhang den Holzschnitt des Petrarca-Meisters, der den Titel „Von viel und schwere Bürde der Kinder", trägt; abgebildet bei Christoph Sachße/Florian Tennstedt, Bettler, Gauner und Proleten. Armut und Armenfürsorge in der deutschen Geschichte. Ein Bild-Lesebuch, Reinbek 1983, Abb. 14.

[53] Vgl. Joseph Baader (Hrsg.), Nürnberger Polizeiordnungen aus dem 13. bis 15. Jahrhundert, Stuttgart 1861, 317.

[54] Schindler, 281.

[55] Vgl. Irsigler/Lassotta, 50.

[56] Vgl. die bei Schindler, 282, und Adams, Bureaucrats, 24, geschilderten Mutter-Courage-Typen.

[57] Vgl. den bei Rudolf Dekker/Lotte van de Pol, Frauen in Männerkleidern. Weibliche Transvestiten und ihre Geschichte, Berlin 1990, 55, geschilderten Fall der Niederländerin Maria van der Gijsse. Zum größeren kulturgeschichtlichen Kontext dieses Phänomens vgl. auch Majorie Garber, Verhüllte Interessen. Transvestismus und kulturelle Angst. Frankfurt am Main 1993.

[58] Vgl. dazu Brita Rang, Zur Geschichte des dualistischen Denkens über Mann und Frau. Kritische Anmerkungen zu der These von Karin Hausen zur Herausbildung der Geschlechtscharaktere im 18. und 19. Jahrhundert, in: Frauenmacht in der Geschichte, hrsg. von Jutta Dalhoff, Uschi Frey und Ingrid Schölle, Düsseldorf 1986, 194–204.

Otto Ulbricht

Zwischen Vergeltung und Zukunftsplanung

Hausdiebstahl von Mägden in Schleswig-Holstein vom 16. bis zum 19. Jahrhundert [1]

Kleine Delikte bieten große Möglichkeiten. Zuerst einmal können sie Einblicke von großer Tiefenschärfe gewähren. Große Verbrechen faszinieren und ziehen die Aufmerksamkeit auf sich; die kleinen jedoch führen in die Welt alltäglicher Reibereien, Mogeleien und Revanchen, kurz in die Spannungen des grauen, sich wiederholenden Alltags. Zwar kann man sich ihm auch über das Normale im Außergewöhnlichen nähern, doch scheint der Weg umständlicher, wenn auch der Zugriff auf die Quelle, die eben wegen ihrer Außergewöhnlichkeit eher aufbewahrt wird, einfacher ist. Sodann können sie einen neuen Blick auf übergreifende Prozesse und mächtige Institutionen gewähren. Es ist ein Irrtum zu glauben, über ein Allerweltsdelikt könne man sich nur aufschlußreiche Einblicke in Störungen des regelhaften Ablaufs des Alltags und damit in ihn selbst verschaffen. Vielmehr enthalten diese Delikte häufig eine Dimension, die es ermöglicht, Beziehungen zu großen Instanzen und Prozessen herzustellen. Das Große ist sehr wohl im Kleinen enthalten, man muß nur genau hinsehen.

Die Bedeutung des Hausdiebstahls für das Verständnis von übergreifenden Prozessen läßt sich z. B. an der Rolle von Staat und Haus bei der Regulierung und Sanktionierung von solchen Delikten zeigen. Zwar ist die allgemeine Tendenz in der Frühen Neuzeit klar; die verschiedenen Institutionen gaben unter dem Reglementierungsanspruch des Staates immer größere Teile der Selbstregulierung von Konflikten auf; wie es sich aber bei dem Haus verhielt, ist, sieht man von den großen Entwicklungslinien ab, nicht systematisch erforscht worden; eine Untersuchung der Sanktionsgewalt bei Hausdiebstählen könnte helfen, die Entwicklung von einem Segment her zu verstehen. Der Staat war an der Funktionstüchtigkeit des Hauses als wirtschaftlicher und politisch-sittlicher Grundeinheit mehr als interessiert. Daher bemühte er sich als erstes, das Haus über Polizei- und Gesindeordnungen mit genügend Arbeitskräften zu versorgen und gab der Herrschaft weitgehende Rechte zur Aufrechterhaltung von Arbeit, Ordnung und Sittlichkeit.[2] Eine spezielle Regelung des Hausdiebstahls gab es im 16. und 17. Jahrhundert jedoch noch nicht. Das spricht für einen „starken" Haushalt. Erst in der ersten Hälfte des 18. Jahrhunderts fühlten sich einige Territorien – z. B. Kurhannover, Gottorf, Preußen – genötigt, auch das „heßliche Laster und die hartverbotene Uebelthat" des Hausdiebstahls zu bekämpfen und das Eigentum der Dienstherrschaften ausdrücklich zu beschützen, „einem jeden in seinem Hause wider solche Diebe Sicherheit zu verschaffen," wie es ausgedrückt wurde.[3] Mit harten Gesetzen, die zwischen 1709 und 1762 in einer ganzen Reihe von Territorien gegen den Hausdiebstahl erlassen wurden, ermöglichte er unter bestimmten Voraussetzungen sogar die Verhängung der Todesstrafe. Es wäre nun nicht nur interessant, diese Gesetze in den Ausbildungsprozeß des absoluten Staates zu verorten, sondern auch zu fragen, wie der Hausvater, allgemein in Analogie zum Landesvater gesehen, sich zu dieser Neuregelung verhielt, ob er das Angebot umfassend nutzte oder ob er im Gegenteil die Selbstregulierung im Normalfall vorzog. Auch wäre zu fragen, warum einige Territorien dieser Entwicklung selbst im 19. Jahrhundert nicht gefolgt sind. Lagen hier unterschiedliche Wahrnehmungen der Zusammenarbeit von Obrigkeit und Haus„vater" vor? Glaubte man in einigen Territorien vielleicht, die Wirkung derartiger Gesetze würde sich in einer demonstrativen Drohgebärde erschöpfen, die Dienstherrschaft würde dem Angebot einer so harten Verfolgung eher ablehnend gegenüberstehen und sah deshalb von einem solchen Gesetz ab?

Ein anderes Beispiel. Auch die Auflösung der Haushaltsfamilie könnte man mit dem Instrument des Hausdiebstahls beleuchten und dabei eventuell die regionale Unterschiedlichkeit hervortreten lassen. Auch aus diesem Grunde ist er ein wichtiger Untersuchungsgegenstand. Fand die Distanzierung und Separierung von Herrschaft und Gesinde auch ihren Niederschlag in einem Anstieg oder Rückgang von Hausdiebstählen?

Führten die Trennung bei der Arbeit, beim Essen und beim Wohnen, die Entwicklung des patriarchalischen Hausvaters zum Arbeitgeber und die Verkürzung der vertraglichen Dienstzeit zu einer Tendenz auf seiten des Dienstpersonals, es mit dem Eigentum der Herrschaft weniger genau zu nehmen, und auf seiten der Herrschaft dazu, Diebstähle konsequenter anzuzeigen? Wenn in einer neueren Studie festgestellt wird, daß die Zahl der Anklagen im 19. Jahrhundert zu- und die der Vergleiche abnahm,[4] dann spricht das dafür, diesen Prozeß mit der Sonde des Hausdiebstahls genauer zu analysieren.

Hier soll der Hausdiebstahl jedoch im Kontext von weiblicher Kriminalität behandelt werden. Dazu muß er zuallererst einmal definiert werden. Hausdiebstahl oder *furtum domesticum*, wie die Rechtsgelehrten der Zeit ihn nannten, ist der Diebstahl von Gesinde am Eigentum der Herrschaft.[5] Die Charakteristika dieses Verbrechens ergeben sich aus dem Verhältnis des Gesindes zur Dienstherrschaft. Es ist per Vertrag Teil der Produktions- und Konsumtionsgemeinschaft des „ganzen Hauses".[6] Aus der untergeordneten Stellung im Arbeits- und Familienkontext resultierte für das Gesinde ein besonderer Tugendkatalog: Treu und gehorsam, fleißig und fromm sollte es sein. Aus dem gemeinsamen Arbeiten und Leben unter einem Dach und aus den moralischen Anforderungen ergeben sich die Kennzeichen des Delikts. Zum einen war es leicht zu begehen (und für die Herrschaft schwer zu verhindern); zum anderen bedeutete ein Hausdiebstahl mehr als nur einen Verstoß gegen strafrechtliche und religiöse Normen: Er stellte einen Bruch der Treue dar, die im Zentrum des Verhältnisses von Herrschaft und Gesinde stand.[7] Denn dieses Vertrauen war für das Funktionieren der (landwirtschaftlichen) Betriebe in der frühneuzeitlichen Gesellschaft wichtiger als die Qualifikation für die Arbeit.[8] Zudem wurde mit einem solchen Diebstahl der Hausfriede, der auch die Güter und das Vermögen umfaßte,[9] und damit auch die Autorität des Hausvaters verletzt, der stets analog zum Landesherrn gesehen wurde. Diese beiden Merkmale stellten den Hebel dar, mit dem im Laufe der Frühen Neuzeit das spezifische Delikt des Hausdiebstahls geschaffen und damit die Strafe in zahlreichen Territorien drastisch verschärft wurde.

Als selbständiger Untersuchungsgegenstand hat der Hausdiebstahl bisher keine Beachtung gefunden, obwohl gleich vier Forschungsrichtungen auf ihn hätten stoßen können, nämlich die Gesindeforschung, die Sozialgeschichte der Familie wie auch die der Kriminalität und die historische Frauenforschung. Die volkskundliche Gesindeforschung hat die Konfliktzonen zwischen Herrschaft und Gesinde beleuchtet und so ein realistisches Bild an die Stelle der Familiengemütlichkeit Riehls gesetzt; den Hausdiebstahl hat sie jedoch nicht beachtet.[10] In der Geschichtswissenschaft hat vor allem Rolf Engelsing die städtischen Dienstboten unter ganz neuartigen Perspektiven erforscht;[11] doch auf den Hausdiebstahl geht erst eine der neuesten Studien zu diesem Gebiet ein, allerdings nur um die Stellung des Gesindes vor Gericht zu zeigen.[12] Nicht anders verhält es sich mit der Familienforschung, obwohl sie den Strukturwandel zur entlasteten, intimisierten Familie thematisiert, der zum Ausscheiden des Gesindes aus der Haushaltsfamilie führte.[13] In Untersuchungen zum Gesinde in Frankreich dagegen wird der „vol domestique" stets diskutiert; Ausgangspunkt ist dabei eine weit verbreitete Furcht vor ihm im Pariser Bürgertum, von der übrigens selbst Voltaire, der die meiste Zeit seines Lebens nicht in Paris wohnte, nicht frei war.[14] In den Studien zur historischen Kriminalität, insbesondere zur weiblichen, wird die Existenz dieses Delikts zwar zur Kennntnis genommen, doch mehr als kurze Erwähnungen war er den frühen Arbeiten aus dem anglo-amerikanischen oder französischen Bereich nicht wert.[15] Neuere deutsche Studien erkennen zwar die Wichtigkeit des Delikts,[16] das richtigerweise als eine „klassische Form" des Diebstahls in der Frühen Neuzeit bezeichnet wird,[17] machen es aber nicht zum Gegenstand ihrer Untersuchung. Die historische Frauenforschung in Deutschland schließlich hat keine Ergebnisse für die Frühe Neuzeit aufzuweisen, da sie sich bei der Erforschung des Dienstmagddaseins auf ihre Lieblingsepochen, nämlich das Spätmittelalter und die Späte Neuzeit konzentriert hat,[18] die französische dagegen hat die Bedeutung dieses Delikts gewürdigt.[19]

I.

Material aus den agrarisch geprägten Herzogtümern Schleswig und Holstein und Lauenburg bildet die Grundlage für die folgende Untersuchung des Hausdiebstahls, gelegentlich ergänzt durch Quellen aus anderen Gebieten. Es handelt sich bei den benutzten Quellen um Brücheregister, obergerichtliche Verzeichnisse, Gerichtsprotokolle und Prozeßakten aus verschiedenen Ämtern, mit denen Aussagen für die Zeit vom ausgehenden 16. Jahrundert bis um 1860 gemacht werden können. Die Quellenlage ist allerdings für die Zeit vor 1690 schlecht. Bis 1690 konnte nur auf die Brücheregister zurückgegriffen werden, erst für die Zeit danach konnten auch Untersuchungsakten ausfindig gemacht werden. Das heißt, die Quellen, die in größerer Zahl vorliegen – die Brücheregister –, sind wenig aussagekräftig, und diejenigen, die reichlich Informationen bieten, sind, auch durch Verlust und Kassation, nur in kleiner Zahl vorhanden.

Die Gruppe des Gesindes, zu der die Täterinnen und Täter gehörten, stellte zu Beginn des 19. Jahrhunderts in den Herzogtümern ein Neuntel der Bevölkerung.[20] Ein großer Teil der Bevölkerung erfuhr dieses Verhältnis als dienende,[21] ein kleinerer Prozentsatz als Herrschaft. In der Gesamtgruppe des Gesindes machte das ländliche nicht nur den größeren Teil aus, sondern hier waren auch die beiden Geschlechter, wenn man sich die Zahlen für größere Einheiten ansieht,[22] auch in gleich großer Zahl vertreten, was die statistische Auswertung der Quellen vereinfacht. Während in Kleinstädten, die wegen ihres oft ackerbürgerlichen Charakters in die Studie eingeschlossen werden, die Zahl der Mägde offensichtlich leicht überwog, gab es in ländlichen Kirchspielen des öfteren mehr Knechte als Mägde,[23] so daß sich zusammengenommen eine Gleichverteilung ergibt. Diese herrschte in einigen Regionen auch in den Betrieben selbst vor: So wurden im Amt Reinfeld „dem Herkommen gemäs, an Dienstbothen ein Knecht, ein Junge und zwei Mägde gehalten."[24] Die Art der Wirtschaft und der Lebenszyklus der Bauernfamilie sorgten allerdings dafür, daß dies nicht immer und überall der Fall war. Die Güter waren bekanntlich nicht mehr familienwirtschaftlich im anfangs beschriebenen Sinn organisiert; so daß dort von klassischem Hausdiebstahl nur bei dem persönlichen Gesinde der Gutsherrschaft die Rede sein kann; bei den separat untergebrachten Milchmägden auf den Milchwirtschaften und dem bäuerlichen, zu Hofe gehenden Gesinde handelt es sich nur um Diebstahl am Eigentum des Dienstherrn (manchmal angestiftet von dem Bauern), die anderen Kriterien waren fortgefallen.

Die quantitative Auswertung der Quellen wird nicht nur einen Einblick über die generelle Häufigkeit des Delikts und seine Verteilung auf die Geschlechter gewähren, sondern auch klar machen, daß die Zahlen sich nicht für eine sinnvolle statistische Arbeit eignen. Es wird daher anschließend das Gewicht auf die geschlechtsspezifische Analyse von Delikttypen gelegt. Auf diese Weise gelingt es, die ökonomisch-strukturelle oder lebensweltliche Bedingtheit einer ganzen Reihe von Taten zu erfassen.

Betrachtet man zunächst die Häufigkeit des Delikts ohne nach Geschlechtern zu trennen, so ergibt sich als erstes Ergebnis, daß der registrierte und zur Bestrafung gelangte Hausdiebstahl selten war. Für das Herzogtum Schleswig ließen sich z. B. in einem überlieferten obergerichtlichen Registranten – damit fallen also die geringeren Fälle weg – in dem Jahrzehnt von 1770–1779 235 Diebstähle feststellen. Davon sind ganze drei eindeutig Hausdiebstähle.[25] Für die Jahre 1816–1819 liegt eine Auswertung von Verbrecherlisten von einem Zeitgenossen für die beiden Herzogtümer vor.[26] Eine Analyse dieser Liste ergab nicht weniger als 1036 Diebstahlsdelikte der unterschiedlichsten Art, aber nur drei Delikte, die man unter Hausdiebstahl einordnen kann.[27]

Die Relationen weichen zwar nicht unerheblich voneinander ab, aber klein ist der Anteil in jedem Fall, etwa zwischen 3 und 4 %, legt man die erste Angabe zugrunde. Daß in beiden Fällen eine Unterregistrierung vorliegt, macht der Fall der Kleinstadt Krempe deutlich, für die für die elf Jahre 1759 bis 1769 einige Brücheregister und Prozeßakten vorliegen. Innerhalb dieses halbwegs gut dokumentierten Zeitraums lassen sich immerhin sieben Hausdiebstähle feststellen.[28] Etwas höhere als die ersten beiden Angaben, aber im Prinzip doch ähnliche Zahlen sind für eine englische Grafschaft im 18. Jahrhundert erarbeitet worden.[29] Für das städtische Frankreich ist für die gleiche Zeit ein Anteil von 5–8 % genannt worden.[30]

Angesichts seiner geringen öffentlichen Prominenz wundert es nicht, daß der Hausdiebstahl auch nicht Gegenstand eines großen Diskurses war. In der sich kontinuierlich fortsetzenden, periodisch jedoch gewaltig anschwellenden Klageliteratur über das Gesinde hat er denn auch keinen prominenten Platz. Er wird dort zwar erwähnt,[31] aber im Vordergrund steht seit Sebastian Brant das faule, verdorbene und ungehorsame Gesinde, bei Dienstmägden deren Unsittlichkeit und Luxussucht. Nicht um Prävention und Sanktionierung von Verbrechen, sondern um moralische Disziplinierung ging es also. Anders war es übrigens in Frankreich in der ersten Hälfte des 19. Jahrhunderts. Schon am Ende des Ancien Régime hatte der Hausdiebstahl eine entscheidende Rolle in einem der großen Skandalfälle gespielt.[32] Später schob sich sich der „vol domestique" in den Mittelpunkt der öffentlichen Diskussion, wenn es um die Dienstboten ging. Neuere Untersuchungen ergaben jedoch, daß der Diskurs in einem eigenartigen Verhältnis zur (registrierten) Realität stand. In dem Jahr mit den meisten Hausdiebstählen zwischen 1820 und 1835 standen in Paris ganze 0,4 % der Dienstbotenpopulation deswegen vor Gericht.[33]

Untersucht man die Verteilung des Delikts auf die beiden Geschlechter in den hier untersuchten Quellen, dann ergibt sich ein eindeutiges Überwiegen des weiblichen Anteils.[34]

	W	M
1600–1699	9	4
1700–1749	10	1
1750–1799	15	7
1800–1831	15	14

Diese Daten werfen zwei Fragen auf. Einmal: Wie ist die kleine Zahl zu erklären und zum anderen wie ist die ungewöhnliche Verteilung auf die Geschlechter zu interpretieren, denn sie stellt die normale Relation zwischen den Geschlechtern bei Diebstahl – etwa 15 % bis 25 % zu 85 % bzw. 75 % – auf den Kopf. Diebstahl war eindeutig eine Domäne der Männer,[35] doch warum war es im Haus nicht so?

Die geringe Zahl erklärt sich definitiv aus der Palette von Reaktionsmöglichkeiten, die der Dienstherrschaft zur Verfügung stand, wenn ein Hausdiebstahl aufgedeckt wurde. Die Extreme bilden die Anzeige bei der Obrigkeit auf der einen Seite und das Vergeben und Vergessen auf der anderen Seite. Bleibt man einmal bei der Anzeige, so stellt sich die Frage, wann der „second code", die ungeschriebene Norm, nach der Betroffene entscheiden, ob sie ein Verbrechen anzeigen oder nicht,[36] signalisierte, daß dieser Schritt getan werden mußte. Ein Dienstherr schrieb 1762, daß er und seine „Frau Eheliebste" ihre Magd trotz „aller tagtäglichen bezeigter Wiedersetzlichkeit in eigenwilliger Ausrichtung ihrer obliegenden Geschäfte im Dienst behalten hätten, wäre aus eben der vermeintlich an sich habenden Haupt-Tugend der Treue und daß sie ihre Geschäfte zwar eigenwillig, doch gut ausgerichtet hat, lediglich geschehen, und weil sie nicht hoffen können, eine bessere Magd wider zukriegen."[37] In diesem

Zitat zeigt sich nicht nur, daß die Treue im „second code" des bürgerlichen Schreibers die zentrale Rolle spielte (danach kam der Gehorsam), sondern auch, daß der Mangel an guten Dienstmägden ihn ihre Widersetzlichkeiten und Eigenwilligkeiten erdulden ließ. Wenn aber die Arbeitskraft so wichtig ist, dann wird man sicher auch kleine Mausereien innerhalb des Hauses geregelt haben.

Die unterschiedlichen Erwägungen der Dienstherrschaft, die hier anklingen, konnten also dazu führen, daß sie von den rechtlich legitimierten Möglichkeiten, die ein Dienstherr damals hatte, keinen Gebrauch machte. Aber selbst wenn der Dienstherr (oder die Dienstherrin) es tat, führte genau das oft zu einer Nicht-Registrierung. Die Herrschaft konnte z. B. das Gesinde bei einem erheblichen Diebstahl auf der Stelle entlassen, so stand es in der preußischen Gesindeordnung von 1746 und auch noch in der von 1810.[38] Oder sie konnte es körperlich züchtigen und anschließend im Dienst behalten. Möglich war es auch, die Eltern zu informieren und so für eine zusätzliche Zurechtweisung und auch Prügel zu sorgen, eine Alternative, die sich vor allem bei jüngeren Mägden, Knechten und Lehrlingen anbot. Auch das absichtliche Ignorieren der Tat war unter Umständen ein sinnvoller Weg, wenn beispielsweise das Gestohlene einen geringen Wert hatte und der Hausfrieden gewahrt bleiben sollte. Diese Haltung war auch dann ratsam, wenn man keine falsche Verdächtigung vorbringen wollte, denn häufig lag es nahe, als erstes die Dienstboten zu verdächtigen.[39] So halfen sich die Dienstherrschaften manchmal dadurch, daß sie die Kontrolle verschärften und alles verschloßen, was verschließbar war.[40] So machten es auch der Kirchspielvogt in Krempe und seine Frau, als sie das Verschwinden von Gegenständen in ihrem Haushalt bemerkten. Erst als die Lade ihrer Magd ein halbes Jahr nach Beendigung des Dienstes aus einem ganz anderen Grunde unter Arrest gestellt wurde, zeigten sie dem Magistrat der Stadt an, daß sie darin Diebesgut vermuteten – was sich bestätigen sollte.[41] Ganz offensichtlich hatten sie es vermeiden wollen, den Ruf ihrer Dienstmagd zu ruinieren. Die Ausführungen über die Reaktionsmöglichkeiten der Dienstherrschaft machen klar, daß ein großer, vielleicht der größte Teil der Taten nie schriftlich festgehalten wurde.[42] Häufig genug war der Hausdiebstahl ein Delikt, das bemerkt wurde, ohne staatlich registriert zu werden; das geahndet wurde, ohne die Gerichte einzubeziehen und das schließlich auch begangen wurde, ohne überhaupt bemerkt zu werden.

Weil die Zahl so niedrig ist, darf man vermuten, daß der Hausdiebstahl innerhalb der registrierten weiblichen Kriminalität nur eine kleine Rolle spielt. Der Vergleich mit weiblichen Diebstahlsdelikten ermöglicht eine pointiertere Ausage: Er war nahezu unbedeutend. Diebstähle bildeten den größten Teil der weiblichen Eigentumsdelikte, die wiederum den größten Teil der weiblichen Kriminalität ausmachen. Für die zehn Jahre von 1770–1779 lassen sich für das Herzogtum Schleswig 62 Diebstähle von Frauen festellen; von diesen sind nur zwei Hausdiebstähle. Ein Vergleich mit Angaben aus einer anderen Region bestätigt, daß der Anteil von (registrierten) Hausdiebstählen an den weiblichen Diebstählen klein ist. Für 1799 ist die Oberdischinger Verbrecherliste ausgewertet worden, die ganz Schwaben umfaßt. 474 der 1587 Delikte waren von Frauen begangen worden; von diesen 32 % lassen sich für 139 Frauen die Verbrechen genau angeben; nur sechs von ihnen waren Hausdiebinnen.[43]

Innerhalb der Diskussion um die weibliche Kriminalität ist von einigen Autoren bezweifelt worden, daß ihr Umfang tatsächlich so klein ist, wie allgemein festgestellt. Otto Pollak hat argumentiert, daß ein großer Teil der weiblichen Straftaten nicht registriert wird. Innerhalb dieser Argumentation hat er sich auch stark auf den Hausdiebstahl gestützt.[44] Zwar wiese er für beide Geschlechter die gleichen Kennzeichen auf, aber da weit mehr Frauen Dienstbotinnen und Haushaltsgehilfinnen seien als Männer – die Rede ist vom 20. Jahrhundert –, so fielen also weit mehr weibliche Hausdiebstähle unter den Tisch als männliche. Auf die Frühe Neuzeit läßt sich diese Argumentation nicht übertragen, denn die Feminisierung des Gesindes ist ein Vorgang des 19. Jahrhunderts. Der Hausdiebstahl hat in der Frühen Neuzeit – jedenfalls auf der Basis dieses Samples – nichts zur Ungleichverteilung beigetragen, eher ist das Gegenteil der Fall. Allerdings: Nimmt man Großstädte der Frühen Neuzeit als Untersuchungseinheit, so mag sie zutreffen, da hier der weibliche Anteil am Gesinde häufig deutlich überwog.

Die Verteilung auf die Geschlechter erklärt sich nicht dadurch, daß ein Geschlecht unter dem Gesinde eindeutig in der Überzahl war; das beweisen die angeführten Zahlenangaben. Auch der stereotype Hinweis auf die „Gelegenheit“ führt nicht weiter,[45] sondern senkt das Niveau der Argumentation auf Sprichwortweisheit ab. Das Rollenkonzept, das zur Erklärung der Ungleichverteilung vorgeschlagen worden ist,[46] und die Erklärung des geringen Umfangs der weiblichen Kriminalität durch die

Beschränkung der Frau auf die Hausfrauen- und Mutterrolle sieht, hat eine nur sehr begrenzte Reichweite. Ganz abgesehen davon, daß die Frauenforschung dieses Konzept als sonderbar geschlechtsneutral und zu eng zurückweist,[47] wohnt ihm auch noch eine starke Schichtnähe inne, wie sich gerade im vorliegenden Fall zeigt, waren doch die Mägde weder Hausfrauen noch Mütter. Die folgenden Ausführungen zeigen, daß man mit diesem Konzept zu sehr an der Oberfläche bleibt, daß seine Erklärungen den tatsächlichen Vorgängen äußerlich bleiben.

Eine erste, allgemeine Erklärung für die unterschiedliche Verteilung auf die Geschlechter kann in der geschlechtsspezifischen Arbeitsteilung in den Haushalten gefunden werden. Aus ihr resultiert die Unterschiedlichkeit des potentiellen und tatsächlichen Diebesguts. Grob gesehen war die Magd in der Landwirtschaft für den Bereich Haus, Stall und Garten zuständig; dem Knecht waren die Bereiche Stall, Scheune und Feld zugeordnet.[48] Dies bedeutete auch eine Zuordnung von Räumen zu einem Geschlecht und eine manchmal strikte Ausschließung des anderen. Daß es in größeren Betrieben eine Differenzierung gab, die die jeweiligen Aufgaben auf mehrere Mägde bzw. Knechte, z. T. unterschiedlichen Alters,[49] übertrug, ist bekannt. Beiden Geschlechtern war also der Zugriff auf erhebliche Vermögenswerte der Dienstherrschaft möglich. Geld, Lebensmittel und Wertgegenstände wurden im Haus aufbewahrt, dem primären Arbeitsbereich der Mägde. Kornvorräte, Futter, und Großvieh waren den Knechten anvertraut.[50] Dazu wurden beiden Geschlechtern Ware und Geld für den Ein- und Verkauf und den Knechten für den Transport überlassen.[51] Was eine Magd oder ein Knecht stehlen konnten, unterschied sich so stark, daß sich hieraus eine unterschiedliche Häufigkeit und Qualität der Diebstähle ergab. Geld, Wertgegenstände und Textilien haben eine andere Qualität als Kornvorräte und Futter für das Vieh. Sie sind „einmalig", ihr Fehlen wird in der Regel sofort bemerkt, und, auch das ist wichtig, sie sind leicht zu verstecken und zu transportieren.[52] Auch war die Aufsicht im Haus dichter als in den Scheunen und auf dem Felde. Nicht nur die Dienstherrschaft, auch das Mitgesinde konnte gelegentlich sehr mißtrauisch sein. Fälle, in denen die Ehrlichkeit von Dienstmägden gezielt auf die Probe gestellt wurde, lassen sich nachweisen.[53] Aber wenn sich nur ein einziger Gelddiebstahl von einem Knecht in den Quellen nachweisen läßt,[54] dann hat das auch ein klein wenig mit der Stellung und Entlohnung der Knechte im Vergleich zu den Mägden zu tun. In der Geschlechterhierarchie stand der Knecht über der Magd und verdiente mindestens ein Drittel mehr als sie.

Es ist keineswegs ausreichend, als Erklärung für das Überwiegen des weiblichen Anteils bei den Hausdiebstählen die geschlechtsspezifische Arbeitsteilung anzuführen. Man kann nicht, wie Könnecke meinte, als er mit den Rahmenbedingungen praktisch alle Hausdiebstähle erklären wollte, das menschliche Verhalten allein durch die Umstände der Arbeitsorganisation erklären; sie machte durchaus nicht jede zum Dieb; Sozialisation, soziale Kontrolle und staatliche Strafandrohungen sind nur einige Hindernisse, die einer solchen Auffassung im Weg stehen. Sie kann allenfalls, und auch nur teilweise, das Ausmaß der Taten erklären. Auch der bei Unterschichtenangehörigen[55] übliche Hinweis auf die soziale Not bietet keine überzeugende Erklärung. In einem Überblick über die weibliche Kriminalität ist vor kurzem darauf hingewiesen worden, daß Frauen Möglichkeiten offengestanden hätten, Notdiebstähle zu vermeiden. Das sei allerdings nicht der Fall bei ledigen Frauen, insbesondere nicht bei Dienstmägden, für die sich Hausdiebstähle vom Spätmittelalter an nachweisen lassen.[56] Ihre Diebstähle seien aus dem „Zwang zum Überleben“[57] verursacht. Die sozialen und ökonomischen Unterschiede zwischen Dienstherrschaft und dem Gesinde sind zwar offensichtlich. Auf der einen Seite findet man Macht, Besitz und eventuell politische Mitbestimmungrechte: auf der anderen die Herkunft aus der Unterschicht, Vermögenslosigkeit, eine gesetzlich festgeschriebene Unterordnung und rechtliche Benachteiligung, von der politischen Ohnmächtigkeit ganz zu schweigen. Auf der einen Seite findet sich die relativ gesicherte Existenz der Erwachsenen in der Gegenwart, auf der anderen die Zukunftsperspektive eines täglichen Kampfes um das Überleben der jüngeren, die den Erwachsenenstatus noch nicht erreicht hatten.

Diese Unterschiede bedeuten jedoch noch keine Not, denn Dienstmägde und (-knechte) hatten keine Ausgaben für Nahrung, Wohnung, Feuerung und auch nur teilweise für Kleidung und bekamen dazu auch noch Lohn in Geld und Naturalien. Not erscheint vielmehr als eine Erklärung, die nicht nur durch heutige Sichtweise gefärbt ist, sondern einen auch des genaueren Hinsehens enthebt. Weder die Gelegenheit noch die Not können erklären, warum sie stahlen; es muß die Frage nach den eigentlichen Ursachen und Motiven innerhalb des gegebenen Bedingungsrahmens gestellt werden. Die durchaus wahrgenommenen[58]

Unterschiede bereits als allgemeine Erklärung anzubieten, erscheint problematisch. Sicher mögen sie zu dem einen oder anderen Diebstahl beigetragen haben,[59] doch sollte man nicht vergessen, daß Ungleichheit in der Ständegesellschaft viel selbstverständlicher war und vor allem, daß auch Unterschichten, in diesem Fall die Mägde, einen Ehrbegriff besaßen (der sich übrigens nicht auf ihre Sexualmoral reduzieren läßt, wie es so häufig geschieht) und der auch soziales Kapital – bessere Chancen auf eine gutbezahlte Dienststelle – darstellte.

Eine Möglichkeit, die Diebstähle besser zu verstehen, bietet die Feinanalyse von unterschiedlichen Typen. Ich betrachte zuerst denjenigen, der sich für das 16. und 17. Jahrhundert herausschälen läßt.

Die Angaben für das 16. und 17. Jahrhundert stammen aus Brücheregistern, d.h. es handelt sich um die Bestrafung von einfachem Diebstahl, bei dem keine erschwerenden Umstände hinzutraten. Dafür sah die *Carolina* eine Geldstrafe vor; den Sondertatbestand des Hausdiebstahls gab es, wie erwähnt, zu dieser Zeit noch nicht. Diese kleinen Hausdiebstähle weisen zwischen dem Ende des 16. und dem des 17. Jahrhunderts eine Reihe von auffallenden Gemeinsamkeiten auf. Zuerst einmal handelt es sich ganz überwiegend um Diebstähle von Mägden. Zum anderen erscheinen als Bestrafte nicht die Täterinnen oder Täter, sondern andere Personen, wie bereits aus dem ersten Eintrag aus dem Jahre 1597/98 für das Kirchspiel Borsfleth hervorgeht: „5 m 2½ ß [zahlt als Geldbuße] Hinnrich Fischers frow Anneke dat se Jacob Brugenn maget belocket dat se vnder der predige vth ehres werdes hueße ahnn bohnenn vnd weitzen ehr etwas eheimlich tho gedragenn."[60] Aus dem Eintrag läßt sich auch das dritte Merkmal ablesen: Es handelte sich in der Regel um den Diebstahl von Lebensmitteln. Schließlich erscheinen die Mägde und Knechte bis 1690 in allen Belegen als Verführte, als unselbständig Handelnde, als Werkzeug in der Hand anderer. Über ihre Bestrafung findet sich in den Registern nichts. Sie ist möglicherweise ihren Dienstherrschaften überlassen worden.

Unter gewissen Annahmen erscheint die Erklärung dieser Diebstähle verhältnismäßig einfach. Vorausgesetzt die „Anstifter" waren auch die Verbraucher des Gestohlenen und keine Hehler – was bei den gestohlenen Gütern z.T. schlecht möglich war – und weiter vorausgesetzt, sie gehörten der Unterschicht an, dann kann man von *„Mundraub auf Bestellung"* reden.

Durch den Bevölkerungsanstieg und die Preisrevolution des „langen“ 16. Jahrhunderts hatte sich die Lage der Unterschichten erheblich verschlechtert. Auch nachdem der säkulare Preisanstieg, mit dem die Reallöhne nicht mithalten konnten, zwischen 1630 und 1640 zu einem Ende gekommen war, verbesserte sich ihre Lage nicht. Die Herzogtümer wurden, vor allem durch den dänisch-schwedisch-gottorfischen Gegensatz, in einen Krieg nach dem anderen hineingezogen. Zuerst in den Dreißigjährigen Krieg, dann in den sogenannten Polackenkrieg Ende der 1650er Jahre und schließlich in die Auseinandersetzungen zwischen Brandenburg und Schweden. Die hohe Verschuldung der meisten Kleinstädte ist symptomatisch für die schlechte Wirtschaftslage. Lebten große Teile der Unterschichten schon normalerweise von der Hand in den Mund, so brachen nun Zeiten der Notökonomie an, in denen auch zu anderen Strategien des Überlebens Zuflucht genommen wurde. In den Häusern der Besitzenden arbeiteten nun die Mägde, die überwiegend aus der Unterschicht kamen und mit den Überlebensschwierigkeiten ihrer Schicht aus eigener Erfahrung vertraut waren. Aufgrund der geschlechtsspezifischen Arbeitsteilung hatten sie Zugang zu den Lebensmittelvorräten. Was lag also näher, als einen indirekten *„Mundraub auf Bestellung“* zu begehen?

Vielleicht überzeugt diese Erklärung nicht ganz, weil ein Motiv für die Täterinnen fehlt, jedenfalls eines, das sich durch Eigennützigkeit auszeichnet. Dieser Mangel kann behoben werden: Es könnte sich bei den Täterinnen um junge Mädchen gehandelt haben, die gegen eine kleine Belohnung stahlen oder, wahrscheinlicher, gegen Zuwendung, Nähe, Verständnis und Anerkennung.[61] Angesichts der spröden Einträge müssen solche Vermutungen erlaubt sein. Eine ausführliche, „gesprächige“ Quelle aus Köln vom Ende des 16. Jahrhunderts, die Gerd Schwerhoff, bald nachdem diese Überlegungen zum ersten Mal niedergeschrieben wurden, abdruckte, bestätigen diese Annahmen in geradezu idealer Weise.[62] In gleicher Weise tut es eine Quelle aus dem 18. Jahrhundert, die in Zusammenhang mit einem Selbstmordversuch entstanden ist. Ganz offensichtlich hatten die kleinen Diebstähle hier die Funktion, der Dienstmagd Freunde außerhalb des Hauses zu erwerben, die ihr Trost und Beistand in den ständigen Auseinandersetzungen mit der Dienstherrschaft geben konnten.[63] Hier wie in folgenden Passagen bestätigt sich Giovanni Levis Einsicht, daß die Konzentration auf das Haus den Blick verstellt auf

„die komplexen Netze materieller und psychologischer, emotionaler und politischer Unterstützung, die oft über den beschränkten Kern der unter einem Dach Wohnenden hinausgehen.“[64] Eine Erkenntnis, die auch bei der Erforschung der Differenz der Geschlechter beherzigt zu werden verdient.

Auch eine andere Erklärung erscheint denkbar, zumindest für einen Teil der Fälle. Mägde bekamen zwar als Naturalanteil an ihrem Lohn häufig auch Kleidung und Schuhe, doch nie in ausreichendem Maße und natürlich nicht für Repräsentationszwecke, z. B. für den Kirchgang oder die traditionellen Feste. Sie waren daher Kunden von Schneidern und Schustern.[65] Am Anfang des 19. Jahrhunderts sagte eine Hausdiebin aus: „Bey dem Schneider Schacht habe sie in Arbeit 1 Schnürleibchen und cattune Jacke, bey den Untergärtner Jasper Schaaf 1 Paar neue Strümpfe und bey Johann Voss 2 neue Hemdschürzen.“[66] Auch wenn die Handwerksdichte auf dem Lande um 1800 höher war als vorher, so waren diese Verflechtungen doch auch in früheren Jahrhunderten vorhanden. Schneider und Schuster waren Handwerkergruppen, die auf dem Lande einen harten Überlebenskampf führten, da für sie selten genug Arbeit vorhanden war. Andererseits bekamen die Mägde nur einmal im Jahr einen kärglichen Geldlohn. Unter diesen Bedingungen konnten Lebensmittel den Handwerkerfamilien das Überleben sichern helfen und den Mägden eine Begleichung ihrer offenen Rechnungen ermöglichen. Da die Handwerker und ihre Frauen den Mägden an Alter und Erfahrung überlegen waren, ist anzunehmen, daß der Vorschlag zu solchen Tauschgeschäften von ihnen kam. In den Bedürfnissen der jungen Frauen, die über das existentiell Notwendige hinausgingen, und in der Lage bestimmter Handwerkgruppen wären also die Ursachen in dieser Fallkonstellation zu suchen.

Nach 1690 tritt der „Mundraub auf Bestellung“ zurück, obwohl die Quellenart weiterläuft. Man kann nur darüber spekulieren, was die Ursache für das frühe deutliche Zurücktreten derartiger Einträge in den Registern ist, denn die Lebensverhältnisse der Unterschichten änderten sich vorerst nicht; im Gegenteil, schon die 1690er Jahre brachten besonders schwere Zeiten. Vielleicht wurden die Register anders geführt, vielleicht sah man von der Bestrafung der Verführer ab? Als sicher kann auf jeden Fall gelten, daß man im Verlauf des 18. Jahrhunderts dazu tendierte, den Diebstahl von Lebensmitteln als Bagatelle anzusehen.[67]

Die Charakterisierung der stehlenden Dienstboten als Verführte bedarf einer kurzen Erklärung. Daß sie nicht auf das Frauenbild zurückzuführen ist, ist offensichtlich, denn auch Knechte erscheinen als Verführte. Drei unterschiedliche Gründe sind zu nennen. Erstens die Existenz von tatsächlichen Anstiftern, wobei es sich sowohl um die Eltern wie um ehemalige Dienstmägde[68] des Haushalts als auch um Hehler handeln konnte. Die Mutter der 11jährigen Anna Lorenzen gestand 1803, „daß sie ein und das andere mahl das Kind aufgefordert habe, ihr mehr Geld zu bringen, da sie es jezt so groß nöthig habe.“[69] Hier trifft zu, was über den Felddiebstahl im 19. Jahrhundert geschrieben worden ist, bei dem ebenfalls Kinder und Frauen besonders hervortraten. „Die ‚Motive‘ der Kinder waren die Nöte und Ansprüche der Eltern.“[70] Daneben gibt es viele Hinweise auf Hehler in den Dörfern und kleinen Städten. Möglicherweise waren junge Mägde und Knechte, die neben den Problemen der Persönlichkeitsentwicklung auch die neue Lebenssituation in einem fremden Haus zu verkraften hatten, besonders anfällig für die Wünsche der Hehler. Eine 14jährige Dienstmagd hatte einem nicht näher beschriebenen Mann vier Löffel gebracht, die sie ihrem Dienstherrn gestohlen hatte. Als sie dann eine neue Dienststelle antreten wollte, sagte er zu ihr: „Du komst an einen orth, da kanstu was kriegen und wenn du was hast, so bringe es mir, und wenn es weg ist, und die Nachfrage danach kommt, so sage, daß die Tartarn es gethan haben.“[71]

Zweitens ist die Darstellung der diebischen Mägde als Verführte zu erklären durch ihre eigenen Entlastungstrategien im Verhör. Nicht die Täterin, sondern eine anstiftende Nachbarin oder die kriminelle Schwester oder eben ein Hehler sollten als die eigentlichen Urheber der Tat erscheinen. Drittens schließlich erscheinen die Täterinnen als Verführte, weil einige Dienstherrn mit diesem Argument versuchten, die Wirkung ihrer Anzeige, sei es aus Nützlichkeitserwägungen oder aus anderen Gründen, z. B. weil sie die drohende obrigkeitliche Strafe für zu hart empfanden, zu reduzieren. Typisch dafür ist, daß in einem dieser Fälle der Dienstherr die Obrigkeit gebeten hatte, seine Magd von einer öffentlichen Beschimpfung zu verschonen, während in einem anderen er dem Gericht zu erkennen gegeben hatte, daß er ihr alles vergeben habe.[72] Bei Dienstmägden im kindlichen Alter sprachen sich die Dienstherren manchmal nicht nur für einen Erlaß der Strafe aus, sondern behielten die Mädchen auch in ihren Diensten.[73]

Auch für das 18. Jahrhundert lassen sich eine Reihe von Hausdiebstahlstypen herausarbeiten. Doch bevor auf sie eingegangen wird, sollen kurz einige strukturelle Veränderungen angeführt werden. Für die Zeit nach 1690 fallen die Diebstähle von Geld und Wertgegenständen auf.[74] Sicherlich dürfte es auch im vorangehenden Jahrhundert einige Diebstähle dieser Art gegeben haben, über die, bedingt durch die Quellenlage, nichts bekannt ist. Aber es ist doch recht wahrscheinlich, daß beim Hausdiebstahl tatsächlich eine Verlagerung stattgefunden hat.[75] Zum einen verbesserte sich die Versorgungslage der Bevölkerung eindeutig, was in der abnehmenden Zahl von großen Hungerkrisen deutlich zum Ausdruck kommt. Daher brauchte man seltener Lebensmittel zu stehlen, um anderen beim Überleben zu helfen. Zum anderen intensivierten sich die Geld-Ware-Beziehungen. Die (akzeptierte) Angebotserweiterung durch die immense Ausweitung des Handels im 18. Jahrhundert erforderte mehr Geld in den Haushalten (und in den Händen der Dienstboten). Wenn die Hausdiebin Elsabe Ahlers Geld stahl und davon unter anderem 1/4 Pfund Tee und Zucker kaufte,[76] dann waren diese Entwicklungen die Voraussetzung für ihr Handeln. (Der Fall zeigt übrigens auch, daß inzwischen neue Begehrlichkeiten geweckt worden waren).[77] Auch durch den staatlichen Abgabendruck, durch die zunehmende Umwandlung von Lasten in Geldabgaben und durch die Agrarkonjunktur in der zweiten Hälfte des 18. Jahrhunderts, wurde wahrscheinlich mehr Geld in den Haushalten bereit gehalten.[78]

Für das 18. Jahrhundert lassen sich eine Reihe von Hausdiebstahlstypen herauskristallisieren, die zum Teil auf das engste mit dem Gesindestatus verbunden sind. Er stellt die tiefere Ursache für diese Hausdiebstähle dar. Wenn Könnecke in seiner alten, jedoch immer noch lesenswerten Rechtsgeschichte des Gesindes sagt, daß die meisten Veruntreuungen nichts oder nur nebenbei mit dem Gesindedienst zu tun haben,[79] dann versperrt er durch diese Einschätzung den Blick für strukturelle Ursachen.

Zu diesen Typen gehört der *Vergeltungsdiebstahl*, wie ich ihn nennen möchte. Bei diesen Diebstählen beantworteten die Mägde und Knechte Unrecht mit Unrecht; sie wehrten sich gegen schlechte oder ungerechte Behandlung. Sie taten es versteckt, weil die Macht im Haus asymmetrisch verteilt war; weil offene Widersetzlichkeit strafbar war. Diese Art von Diebstahl weist insofern eine Ähnlichkeit mit einem „social crime" auf, als es auch hier einen sozialen und einen juristischen Grund zur Klage gibt, denn das Recht auf gute Behandlung war häufig in den Gesindeordnungen festgeschrieben. Der Unterschied besteht jedoch darin, daß bei einem echten „social crime" das Delikt in einem Beharren auf alten Rechtsnormen besteht, während hier eindeutig ein Rechtsbruch begangen wird, der mit dem Verhalten der anderen, mächtigeren Seite legitimiert wird. Deutlich wird die Motivation für diese Art des Diebstahls erst im 19. Jahrhundert artikuliert; es hat sie aber bereits lange vorher gegeben. Die Bremer Dienstmagd Eva Maria Meyer fühlte sich um die Mitte des 19. Jahrhunderts von ihrem Dienstherrn ungerecht behandelt. Er hatte sie nicht nur nach einem Streit entlassen, sondern von ihr auch noch eine Entschädigung von vier Talern verlangt. Sie nahm daher eine Brosche an sich, „weil doch auch der Hartmann (ihr Dienstherr) ihr nicht Recht gethan und ihr, die bis dahin treu gedient, die vier Thaler abgenommen habe, und dieses nur gekonnt habe, weil er ihr Herr und somit der Stärkere sei und also nur durch diese seine herrschaftliche Überlegenheit – nicht basirt auf anerkanntes Recht – handelte."[80] Was hier wohl durch einen Bürgerlichen formuliert wurde, war der psychologische Hintergrund und die individuelle Legitimation einer ganzen Reihe von Hausdiebstählen. In der Frühen Neuzeit findet man allerdings derartige Äußerungen nicht häufig. Auch wenn es unterschwellig immer egalitäre Tendenzen gegeben hat und somit Kritik, insbesondere an persönlich erlebten Machtverhältnissen, so wäre doch ein Argumentieren damit im Gerichtssaal höchst inopportun gewesen.

Grundsätzlich ist der Vergeltungsdiebstahl bei beiden Geschlechtern zu finden.[81] Die Schwächeren im Hause und benachteiligt im Gericht, beantworteten also einige Mägde und Knechte die Ungerechtigkeiten ihrer Dienstherren mit kriminellen Aktionen.

Bei den Mägden gab es jedoch einen besonderen Anlaß für diese Art des Hausdiebstahls. Eine brandenburgische Hausdiebin rechtfertigte 1788 ihr Verhalten so: „Ihr Brodherr habe sich allerley Freyheiten bey ihr herausgenommen, und sie habe sich also berechtigt gehalten, auch einen Griff in seinen Geldbeutel zu tun."[82] Bei einer schleswig-holsteinischen Hausdiebin werden einmal im Vorübergehen sexuelle Beziehungen des Sohns des Bauern zu ihr erwähnt; hier mögen ähnliche Verhältnisse vorgelegen haben, zumal das gestohlene Geld dem Sohn gehörte.[83] Also führte sexuelle Ausbeutung manchmal zur Vergeltungspraxis des Hausdiebstahls (und abgewiesene sexuelle Advancen zum Vorwurf des Hausdiebstahls durch die Herrschaft).[84]

Hausdiebstähle von Mägden[85] können auch als Mittel verstanden werden, um aus der Unfreiheit und Abhängigkeit des Gesindedaseins auszubrechen, um nach eigenem Rhythmus arbeiten, um in den eigenen vier Wänden leben, um mehr Besitz erwerben zu können als die legendäre Mägdelade.

Dazu gab es zwei unterschiedliche Wege. Zum einen die Ehe, zum anderen eine selbständige (Kümmer)Existenz. Der Gesindedienst von Mägden und Knechten der Frühen Neuzeit entsprach einer Lebensphase, die mit der Eheschließung endete. Sie war also das Ziel der Dienstmägde. In der Sprache Weber-Kellermanns: „Sie hoffen auf Heirat und ein wenig Selbständigkeit, auf das bescheidene Glück, ‚in ein kleines Höfle hineinzuschlupfen'. Sie sehnten sich nach dem Ende ihres Knecht- und Mägdedaseins."[86] Ob das auffällige Hervortreten dieser Art von weiblichen Hausdiebstählen allein darauf zurückzuführen ist, daß sie aufgrund der geschlechtsspezifischen Arbeitsteilung bessere Möglichkeiten hatten, sich Geld, Lebensmittel und Gegenstände für diese Zwecke zu beschaffen oder ob auch die Ehe für die Geschlechter jeweils eine unterschiedliche Priorität besaß und sie letztlich darauf zurückzuführen sind, kann nicht gesagt werden. Ein Typus von Hausdiebstählen ist im Kontext genau dieser Lebensperspektive zu sehen. Bei dem anderen Typus geht es auch um mehr Freiheit, doch wurde in diesen Fällen (vorläufig) die seltener gewählte Alternative einer unabhängigen Einzelexistenz, z.B. als Spinnerin in der Stadt oder als Saisonarbeiterin in der Landwirtschaft, angestrebt.

Zum ersten Typus gehören die Hausdiebstähle, die mit dem *Werbeverhalten* im Zusammenhang stehen. Für die Dienstmägde ging es darum, einen Ehepartner zu finden und dessen Zuneigung zu gewinnen und zu erhalten. Wenn eine Dienstmagd Spitzen stahl, die, wie das Protokoll wissen läßt, „an ihr zu sehen waren"[87], wenn eine andere die Lackschuhe ihrer Herrin zu einem Tanz entführte und anschließend einer anderen Person als Bezahlung überließ,[88] dann sind das nicht Beispiele verderblicher Luxussucht des weiblichen Gesindes, sondern dann ging es vielmehr darum, die Aufmerksamkeit des anderen Geschlechts durch Kleidung zu erregen.

War dann einmal ein potentieller Bräutigam da, dann wurde diese oder jene kleine Aufmerksamkeit benötigt, die sich im Diensthaushalt leicht finden ließ. So hatte man dann eine Gabe für den „Bräutigam." In der Würzburger Gesindeordnung von 1749 hört sich das aus herrschaftlicher Perspektive so an.: „Nicht weniger und nachdem die Erfahrniss zeithero gegeben hat, dass durch fast allgemeinen Umgang der Dienstmägde mit den Soldaten nicht nur verschiedene Ungebühren vorgehen, sondern auch den Dienstherren grosse und merkliche Beschädigungen vermittelst heimlicher Abtragung [von] Brod, Fleisch und Wein und dergleichen zugezogen wird," deshalb und aus weiteren Gründen wurde den Dienstmägden aller Umgang mit den Soldaten verboten.[89] Gleiche Verhältnisse dürften in schleswig-holsteinischen Garnisonsstädten geherrscht haben.[90]

Hausdiebstahl konnte aber auch „*kriminelles Brautschatzsammeln*" sein. Beim richtigen Brautschatzsammeln ging in Schleswig-Holstein eine (arme) Braut mit einer alten Frau durch das Dorf und sammelte sich eine Aussteuer, insbesondere aus Rohmaterialien wie Flachs und Wolle, zusammen. Einige Hausdiebinnen sparten sich diesen Weg, der zunehmend in die Nähe der Bettelei gerückt wurde.[91] Die Dienstmagd Anna Elsabe Königin wollte zu ihrem Bräutigam, einem Soldaten, nach Rendsburg, als sie in Verdacht geriet und ihre Lade geöffnet wurde. Darin befanden sich unter anderem an Diebesgut eine Tischdecke, ein Handtuch, eine kleine Zinnschüssel und eine Flasche.[92] Das waren Gegenstände, die sie bei einer Heirat mit einem Soldaten, deren Sold ja bekanntlich nicht für die Ernährung einer Familie reichte, gut gebrauchen konnte. Ein weit drastischeres Vorgehen beim kriminellen Brautschatzsammeln legte Christina Dorothea Ohlsen 1762 an den Tag.[93] Zu ihr hatte ein Mann gesagt, die Frau, die er heiratete, müsse ein Bett besitzen. Die Dienstmagd hatte das auf sich bezogen, verließ ihren Dienst vorzeitig und kehrte dann heimlich zurück und stahl – Bettzeug. Das war zwar einer der „hinausgeschobenen Hausdiebstähle", wie sie des öfteren zu beobachten sind,[94] doch die Motivation ist genau die, die auch einige andere Mägde antrieb, ein paar Gegenstände aus dem Diensthaushalt in ihren Truhen verschwinden zu lassen: Brautschatzsammeln auf Kosten der Herrschaft.[95]

Es gibt noch einen zweiten Typus des Hausdiebstahls, hinter dem die Überwindung des „reglementierten Kinderdaseins"[96] als Ziel stand, der auf mehr Unabhängigkeit zielte, allerdings ohne daß er auf eine Ehe ausgerichtet war. Die Überwindung der ständigen Unterordnung war das Ziel; die Diebstähle waren das Mittel dazu.

Die Frauen strebten ein Leben mit mehr Selbstbestimmung an. In der Sprache der Zeit hieß das, sie wollten sich „auf eigene Hand setzen." Eine solche Lebensweise wurde über Jahrhunderte hinweg von den zeitgenössischen Autoren attackiert; wer so lebte, wurde als Müßiggänger diffamiert und von der Obrigkeit bekämpft.[97] Häufig war dieses selbständige Arbeiten überhaupt nicht erlaubt; in den Herzogtümern z. B. waren alle jungen Leute verpflichtet, als Gesinde zu dienen oder eine Summe Geldes als Ersatz zu bezahlen. Die Bereitstellung von Arbeitskräften und patriarchalische Kontrolle über die ledigen jungen Frauen waren die Ziele der Obrigkeit, eigenbestimmte Arbeit und eigene Unterkunft die Ziele einer Reihe von Dienstmägden.

Teils versuchten sie, ihren Dienst bis zu seinem Ende abzuleisten und das Diebesgut zu horten; teils jedoch folgte dem Diebstahl die Flucht auf dem Fuße. Unabhängig von der Ausführung war der Hintergrund jedoch stets der gleiche. Ein Beispiel für ein geplantes „Aussteigen" bietet der Fall der Elisabeth Posten aus dem Jahre 1763.[98] Sie wurde bezichtigt, trotz strikten Verbots ihres Dienstherrn, eines Schlachters, Fleisch verkauft und den Erlös für sich behalten zu haben. Angesichts des Mißtrauens, das ihr Dienstherr gegen sie hegte, erscheint die Bezichtigung anfangs nicht unbedingt glaubwürdig. Während der Untersuchung kam jedoch ans Licht, daß sie den „Speck, Aepfel, Bohnen WeitzenMehl u. 2 Brodte [die man in ihrer Lade gefunden hatte], ihrem gewesenen Brodt-Herrn Ties Schwartckopff entwandt und heimlich zu sich genommen, in Meynung sie wollte diese victualien und consumptabilien diesen Winter über verzehren, weil sie gewilliget gewesen, auff ihre eigene Hand zu sitzen."[99] Damit wird es mehr als wahrscheinlich, daß sie auch das Geld bei den heimlichen Verkäufen hat unterschlagen wollen, denn der Geldlohn einer Magd war bei der angestrebten Lebensart schnell verbraucht, da neue Kosten, z. B. für die Unterbringung, entstanden. Hier wurde also den freien, in gesicherten Verhältnissen lebenden Dienstherrschaften etwas genommen, um selbst in ungesicherten, risikoreichen, aber etwas freieren Verhältnissen leben zu können.

Die andere Variante erweckt sehr leicht den Eindruck einer spontanen, unüberlegten Handlung. Das mag sie in einer Reihe von Fällen auch gewesen sein, doch manchmal stand auch hinter dem Diebstahl mit sich direkt anschließender Flucht der Versuch, das Leben als Magd hinter sich zu lassen, obwohl die Art der Ausführung oft dazu führte, daß das Gegenteil erreicht wurde. Die Täterin wurde oft noch auf der Flucht gefaßt und direkt ins Gefängnis geliefert wie z.B. Anna Schulten. Diese Dienstmagd gestand 1762, daß sie ihrem Dienstherrn, „des morgens frühe, 1 paar silberne Schnallen und dem Knecht, als er noch geschlaffen, aus der Hose, so in einem Rantzen gesteckt, welchen sie aufgeschnitten, etwas grob Geld ... weggenommen habe, und damit des morgens frühe nach Glückstadt gehen wollen. Ihre Schwester Metta Schulten, ... hätte ihr versprochen auf dem Wege zu ihr zu kommen und mit ihr nach Dittmarschen zu gehen.“[100] Dithmarschen: Das war die Region, in die Leibeigene flohen, in die zur Erntezeit Scharen von Wanderarbeitern strömten, die hohe Löhne und mehr Freiheit bedeutete. Sie bot auch Wanderarbeiterinnen, die von Hof zu Hof zogen, um dort Arbeiten verrichten, eine gute Überlebensmöglichkeit. Typisch für diese Diebstähle ist, daß die Gedanken so einseitig auf das Entkommen gerichtet sind, daß ein außerordentlich hohes Risiko in Kauf genommen wird. Vielleicht erklärt sich diese Vorgehensweise aus dem Alter der Täterinnen. Bei der kleinen Zahl, bei der es bekannt ist, lag es unter 20 Jahren.

III.

Schließlich ist noch die Frage nach der Bestrafung zu stellen. Dabei sind zwei Fragen besonders wichtig. Einmal: Kann man die Urteile allgemein als hart charakterisieren? Zum anderen: Wurden Frauen anders und das heißt milder bestraft als Männer? Beide Fragen nehmen Thesen der Literatur auf. Die These von der harten Bestrafung ist in einer neueren Studie vorgetragen worden. Wurde der Hausdiebstahl angezeigt, so wird dort argumentiert, dann fielen die Täterinnen und Täter im 18. und in der ersten Hälfte des 19. Jahrhunderts einer Art Klassenjustiz zum Opfer. Weil sie der Unterschicht angehörten, weil sie besitzlos und ortsfremd waren, so diese Untersuchung, wurden sie entehrenden und härteren Strafen unterworfen.[101] Das hätte nach den Ergebnissen dieser Studie in erster Linie Frauen betroffen. Ob beide Geschlechter ohne Unterschied gestraft wurden, ist eine Frage, die in verschiedenen Disziplinen und international diskutiert wird. Es ist immer wieder die Hypothese vorgebracht worden – manchmal waren es auch harte Fakten –, daß Frauen nachsichtiger bestraft wurden.

Die zweite Frage kann hier leider nicht beantwortet werden, denn das Material weist eine zu geringe Dichte auf und ist dazu zu einseitig auf ein Geschlecht verteilt. Um in diesem Punkt zu einer wissenschaftlich sauberen Antwort zu kommen, müßte man mehrere Variablen konstant halten können, um das Geschlecht als den oder einen entscheidenden Grund herausfiltern zu können: Die Fälle müßten im gleichen Zeitraum passiert sein, ihre Schwere müßte sich entsprechen, die Täterinnen und Täter müßten etwa gleichen Alters und gleicher sozialer und regionaler Herkunft sein und einen sich entsprechenen Leumund und Vorstrafenregister haben. Für eine solche Vorgehensweise fehlen hier leider die Voraussetzungen.

Zu der Bestrafung an sich und ihren Veränderungen vom Ende des 17. bis in die Mitte des 19. Jahrhunderts lassen sich dagegen einige Bemerkungen machen. Es zeigt sich in diesem Zusammenhang, daß nicht nur die Schichtzugehörigkeit ein wichtiges Kriterium ist. Neben den genannten sozialen Kriterien muß auch den rechtlichen adäquate Aufmerksamkeit gewidmet werden, so dem materiellen Recht und den Gerichten.

Die *Carolina* unterschied in Art. 157 den einfachen Diebstahl von anderen Arten, d. h. von den erschwerten. Lag der Wert des Gestohlenen unter fünf Gulden /(Taler), dann konnte eine Geldstrafe mit Schadenersatz (oder eine Strafe) verhängt werden. Lag er darüber oder lagen erschwerende Umstände vor, konnte eine weit schärfere Strafe (bis zur Todesstrafe) ausgesprochen werden. Diese und weitere Kennzeichen der verschiedenen Diebstahlsarten spielten auch beim Hausdiebstahl eine Rolle; so wurde z. B. peinlich genau unterschieden, ob Geld aus einem offenen Behältnis genommen oder ob es erbrochen worden war.[102]

Für den Hausdiebstahl galt in Schleswig-Holstein unterschiedliches Recht. In dem damals hannoverschen Lauenburg galten die drakonischen Strafen, die 1709 festgesetzt worden waren und die noch 1772 offiziell im großen und ganzen bestätigt wurden.[103] Allerdings gelangte die Kenntnis dieses rechtlichen Zustands erst anläßlich eines Hausdiebstahls im Jahre 1727 nach Lauenburg.[104] Eine Unterscheidung der Strafen nach Geschlecht gab es in den Gesetzen nicht, sieht man von der üblichen Trennung von Männern und Frauen in Zuchthäuser einerseits und Spinnhäuser andererseits ab. Solange der gottorfische Staat bestand (bis 1773) galt dort das Hausdiebstahlsgesetz von 1712,[105] das sich im Unterschied zum drakonischen hannoverschen auf eine graduelle Verschärfung an mehreren Punkten beschränkte. Es wurde für den Hausdiebstahl der ordentliche Prozeß eingeführt, dessen Kosten dem Angeklagten auferlegt wurden; außerdem sollte die Restituierung des Gestohlenen keine Milderung der Strafe bewirken. Im königlichen Anteil gab es keinen Sondertatbestand „Hausdiebstahl"; man benutzte jedoch den Terminus. Im Gebiet des Domkapitels Lübeck gab es weder das eine noch das andere. Soweit es sich aufgrund der Quellenlage beurteilen läßt, haben diese unterschiedlichen Rechtszustände nicht zu wesentlich abweichenden Urteilen geführt. Eine Todesstrafe für Hausdiebstahl in dem lauenburgischen Gebiet z. B. läßt sich nicht nachweisen.

Bei den Gerichten ist von Bedeutung, ob Niedergerichte in den Städten und Ämtern oder Patrimonialgerichte damit befaßt waren und ob der Fall an eine höhere Instanz abgegeben werden mußte. Hier kamen zwei Institutionen in Frage, einmal das bzw. später die königlichen Obergerichte, zum anderen die Juristische Fakultät der Universität Kiel im gottorfischen Teil. Die unterschiedlichen Gerichte sind mit Sicherheit ein Grund dafür, daß die Analyse der Strafen kein einheitliches Bild ergibt.

Die Unterschiedlichkeit der gleichzeitigen Fälle und damit die Notwendigkeit genau zwischen den Gerichten – also Kriminalgerichten in der Stadt und auf dem Lande (und dort zwischen Patrimonial- und Amtsgerichten) und Obergerichten – zu unterscheiden, läßt sich gut an zwei Prozessen kurz nach der Mitte des 18. Jahrhunderts zeigen. 1762 wurde eine Dienstmagd wegen Gelddiebstahls zu vier Jahren Zuchthaus verurteilt; 1756 eine andere ebenfalls wegen Gelddiebstahls (beide Male über fünf Taler) zu zwei Tagen Gefängnis bei Wasser und Brot.[106] Die trotz dieser Gleichartigkeit im Delikt vorhandene Unterschiedlichkeit der Fälle – im zweiten hatte der Dienstherr die Magd nach der Entdeckung des Diebstahls so verprügelt, daß sie tagelang ihre Kleider nicht ausziehen konnte und ihr dann doch alles verziehen – scheinen einen derartig eklatanten Unterschied nicht zu rechtfertigen. Vielmehr ist der entscheidende Grund dafür darin zu suchen, daß im ersten Fall das Obergericht für Holstein in Glückstadt zuständig war und im zweiten

Fall die Juristenfakultät der Universität Kiel für das Kloster Itzehoe. Die Kieler Juristen gaben sich alle Mühe, zu einem milden Urteil zu kommen. Dafür gaben sie natürlich rechtliche Gründe an; ob sich hinter diesen andere verbargen – z. B. ein anderes Frauenbild oder die größere Sensibilität für die Lage der „niederen Stände", ist aus den Quellen zu diesen Prozessen nicht zu erkennen.

Solche Überlegungen braucht man bei dem Glückstädter Obergericht nicht vermuten. Im benachbarten Krempe, sozusagen vor der eigenen Haustür, hatten sich die Hausdiebstähle gehäuft. Da galt es die Klagen des Kremper Bürgertums über die Landplage „Hausdiebstahl" zu erhören und ein Exempel zu statuieren. Vergebliche Mühe: Einige Jahre später wurde sogar der Kremper Bürgermeister von seiner Dienstmagd bestohlen.[107]

Sieht man von der Unterschiedlichkeit der gleichzeitigen Fälle ab und versucht eine Entwicklung festzustellen, so kann man registrieren, daß am Anfang des gut dokumentierten Zeitraums der Versuch eines Husumer Bürgers steht, seine bereits in Arrest sitzende Magd eigenmächtig einem selbstinszenierten Gerichtsverfahren zu unterziehen (1693)[108] und die Bestrafung einer Frau wegen Hausdiebstahl sowie Veruntreuungen zu lebenslänglichem Zuchthaus im Jahre 1699.[109] Am Ende des Zeitraums, in den 1860er Jahren, fallen Geldstrafen, gelegentliche Klagen von Dienstmägden gegen Entlassung wegen Untreue und vorläufige Freisprüche (absolutio ab instantia) auf.[110] Diese Eckpunkte suggerieren jedoch eine Tendenz, die in dieser Deutlichkeit nur bedingt zu erkennen ist. Das ist der Fall, weil es immer wieder einmal überraschende Urteile gibt, die wesentlich härter ausfallen als üblich.[111] Von einer durchgängig harten Bestrafung des Hausdiebstahls kann jedoch für diese Region nicht gesprochen werden.

Vielmehr muß man feststellen, daß es zumindest von der Mitte des 18. Jahrhunderts an zu einer Milderung der Strafen gekommen ist. Die bereits angedeutete Tendenz kann etwas genauer beschrieben werden. Sie führte einmal dazu, daß die öffentliche Bloßstellung – noch 1768 wurde eine Dienstmagd mit den Schild „Untreue Dienstbotin" öffentlich ausgestellt[112] – langsam aufgegeben wurde. Hier machte sich das neue Frauenbild bemerkbar, das unter dem Einfluß Mirabeaus und Rousseaus die weibliche Ehre unbedingt erhalten wollte, weil sonst der Weg in die Kriminalität vorgezeichnet sei. Auffällig ist weiterhin, daß bei kleinen (und selbst bei nicht so kleinen) Hausdiebstählen immer häufiger eine Gefängnisstrafe bei Wasser und Brot verhängt wurde, manchmal geschärft.[113] Schließlich wurden Geldstrafen, zumindest bei kleinen Diebstählen, für die vorher durchaus Gefängnis oder Zuchthaus verhängt worden war, immer häufiger. Für Frauen hatten diese beiden Entwicklungen unterschiedliche Auswirkungen. Es mag wenig einfühlsam klingen, aber unter geschlechtsspezifischen Gesichtspunkten war die Gefängnisstrafe vorteilhafter für die Frauen, während die Geldstrafe ihnen größere Nachteile gegenüber den Männern brachte. Der Grund liegt in den höheren Löhnen der Männer: Gefängnisstrafen trafen sie deshalb härter, während für die Frauen Geldstrafen schwerer waren.

In den vorangehenden Ausführungen wurde nach Erklärungen gesucht, die über unbefriedigende Antworten konkreter Art (Not) und konzeptioneller Art (Rolle) hinausgehen. In der ökonomischen Struktur, in den Lebensstadien und Lebensentwürfen der Mägde und den damit zusammenhängenden emotionalen Bedürfnissen, in der Unfreiheit des Dienstes wurden wesentliche Momente der Verursachung gesehen, die auch in Kombination auftreten konnten. Während die geschlechtsspezifische Arbeitsteilung den engeren Hintergrund darstellt, bildet die Stagnations- oder Depressionsphase des 17. Jahrhunderts den weiteren Hintergrund für die erste Art von festgestelltem Hausdiebstahl, den Mundraub auf Bestellung. Die Lebensstadien der Frauen – die Beeinflußbarkeit der in fremden Häusern lebenden jungen Mädchen, der auf die Ehe gerichtete Lebensentwurf der erwachsenen Frauen – spielten bei den angestifteten Diebstählen wie bei dem Werbungsdiebstahl und dem Hausdiebstahl als kriminelles Brautschatzsammeln eine Rolle. Die Unfreiheit des Dienens führte nicht nur zu Taten, die gegen die Dienstherrschaft gerichtet waren, sondern auch zu solchen, die helfen sollten, das Dienstverhältnis ganz zu überwinden, nämlich als Vorbereitung des Auf-die-eigene-Hand-Sitzens.

Trotz aller Schwierigkeiten, die bei der Erforschung eines weitgehend in einer Grauzone verbleibenden Delikts bestehen, zeigt die Untersuchung dieser gewöhnlichen, dieser „alltäglichen“ Tat, daß es ebenso lohnend ist, sich mit ihr zu beschäftigen wie mit Hexerei, Giftmord oder Prostitution, von der die Historiker ebenso fasziniert sind wie die breite Öffentlichkeit.

Anmerkungen

1 Ich möchte diese kleine Untersuchung Prof. em. Karl-S. Kramer widmen, dessen Quellenkartei im Seminar für Volkskunde der Universität Kiel mir eine große Hilfe bei meinen Recherchen war.

2 Vgl. Walter Hartinger, Bayerisches Dienstbotenleben auf dem Lande, vom 16. bis zum 18. Jahrhundert, in: Zeitschrift für bayerische Landesgeschichte 38 (1975), 601, auch 602 f.; Marc Raeff, The Well-Ordered Police State. Social and institutional change through law in the Germanies and Russia. 1600–1800, New Haven – London 1983, 74 f.; Richard van Dülmen, Kultur und Alltag in der Frühen Neuzeit, Bd. II, Dorf und Stadt, München 1992, 226 f.

3 Corpus Constitutionum Calenbergensis = Chur-Braunschweig-Lüneburgische Landes-Ordnungen und Gesetze, Th. 2, Göttingen 1740, 686 ff.; auch in: LAS, Abt. 210, Nr. 1554. Dieses Gesetz regte die gesamte folgende Gesetzgebung an.

4 Vgl. Dagmar Müller-Staats, Klagen über Dienstboten. Eine Untersuchung über Dienstboten und ihre Herrschaften, Frankfurt am Main 1987, 134.

5 Vgl. Friedrich Kappler, Handbuch der Literatur des Criminalrechts, Stuttgart 1838, 771–775; Theodor Marezoll, Das gemeine deutsche Criminalrecht als Grundlage der neueren deutschen Strafgesetzgebungen, 3. Aufl. Leipzig 1856, 499; Heinrich Janßen, Der Diebstahl in seiner Entwicklung von der Carolina bis zum Ausgang des 18. Jahrhunderts, Göttingen 1969, 208–210; für Kurhannover Thomas Krause, Die Strafrechtspflege im Kurfürstentum und Königreich Hannover. Vom Ende des 17. bis zum ersten Drittel des 19. Jahrhunderts (= Untersuchungen zur deutschen Staats- und Rechtsgeschichte, N.F. Bd 28), Aalen 1991, 74–78.

6 Selbstverständlich wird hier, wie aus dem Gegenstand bereits hervorgeht, der Begriff des „ganzen Hauses“ nicht in einem idealisierendem Sinne gebraucht, sondern nur wegen seiner formelhaften Kürze. Zur Problematik zuletzt Irmintraut Richarz, Das ökonomisch autarke „Ganze Haus“ – eine Legende?, in: Trude Ehlert (Hrsg.), Haushalt und Familie in Mittelalter und früher Neuzeit, Sigmaringen 1991, 279; Werner Troßbach, Das „ganze Haus“ – Basiskategorie für das Verständnis ländlicher Gesellschaften in der frühen Neuzeit, in: Blätter für deutsche Landesgeschichte 129 (1993), 277–314; Claudia Opitz, Neue Wege der Sozialgeschichte? Ein kritischer Blick auf Otto Brunners Konzept des ‚ganzen Hauses‘, in: Geschichte und Gesellschaft 20 (1994), 88–98.

7 Vgl. Otto Könnecke, Rechtsgeschichte des Gesindes in West- und Süddeutschland (= Arbeiten zum Handels-, Gewerbe- und Landwirtschaftsrecht, Nr. 12), Marburg i. H. 1912, 528. Bezeichnenderweise ist Untreue in den Quellen fast immer identisch mit Diebstahl.

8 Vgl. Patricia Crone, Die vorindustrielle Gesellschaft. Eine Strukturanalyse, Frankfurt am Main 1992, 42; Ann Kussmaul, Servants in Husbandry in Early Modern England, Cambridge 1981, 45: “good character, not … skill.”

9 Vgl. Johann Georg Krünitz, Art. Hausfriede, in: Oekonomisch-technologische Encyklopädie, Bd. 22 (1781), 378–381.

10 Vgl. z. B. neben der im weiteren angeführten Literatur unter dem Aspekt der hier ausgewählten Region Karl-S. Kramer, Nachrichten zum Komplex „Haus und Hof“ im Volksleben, vorwiegend in Holstein, in: Kieler Blätter zur Volkskunde 2 (1970), 81–89; ders., Eini-

ges über die Lage des Gesindes in einem ostholsteinischen Gutsbezirk, in: Zeitschrift für Volkskunde 70 (1974), 20–38; ders., Ländliches Leben im Amt Ratzeburg, in: Kieler Blätter für Volkskunde 5 (1973), 5–92; Silke Göttsch, Beiträge zum Gesindewesen in Schleswig-Holstein zwischen 1740–1840 (= Studien zur Volkskunde und Kulturgeschichte, Bd. 3), Neumünster 1978.

11 Vgl. Rolf Engelsing, Studien zu den deutschen Mittel- und Unterschichten (= Kritische Studien zur Geschichtswissenschaft, Bd. 4), Göttingen 1973.

12 Vgl. Müller-Staats, 134–141. Keine Beachtung findet der Hausdiebstahl in Inge Kaltwasser, Häusliches Gesinde in der freien Stadt Frankfurt am Main: Rechtsstellung, soziale Lage und Aspekte des sozialen Wandels des häuslichens Gesindes im 19. Jahrhundert bis zur Annexion durch Preußen, Frankfurt am Main 1989.

13 Vgl. z. B. Reinhard Sieder, Sozialgeschichte der Familie in Deutschland, Frankfurt am Main 1987, 48–59.

14 Vgl. Roy Porter, Kleine Geschichte der Aufklärung, Berlin 1991, 49.

15 Vgl. J.M. Beattie, The Criminality of Women in Eighteenth-Century England, in: Journal of Social History 8 (1975/6), 92 f.; André Lachance, Women and Crime in Canada in the Early Eighteenth Century, in: Crime and Criminal Justice in Europe and Canada, Waterloo/Ontario 1981, 162 f.; Porphyre Petrovitch, Recherches sur la criminalité à Paris dans la seconde moitié du XVIIe siècle, in: A. Abbiateci u. a., Crimes et criminalité sous l'Ancien Régime, Paris 1971, 212 f.

16 Vgl. Peter Wettmann-Jungblut, „Stelen inn rechter hungersnodtt". Diebstahl, Eigentumsschutz und strafrechtliche Kontrolle im vorindustriellen Baden 1600–1850, in: Richard van Dülmen (Hrsg.), Verbrechen, Strafen und soziale Kontrolle. Studien zur historischen Kulturforschung III, Frankfurt am Main 1990, 153, 155; Martina Käthner stellt fest, daß der Hausdiebstahl die dritthäufigste Form des weiblichen Diebstahls um die Mitte des 19. Jahrhunderts war. Vgl. Martina Käthner, Frauen in Not. Diebstähle von Frauen und ihre Sanktionierung 1840–1850, in: Criminalia. Bremer Strafjustiz 1810–1850 (= Beiträge zur Sozialgeschichte Bremens, H. 11), Bremen 1988, 52–54.

17 Wettmann-Jungblut, 154 f. Wettmann-Jungblut unterscheidet allerdings nicht zwischen Hausdiebstahl und Eigentumsdelikten, die von Mägden, Knechten usw. außerhalb des Diensthaushalts begangen werden.

18 Vgl. z. B. Christiane Klapisch-Zuber, Women Servants in Florence during the Fourteenth and Fifteenth Centuries, in: Barbara Hanawalt (ed.), Women and Work in Preindustrial Europe, Bloomington 1986, 56–80; Uta Ottmüller, Die Dienstbotenfrage. Zur Sozialgeschichte der doppelten Ausnutzung von Dienstmädchen im deutschen Kaiserreich, Münster 1978.

19 Vgl. Nicole Castan, Straffällige Frauen, in: Geschichte der Frauen, Bd. 3, hrsg. von Arlette Farge und Natalie Zemon Davis, Frankfurt am Main – New York 1994, 502.

20 Vgl. A.C. Gudme, Die Bevölkerung der Herzogtümer Schleswig und Holstein, Altona 1819, 42 und Tab. 3, Anhang 3.

21 Vgl. Michael Mitterauer, Gesindedienst und Jugendphase im europäischen Vergleich, in: Geschichte und Gesellschaft 11 (1985), 185–187 weist den Anteil an den Altersgruppen nach.

22 In Preußen war in der ersten Hälfte des 19. Jahrhunderts die Zahl der weiblichen und männlichen Dienstboten in der Landwirtschaft fast absolut identisch. Vgl. Klaus Tenfelde,

Ländliches Gesinde in Preußen. Gesinderecht und Gesindestatistik, in: Archiv für Sozialgeschichte 19 (1979), 209.

23 Vgl. Klaus-J. Lorenzen-Schmidt, Ländliche Familienstrukturen in der norddeutschen Küstenregion 1750–1870, Engelbrechtsche Wildnis 1987, 55; die Zahlen für Marne und die ländlichen Kirchspiele: Insgesamt schwankte der Anteil des weiblichen Gesindes am Gesamtgesinde zwischen 43 und 61%.

24 Ueber Fleis und Industrie im Amte Reinfeld, in: Schleswig-Holsteinische Blätter für Polizei und Kultur 1 (1800), 3.

25 Vgl. Landesarchiv Schleswig (im folgenden: LAS), Abt. 50 c, Nr. 3467.

26 Vgl. (Heinrich August) Niemann, Einige Bemerkungen und Vorschläge, veranlaßt durch die Verzeichnisse der in Schleswig und Holstein verhafteten Verbrecher, in: Staatsbürgerliches Magazin 1 (1823), 97–101.

27 Bei zwei Fällen handelt es sich um „Entwendung und heimliches Verlassen des Dienstes". Es braucht also nicht unbedingt ein Hausdiebstahl zu sein. Hier zeigt sich ein Problem bei der Auswertung von Listen: die verwendeten Kategorien.

28 Vgl. LAS, Abt. 137, Nr. 4–6.

29 Auf des Basis von 47 Jahren wurde festgestellt, daß zwischen 1713 und 1799 nur knapp 200 Personen aufgrund eines spezifischen Gesetzes angeklagt wurden, John M. Beattie, Crime and the Courts in England, 1660–1800, Oxford 1986, 173.

30 Vgl. Castan, 502.

31 So bei Johann Georg Krünitz, Art. Gesinde, in: Oekonomisch-technologische Encyclopädie, Bd. 17 (2. Aufl. 1787), 599–601; ebenfalls nur kurze Passagen finden sich bei Christian Friedrich Germershausen, Die Hausmutter in allen ihren Geschäften, Bd. 1, 3. verb. Aufl. Leipzig 1782, 35 f. und Bd. 5, Leipzig 1781, 93. Allgemein zu den Klagen, Müller-Staats, 22–53.

32 Vgl. die Darstellung der Affäre Clèreaux bei Hans-Jürgen Lüsebrink, Formen und Prozesse kultureller Vermittlung im Frankreich der Aufklärung, in: Sozialgeschichte der Aufklärung in Frankreich, hrsg. von Hans Ulrich Gumbrecht, Rolf Reichhardt und Thomas Schleich, T. 1, München-Wien 1981, 64–66; Beattie, Crime and the Courts, 174.

33 Vgl. Theresa M. McBride, The Domestic Revolution. The Modernization of Household Service in England and France, London 1976, 106 f.

34 Einige wenige Hausdiebstähle in handwerklichen Haushalten wurden mitgezählt.

35 Vgl. Wettmann-Jungblut, 162 der einen weiblichen Anteil von nur etwas über 10 % für Baden in der ersten Hälfte des 19. Jahrhunderts errechnet; einen höheren Prozentsatz stellten Beattie für die englische Grafschaft Surrey im 18. Jahrhundert fest: 23,9% (vgl. Beattie, Criminality, 81) und Lachance, 170 für Kanada in der ersten Hälfte des 18. Jahrhunderts: 26.3 %.

36 Vgl. P. Macnaughton-Smith, The Second Code. Toward (or Away from) an Empiric Theory of Crime and Delinquency, in: The Journal of Research in Crime and Delinquency 5 (1968), 89–97.

37 Vgl. LAS, Abt. 137, Nr. 5, Fall Elsabe Ahlers 1768.

38 Königliche Preußische und Chur=Brandenburgische neu=verbesserte Gesinde=Ordnung von 1746, § 7, in: Christian Otto Mylius, Corporis Constitutionum Marchicarum continuatio Prima, Berlin und Halle 1737, 56; § 121 der Gesindeordnung von 1810, leicht zugänglich in: Ute Gerhard, Verhältnisse und Verhinderungen. Frauenarbeit, Familie und Recht der Frauen im 19. Jahrhundert, Frankfurt am Main 1978, 271.

[39] Vgl. ein Responsum der Kieler Juristenfakultät (zum Fall Elsche Assenborgs 1756), in dem es heißt, daß „bey dergleichen Diebstählen die erste Vermutung immer auf die Domestiquen fällt." LAS, Abt. 47.5, Nr. 41.

[40] Die Pastorenfrau Margarethe Milow schildert die im Jahre 1770 getroffenen Maßnahmen zur Überwindung eines finanziellen Engpasses und schreibt dabei: „(Ich) verschloß alles mögliche und paßte genau auf das Dienstmädchen, sodaß sie mich nur in wenigem hintergehen konnte." Margarethe Milow, Ich will aber nicht murren, hrsg. von Rita Bake und Birgit Kiupel, o. O., o. J., 107.

[41] LAS, Abt. 137, Nr. 5, Fall Anna Elsabe Königin 1761.

[42] Es fragt sich, ob privates Material (Briefe, Tagebücher usw.) Informationen enthält. Für den ländlichen Bereich wären z. B. Bauerntagebücher von Interesse.

[43] Vgl. Rudolf Glanz, Geschichte des niederen jüdischen Volkes in Deutschland, New York 1968, 186.

[44] Vgl. Otto Pollak, The Criminality of Women, Philadelphia 1950, 36–38.

[45] Vgl. ebd.; auch Gerd Schwerhoff, Köln im Kreuzverhör. Kriminalität, Herrschaft und Gesellschaft in einer frühneuzeitlichen Stadt, Bonn-Berlin 1991, 355, 356.

[46] Befürwortet von Robert Jütte, Geschlechtsspezifische Kriminalität im späten Mittelalter und in der frühen Neuzeit, in: Zeitschrift für Rechtsgeschichte, Germ. Abt. 108 (1991), 100–103.

[47] Vgl. Mechthild Rotter, Die Frau in der Kriminologie, in: Kriminalsoziologische Bibliografie 6 (1979), 87–89; Monika Frommel, Feministische Rechtskritik und Rechtssoziologie – Rekonstruktion eines disziplinären Mißverständnisses, in: Kritische Justiz 26 (1993), 169.

[48] Vgl. Michael Mitterauer, Geschlechtsspezifische Arbeitsteilung in vorindustrieller Zeit, in: Beiträge zur historischen Sozialkunde 11 (1981), 83; vgl. ders., Geschlechtspezifische Arbeitsteilung und Geschlechterrollen in ländlichen Gebieten Mitteleuropas, in: ders., Familie und Arbeitsteilung. Historischvergleichende Studien, Wien-Köln-Weimar 1992, 58–148.

[49] Aus der Gesindehierarchie erklären sich die Unterschiede im Alter der Dienstmägde, wie sie im folgenden hervortreten. Daneben spielt die soziale Herkunft eine Rolle; sehr junge Mägde kommen in der Regel aus den ärmsten Teilen der Unterschicht.

[50] So wurde denn der Knecht Just Jochim Langhans 1733 auch des Diebstahls von Korn und Pferdehaar überführt, vgl. LAS, Abt. 268, Nr. 1541.

[51] Das würde man heute wohl als Veruntreuung begreifen; diese scharfe Abgrenzung existierte zu jener Zeit aber nicht. Vgl. Jenull, Ueber den Unterschied zwischen Hausdiebstahl und Veruntreuung, in: Protoverenas Materialien für Gesetzkunde und Rechtspflege, in den österreichischen Staaten 3 (1817), 205–215.

[52] Ganz ähnliche Argumentation für den weiblichen Diebstahl in Irland im 17. Jahrhundert bei Raymond Gillespie, Women and Crime in Seventeenth-Century Ireland, in: Women in Early Modern Ireland, ed. by Margaret MacCurtain and Mary O'Dowd, Edinburgh 1991, 48 f.

[53] Vgl. LAS, Abt. 137, Nr. 5, Fall Elisabeth Posten 1763.

[54] Dieser Diebstahl wurde nicht in einer bäuerlichen Familienwirtschaft begangen.

[55] Dienstmägde kamen zu einem großen Teil aus der Unterschicht sowie aus den unteren Mittelschichten. Es gab einzelne Ausnahmen, auch unter den Hausdiebinnen. „Sie wollte ihr Lebtag nicht dienen, denn sie hätte es nicht nöthig," rief 1724 erregt eine spätere Hausdiebin, die genau dies wegen der Verteilung des Erbes im Testament ihrer Mutter tun mußte. Vgl. LAS, Abt, 137, Nr. 12, Fall Margareth Dorothea Jebsen 1724.

56 Vgl. Jütte, 108.

57 Ebd. Übrigens kann man nicht sagen, daß die Frauen „von Beruf Dienstmagd" waren, wie Jütte, 108 es tut. Dienstmagdsein war bekanntlich zu jener Zeit eine Lebensphase.

58 Meist wurden sie jedoch anderen in den Mund geleget: So bemerkte Anna Lorenzen bei ihrem Versuch, sich mit einer Lügengeschichte herauszureden, eine alte Frau habe zu ihr gesagt, „Ob der Mann bey dem sie diene, nicht ein reicher Mann sey,..." LAS, Abt. 276, Nr. 1123; vgl. auch Gerd Schwerhoff, Köln im Kreuzverhör. Kriminalität, Herrschaft und Gesellschaft in einer frühneuzeitlichen Stadt, Bonn-Berlin 1991, 356.

59 Z. B. beim Hausdiebstahl von Mägden, die ledige Mütter waren und daher wesentlich mehr Ausgaben hatten wie z. B. Dorothea Charlotte Hofmann, Mutter von zwei nichtehelichen Kindern. Vgl. LAS, Abt. 125.20, Nr. 557, 1798–1809 (Quellenkartei des Seminars für Volkskunde der Universität Kiel, im folgenden QkVk). Ein ähnlicher Fall, allerdings mit kriminellem Hintergrund, bei Peter Lahnstein, Report einer „guten alten Zeit". Zeugnisse und Berichte, München 1977, 99 f.

60 LAS, Abt. 103, AR 1597/98 (QkVk).

61 Es stellt sich die Frage, ob bei den Kindern bei dieser Art von Diebstahl ein Unrechtsbewußsein vorhanden war, wenn es selbst beim Gesinde fehlte. Peter Glaser konstatierte im 16. Jahrhundert, das Gesinde ließe sich" bedücken/ dieweil es solch ding ist das zuessen dienet/ so sey es keine Sünde/ aber es ist für Gott gleich wohl sünde. Item sie wenden für/ es sey genugsam da/ es schade jren Herrn gar wenig oder nichts." Peter Glaser, Gesind Teufel. Darin acht stück gehandelt werden/ von des Gesindes untrew, Leipzig o.J., Kap. 5 (ohne Paginierung).

62 Vgl. Gerd Schwerhoff, „Mach, daß wir nicht in Schande gerathen!" Frauen in Kölner Kriminalfällen des 16. Jahrhunderts, in: Geschichte in Wissenschaft und Unterricht 44 (1993), 455 f.

63 Vgl. LAS, Abt. 113, Nr. 167, Abel Tietjen 1758. Freundlicher Hinweis von Vera Lind, die zum Selbstmord in Schleswig-Holstein in der Frühen Neuzeit arbeitet.

64 Giovanni Levi, Das immaterielle Erbe. Eine bäuerliche Welt an der Schwelle zur Moderne, Berlin 1986, 50.

65 Vgl. Peter Ilisch, Zum Leben von Knechten und Mägden in vorindustrieller Zeit, in: Rheinisch-westfälische Zeitschrift für Volkskunde 22 (1976), 258–260.

66 LAS Abt. 127.29, Nr. 492, Fall Anna Margarete Dorothea Bentzen 1807.

67 Vgl. Krünitz, Hausfriede, 360. Das schloß natürlich einzelne Anzeigen wegen Lebensmitteldiebstahl im 18. und 19. Jahrhundert nicht aus, vgl. Gutsarchiv Rundhof, B VI, 15b, VI (4), Fall Anna Christina Nielsen 1812 (QkVk).

68 Anna Margarete Dorothea Bentzen gab 1807 an, sie habe sich „von den Dienstmägden, welches vor ihrer Zeit daselbst gedienet, ... verleiten laßen ihrem Herrn etwas zu entwenden, mit dem Versprechen, auch ihr einen Theil davon zu kommen zu laßen." LAS, Abt. 127.29, Nr. 492.

69 LAS, Abt. 276, Nr. 1123, Fall Anna Lorenzen 1803.

70 Dirk Blasius, Kriminalität und Alltag. Zur Konfliktgeschichte des Alltagslebens im 19. Jahrhundert, Göttingen 1978, 55.

71 LAS. Abt. 47.5, Nr. 34, 202.

72 LAS, Abt. 124, Nr.2 (QkVk); LAS, Abt. 47.5, Nr. 41.

73 Vgl. LAS, Abt. 276, Nr. 1157, Fall Elsabe Margarethe Kröger 1775; ebd., Nr. 1123, Fall Anna Lorenzen 1803.

[74] In fast genau der Hälfte aller Diebstähle zwischen 1700 un 1799 ging es um Geld.

[75] Zum Diebesgut bei normalen Diebstählen am Ende des 18. Jahrhunderts vgl. Wettmann-Jungblut, 162, 164. Geld und Wertgegenstände machten um diese Zeit nur 9–15% aus.

[76] Vgl. LAS, Abt. 137, Nr. 5, Fall Elsabe Ahlers 1768.

[77] Im Jahre 1769 wurde die Dienstmagd Margarethe Wohlers wegen des Diebstahls von 1 Pfund 12 Lot Kaffee mit einer Geldstrafe von 5 Reichstalern belegt. Vgl. LAS, Abt. 137, Nr. 4.

[78] Daß in Kanada im 18. Jahrhundert Lebensmittel beim Hausdiebstahl keine Rolle spielen, stützt die hier vorgebrachte These, vgl. Lachance, 29.

[79] Vgl. Könnecke, 549.

[80] Zitat nach Käthner, 54 f.

[81] Christian Feddern sollte einem Tag nach seinen Dienstantritt entlassen werden. Als er sich weigerte, machte seine Dienstherrschaft ihm das Leben so sauer wie nur möglich. Bei seiner Flucht nahm Feddern Geld und Wertgegenstände mit, sicher auch als Kompensation für die erlittene Behandlung. Vgl. LAS, Abt. 276, Nr. 1169.

[82] Merkwürdige Rechtsfälle VI. Charlotte Louise Müller aus Fürstenwalde, in: Annalen der Preußischen Rechtsgelahrtheit 7 (2. Aufl. 1791), 58.

[83] LAS, Abt. 47.5, Nr. 41, Fall Elsche Assenborgs 1756.

[84] Vgl. Beattie, Crime and the Courts, 174.

[85] Für Knechte auf Gütern ließ sich (für das 19. Jahrhundert) nur ein besonderer Delikttypus nachweisen, bei dem es sich allerdings nicht um einen klassischen Hausdiebstahl handelte, da weder Gutsherr noch Verwalter mit dem Gesinde unter einem Dach wohnten und arbeiteten. Auf den Gütern wurden Knechte bestraft, weil sie Futter stahlen und es „ihren" Pferden gaben. Hier stießen zwei Wertsysteme zusammen: Die ökonomisch-rationelle Futterzuteilung des kapitalistischen Gutsbesitzers und die Bedeutung, die die Pferde im Leben der Knechte hatten. Sie waren Statusobjekte, über die sie sich definierten.

[86] Ingeborg Weber-Kellermann, Land-Stadt-Bewegungen als Kontext für das Gesindewesen im 19. Jahrhundert, in: Gesindewesen in Hessen = Hessische Blätter für Volks- und Kulturforschung 22 (1987), 69.

[87] LAS, Abt. 47.5, Nr. 46, Fall Anne Margarethe Dwinger 1761. Eine andere beging einen Hausdiebstahl, weil sie „sich dafür etwas an Kleidern/weil ihr die Stiefmutter nichts gäbe/ schaffen wollen." H.W. v. L(affert), Vermehrte Relationes et casus criminales, Zelle 1721, 312 (Anna Dorothea Voß 1714).

[88] Vgl. LAS. Abt. 276, Nr. 1168, Fall Lena Muußen 1805.

[89] Könnecke, 536.

[90] In München wurde den Dienstmägden schon 1580 verboten, Lebensmittel aus dem Hause zu tragen. Vgl. Merry E. Wiesner, Paternalism in Practice: The Control of Servants and Prostitutes in Early Modern Cities, in: The Process of Change in Early Modern Europe. Essays in Honor of Miriam Usher Chrisman, ed. by Philipp N. Bebb and Sherrin Marshall, Athens 1988, 183.

[91] Vgl. Hans Dunker, Werbungs-, Verlobungs- und Hochzeitsgebräuche in Schleswig-Holstein, Diss. Kiel 1930, 68 f.; Silke Göttsch, Brautschatzsammeln – zur Bewertung von Brauchtum im 19. Jahrhundert, in: Kieler Blätter für Volkskunde 9 (1979), 39–54.

[92] LAS, Abt. 137, Nr.5, Fall Anna Elsabe Königin 1761.

[93] LAS, Abt. 65.2, Nr. 241 I.

[94] Dem Entlaufen aus dem Dienst folgte einige Zeit später ein Diebstahl, entweder durch die Dienstmagd selbst oder durch Männer, die von ihr bestens informiert worden waren. Maria Homfeld z. B. verließ 1705 ihren Dienst in Preetz vorzeitig, kehrte dann drei Monate später zurück, um nicht weniger als 308 Taler zu stehlen. Vgl. LAS, Abt. 47.5, Nr. 34, 380–383.

[95] Hinweis auf die Perspektive auch bei Schwerhoff, 357, der darauf aufkmerksam macht, daß die Dienstmägde z. T. von den potentiellen Heiratskandidaten instrumentalisiert wurden.

[96] Weber-Kellermann, 68.

[97] Vgl. Rolf Engelsing, Der Arbeitsmarkt der Dienstboten im 17., 18. und 19. Jahrhundert, in: Wirtschaftspolitik und Arbeitsmarkt, hrsg. von Hermann Kellenbenz, München 1974, 222; Wiesner, Paternalism, 184 f. für süddeutsche Reichstädte im 16. und 17. Jahrhundert; Göttsch, Beiträge, 60 f.

[98] LAS, Abt. 137, Nr. 5.

[99] Ebd.

[100] Ebd.

[101] Vgl. Wettmann-Jungblut, 160.

[102] Vgl. Edict, wegen der Diebstähle in den hiesigen Residentzien; 1) Daß die Haus=Diebe, welche einen Kasten, Thüre oder Spind erbrechen, oder mit Schlüsseln aufmachen, und daraus etwas stehlen, wenn sie auch alles restituieren können, binnen acht Tagen gehänckt ...werden sollen, de Dato Berlin, den 9. Januarii 1736, in: Corpus Constitutionum Marchicarum, hrsg. von Christian Otto Mylius, Bd. 2, 2. Abth., Berlin und Halle 1737, 179–184.

[103] Vgl. Krause, 76–78; lückenhaft und daher in der Bewertung unzutreffend Rainer Schröder, Das Gesinde war immer frech und unverschämt, Frankfurt am Main 1992, 94 f.

[104] LAS, Abt. 210, Nr. 1554.

[105] Ebd., Abt. 7, Nr. 1759, Constitutio wegen Abstellung der Haus=Dieberey vom 18. Feb. 1712.

[106] Vgl. LAS, Abt. 137, Nr. 5, Fall Anna Schulten 1762 und und Abt. 47.5, Nr. 41 Fall Elsabe Assenborgs 1756.

[107] Vgl. LAS, Abt. 137, Nr. 5; Fall Elsabe Ahlers 1768.

[108] Ebd., Abt. 7, Nr. 1898.

[109] Ebd., Abt. 7, Nr. 1759.

[110] Vgl. LAS, Abt. 127.1a, Nr. 420 Fall Anna Margaretha Stahmer 1830 und ebd. Abt. 125.20, Nr. 11 Fall Christina Freese 1861 (beide QkVk). Einge Daten zur Bestrafung in Kurhannover vgl. G.H. Ayrer, Dissertatio de furti domestico poena, Göttingen 1738, 82–84, auch 80; Richard Oberschelp, Niedersachsen 1760–1820. Wirtschaft, Gesellschaft Kultur im Land Hannover und Nachbargebieten, Bd. 2, Hildesheim 1982, 116; in Freiburg im Breisgau vgl. Georg Schindler, Verbrechen und Strafen im Recht der Stadt Freiburg im Breisgau von der Einführung des neuen Stadtrechts bis zum Übergang an Baden (1520–1806), Freiburg im Breisgau 1937, 299 f.

[111] Vgl. z. B. das Urteil gegen Dorothea Charlotte Hofmann 1805, ein halbes Jahr Zuchthaus für den Diebstahl von Zeug, Bettlaken und von zwei Broten. Vgl. LAS, Abt. 125.20, Nr. 557 (QkVk).

[112] LAS, Abt. 137, Nr. 5, Fall Elsabe Ahlers 1768.

[113] Schärfung durch Auspeitschung im Fall Christian Feddern 1805, LAS Abt. 276, Nr. 1169.

Ulinka Rublack

„Viehisch, frech vnd onverschämpt"

Inzest in Südwestdeutschland, ca. 1530–1700

1. Konstruktionen offizieller Bedeutungen und kultureller Denkbilder

In den letzten Jahren sind die reformatorischen Neuregelungen von Sexualität und Ehe zu einem wichtigen Forschungsschwerpunkt geworden.[1] Die Ehepolitik der weltlichen Obrigkeit wurde ebenso untersucht wie die veränderten Erfahrungen der Eheanbahnung und des Familienlebens durch verschiedene Alters- und Bevölkerungsschichten. Inzest und Inzestverbote wurden dagegen bislang wenig beachtet.[2] Dies ist umso erstaunlicher, als die Diskussion verwandtschaftlich bedingter Heiratsverbote ganz oben auf der Themenliste der Reformatoren stand. Inzest wurde als Delikt in protestantischen Gebieten eine hohe Bedeutung zugemessen. Als „viehisch" wurden beide Beteiligte angeklagt und scharf bestraft. Inzest galt als fleischliche Begierde, die triebhaft und wahllos an Lustobjekten in unmittelbarer Nähe befriedigt wurde. In der Tradition dieser Vorstellung erwartete Freud noch 1912 von den „Primitiven", die er untersuchte, diesen „armen, nackten Kannibalen", wie er schrieb, daß diese schamlos waren, keinen Regeln, sondern Trieben folgten und Inzest an der Tagesordnung war.[3] Inzest diente dieser Auffassung zufolge der eigennützigen Befriedigung in schon bestehenden Beziehungen. Sexualität sollte aber ihren alleinigen Ort in der Ehe haben, die nach Augustinus ein *seminarium charitatis* war, durch das Liebe verbreitet und fremde Familien verbunden werden sollten.[4] Eingeschränkte Inzestverbote seien deshalb ein Unding, argumentierte der Nürnberger Reformator Osiander 1537, denn unter Verwandten solle die weibliche „zucht/ ehr und keuschheit billich am besten verwart sein"; so sei sie gerade dort

„schier am aller wenigsten sicher".[5] Die Familie wurde als Beziehungsrahmen gesetzt, in dem sexuelles Begehren durch eine „natürliche" Scham undenkbar sein sollte. Die Abscheu vor Inzest unterschied zivilisierte Menschen von Tieren und Wilden und zeichnete ihre „natürliche" Vernunft aus. Wie Sodomie war Inzest zu einem Denkbild für die Trennungslinie zwischen Kultur und Natur geworden.

Mit der provokativen Fragenfolge „Was gadt uns der Indianer an? Was gadt uns aber ouch der Bapst zuo Rom an?" machte dann auch der Züricher Reformator Heinrich Bullinger 1548 in seinem Buch vom christlichen Ehestand seine Nichtachtung der bisherigen Heiratsverbote deutlich.[6] Beide interessierten nur als abschreckende Beispiele. Reformatoren erachteten die Heiratsverbote bis zum vierten Verwandtschaftsgrad als zu weitgehend und das der Taufpaten erschien ihnen als gänzlich „ertichtet". Sie machten die päpstliche Geldgier für die ausgedehnten Verbote verantwortlich, denn in bestimmten Verwandtschaftsbeziehungen ließ sich die Heirat erkaufen. Gottes Gesetz war dagegen nach protestantischem Verständnis in Leviticus 18, 6–18 niedergelegt. Die Auslegung der zwölf Zeilen erwies sich jedoch bald als hürdenreich. Unbeschwert betonte Luther als erster Kommentator vor allem die nach Leviticus offenstehenden Heiratsmöglichkeiten. In seiner Schrift „Welche Personen verboten sind zu ehelichen" von 1522 schrieb er ausdrücklich, man könne beispielsweise Nichten und Neffen, Stieftanten und Schwägerinnen nach dem Tod der Frau oder des Bruders heiraten.[7] Die Heirat des Stiefbruders hielt er ebenfalls für diskutabel.[8] Andere mögliche Verbindungen ließ er unkommentiert, beispielsweise die mit Großeltern.

Andreas Osianders Schrift richtete sich gegen Luthers permissive Auslegung. Er interpretierte 1537 die mosaischen Inzestverbote nach vier Regeln „logisch" und kam auf stolze 50 verbotene Beziehungen.[9] Das mosaische Gesetz solle ein Gesetz der Natur sein. Deshalb müße es faßbar sein, argumentierte er, sonst sei es wider die Natur. Nun könne aber keine *Vernunft* begreifen, warum man, Luther zufolge, bestimmte Personen im selben Verwandtschaftsgrad heiraten können solle, andere aber nicht. Die Möglichkeit der Heirat der Großmutter hielt Osiander für „greulich, unmenschlich und viehisch zu hören". Diese Argumentation zeigt, daß die Vorstellung, den Menschen zeichne seine „natürliche Vernunft" aus, eine rationale Ordnung naturalisierte. Natürlich war für

Osiander, was faßbar und vernünftig erschien, und das bedeutete in diesem Fall die logische Gleichbehandlung jedes Verwandtschaftsgrads.[10] Luther räumte daraufhin ein, daß seine Legitimierung der Heirat von Nichten mit Onkeln und Neffen mit Tanten vorschnell gewesen war. Sie ermöglichte tatsächlich die Heirat von Enkel und Großmutter[11]: eine absurde Situation, in der generationale Rollen verschoben und Familien abgeschlossen wurden.[12]

Auch Heinrich Bullingers Ehebüchlein beschrieb eine restriktivere Ordnung als Luther, und sie wurde für protestantische Obrigkeiten wegweisend. In vier sich entsprechenden Tabellen wurden komplementär für Männer und Frauen jeweils 24 verbotene Beziehungen aufgelistet. Damit vermittelte Bullinger graphisch den Wahrheitsanspruch einer systematischen Auslegung, die alle Unklarheiten auszuschalten versuchte und ausschließlich Verbote beschrieb. Diese umfaßten nun selbstverständlich auch die Großeltern, Nichten, Neffen, Schwägerinnen und Schwager.

Die Meinungen unterschieden sich weiterhin bezüglich der angeheirateten Verwandten. Dabei war entscheidend, ob man der Auffassung war, daß eine Heirat primär zwei Individuen verband oder die intime und dauernde Verbindung zweier Familien schuf (d. h. ob beispielsweise eine Schwägerin als angeheiratete *Schwester*, oder distanzierter als Schwester der Frau empfunden wurde).[13] Daß dem Mensch die „richtige" emotionale Einstellung gegenüber Verwandten angeboren war, erwies sich schon durch diese Differenzen der Reformatoren als Konstrukt.

Das Alte Testament hielt für Luther mit der Geschichte von Lot und seinen Töchtern einen weiteren Prüfstein seines Verständnisses göttlicher Gesetze bereit. Im ersten Buch Mose steht, daß Lot von seinen Töchtern betrunken gemacht wurde und sie mit ihm verkehrten, ohne daß er es merkte. Alle anderen Menschen waren im Brand von Sodom und Gomorra umgekommen, und die Töchter wollten so ihr „Geschlecht" retten. Keine göttliche Strafe folgte. Hier schien Inzest als Notmaßnahme biblisch legitimiert. Luther bereitete die Auslegung der Geschichte in seinem Genesis-Kommentar erhebliche Schwierigkeiten. Er ging davon aus, daß die Töchter nur ihre sündige Begierde zu entschuldigen versucht hatten, hielt Lot aber ebenfalls für verantwortlich. Nur Lust konnte eine so abwegige Tat suggerieren. „Was ist Gotte daran gelegen", fragte der Reformator ratlos, „daß er einen solchen seinen Patriarchen, den grossen geistlichen man lesset so schendlich zum narren werden?" Luther wußte keine Lösung. „Die vernunfft" werde „uber solchen nerrischen Historien zum narren", schrieb er, und ließ die Frage „unverantwortet". Luther entschied trotzdem, Lot sei weniger schuldig als seine Töchter. Aber auch diese waren ja von Gott nicht bestraft worden.[14] Aufgrund dieser Interpretationsschwierigkeiten bezog man sich in Predigten und Prozeßakten kaum explizit auf Lot. Lieber griff man, wenn auch in diesem Zusammenhang etwas ungelenk, auf den Topos von Sodom und Gomorra zurück, die „um solcher Sünden willen mit dem höllischen Feuer" bestraft worden seien, um anzuschließen, daß es jeder Stadt ebenso erginge, die Inzest nicht hart bestrafe.[15] Trotzdem war die Geschichte Lots Teil der Denkvorstellungen, die Theologen, Juristen und Gebildete in Bezug auf Inzest hatten. Als es 1655 im Fall Barbara Reisers um die Standardfrage ging, ob ihr Vater zu betrunken gewesen sei, um sie zu schwängern, gab sie an, ihr Vater sei „nicht so truncken gewesen, hab wohl noch schwatzen können", beispielsweise: „er komme". Sarkastisch fügte der gutachtende Tübinger Jurist hinzu, „dergleichen schönen discurs" habe der betrunkene Lot sicher nicht mehr mit seinen Töchtern wechseln können.[16]

Juristen kannten nicht nur die Geschichte von Lot, sondern auch die reformatorische Diskussion und bezogen sie in ihre Kommentare und Gutachten mit ein. Strafrechtlich gewannen Inzestverbote ebenfalls im Gefolge der Reformation an Bedeutung. In den weltlichen Gesetzen des Spätmittelalters wurde Blutschande bis ins 15. Jahrhundert selten erwähnt.[17] Gesetze machten auch im frühen 16. Jahrhundert erst langsam deutlich, für welche Verwandtschaftsgrade die Inzestverbote genau galten. Die erste württembergische Eheordnung verbot 1534 Sexualität und Ehe zwischen Verwandten bis zum dritten Grad.[18] Ebenso summarisch bestimmte 1532 die Carolina, daß die Unkeuschheit mit Stieftöchtern, -müttern, Schwiegertöchtern, sowie mit allen näheren Verwandten verboten sei.[19] Dies ließ, von der Schwiegertochter abgesehen, die angeheirateten Verwandten unberücksichtigt. In Württemberg setzte erst die zweite Eheordnung 1553 umfassender auseinander, welche sexuellen verwandtschaftlichen Verbindungen Gott „grewlich und abschewlich" seien. Sie hielt sich an die Bullingerische Definition. Im Mandat gegen Fleischesverbrechen 1586 wurden dann schließlich alle Beziehungen im einzelnen aufgelistet. Trotz der Annahme, daß beide Partner einander gleichstark begehrten, wurden die Beziehungen widersprüchlicherweise als durchweg vom Mann ausgehend beschrieben: „so ein Stiefvater sein Stieftochter, *oder ein Stiefsohn sein Stiefmutter*“ beschlafe, würden sie bestraft, lautete ein Beispiel.[20] Als Strafe für Verwandte ersten Grades wurde die Enthauptung festgelegt, in allen weiteren Beziehungen die Prangerstrafe, Auspeitschung und der Landesverweis, bzw. die Verbannung in den Heimatort (wenn zusätzlicher Ehebruch und mehrmaliger Beischlaf hinzukamen, konnte die Strafe aber auch hier zur Enthauptung verschärft werden, andererseits bei zwei ledigen Personen zu Gefängnisstrafe und dem Verbot des Besuchs aller Hochzeiten, Zechen und ehrlichen Gesellschaften abgeschwächt werden).[21] Milder wurde in der württembergischen Praxis auch kaum bestraft, ebensowenig bei peinlichen Prozessen in Eßlingen und in Schwäbisch Hall ab 1667, als Sittlichkeitsgesetzen streng gefolgt wurde. Die weitaus häufigste Strafe für Frauen war das Prangerstehen und der Landesverweis.

Bei der Anwendung des mosaischen Rechts blieb in der Praxis vor allem die Frage umstritten, ob man Inzest beging, wenn man mit zwei blutsverwandten Personen sexuell verkehrte. Ledige Frauen, die beispielsweise mit einem Knecht und seinem Bruder geschlafen hatten, wurden immer wieder angeklagt, und nichts war geeigneter, die Lehre der Ein-Leib-Werdung drastisch in Erinnerung zu rufen. Gleichzeitig wurde so der Anspruch vermittelt, sich bei der Partnerwahl hinsichtlich der Männer oder Frauen einer Familie eindeutig zu verhalten. Angeheiratete und „Stief“-verwandte, die durch die hohe Wiederverheiratungsquote eine Regelerscheinung waren, warfen dagegen die deutlichsten Fragen in Bezug auf die Vorstellung der natürlich bindenden Freundschaft unter Verwandten auf. Herzog Ulrich hatte die Heirat der Schwester der verstorbenen Frau unnachgiebig verboten.[22] Damit schien er weniger die innerfamiliäre Vermögenskonzentration durch Heiraten verhindern zu wollen als die Möglichkeit sexuellen Begehrens unter allen Verwandten, die zur engeren Familie gezählt wurden. 1628 wurde dann zumindest die Heirat zwischen Onkel und der angeheirateten Nichte unter der Bedingung wieder erlaubt, daß dieser ein unbescholtener Witwer sei, kleine Kinder habe, oder es andere „tapffere motive“ gebe.[23] Männer favorisierten bei der Wiederheirat oft die Schwester oder Nichte der verstorbenen Frau. Meistens hatten sie die Krankenpflege und Haushaltsarbeit übernommen und so die Position der Frau innegehabt. Zudem mußte so nicht in eine neue Familie eingeheiratet werden, und das Vermögen ließ sich besser zusammenhalten. Praktische Gründe und Zuneigung trafen sich.[24]

Die Vorstellung reiner Leidenschaft unter Verwandten vermittelte kulturell das Thema der Geschwisterliebe. Zedler begründete 1733, der „vertrauliche Umgang zwischen Schwester und Bruder" sei „ohne dem schon offtmals der Zunder schändlicher Lüste". Durch Inzestverbote werde manche „unkeusche Tat" verhindert.[25] Auch Thomas von Aquin oder Montaigne verdammten Inzest, weil die sexuell aufgeladene natürliche Zuneigung zwischen Familienmitgliedern zu Wollust führe.[26] Die Geschwisterliebe versinnbildlichte für die Oberschichten den Reiz und die Gefahr der Zuneigung zwischen Verwandten. Sie stand literarisch schon im frühen 17. Jahrhundert für pure Leidenschaft und die positiv bewertete Bereitschaft, sein Leben für die Liebe zu opfern. Geschwister konnten dieser Vorstellung nach eine besondere körperliche, geistige und sinnliche Symbiose eingehen, weil sie ihre gleiche Geschichte vereinte, und sie sich immer schon gekannt und geliebt hatten.[27] Diese Nähe diente in den Oberschichten als Gegenbild zu der gängigen Erfahrung elterlich verfügter Heiraten mit fremden Partnern.[28]

In der Realität war die Geschwisterliebe allerdings kaum anzutreffen,[29] und Obrigkeiten und Juristen sahen Personen, die der Blutschande angeklagt waren, in einem anderen Licht. Als „viehisch, frech und unverschämt" beschrieb die erste württembergische Eheordnung Personen, die gegen Inzestverbote verstießen. Dies macht, wie eingangs dargestellt, deutlich, daß Inzest als Übertretung grundlegender Grenzen verstanden wurde, die Mensch und Vieh trennten. Denn das Vieh war unvernünftig und hatte keine kulturstiftenden Ziele, lebte triebhaft, ohne Besitz, Gewissen, Moral und Religion, und vermehrte sich konsequenzlos. Nürnberger Protestanten, die die Verschärfung der Heiratsverbote anmahnten, klagten deshalb, „die Stadt erlaube den Bürgern sich wie Hunde zu verheiraten, ohne jede Unterscheidung und Wahl".[30] Wie Keith Thomas mit einer Fülle ähnlicher Beispiele gezeigt hat, war das offizielle Verständnis von Tieren in der frühen Neuzeit negativ und half dadurch antithetisch zu bestimmen, „was am Menschen besonders und bewundernswert" sein sollte.[31] Besonders Lust galt lange schon als Trieb, der Menschen an ihren eigenen Körper versklavte, sie in einen ähnlichen Zustand wie Tiere versetzte, nur an Begierden denken ließ und damit Vernunft, Moral und Freiheit verunmöglichte. Auf der Suche nach Ordnung benutzten obrigkeitliche Verlautbarungen wie Predigten seit der Reformation den Gegensatz zwischen Mensch und Tier mit neuer Verve. Sittlichkeitsmandate sprachen immer wieder davon, man solle Kinder und Gesinde nicht ohne Aufsicht, „wie das unvernünftige Vieh untereinander laufen lassen“, da dies zur Unzucht führe.[32]

Dieser Vergleich lag natürlich auch deshalb nahe, weil Tiere, ob als Schweine auf den Straßen oder Kühe auf den Weiden, allgegenwärtig waren, und der Großteil der Bevölkerung auf engem Raum mit Tieren zusammenlebte: die meisten kleinstädtischen und ländlichen Haushalte hatten zumindest ein Schaf oder eine Ziege, Einhäuser vereinten Stall und Wohnraum unter einem Dach, und Misthaufen beherrschten die Vorhöfe. Für die mit Inzest konfrontierten Personen machte der Vergleich mit dem Verhalten unzivilisierter Tiere teilweise auch selber Sinn, oder sie waren zumindest fähig, diese Denkvorstellung in ihrer Verfahrensrolle zu reproduzieren. Als ihr 1655 der Beischlaf mit ihrem Vater vorgeworfen wurde, sagte Barbara Reiser zu ihrer Rechtfertigung aus, „sie habe nicht gemeint, daß es Unzucht sei, sie seyn ufferzogen worden wie das viehe, wenn sie es gewußt hätte, hätte sie sich fester gewehret“.[33] Die Frau Hans Rappens, der wegen Inzest mit seiner Schwägerin flüchtig war, sagte in Anspielung auf den Dreißigjährigen Krieg rechtfertigend, „es sei auch in solcher zeit, da man in wüsten und wäldern gleichsam wie die thier hab wohnen müssen beschehen“.[34]

Fehlende Erziehung oder Haushaltungen versetzten Menschen in einen Zustand sozialer Ordnungslosigkeit. Dessen Primitivität bedeutete auch die Aufhebung der Schamschwellen. Inzest hatte deshalb gesellschaftlich eine starke Indikatorfunktion. Für den Eßlinger Chronisten Dreytwein bedeutete 1553 die Tatsache, daß ein alter Mann seine Stieftochter nicht vor dem Verlust der Jungfräulichkeit gewarnt, sondern selber geschwängert hatte, daß in dieser Welt „alle Scham hinglegth“ sei.[35] Mit der Beachtung des Inzestverbots stand und fiel die Zivilisation. Dies war aber gerade deshalb so, weil es kein alle Teile der Bevölkerung instinktiv verbindendes Inzesttabu gab. Das ‚Tabu‘ war gesellschaftlich konstruiert, mußte durch Gesetze geltend gemacht werden, und eine seiner historisch spezifischen Funktionen in der Frühen Neuzeit war, die Grenze zwischen Kultur und Natur zu symbolisieren.[36] „Es solle sowieso nicht nur der Verstand, sondern die *Natur* dictieren, daß dies ein Sünde und Schande ist, dahero auch ettliche vor den unvernünftigen thieren abscheu tragen [sic!]", beendete ein Richter deshalb unwillig eine lange Diskussion darüber, ob Barbara Reiser habe wissen können, daß der Beischlaf mit ihrem Vater sündig war, oder ob sie doch zu einfältig sei.[37] Rechtlich geregelte Verfahren versuchten mit städtischer und territorialstaatlicher Gewalt durchzusetzen, was Menschen nun nicht nur als legitime, sondern auch natürliche sexuelle Verbindungen empfinden sollten. Schamgrenzen sollten unverrückbar werden. Inzest wurde als widernatürliches, ungeheuerliches Delikt wahrgenommen, und von seinen Bezügen zu lebensweltlich verankerten Erfahrungen von Sexualität und sexueller Gewalt isoliert. Dieser Erfahrungsraum war aber für die Angeklagten entscheidend. Ihn gilt es nun zu rekonstruieren.[38]

Der folgende Teil basiert im Kern auf einer Untersuchung von 130 Inzestfällen aus Württemberg, Hall und Eßlingen zwischen 1533–1700, in denen Frauen angeklagt waren. Ihre Geschichten entsprechen mehrheitlich dem, was wir heute innerfamiliären sexuellen Mißbrauch nennen. Sie ermöglichen uns Einblicke in die komplexen Erfahrungen und widersprüchlichen Gefühle von Abhängigkeit, Aggression, Liebe und Begehren in Familien. Bislang wurden die familiären Beziehungen zu Kindern in der Frühen Neuzeit vor allem entlang der Pole gefühllos, distanziert und instrumentell, oder affektiv, fürsorglich und erzieherisch beschrieben.[39] Inzestfälle konfrontieren uns mit der Notwendigkeit, die Gleichzeitigkeit dieser Gegensätze zu rekonstruieren: ihr Vater, sagte Barbara Reiser mit einem für uns erstaunlichen Ausdruck, habe sie „grausamlich lieb gehabt".

2. Die Erfahrung von Inzest

Michel Pfeiffer war ein Eßlinger Weingärtner, der 1688 im Haimbach wohnte, zumindest solange, bis er mit seiner durch ihn geschwängerten, 20jährigen Stieftochter Maria floh. Um Ostern hatte er angefangen, sie manchmal in den Arm zu nehmen und ihr zu sagen, er wolle mit „Ihro in Unehren zuthun haben".[40] Sie entgegnete, er solle sie gehen lassen, „es möge noch ein Unglück darauß entstehen". Als sie auf dem Dachboden zusammen Stroh aufräumten, habe er „Sie in die Waiche genommen, umbgekehret, und in die höhe auffgehebt, mit vermelden, Sie seye keiner gaiß werth". Maria sagte wiederum, er solle sie gehen lassen, und drehte den Kopf weg, als er sie zu küssen versuchte. Der erste Beischlaf folgte, nachdem Pfeiffer eines Nachts betrunken nach Hause kam. Leise schloß er die Haustür auf und ging in ihre Kammer, die direkt neben dem Eingang lag und deren Tür immer nur angelehnt war. Er zog Schuhe und Rock aus, öffnete den Hosenschlitz und stieg zu Maria ins Bett. Sie wachte auf und fragte, wer da sei. „Er seye es“, hörte sie und versuchte aus dem Bett zu springen, wurde aber von ihm zurückgezerrt und ermahnt, sie solle leise sein, „es thue Ihro nichts, und wann es Ihro etwas thue, wolle Er Ihro Sein lebtag darumb guts thun“. Pfeiffer meinte damit, er werde coitus interruptus praktizieren und sie nicht schwängern. Falls es anders käme, sollte Maria auf seine Fürsorge vertrauen. Ihrer Aussage nach habe er dann gedroht, wenn sie schreie, um die Mutter zu alarmieren, erstäche er sie. Pfeiffer sagte dagegen, Maria habe sich nur am Anfang etwas gewehrt. Wenn sie sich richtig gewehrt hätte, hätte er sie ja nicht zwingen können. Er sprach von einem Beischlaf in dieser Nacht, sie von zweien. Aber alles dauerte nicht länger als eine gute Viertelstunde. Dann ging er in die eheliche Schlafkammer. Es folgte weiterer Mißbrauch bei Tag, auf dem Lotterbett, in verschiedenen Weingärten, auf einer Wiese, nachdem sie ihn gelaust hatte. Auf einem Acker sagte sie ihm dann eines Tages weinend, sie sei schwanger. Er wollte es ihr ausreden, „es thue ihr nichts“, sie solle nur still sein. Als ihre Schwangerschaft sich nicht mehr leugnen ließ, verlangte er, sie solle mit ihm fortziehen. Marbach erreichten sie am Mittag, Kaltenwesten am Abend, wo sie in einem Bett schliefen und wieder miteinander verkehrten. Als sie in Schlierbach in der Pfalz ankamen, gaben sie sich als Mann und Frau aus, er fand bei einem Wirt Arbeit als Holzhacker, sie half „ömbden“, also Sauerkirschlesen. Sie hatten ein Bett, und ihrer Aussage zufolge hatte er zwar nicht jede Nacht den Beischlaf verlangt, aber einmal oder fünf, während er sich ebenso unbestimmt an „verschiedene male“ erinnerte. Als die Franzosen einfielen und niemand mehr arbeitete, zogen sie nach Heidelberg. Dort ließ er sich als Soldat anwerben. Alleine ging sie von Dorf zu Dorf nach Eßlingen zu ihrer Mutter zurück, die „jämmerlich gethan und gesagt, wann Sie dieselbe nur im ersten Bad ersäuffet hätt“. Sie fühlte sich durch sie betrogen. Am nächsten Tag wurde Maria vom Stadtknecht verhaftet, später an den Pranger gestellt und ewig verbannt.[41]

Diese Geschichte ist bewegend, und sie vermittelt uns eine Reihe von Elementen, die für die Erfahrung von Inzest charakteristisch waren.

Maria gehörte zu den Töchtern, die nicht in den Dienst geschickt wurden, weil sie bei der häuslichen Familienwirtschaft gebraucht wurden. Lohn wurde nicht bar ausbezahlt, und der Einsatz bei der Arbeit war selbstverständlich. Erbrechtlich hatte der Stiefvater zwar nicht über ihr Heiratsgut zu bestimmen, da die Erbteilung für die Kinder aus der vorangegangenen Ehe vor der Wiederheirat der Mutter durchgeführt wurde. Trotzdem bestimmte ein Stiefvater vermutlich mit über das Heiratsgut zuhause lebender Töchter, beispielsweise wenn es darum ging, ob man eine Kuh, wenn ja, eine wie alte, oder nicht einmal eine Geiß wert sei. Abhängigkeit konnte also spürbar werden. Durch die Arbeit mit dem Vater in den Weingärten und Wiesen verbrachte eine Frau wie Maria viel Zeit mit ihrem Stiefvater. Von außen gesehen war es völlig unverdächtig, daß die beiden lange an abgelegenen Orten alleine waren; er konnte sich sicher fühlen, ihr Risiko stieg. Nähe und Intimität, wie etwa beim Kopflausen, wurden bedrohlich und zweideutig: der Vater wurde zum Vergewaltiger. Ebenso veränderte sich die Erfahrung der Innenräume. Der illegitime innerhäusliche Beischlaf fand – abgesehen vom Stall – am häufigsten auf dem Lotterbett statt. Das Lotterbett gehörte zur Grundaustattung süddeutscher Haushalte. Es war ein Spreusack auf der Ofenbank in der Stube. In wohlhabenderen Haushalten wurde es durch einen ledernen Sack und Kissen komfortabler, Vorhänge sorgten für Privatheit.[42] Auf dem Lotterbett dösten Männer tagsüber während Arbeitspausen oder schliefen nachts ihren Rausch aus. An dieses Möbel band sich also die Erfahrung eines Zustands der Wirklichkeitsentgrenzung. Außerdem war es eines der bequemeren Orte für den illegitimen Beischlaf, aber von den symbolischen Bedeutungen des Ehebetts frei. Zusätzlich war an den Gebrauch des Lotterbetts ein bestimmter Zeitrhythmus gebunden. Hier lag man zwischendurch und blieb nicht liegen, und ebenso zeitlich begrenzt und übergangsweise sollte der Beischlaf geschehen. Diese Räume wurden unsicher, wenn sich eine mißbrauchsbedrohte Frau in ihnen allein befand: eine Schlafkammer mit einer Tür, die nicht abgeschlossen werden konnte, der abgelegene Keller, Stall oder Dachboden, die Stube mit dem Lotterbett. Das Haus schützte nicht mehr, es lieferte aus.

Diese Zusammenhänge spielten vor Gericht kaum eine Rolle. Wenn ein Inzestfall vor Gericht kam, wurde außer bei minderjährigen Kindern davon ausgegangen, das Begehren des Mannes wie der Frau habe zum Beischlaf zwischen Verwandten geführt. Beide Beteiligte mußten sich für eine unnatürliche Begierde rechtfertigen, und ihre Zukunft stand auf dem Spiel. Männer sagten also, sie seien betrunken gewesen, im Ehenotstand und durch die Frau verführt worden. Männer zügelten ihre Begierde durch Vernunft, und diese Faktoren hatten ihre rationale Triebkontrolle außer Kraft gesetzt. Frauen gaben an, zum Beischlaf gezwungen oder verleitet worden zu sein. Das Gericht überprüfte die Glaubwürdigkeit dieser Argumente am Ruf der Beteiligten, ging aber in der Regel davon aus, daß beides vorgeschobene Entschuldigungen waren. Oft wurde nachzuweisen versucht, ob die Frau wirklich durch den Verwandten oder durch einen anderen Mann geschwängert worden war. Dieses Ermittlungsinteresse prägte die Erzählweise der Beteiligten.

Wie in diesem Fall wurde Inzest fast ausnahmslos durch die Schwangerschaft der Frau aufgedeckt, insbesondere, wenn das daraus hervorgegangene Kind umgebracht worden war[43] oder wenn der Geburt ein hartnäckiges Verhör durch die Hebamme oder Obrigkeiten folgte, um den Kindsvater festzustellen. Ledige Frauen konnten versuchen, den Mißbrauch durch die Notheirat eines anderen Manns zu decken. Die 20jährige Angelika Schaut hatte sich beispielsweise schwanger mit einem Witwer verheiratet, der „bitterlich, wie sie, geweinet“ habe, als herauskam, daß das Kind von ihrem Onkel war. „Der Kerle habs Ihro angethan“, antwortet sie aufbegehrend auf die Frage der Richter, wie sie sich so habe fallen lassen können.[44] Wenn es zu einem Prozeß kam, setzte sich eine Frau durch ihr Geständnis selbst einer harten Strafe aus. Außerdem war sie in der Regel durch ihre Familie beschworen worden, zu schweigen. Männer konnten versuchen, sich dadurch dem Verdacht zu entziehen, daß sie die mißbrauchte Frau aus ihrem Haushalt warfen, wenn sie schwanger wurde. Wenn die Schwangerschaft öffentlich wurde, flüchteten Männer häufig.

Die Tatsache, daß Inzest nur durch eine uneheliche Schwangerschaft auffiel, deutet auf eine außerordentlich hohe Dunkelziffer hin. Da die Geschlechtsreife von Frauen in der Frühen Neuzeit durchschnittlich erst mit ca. 16–17 Jahren einsetzte, waren die beklagten Frauen außerdem fast ausschließlich über 18 Jahre alt.[45] In diesem Alter gab es verschiedene Konstellationen, die zu einem engen Kontakt mit Verwandten führten. Junge, ledige Frauen waren beispielsweise häufig für eine Zeit bei ihrem

Onkel im Dienst. Töchter wurden, selbst wenn sie schon im Dienst gewesen waren, wieder zurückgeholt, um bei der Familienwirtschaft zu helfen.[46] Jungverheiratete Paare lebten oft mit im Haus der Eltern des Mannes, bis sie ihren eigenen Haushalt gründeten. Dies bedeutete für die Frau das enge und nicht unabhängige Zusammenleben mit den für sie relativ fremden Schwiegereltern. Während einer Ehe hatten Schwäger das Recht, im Haus des Bruders ein- und auszugehen. Nach dem Tod des eigenen Mannes versorgte eine Frau unter Umständen, anstatt sich wieder zu verheiraten, einen ebenfalls verwitweten Schwiegervater und wohnte dann mit ihm in seinem Haus. Ältere ledige Frauen führten ebenfalls oft einem verwitweten Verwandten den Haushalt.

In den Prozeßakten wurde Inzest als „Blutschande" bezeichnet. Paradoxerweise waren aber die drei häufigsten Konstellationen keine blutsverwandtschaftlichen, sondern betrafen eine Frau und ihren Stiefvater, Schwager oder Onkel.[47] Wie ist diese Tatsache zu erklären? Es fällt auf, daß diese Beziehungen den Vater oder Mann sozial nach dessen Tod ersetzten, oder im Fall des Onkels den Vater zu Lebzeiten, wenn junge Töchter zu ihm in den Dienst geschickt wurden. Töchter waren davon abhängig, ob ein Stiefvater beschloß, für sie wie eine leibliche Tochter zu sorgen oder nicht. Der Onkel konnte einem die Arbeit schwerer oder leichter machen, beklagen konnte man sich über ihn kaum. Ein Schwager fungierte als rechtlicher Beistand, stellte materiellen Schutz bereit und einen Haushalt, zu dem eine Frau nach dem Tod ihres Mannes zunächst öffentlich gehörte. Frauen waren also von der Akzeptanz durch diese Verwandten abhängig. Sie waren ihrem Schutz und ihrer Fürsorge anvertraut. Diese Akzeptanz war aber nicht selbstverständlich, sondern mußte gewonnen werden und konnte einen Preis haben. Dies konnte so sein, weil die Frau als unnützes oder störendes Mitglied des Haushalts empfunden wurde. In anderen Fällen, besonders in der Beziehung zwischen Onkel und angeheirateter Nichte, scheint typisch zu sein, daß der Mann primär sexuelle Befriedigung suchte und die Abhängigkeit der Nichte und das schützende Schweigen innerhalb von Familien ausnutzte. In einer Reihe weiterer Fälle tritt deutlicher hervor, daß Männer diese Verwandtschaftsbezüge als ambivalent erfahren konnten, weil ihre Macht in ihnen eher eine platzhalterische war. In diesen drei Konstellationen gehörte eine Frau zwar *zu* dem Mann, aber sie gehörte ihm nicht. Die sexuelle Inanspruchnahme der Frau konnte den Wunsch ausdrücken, innerfamiliäre Machtbalancen zu verändern. Bei den Beziehungen zwischen Stiefvater und -tochter fällt eine weitere Konstellation auf. Sie entstand durch die Heirat eines jüngeren, unvermögenden Manns mit einer älteren, vermögenden Witwe.[48] Der Altersunterschied der Partner war in diesen (als Regelerscheinung vorkommenden) Verbindungen oft erheblich. Die Gegenwart einer mit dem Mann altersgleichen Tochter aus einer vorigen Ehe konnte den Stiefvater zur Bestätigung seiner Männlichkeit herausfordern. Er reagierte mit sexueller Aggression.[49] Dies sind vier Zusammenhänge, die unser Verständnis der Frage erleichtern können, wie die Häufigkeit der oben genannten Beziehungen zu erklären ist. Im Prozeß war der weitere Familienkontext selber nicht Verhörsgegenstand. Die Motive des Begehrens wurden nie weitergehend problematisiert. Sie waren den Männern häufig genug selber nicht bewußt. Die erste Akte, in der ein Stiefvater gefragt wurde, was ihn dazu veranlaßt habe, seine Stieftochter zu mißbrauchen, datiert auf 1765. „Mit seinem weib sei er nie viel unzufrieden gewesen“, antwortete dieser knapp: „wisse nicht, was ihn dazu veranlaßt“.[50]

Familien waren sowohl deshalb ein sicherer Rahmen für sexuellen Mißbrauch, weil Nähe zwischen Verwandten unverdächtig und der Zugriff auf die Frau leicht möglich war, als auch weil Mißbrauch hier in der Tat zum „bestgehütetsten Geheimnis“ wurde. Von außen wurde höchstens die zu große Intimität zwischen Vater und Tochter mit einem Inzest in Verbindung gebracht und angezeigt. Einem solchen Verdacht sahen sich beispielsweise 1538 der Stuttgarter Münzmeister Boßweyl und seine Tochter Maria ausgesetzt. Zweimal hatte man gesehen, daß der Bauch seiner Tochter geschwollen war, sie weggeschickt wurde und „viel kleiner“ zurückkam. Ein Zeuge wußte, die beiden seien „fruntlich mit ainander“ gewesen und hätten manchmal stundenlang in der Stube gescherzt. Eine Magd wollte sie „uffainander“ gesehen haben, eine andere sagte, es gehe dort „abenteurig“ zu. Ein Stuttgarter Richter sah durchs Fenster, wie Vater und Tochter zusammen badeten, und Maria wurde gefragt, ob es wahr wäre, daß „sy ihme den latz uff und zu genestelt hab, welches alles erbar leut durch die fenster gesehen und gehört [sic!]“.[51] Dieser Fall zeigt, daß die Übertretung bestimmter Schamgrenzen sehr deutlich wahrgenommen wurden, zum Beispiel das nackte Baden von Vater und Tocher. Aber auch hier hatte erst die doppelte Schwangerschaft wirklich alarmierend gewirkt.

Typischer war deshalb die Entdeckung des Mißbrauchs der schon mehrmals erwähnten Barbara Reiser aus Kusterdingen. Sie stieß 1655 „in höchster Geburtsnot" im Beisein sechs anderer Personen aus, ihr Vater sei auch der Vater des Kindes.[52] Beide kamen vor die Kirchenzensur, dann vor den Vogt, und schließlich wurden beide ewig des Landes verwiesen. Von Anfang an leugnete der 60jährige Vater, mit ihr geschlafen zu haben, während sie angab, „wann der Vater zu zeiten rauschig gewesen, seye er etwann uff sie gelegen und hab' seinen willen mit ihr verübt". Die Mutter hatte, als sie noch lebte, zu Barbara gesagt, „es tue ihr ja nichts". Schaden, das übernahm Barbara, bedeutete, daß er „seinen Samen in sie lauffen" ließe und sie schwanger würde. So beschrieb sie, wie ihr Vater an einem Nachmittag „in Unehren mit ihr zugehallten (habe), es habe ihr aber nichts geschadet". Allzeit betruncken sei er gewesen, und sie verglich, daß der Vater, im Unterschied zu dem jungen Merklin von Cristnau, mit dem sie nach der Ernte und vor der Kirchweih vier Mal geschlafen hatte, seine Sache nie, wie der Merklin seine, habe vollbringen können. Trotzdem war sie sicher, ihre „weibliche zeit" sei ihr ausgeblieben, bevor sie etwas mit Merklin zu tun gehabt habe. Der Vater leugnete den Beischlaf weiter, mal seine Gebrechlichkeiten („er sei nur ein halber Mann"), mal seine Trunkenheit anführend. So wahr Gott einen Himmel habe, sagte er zunächst, sei er nie bei ihr wie bei seinem Weibe gewesen. Dann gab er an, sie habe ihn dazu ermutigt, gesagt, „Eltin, Ich will zu dir hinein liegen", als er betrunken gewesen sei, „sie müsse ihn darum angeredet haben". Morgens zwischen ein und zwei Uhr sei es geschehen, außer bei dem letzten Mal, wo er gleich aus dem Wirtshaus kommend an sie geraten wäre, sagte hingegen Barbara aus, fünf Mal insgesamt, davon zweimal, als ihre Stiefmutter noch lebte. Ihr Vater habe sie „grausamlich lieb gehabt", „daß er sie im bett gehabt und unter sich gebracht, und sey uff sie gelegen, daß er seinen willen mit ihr vollbracht", „wann es ihm kommen, so habe er ihr gesagt, daß es komme, sie habe es ihm gleich gestalten angezaigt, wann es ihr kommen seye". Sie gestand, vor sieben Jahren in der Scheune des Kusterdinger Schultheißen zweimal mit einem Soldaten verkehrt zu haben. Jetzt sagte der Bebenhausener Vogt als Zeuge über die 29jährige aus, sie sei ein Bubenfutter, der Vater des Merklin sagte, sie sei mannsüchtig, und ihr eigener Vater hielt sie für ein „kein nütz, bös mensch". So entstand der Eindruck einer von körperlichen Begierden getriebenen Tochter, die sich jedem hergab. Die Lust auf den Vater erschien plausibel.

Die Vorstellung von der Schwangerschaft als einzigem „Schaden", den eine Frau davontrug, war typisch. Als 1657 ein Weißgerber angeklagt wurde, seine elfjährige Stieftochter dreimal mißbraucht zu haben, bat ihre Mutter beispielsweise um Milde, denn sie sei ja nicht „lädiert oder versehrt".[53] Mißbrauch schadete demzufolge nur, wenn durch eine Schwangerschaft manifest wurde, daß Beziehungen in Unordnung waren, sich Erbfolge und Lebensweisen veränderten. Diese Vorstellung erleichterte das Verständnis, daß eine Frau unter der Bedingung, daß der Mann coitus interruptus praktizierte, notgedrungen für das sexuelle Begehren eines Verwandten herhalten mußte. Mit Gefühllosigkeit gegenüber der Frau hatte dies nur sekundär zu tun. Das Zulassen des Mißbrauchs war ein Zugeständnis, um familiären Unfrieden zu verhindern. Die Macht, für Unfrieden zu sorgen und anderen das Leben sauer zu machen, hatte in diesem Fall der Mann. Die Einstellung, herhalten zu müssen, die Frau. Wie internalisiert sie war, zeigt ein Leonberger Fall. 1630 schaute eine Frau zufällig im Stall des Nachbarn nach ihrer Kuh und traf dort den Nachbarn und seine Stiefenkelin an. Sie sei ihr so recht gekommen, sagte diese später auf der Stiege zu ihr voll Erleichterung: „Ihr seit mein herrgott gewest, Ich hette sonsten herhalten müssen".[54] Öfter wurde erwähnt, daß dieses Gefühl auch mit der Gehorsamspflicht gegenüber diesen Verwandten zusammenhing. In Hall zog der Ratssyndicus Schragmüller 1683 in seinem Gutachten über den Beischlaf zwischen Vater und Tochter mildernd in Erwägung, sie habe vielleicht gemeint, sie müsse ihrem Vater in „allen Stücken … gehorsamb leisten".[55]

Aber letztendlich wurde dem Einfluß der Gehorsamspflicht auf das Verhalten juristisch wenig Gewicht beigemessen. Ebenso gering waren die Chancen der Frauen, sich durch Einfältigkeit zu entschuldigen. Dies zeigt der Fall der 44jährigen ledigen Ursula Specht, die 1698 ein von ihrem Bruder gezeugtes Kind gebar.[56] Der Bruder hatte sie nach dem Tod seiner Frau zu sich ins Haus geholt. Sie versorgte ihn und die zwei hinterbliebenen Kinder. Eine Nacht hatte sie sich mit einem kranken Kind in die Küche auf das Lotterbett gelegt, als er betrunken hereinkam und sich selbst zu ihr legte. Sie habe ihn damals und oft danach beredet, es zu unterlassen, gab Ursula an. Aber er habe nur entgegnet, „es gescheh ihr nichts und solle auch nicht schaden". Als er sah, daß sie schwanger war,

> „seye er ihr ganz gram geworden, sie in seinem haus nicht mehr dulden wollen, sondern begehrt, sie solle in einen andern dienst gehen, mit verspruch auch, ihro gelltt, klaider, und anders zu geben, anbey nicht leiden wollen, daß sie in die kirch gehen, mit vermelden, sollte lieber in ein Mausloch [sic!] schlupfen, als mit dem großen Bauch zur kirchen gehen".[57]

Er wollte sie also aus dem Haus schaffen, Öffentlichkeit verhindern und seine Schwester durch materielle Kompensationen ruhigstellen. Seine Rede war entwürdigend. Er sei so unschuldig wie ein Kind in der Wiege, lautete sein Protest beim ersten Prozeßverhör. Dann floh er aus dem Gefängnis. Ursula galt überall als albern und einfältig, von den vier Geschwistern die Dümmste, und die jungen Burschen im Ort hätten sie „iederzeitten nur: bist ein Esel geheißen". Auch eine frühere Meisterin bestätigte, es sei deshalb wohl zu glauben, „daß sie von ihren beyschlaffern in so ein lasterhaftes Leben gestürzt worden sei".[58] Dies konnte sie von Schuld befreien. Einfältige verfügten über kein moralisches Unterscheidungsvermögen. Sie befanden sich in einer Art vor-zivilisatorischem Zustand. Bartolomé de Las Casas hatte 1552 Einfältigkeit in Bezug auf die Einwohner Hispaniolas genau beschrieben:

> „In denjenigen Gegenden ... wimmelte es von lebendigen Geschöpfen, wie in einem Bienenstock ... All diese unzähligen Menschen von verschiedenem Schlage, schuf Gott einfältiglich, ohne Falsch und Arg. Sie waren sehr folgsam, äußerst treu, ... demütig, geduldig, friedliebend, und ruhig; kannten weder Streit, noch Zwietracht, noch Zank; wußten nicht einmal, daß Groll oder Haß oder Zwietracht oder Rachsucht in der Welt vorhanden sei."[59]

Beschrieben war das Paradies vor dem Sündenfall – was es zu verdammen galt, konnte man noch nicht wissen. Als wirklich einfältig konnten auf der Welt demnach nur geistig Behinderte und kleine Kinder gelten. Bei Inzestfällen wurden deshalb Entschuldigungen wie, man sei einfältig, weil man von der Alb käme oder Bauer sei, schnell abgetan.[60] Auch Ursula Specht mochte also dumm sein, aber einfältig war sie noch lange nicht, denn sie hatte ihrem Bruder gesagt, er solle sie nicht beschlafen. Sie wußte demnach, was Sünde war. Durch dieses Verständnis von Einfältigkeit geschah es also höchst selten, daß der Stuttgarter Oberrat, wie im Fall der Witwe Barbara Stampfer aus Dettingen 1660, resümierte,

„daß die peinlich beklagte ein einfältig weibsbild und bauren Mensch ist, die wohl etwann ihr lebenlang nit gehört, was blutschandt ist, noch viel weniger die darüber erkennenden rechten und gesetzte Straffen weder verstanden noch gewußt, als auch desto ehender zu entschuldigen ist".[61]

Die Milde hing in diesem Fall damit zusammen, daß es sich um den jeweiligen Beischlaf mit einem Vater und seinem Sohn handelte, und die Oberräte die Geltung des mosaischen Rechts abschwächen wollten. Aber hier wurde zugegeben, daß Schamschwellen erst durch Gesetze und Predigten im Kopf und Körper gemeiner Leute verankert wurden, während es ein Konstrukt war, von einem „natürlich" kultivierten Verhalten auszugehen.

Zwang wurde juristisch nur unter den Bedingungen anerkannt, die für Vergewaltigungen galten. Die vom Mittelalter übernommenen Vorstellungen über die Beweiszeichen waren so bildlich, daß sich bei vielen Gesetzestexten von einer „Semiologie der Vergewaltigung" sprechen läßt. Eine vergewaltigte Frau mußte laut schreien. Sie sollte teilweise darüber hinaus mit losem Haar, zerrissener Kleidung und erhobenen Händen sofort den nächsten Menschen weinend und klagend ihr Leid anzeigen.[62] Die so alarmierten Menschen sollten dann den Vergewaltiger verfolgen. Zerrissene Gürtel dienten als gerichtliches Beweismittel. Dies *verkörperte* die Vorstellung, daß eine Vergewaltigung gleichbedeutend mit dem wilden, erzwungenen Beischlaf in ungeschützten Wiesen, Wäldern oder fremden Häusern war. Rechtlich machte sich schuldig, wer schwieg. Das familiäre Haus blieb der Inbegriff von Schutz, und daß eher Röcke hochgehoben, als Gürtel zerrissen wurden, interessierte wenig.[63]

Bei Frauen, die einen makellosen Ruf hatten, zielte die Beweisführung deshalb einzig auf das Schweigen der Frau ab, um, wenn auch nicht die direkte Begierde, so doch zumindest die Kollaboration und vielleicht auch wachsende Lust nachzuweisen. Als die Tübinger Juristen 1590 über den Fall Margaretha Müllers aus Stotzheim reflektieren, erkannten sie zwar an, daß sie als junge Tochter erbärmlich von ihrem leiblichen Vater „zwanglich darzu gepracht worden sey" und sich beim ersten Mal gewehrt habe. Allen weiteren Sex mit ihm hätte sie sich aber der Meinung der Juristen zufolge ersparen können, „wann sie es nach gedulten Zwang der Mutter oder andern vertrauten Leuten geclagt, Und umb Hülf und Rath gebeten". Aufgrund der Tatsache, daß sie dies nicht nur unterlassen hatte, sondern auch „hernach wiederumb solche schanden allwegen wann Ir mutter nit zuhaimbsch gewesen mit Ir treyben lassen, (könne) Ir nit wohl geglaubtt werden, daß es aus Zwang geschehen". Sie sei außerdem alt genug, um sich nicht nur durch Schreie, sondern auch körperlich zu wehren. Und: die Schwängerung „wäre nicht erfolgt, wenn sie ihren Muthwillen nicht darein gegeben hätte".[64] Denn schwanger wurde einer verbreiteten, und sich bei illegitimen Schwangerschaften fatal auswirkenden Auffassung zufolge nach nur, wer sexuelles Vergnügen hatte.[65] Margaretha Müller wurde ertränkt.[66]

In dieser Weise wurde immer wieder wurde deutlich gemacht: eine Frau, die sich nicht sofort wehrte, hatte den Beischlaf gewollt. 1657 griffen die Stuttgarter Konsistorialräte in ihrem Gutachten über Margaretha Schäffer, die durch den inzwischen geflohenen Bruder ihres Mannes vergewaltigt worden war, genauer auf Leviticus zurück. Einer gewissenhaften Obrigkeit, begründeten sie, werde ihr „Gemüth ganz lieblich beruhigt", wenn sie sich an das göttliche Recht hielte. In Leviticus werde die Ausrottung aller Blutschänder gefordert, sie sollten ohne Kinder sterben. Eine „vertraute dirne", die von einem Mann in der Stadt beschlafen werde, hieße es dort, sollte mit ihm gesteinigt werden. Der Mann verdiente diese Strafe, weil er seines Nächsten Weib geschändet hatte, die Frau, „weil sie nit geschrien hat". Also wurde im Fall Margaretha Schäffers beschlossen, es sei eben

> „nit vermütlich, viel weniger erwisen, daß die weibspersohn geschrien, alß dieselbe, wie sie vorgibt, genotzüchtigt worden, Sondern vilmehr eußerlichem verlauthen nach, Ihr den losen handel nit groß hat lassen entgegen sein".[67]

Daß der Mann überhaupt in die Frau eindringen konnte, wurde als Zeichen von Einwilligung gedeutet. Dies machte 1627 ein Tübinger Gutachten zu einem Vergewaltigungsfall mit einem Vergleich deutlich: es sei, als ob man ein Schwert in die Scheide stecken wolle: werde die Scheide nicht gerade gehalten, sondern damit „hin-und her gewanckhet", könne das Einstecken nicht vollbracht werden.[68] Ein von Männern volksmundlich gern bemühter Vergleich lautete andererseits aber knapp, daß sich selbst die härteste Nuß knacken ließ.[69]

Frauen, die durch ihre Beziehung zu anderen Männern für leichtfertig gehalten wurden, beurteilten Juristen sofort als unglaubwürdig. Im Fall einer durch ihren Stiefvater mißbrauchten 20jährigen Bauersmagd wurde beispielsweise 1668 festgestellt, ihr leichtfertiges Gemüt sei spürbar, und die Entschuldigung, zum Beischlaf gezwungen worden sein, werde bei den „Metzen fast gemein".[70] Margaretha Schwarz war von ihrem Schwiegervater schwanger. Sie gab an, auf ihr vielfältiges Schreien hin habe er ihr ein Schnupftuch in den Mund gestopft und sie im Kuhstall vergewaltigt. Niemand konnte sie also hören. Sie war einundzwanzig Jahre alt, und ihr Mann war jung gestorben. Nun lebte sie weiter bei seinem Vater und versah ihm den Haushalt. Vor ihrer Hochzeit war sie durch ihren Ehemann geschwängert worden und hatte ihr Ehrenkränzlein verloren. Als verheiratete Frau, während 1 ½ Jahren, hatte sie dann einen frommen, stillen und gottesfürchtigen Lebenswandel geführt. Dieser sei ihr, so resümierte das Gericht, ebenso anzurechnen, wie ihre Jugend. Das vorige Delikt machte aber klar, daß sie als unverheiratete Frau für illegitime Sexualität anfällig war.[71]

Diese Bewertung der Aussagen über den Zwang ignorierte, wie schwierig es für Frauen war, sich zu wehren oder Unterstützung von der Familie zu erhalten. Die oben erwähnte Margaretha Schäffer gehörte beispielsweise zu den Frauen, die ihrer Familie gegenüber signalisiert hatten, daß sie belästigt wurden. Sie hatte ihrem Mann erzählt, sein Bruder habe gesagt, er wolle mit ihr schlafen. Sie solle schweigen und seinem Bruder „kein Unglück machen", entgegnete dieser nur. Brüder mußten wie Schwager durch die Erbteilungsverhältnisse miteinander kooperieren, der eine konnte den vorderen Teil eines Wagens, der andere den hinteren geerbt haben. In der bäuerlichen Wirtschaft verließ man sich auf die Hilfe dieser Verwandten, sei es beim Heuen oder Hausbau.[72] Obwohl er im ganzen Ort als „leichtfertig" bekannt war, wollte Schäffer also seinen Bruder schützen. Als während der Erntezeit dann alle auf den Feldern waren, und Margaretha von ihrem Mann geschickt wurde, eine Flasche Wein für die Schnitter zu holen, rief ihr Schwager sie in sein Haus und vergewaltigte sie.[73] Wenig anders erging es 1688 der frischverheirateten Anna Vöhringer. Sie und ihr Mann lebten zunächst mit im Haushalt seiner Eltern. Kurz nach der Hochzeit hatte ihr Schwiegervater gesagt, er wolle mit ihr schlafen, und drohte, „es sei so wenig Sünd, wenn sie nicht thue, was er sage, solle sie keine gute stund mehr haben, wan sie es thue so soll sie es zu genießen haben".[74] Nach zwei Wochen sperrte er die 22jährige ein und beschlief sie. Seit seine Frau vor drei Jahren ein totes

Kind geboren habe, gab er an, hätte sie ihm den Beischlaf verweigert, sich entweder zu den Kindern ins Bett oder erst, nachdem er eingeschlafen sei, zu ihm gelegt. Habe er morgens die „eheliche Beiwohnung" gesucht, hätte sie ihn hadernd abgewiesen.[75] Er war vermögend und Schultheiß gewesen. Wenn er über das Land zu Märkten geritten war, hatte er sich immer gerne betrunken, und dann, wußte man, sich „gar ohnbescheiden, absonderlich gegen weibsbilder aufgeführt". So kannte auch der Sohn seinen Vater. Als Anna andeutete, „sein vater sei so wunderlich, wann er einen Rausch habe, so fahre er an Ihro so umb", antwortete er abschwächend, „er wisse wohl, daß ers also mache, und so närrisch sei, wann er einen Rausch habe".[76] Als sie schließlich in Kleinengstingen vor Tante und Onkel weinend zusammenbrach, beschrieb sie, nicht länger in Bernloch wohnen zu können, weil „sie von ihrem Mann gehaßt werde, und von ihrem Schwehe kein ruh habe, der sie zur Huren gemacht habe". Der Onkel, ein Schultheiß, stellt ihren Schwiegervater zur Rede. Die einzige Folge war, daß dieser Anna erzürnt über das „Geschwätz" schlug.[77] An diesem Fall wird besonders deutlich, was es für Frauen bedeuten konnte, mit der Heirat in die Familie des Mannes überzuwechseln. „Les ‚maisons'", so Christiane Klapisch-Zuber, „sont faites par les hommes". Männer standen nicht nur dem Haushalt vor, sondern bauten auch die Häuser, vererbten sie öfter an Söhne, füllten sie mit Kindern und Verwandten ihres Namens, und stärkten damit die Kontinuität der männlichen Linie.[78] Frauen waren mit der Heirat oft direkter dem Schutz und Einfluß der Verwandten des Mannes unterstellt und mußten sich mit ihnen gut stellen, vor allem, wenn sie eine Zeit im Haushalt der Schwiegereltern wohnten. Bei Schwierigkeiten konnte der Frau nur ihr Mann helfen.[79] Stellte dieser sich auf ihre Seite, kam es zum Streit oder Bruch mit seiner Familie, und dies war selten ratsam. Jungverheiratete Frauen waren durch die relativ hohe Kindbettsterblichkeit bei der ersten Geburt nicht unbedingt bleibende Mitglieder der Familie.[80] Seine Bindung an die Familie blieb dagegen dauerhaft. Sprichwörtlich war deshalb Blut dicker als Wasser.[81] Frauen befanden sich also in der Zwickmühle familiärer Abhängigkeiten, und sie verstanden wohl kaum, warum ihr Mann sie beim Mißbrauch durch seine Verwandten nicht schützte. Ehemänner verhinderten eine Konfrontation aufgrund ihrer Familienbindung, oder der Annahme, es handle sich um tolerable Anzüglichkeiten, aber keinen Beischlaf.

Über die Zugehörigkeit einer Frau zur Familie wurde demnach in bestimmten Beziehungen flexibel entschieden. Alleinstehenden Frauen wurde ihre sich hieraus ergebende Abhängigkeit oft durch die Mischung von Fürsorgeversprechungen und Drohungen deutlich gemacht. Johann Schliere war erst 35, aber hatte schon drei Ehen hinter sich. Seine letzte Frau, eine Ratsverwandtentochter, war gerade gestorben und hatte ihm eine neunzehnjährige Stieftochter hinterlassen. Susanna war „ein krummes, armseliges, zumahlen ziemlich blödes Mensch“. Ihr Bett war das Lotterbett hinter dem Ofen. Am St. Stephanstag, kurz nach Weihnachten, kam er betrunken nach Hause und wollte sie beschlafen. Susanna stieß ihn weg und sagte, sie werde schreien, wenn er sie nicht von sich ließe. Er erwiderte, „wann sie dieses thue, sie ihm gleich aus dem haus gehen müße, wann sie sich aber zu seinem willen bequemen würde, er sie nimmer verlassen wolle, und wie ein leiblicher Vater versorgen“.[82] Er hatte anscheinend eine ältere und reichere Witwe geheiratet, und hatte nun für die unnütze Stieftochter zu sorgen. Ihre Heirats- wie Anstellungschancen waren gering. Sie würde im Haus bleiben, er pflichtgemäß für sie sorgen und sie nicht verlassen. Seine Fürsorge bedingte ihren sexuellen Gehorsam. Die Vaterschaft wurde an eine absolute Verfügungsgewalt gebunden. Wiederum lagen Fürsorge und Abhängigkeit, Treue und Geringschätzung dicht beieinander und schlugen ineinander um.

Die 25jährige Maria Faulhaber erlebte den Zusammenhang zwischen Fürsorge und erforderten sexuellen Gegenleistungen ganz anders, nämlich aus der Perspektive einer verheirateten Frau, deren Schwager durch seine Geschenke immer mehr die Stelle ihres untreuen Mannes einnahm. Sie war mit einem Böblinger Zimmermann verheiratet und hatte drei Kinder. Ihr Mann arbeitete oft auswärts, auch während sie im Kindbett lag. Besonders dann, klagte sie, habe er ihr keine Lebensmittel verschafft. Die „rechte Eheliche affection“ sei ihr so vergangen. Kindbetterinnen hatten ein Recht, von ihrem Mann umsorgt zu werden, und pochten darauf. Der Müller hatte dagegen vor zwei Jahren begonnen, ihr Kraut und Fleisch in das Haus zu schicken. Fürsorge war innerhalb der Familie in Grenzen normal. Aber bei einem angeheirateten Verwandten und Gaben wie Fleisch wurde die Situation ambivalent. Man war etwas schuldig, konnte aber nicht mit gleicher Münze zurückzahlen. Also mit einer anderen. Als Maria in die Mühle des Schwagers kam, wollte er kein Geld für das Mehl, sondern schleppte sie ins Hinterstüblein. Eines Tages legte er ihr zwei Stücke Fleisch ins Haus und kam nachts um drei Uhr selbst hinterher. Er habe ihr zu essen gegeben, und sie habe gemeint, „daß sie ihn lieb haben müßen", sagte sie aus. Die Nähe zum Schwager gab ihr familiären Schutz, und die Möglichkeit, ihrem Mann zu zeigen, daß, wenn er seinen ehelichen Pflichten nicht nachkam, sie die ihrigen auch mißachtete. Der Mann ihrer Schwester sorgte besser für sie, und er hatte ein größeres Recht auf den Beischlaf. Maria Faulhaber und ihr Schwager wurden enthauptet.[83]

Innerfamiliär wurde aufgrund der komplexen Gefühle, die Inzest auslöste, nur dann Hilfe geleistet, wenn ein Familienteil direkt und zu Anfang den erzwungenen Mißbrauch miterlebte. Als eine Hedelfinger Mutter 1672 krank war, tauschte sie mit ihrer sechzehnjährigen Tochter das Bett. Später hörte sie ihre Schreie. Sie rief, was los sei, und hörte als Antwort, „der Vater thue ihr so wehe". Ihr Mann hatte sich auf das schlafende Mädchen gelegt und versucht, sie zu beschlafen. Wiederum ließ sich gegen den Vater wenig unternehmen. Die Mutter beschloß, ihre Tochter solle am besten aus dem Haus gehen.[84] Andere Beispiele zeigen aber im Unterschied dazu, wie hilflos Frauen gegenüber ihrem eigenen Mann waren, wenn dieser sie unter Druck setzte, den Mißbrauch zu dulden. Der Fall der Leonbergerin Katharina Lohnhardt zeigt, wie aus dieser Situation das ‚wissende Schweigen', die ‚conspiracy of silence' einer ganzen Familie enstand, weil sonst nur blieb, den Mann gerichtlich anzuzeigen. Katharina wurde von ihrem Großvater Severin Stahl mißbraucht, seit sie vierzehn war.[85] Mit achtzehn wurde sie von ihm verheiratet, weil sie schwanger war. Etliches Heiratsgut, ein Haus und Zugeld versprach er ihrem alten Verehrer, dem Lohnhardt. Zuerst hatte er ihn gar nicht gemocht, hatte seinen Hut zerhauen, als er zur Buhlschaft in das Haus kam, und gesagt, wenn er nochmal käme, werfe er ihn die Stiegen hinab. Nun kam er ihm gerade recht. Als ihre Mutter fragte, warum er den Lohnhardt nicht leiden könne, antwortete Katharina, er würde schon zufrieden sein, „wenn sie eben alle nacht thete, was der Eni welte, und er der Lohnhardt solches geschehen ließe". Trotzdem dachte sie andererseits, nach der Heirat werde ihr Großvater sie vielleicht verschonen. Ihre Mutter sagte, wenn er ihr nochmal etwas Ungebührliches zumute, solle sie zu ihrem Mann laufen. Jetzt war sie Zweiundzwanzig und wieder von Stahl schwanger. Der Fünfzigjährige hatte nicht von ihr abgelassen. Stahl war Sattler, wie sein Vater. Er hatte die Tochter eines vermögenden Handwerkers und Ratsmitglieds geheiratet.[86] Seinen Erfolg besiegelte die zweite Heirat 1621. Margaretha gehörte zu einer der besten Leonberger Familien, war verwitwet und sechzehn Jahre älter als Stahl.[87] Aufgrund ihres Alters konnte er also Druck ausüben. Er hatte sie gezwungen, Katharina dahin zu bewegen, mit ihm in eine Kammer zu gehen. Sonst wolle er dafür sorgen, daß „kain ellender ehe in der Stadt sein müsse“. Die Drohung wirkte. Margaretha redete ihrer Enkelin zu, mit ihm ins Bett zu gehen. Zu dieser sagte er „Katharina, wenn du mich verlaßt, so will ich dich auch verlassen“. Der Tod seiner Frau stand bevor. Er sagte, Katharina solle ihrem Mann und „allen anderen Buoben müssig gehen“ und ihn heiraten.[88] Als der Prozeß begann, floh Stahl. Margaretha war gestorben, Katharina wurde aus Württemberg verbannt.

Inzest brachte die mißbrauchte und die betrogene Frau untereinander in eine verwickelte Situation. Gegen ihre Männer sagten die Frauen wenig, sie waren von ihnen abhängig, hatten die Last der Kinder und des Hauses allein zu tragen und baten deshalb auch regelmäßig um ein mildes Urteil für sie. Meistens hatten sie ein unklares Bild darüber, was vorgefallen war, denn die mißbrauchten Frauen sprachen ja nicht über den Druck und die Drohungen, denen sie ausgesetzt worden waren. Sie sahen also primär, daß zum Beispiel ihre Tochter oder Schwester von ihrem Mann ein Kind bekam. Der Beischlaf der Schwester mit dem eigenen Mann löste starke Konkurrenzgefühle aus. „Sie habe es von ihrem Mann so verstanden“, denunzierte eine Frau deshalb ihre Schwester, „daß sich (diese) selbsten zu ime ins Bett gelegt hat als sie ein Kindbetterin war, und solang Gelegenheit an ihm gesucht habe, bis einst bei einem trunck er leider dahin gerathen wär“.[89] Der Schock war umso größer, wenn der Mißbrauch erst spät eingestanden wurde. Die Eßlinger Schuhmachersfrau Meyer merkte erst nach zwei Jahren, daß ihr zweiter Mann ihre Tochter aus erster Ehe mißbrauchte. Zwar hatte sie sich schon öfter gefragt, was sie da eigentlich genau machten, wenn sie lange zusammen in einer Kammer blieben. Aber alles kam erst heraus, nachdem die Tochter mit dem Stiefvater gestritten hatte. Der Stiefvater hatte ihr bei einer Hochzeit verboten, mit einem ihrer Verehrer zu tanzen, und sie nach Hause geschleppt. Sie schrie ihn ärgerlich an: „Schelm! Schuldenmacher! Huhrenvogel! Hinden und vornen dran greiffer! gelt ! wann ich thät, was du wolltest wär es recht und würdest mich nicht so tractieren !" Auch gegenüber ihrer Mutter explodierte sie: „anietzo wolle sie schwätzen und sollte man ihr gleich morgen den kopf herunter schlagen!" Der obrigkeitlichen Strafen war man sich bewußt, sie zementierten das Schweigen. Ihre Mutter erwiderte getroffen: „du leichtfertige vettel, was weißt du? was willst du sagen? warum hast du es mir nicht eröffnet, ich wolte schon darvor gewesen sein". Die Tochter hielt ihr daraufhin vor, sie habe es doch schon längst gewußt! Diese leugnete es und erwiderte, sie habe ihrem kleinen Bruder doch selber einen Groschen gegeben, damit er nicht sage, daß der Vater bei ihr gelegen habe. Sie hätte es also bewußt vor ihr zu verheimlichen versucht.

Beide hatten Recht. Die Mutter hatte schon versucht, ihren Mann zur Rede zu stellen. Aber er hatte sie dann so verflucht, daß sie nicht mehr wußte, wem sie glauben sollte. Diese Reaktion von Männern war typisch und konnte auch noch härter ausfallen. Eine Frau wurde auf den Vorwurf des Beischlafs mit ihrer Tochter hin von ihrem Mann „himmelblau" geschlagen.[90] Frauen schwiegen also besser, wenn sie diese Art von Unfrieden und Gewalt vermeiden wollten. Das Schweigen der Stieftochter resultierte aus der Unsicherheit, ob ihre Mutter sie verstehen würde. Daß ihr Mann zu ihrer Tochter ging, mußte sie zunächst selbst verletzen. Seit einem halben Jahr weckte Meyer morgens seine Stieftochter, setzte sich zu ihr ans Bett und schob seine Hände unter die Decke. Sie hatte seine Hände abzuwehren versucht, „daß er ihr nicht auf den bloßen Leib käme". Der Bruder lag im gleichen Bett und sah alles. Einmal wollte er zur Mutter laufen. Da hatte sie ihm einen Groschen gegeben.

Meyer hatte auch noch mit seiner Frau geschlafen, im Ehenotstand war er nicht. Danach glaubte er, der fruchtbare Samen sei verflossen und sagte zu seiner Stieftochter: „er kom erst von der Mutter, hab mit ihr zuthun gehabt: solle ihr nichts schaden". Er versuchte sie mit seiner sexuellen Erfahrung zu locken: „er sei kein so grober Mann, wisse, wie er mit ihr umgehen solle, nicht so plump und säumag wie andre, er wolle mit ihr schon säuberlich umgehen". Im Haus hatte sie keine Ruhe mehr vor ihm. Als Schuhmacher hatte er seine Werkstatt zuhause. Sie war nie vor ihm sicher. Wenn sie abwusch, griff er von hinten ihre Brüste, wenn sie sich hinkniete, um das Feuer zu schüren, versuchte er, sie in den Arm zu nehmen und auf seinen Schoß zu setzen. Dies blieb auch nach dem Streit so, aber zwischen ihr und der Mutter entwickelte sich ein brüchiges Vertrauen. Sie hatten beispielsweise abgemacht, daß die Mutter zum Schutz der Tochter nie länger außer Haus gehen sollte. Dann schickte ihr Mann sie wegen einer Hochzeit mit einer langen Einkaufsliste weg. Die Tochter war in der Kammer und las auf ihrem Bett den Liebesbrief von einem ihrer beiden Verehrer. Der Vater kam herein und schloß die Tür ab. Er tat sein Schurzfell ab und wollte sie vergewaltigen. Sie schrie, sie werde sich aus dem Fenster stürzen. Die Mutter kam eher wieder zurück. Sie fand die beiden in großem „Schrecken und Consternation" in der Kammer, sah das zerwühlte Bett, hörte seine Entschuldigungen und den Stoßseufzer der Tochter, „der Herrgott hätte sie geschickt, es wäre sonst passiert". Wiederum wußte sie nicht mehr, was sie denken sollte. Es war eine unlösbare Situation. Für eine gerichtliche Anzeige war die materielle Abhängigkeit viel zu groß. Außerdem zog man die Ehre des eigenen Haushalts in den Dreck und lieferte die Tochter mit ans Messer. Mit Mißbrauch mußte gelebt werden. Dies folgte nicht zuletzt aus der Art der obrigkeitlichen Bestrafung. (Als eine Frau 1703 ihren sie unter Drohungen mißbrauchenden Stiefsohn mutig bei einem Pfarrer anzeigte, fuhren seine Geschwister böswillig aussagende Zeugen gegen sie auf, und die Tübinger Juristen empfahlen ihre Enthauptung.)[91] Auch bei Meyers wurde also bis zur Schwangerschaft der Stieftochter gewartet. Im Prozeß sollte sie angeben, sie habe Aussatz gehabt, um zu vertuschen, daß es schon seit zwei Jahren so ging. Aber umsonst: Nachbarn bezeugten, solche „ungebührlichen Zumutungen" hätten schon Jahr und Tag gewährt.[92] Immerhin hatte sich in diesem Fall die Tochter gewehrt, das Schweigen gebrochen, und ihre Mutter unterstützte sie.

In diesem Fall veränderte sich die Stellung Meyers auf eine ähnliche Weise, wie die des Leonbergers Stahl. Die Macht zum Mißbrauch beruhte bei beiden Männern wie gewöhnlich darauf, daß sie sich auf Gehorsam und Schweigen verlassen konnten, weil ihre Position als Hauptemäher und Familien‚väter' unanfechtbar schien. In dem endlosen Begehren nach der Stieftochter bzw. -enkelin wurde aber gleichzeitig ihre persönliche Ohnmacht immer deutlicher. Beide konnten nicht ertragen, daß die Frauen in ein heiratsfähiges Alter kamen und junge Verehrer hatten. Sie beanspruchten die Frau als Besitz, und gleichzeitig eine extreme Verfügungsgewalt, obwohl – oder gerade weil – ihnen nicht einmal die normalen Vaterrechte zustanden. Das Begehren offenbarte die Schwäche ihres Wunsches, die Frau ganz für sich einzunehmen und an sich zu binden.[93] In der Familie wurde dies immer klarer. Einer der

Auswege, die die Schuhmachersfrau Meyer suchte, war beispielsweise, ratsuchend zu ihrem Schwiegervater nach Plochingen zu gehen. Dieser schickte ihren Schwager nach Eßlingen. Er züchtigte seinen Bruder mit einem Stock. Daraufhin sei er „wie ein armer Sünder dagestanden, und nur gesagt, er wolle es nimmer thun und die Stieftochter gehen lassen". Der Bruder spielte mit seiner Eifersucht: Um seinen Zorn zu erregen, tat er so, als ob er der Stieftochter einen Kuß gebe, und sofort verlor der Stiefvater jegliche Farbe im Gesicht.[94] Nichts konnte ihm seine hilflose Besessenheit deutlicher machen.

Daß Mißbrauch nicht nur die Macht zur innerfamiliärer Nutzung von Gewalt, sondern genauso die Schwäche des Mannes ausdrückte, begegnet uns in anderen Fällen ebenfalls. Denn einige der mißbrauchenden Männer waren, durch einen Unfall oder altersbedingt, ganz oder teilweise unfruchtbar oder impotent. Der Beischlaf, so konnten sie sich sagen, „schadete" der Frau deshalb nicht. Aber wiederum ging die Rechnung nicht immer auf, und der Schwängerung folgte eine Anklage.[95] Hans Stoll gab 1699 an, mit seiner Tochter habe er nur probieren wollen, ob es besser als mit seiner Frau ginge. Er war zweimal im Hemd übers Bett zu ihr gekrochen und wurde abgewehrt. Das dritte Mal nötigte er sie. „Das werk" hätte er deshalb diesmal auch wirklich vollbracht. Aber seine „mannlichen cräffte" fehlten, sagte er, „gestalten ihme das membrum virile ohne erlangten effect umgefallen". Vor der Tochter hatte er dann nochmal an seinem Glied „gedengelt", bis ihm „der Samen ausgefloßen". Stoll hatte sein Glied außerdem vor einem vierzehnjährigen Mädchen, einer sechzigjährigen Witwe, und wohl über hundert Mal auch vor seiner Schwiegermutter entblößt. Ihr hatte er ebenfalls den Beischlaf zugemutet, angeblich damit sie sehe, was ihm fehle. In einem „discours", gab er an, habe er einmal gehört, daß ihre Mutter „vor der zeit auch einen, der seine mannlichen cräfte verlohren gehabt, durch gewisse mittel wieder zurecht gebracht". Die Probleme des Mundelsheimers, „seine Untüchtigkeit zu Ehelichen Wercken [sic!] betreffend", hatten begonnen, als ihm ein Pferd auf das „Gemeucht" getreten war, daß das Blut nur so herausgespritzt war. Der Barbier Vogelsang hatte ihn so gut wie möglich kuriert, aber schon bei seiner ersten Frau sei es „nicht recht" gewesen. Ob ihr Kind von ihm oder einem anderen sei, so sagte er, wisse er nicht. Eine Inspektion ergab, daß seiner „Röhren" (dem Glied) nichts fehlte, aber ein Hoden nur bohnengroß war, und der andere im Abnehmen begriffen.[96] Nötigung und Belästigung resultierten aus Stolls Ringen nach „männlichen Kräften“; in dem Mißbrauch offenbarte sich Schwäche ebenso wie Macht.

Potenz maß Status und Männlichkeit – auch in der Familie. Ein drastischer Beleg hierfür ist, wie gezielt Frauen ihre Aggression gegenüber einem Verwandten auf die Zerstörung seines Glieds richten konnten. In Hall überfiel beispielsweise eine Metzgersfrau 1655 in einer Julinacht ihren Tochtermann im Bett, riß ihm das Hemd vom Leib, schlug auf ihn ein, und ergriff ihn „am heimblichen orth“. Wenn nicht die Nachbarn zugelaufen wären, hätte sie ihm „daran fast schaden zugefügt“.[97] Jacob Mebers Frau, die in den 1670ern mit ihrem Mann in Hall eine selten schlechte Ehe führte, sagte zu ihrem Stiefsohn, sie wolle ihrem Mann, „dem verfluchten alten Schelmen seinen p.p./: das membrum virile mainend./ herausschneiden, und im Kämmich auff, und in rauch henckhen, damitt Er Ihr nur kein kindt mehr machen könne“.[98] Die Fähigkeit zur Erzeugerschaft war der Grundstein der Ehe, und er sollte hier zerstört werden. Potenzverlust symbolisierte aber auch umfassender den Verfall von Virilität und Fruchtbarkeit.[99] Für Männer bewies sich Virilität maßgeblich an der Fähigkeit, Menschen wie Dinge gewinnen, erzeugen, nutzen und beeinflussen zu können. Einfluß verschaffte ein Gefühl von Attraktivität, Achtung und Befriedigung.[100] In der Sprache von Einfluß und Achtung wurde auch über Sexualität gesprochen: eine Frau wurde dem Mann zu Willen oder pflegte seinen Willen. Reichtum und Ämter optimierten Einfluß, und deshalb waren Omnipotenzphantasien, wie die des Bernlocher Schultheiß Vöhringer, keine Seltenheit.[101] Und es gab Männer, deren Einfluß keine Frau widerstehen konnte. So sagte Angelika Schaut 1695, ihr Onkel müsse sie gleichsam bezaubert haben. „Gemeinhin“, so brachte man in Erfahrung, wurde von ihm angenommen, „daß er die weibsbilder zu seinem willen bringen kann, wie er will“.[102] „Rad sei ein Zauberer“, sagte eine Frau 1703 über ihren Stiefsohn aus, „hab viele Weiber zu seinem Willen gebracht und eine Frau blind gemacht“.[103] Wer nicht so wirkte, benutzte andere Mittel: ein alter Mann sollte die Liebhaberin seines Sohnes mit einem Liebestrank zum Beischlaf verleitet haben.[104] Alter reduzierte zum „halben Mann“ (so hatte es Georg Reiser gesagt), während „Jugend“ und „Frische“ in einem Atemzug die Phase der größten Potenz charakterisierten. Männer in der mittleren Lebensphase konnten gegen diese natürliche Ordnung aufbegehren und gegenüber jungen Frauen ihre sexuelle Erfahrung geltend machen. Er könne ihr mehr Vergnügen als junge Kerle bereiten, die grob, plump und drekkig seien, und nicht wüßten, wie man mit einer Frau umgehe, hatte Meyer gesagt. Stolz wurde auf die Beherrschung des Samenflusses und die List des coitus interruptus gebaut: seine Nichte, sagte der Bohinger Schultheiß Fuchs 1655, habe er immer mit mehreren Batzen für den Beischlaf belohnt, „auch also so praktiziert, daß sie von ihme nicht schwanger worden", und dies auch nach ihrer Heirat.[105] Im Alter fielen der Potenzverlust und die abnehmende innerfamiliäre Macht des Mannes zusammen. Söhne und Schwiegersöhne übernahmen zunehmend den Besitz, der Vater hatte immer weniger zu sagen. Auch die Gunst der Kinder hatte man sich vorher durch die langsame und gezielte Verteilung der Güter sichern können; nun war man mit geringeren Manipulationsmöglichkeiten stärker auf ihre Zuneigung angewiesen.[106] Die Rolle als Familienvorstand verlor an Bedeutung, die eigenen Tätigkeiten verringerten sich. Dieser Generationenwechsel mußte akzeptiert werden. Sexualität konnte diesen Prozeß der Machtabgabe verzögern. Der Bohinger Schultheißen Vöhringer machte seinem Sohn durch den sexuellen Anspruch auf dessen Frau klar, daß sie ihm nicht allein gehörte, sondern er die Fäden in der Hand behielt. Sexualität zeigte, wer noch oder mehr „männliche cräffte" und Einflußmöglichkeiten hatte.[107]

Inzestuöse Männer setzten demzufolge ihre Ängste und Machtwünsche in sexuelle Aggression um.[108] Dem entsprachen ihre Beschreibungen von den mißbrauchten Frauen. Sie wurden entweder als unnütz und einfältig dargestellt oder als durchtriebene Huren, die Kontrolle über die Begierde des Mannes gewonnen hatten.[109] Dies hing natürlich auch damit zusammen, daß diese Darstellungen gute Entschuldigungen abgeben sollten: der Beischlaf mit einer simplen Frau sollte als halb so schlimm verstanden werden, der mit einer hurerischen als Nötigung ihrerseits. Aber die Beschreibungen machen auch deutlich, inwiefern der Wunsch nach Kontrolle und die Erfahrung des Kontrollverlusts am Körper der Frau bearbeitet und wiederholt wurde. Weiblichkeit, wie sie in der Erfahrung des Mißbrauchs konstruiert wurde, stand für Extreme: die Frauen waren einfältig und überwältigt, oder begierlich und überwältigend. Verlangen und Verachtung wurden ausgegrenzt und auf das Verhalten der Frau übertragen. Sie sei simpel, boshaft und bubensüchtig, sagte ein 67jähriger Mann über seine 41jährige Tochter: sie habe ihn

„Vater gehaissen und gesagt er soll herliegen“ (während sie angab, er habe ihr nach dem Tod der Mutter befohlen, sich in die Schlafkammer zu legen und sie dort nächtlich überfallen).[110] Die Überzeugungskraft solcher Darstellungen konnten Männer natürlich zum einen auf die kulturelle Konzeptualisierung der Frau als begierliches Wesen stützen. Der Zimmermann Rudolph Wacker stellte 1684 dar, seine Stieftochter sei ihm solange nachgefolgt, bis „er ihro zu willen geworden“.[111] „Ärger als sein weib“, fuhr er fort, habe sie ihm „getan“, habe ihm in die Hose gegriffen und seinen „Kerl“ herausgezogen. Der Calwer Vogt und der Liebenzeller Spezial glaubten ihm gerne, denn seine Stieftochter und ihre drei Schwestern waren alle wegen frühen Beischlafs bestraft worden und damit „leichtfertige Huren“.[112]

Der Haller Ratssyndicus Schragmüller befand, wenn die Frau „tüchtig und begierlich“ sei, mache dies sogar altersbedingte Potenzprobleme wett. Es würden deshalb wohl

> „viel und namblich [sic!] Mannspersonen gefunden, welche in den sechzigsten, siebzigsten, achtzigsten, ja noch höheren Jahren noch also damit begabet, daß sie auch in dem neunzigsten Jahr mit … Weibsbildern Kinder gezeuget“,

schrieb er 1683 in seinem Gutachten über den 70jährigen Zimmermann Roth, der seine bei ihm lebende Tochter geschwängert hatte. Die Tatsache, daß seine Tochter dreimal wegen Unzucht bestraft worden war, klärte deshalb die Frage der möglichen Vaterschaft Roths neben einer medizinischen Untersuchung des Glieds völlig.[113]

Genauso unterstützend wirkte aber auch das religiöse Konzept allgegenwärtiger Versuchung. In der Vorstellung der Hosen-, Huren-, und Tanzteufel, wie sie auch die protestantische Populärliteratur tradierte, wurde Maßlosigkeit aus dem Selbst ausgegrenzt und auf eine omnipotente Figur des Bösen projiziert. Durch diese Konstruktion ließ sich zunächst die Angst vor dem eigenen Verlangen bewältigen. An das Konstrukt des verführerischen Bösen, in Form des Teufels oder der Frau, knüpfte sich aber deshalb die Angst vor einem absoluten Kontrollverlust. Gewann der Teufel oder die begierliche Frau Macht über die Vernunft, brachen die auf sie projizierten Grenzen zwischen dem Selbst und dem Anderen zusammen, und mit ihnen wurde die geordnete Welt aus den Angeln gehoben.[114] Verführung war aber, wie Juristen und Theologen andererseits auch geltend machten, eigentlich ein paradoxes Prinzip: daß man sich ihr ergab, implizierte Einwilligung und Begehren.[115] Kein Wunder also, daß wir in den Quellen von einem „vagierenden weibsbild" hören, die sich in einem Steinbronner Gottesdienst so traurig „geberdete", daß der Pfarrer sie später zu sich in die Sakristei rief, um zu erkunden, was ihr Gewissen beschwere. Sie war eine Kaufbeurener Pfarrerstochter, von „ehrlichen Eltern und einem dapferen Theologen" geboren, und wisse, so gab sie an, „die halbe Bibel auswendig". Sie litt unter Melancholie, war von Selbstmordgedanken verfolgt und eröffnete dem Steinbronner Pfarrer auf seinen Trost hin „ohngescheut", daß sie wegen des Beischlafs mit dem Mann ihrer Schwester aus Kaufbeuren geflüchtet war.[116] „Anfechtungen" hatte sie schon seit zwanzig Jahren, seit sie in Augsburg im Dienst gewesen war, und ihr nachts „der böse Feind in gestalt ihres Liebhabers Thomas Zechen ... erschienen". Von da an bestand ihr Leben aus exzessiven Verhältnissen.[117] Die „Schwermuth" hatte erst mit dem Tod ihres Mannes eingesetzt; nachdem sie die Enthauptung einer Knittlinger Kindsmörderin gesehen hatte, sagte sie, sie „hette nur auch mögen auf das stühlin hinsitzen und vor sie sterben".[118] Als Pfarrerstochter wußte sie: der Hurenteufel mochte sie nun vollständig in seiner Gewalt haben, aber sie hatte ihm anfänglich nachgegeben.[119]

Gewöhnliche Beschreibungen der Verführung durch Frauen laßen dagegen kaum die Verinnerlichung solcher Schuldzuweisungen vermuten. Sie habe ihn „zur hurerey wie sie mit anderen kerlen mehr gethan geraitzet, Ime den hosen=nestel aufgethan, das hembd aufgehebt" und sein Glied ergriffen, beschrieb der 20jährige Michel Eytinger einen Zustand angeblicher Willenslosigkeit.[120] Im Extrem erfuhr der Besigheimer Wilhelm Hartmann den so gefürchteten Kontrollverlust als einen ebenso lustvollen wie zunehmend quälenden Dauerzustand, aus dem er Befreiung suchte. Er hatte eine ältere, 54jährige Frau geheiratet, deren Tochter Margaretha achtzehn Jahre alt war.[121] Sie hatte ihre Chance erkannt, Männer durch Verführung zu meistern. Hartmann war schon öffentlich zur „Absonderung seiner Schandtochter" geraten worden, die es nicht nur mit ihm und Soldaten, sondern auch mit dem Vogt trieb, der deshalb die Akten fälschte und einen Kindsmord zu vertuschen versuchte. Margaretha lasse sich manchmal vom Trunk überwältigen, durch welches Laster, so schrieb das Tübinger Gutachten, „die termini pudicitiae & honestatis“ über den „hauffen geworffen“ würden, und, wie bei Hieronymus in den Episteln stehe, Geilheit erzeugt würde. Dazu passend sagte ein ehemaliger Lehrjunge aus, es sei einmal ein Mann aus Liebenzell mit einem Salzscheffel und Gewürzladen gekommen, mit dem habe man Wein getrunken und er mit der Fidel aufgespielt. Margaretha und ihr Vater hätten sich dann weggeschlichen. Er habe im Mondlicht gesehen, daß die beiden aufeinander gelegen seien und Hartmann sich stark bewegt habe. Andere Male seien sie mit vorgezogenen Vorhängen zusammen im Lotterbett gelegen. Hartmann leugnete dies zwar nicht, gab aber an, er hätte Margaretha unmöglich schwängern können, denn er habe selten einen Samenerguß gehabt, und wenn, dann ins Hemd. Sie habe deshalb auch öfter zu ihm gesagt, er sei „nicht nutz: habe nichts von ihm empfunden“. Daß Frauen den Samen des Mannes körperlich spürten, war eine verbreitete Annahme. Sie prüften so seine Potenz und kontrollierten die Verhütung. Wie der Mann spürte die Frau, daß der Samen „anschoß“, und der Stiefvater beschrieb, wie er dann „nachließ und abzog“, um zu verhüten. Als Margaretha dementsprechend eine Ejakulation kommen sah, so berichtete er, habe sie ihn „mitsambt dem membro … von sich hinweg getruckt“.[122] Sie spottete, wie der Vogt habe er es nicht gemacht. Sie habe gedacht, jeder mache es so. Der Weinmann sei „ein frischer, starcker Mann gewesen“, sagte sie, und mit ihrem Stiefvater sei es „ganz nichts gewesen“; sie wisse nicht, „wo er seinen Samen hingetan habe“. Sie gestand, wenn er berauscht gewesen sei, wäre sie zu ihm an das Lotterbett gegangen, habe ihn „geküßt, gekitzelt, das membrum begriffen, und so lange geraitzet“, „biß er ihre Lust vollbracht“. Danach habe er oft mit ihr gehadert, sie aber nur gelacht. Sie habe solange nicht von ihm abgelassen, sagte er, „biß Er auch ihres willens gelobet“.[123] In diesem Fall wurde die Kontrolle der Frau über die Begierde des Stiefvaters so deutlich wie sonst nie beschrieben: sie reizte und gängelte ihn, und er verfügte weder über sein Glied noch über seinen Willen.

Die einfältige, simple Frau befand sich dagegen den Beschreibungen zufolge genau umgekehrt jenseits von Lust und Begierde: der Beischlaf geschah ihr, oder sie ließ ihn gefühllos über sich ergehen. Dies kontrastierte nun mit der Heftigkeit des männlichen Begehrens. Barbara Stampfer, die, wie wir oben gesehen haben, als „einfältig weibsbild und baurenmensch“ entlastet wurde, beschrieb den Mißbrauch beispielsweise so: von dem Amtmann König sei sie aus dem Feld gerufen worden, und er habe sie dahin gebracht,

> „daß sie sich fürwärts bückhen, und sich mit dem kopff gegen der Erden unter sich neygen müssen, in welcher postur er sie nicht allein von hinden her s.v. begriffen, sondern auch ... ihro schmerzen verursacht, dergleichen ... habe er sie (2) in seiner stuben an der thüren welche er sie mit der hand zuhallten, und ob seine frau aus der küchen komme, achtung geben heißen, von hinden mit ihro begangen, Eben so hätte ers (3) gemacht wann sie etwann auff der banckh kniendt zum fenster hinaus gesehen, und ihm die posteriora gebotten: Nicht weniger hette er auch auf dem lotterbett mit ihro also ... exerciert, daß sie in wehrendem actu, Ihren schenckel über sich heben, und auf seine achsel legen müßen".[124]

König konnte mit ihr machen, was er wollte, und sie gehorchte – bis auf Schmerz – empfindungslos.[125] Was sexuelle Aggression ausdrückte, ist an der Darstellung des folgenden Falls kaum noch nachvollziehbar. Die 33jährige Sabina Scherer war epilepsiekrank und wurde als „einfältig und vom äußeren Ansehen her für simpel zu haltendes", als ein „krüppeliges, magers, kleines und erschrockenes weibsbild" beschrieben. Sie hatte ihre Mutter und ihren Stiefvater besucht und blieb über Nacht. Wegen der Kälte nächtigten sie zu dritt in dem einzigen Bett. Die Mutter stand früh morgens auf, um das Feuer anzumachen und das Vieh zu füttern. Sabina wurde von ihrem Stiefvater vergewaltigt. Er hielt ihr den Mund zu. Wenn sie es sage, werde man ihr den Kopf abhauen, drohte er dann. Er werde schon bei Zeiten ein Pferd nehmen und davon reiten. Heulend erzählte sie der Mutter tatsächlich erst davon, als er weggeritten war.[126] Dieses Verhalten erscheint absurd: ein Mann, der an einem Morgen seine kranke, schwache, ältere ledige Stieftochter vergewaltigte und für immer flüchtete.

Wie an anderen Fällen schon deutlich wurde, war die Flucht aber ein für Männer typisches Verhalten, wenn auch meistens angesichts der drohenden Verhaftung.[127] Die Flucht kam einer selbstgewählten Verbannung gleich. Männer konnten zwar darauf vertrauen, als Soldat oder Taglöhner irgendwo Nahrung zu bekommen, während schwangere Frauen in dieser Beziehung fast chancenlos waren. Außerdem entgingen sie so einer etwaigen Todesstrafe. Trotzdem war es ein bemerkenswerter Schritt, Familie, Besitz, Beruf und Heimat hinter sich zu lassen. Außerdem hatten Männer es vor Gericht leichter als Frauen, Gründe für eine Strafmilderung vorzubringen. Das öffentliche Ansehen einer Frau bestimmte nur ihre Tugendsamkeit, ihr „eingezogenes“ Verhalten. Im Unterschied dazu setzte sich die männliche Ehre aus dem Kapital an militärischen, gemeindlichen und beruflichen Verdiensten zusammen. Sie konnten Negativbilanzen aufwiegen. Von den Zeugen bei der Gerichtsverhandlung wollte beispielsweise keiner glauben, daß Rudolph Wacker von seiner Stieftochter den Beischlaf verlangt habe. Die Gemeinde schrieb, man wolle den Zimmermann ungern verlieren, der „allwegen früh und spät geschafft habe“.[128] Der Stiefvater Agnes Seerings gab mit großer Selbstsicherheit an, „er habe im pfälzischen Kriegswesen einen guten Passport gekriegt“ und sich immer redlich gehalten. Aufgrund dessen gestanden die Tübinger Juristen dann auch im Fall einer Fürbitte von Frau, Kindern und Freunden, die Begnadigung von der Todesstrafe zu.[129] Hanns Legeder konnte nicht nur anführen, die bei ihm dienende Nichte seiner Frau habe ihn trunkener Weise zu Fall gebracht, als seine Frau gerade lange krank gelegen habe, sondern auch, er sei „über 15 Jahr lang zu Gericht und Rath gezogen, zu den Landtagen geschickt worden“ und fünf Jahre lang Bürgermeister gewesen, ohne daß es Klagen gegeben habe. Auch in den Nachbargemeinden verfüge er über ein so gutes Prädicat, daß jedermann ein herzliches Bedauern mit ihm habe. Zudem sei seine Frau schwanger und er habe vier kleine Kinder.[130] Für Georg Fuchs traten sämtliche Meister des Schmied- und Wagnerhandwerks in Stadt und Amt Nürtingen, sowie Pfarrer, Bürger und Gericht Oberbohingens ein. Sie baten darum, daß er sein

> „gelernt Schmidthandwerck ohngehindert, zum merklichen Nutzen des gantzen Fleckens, und damit sie nicht in andere Flecken mit großer beschwert und versäumung des Ihrigen gehen dörfen, vertreiben möchte“.[131]

Die Gründe für das häufige Fluchtverhalten werden klarer, wenn wir uns deutlich machen, daß in Inzestfällen vor allem respektable Bürger, Handwerker und auch überdurchschnittlich viele Amtsträger vor Gericht standen.[132] Für sie konnte der drohende Ehrverlust durch ein Gerichtsverfahren und die Verurteilung unerträglich sein.[133] Bisher hatte man sie für „unbescholtene bidermänner“ gehalten. Kein Mensch auf dieser Welt, schrieben nicht nur die Frau, sondern auch der Schultheiß und das Gericht Ditzingens an den Oberrat, hätte Siglin Laux „dergleichen

Sachen im geringsten nicht an: oder zugetraut.[134] „Wenn er durch des henkers hand sterben müsse“, schrieben Frauen und Kinder des ehemaligen Schultheissen Vöhringer, werde der Familie ein „ohnauslöschlicher macul“ zugefügt.[135] Auch der Neuenstätter Stadtbote hatte immer einen guten Lebenswandel geführt, bis Soldaten in einer Herberge die Schreie seiner sich wehrenden Stieftochter hörten und am Morgen das Bettlaken mit Samen befleckt vorgefunden wurde.[136] „Er habe sein geschlecht zu schanden gemacht“, jammerte der wegen des Beischlafs mit der bei ihm dienenden Nichte seiner kranken Frau inhaftierte Leonberger Melchior Rebion.[137] Dieser Ehrverlust besiegelte für Männer das Ende ihres Kampfes um Ansehen. Sie hatten Schande über ihr Geschlecht gebracht, und den Kindern ihrer Kindeskinder würde noch gesagt werden, daß einer ihrer Vorfahren vom Henker angefaßt worden sei. Ihre Autorität war begraben, die Angst vor dem Machtverlust wahr geworden.

3. Zusammenfassung

Zusammenfassend wird innerfamiliärer Mißbrauch also am deutlichsten als Verhalten von Männern lesbar, denen ihre männliche Identität als gefährdet erschien und die deshalb ihre Ängste vor dem Machtverlust und Machtphantasien in Form von sexueller Aggression auf die Frau richteten. An ihr wurden die ambivalenten Gefühle der Selbstverachtung und des Begehrens nach Einfluß und Virilität bearbeitet. Weiblichkeit verkörperte selbst etwas Verachtens- und Verlangenswertes und bot sich aufgrund dieser Konstruktion als Projektionsfläche der Konflikte an. Diese hingen mit so verschiedenen Erfahrungen wie dem Alterungsprozeß und Generationenwechsel, der Konkurrenz zu einem Bruder oder der Rolle als Stiefvater zusammen. Stieftöchter und verheiratete Frauen unterlagen einem besonderen Druck, wenn sexuelle Gegenleistungen über den Ausschluß aus dem Haushalt oder den Grad der Fürsorge und Unterstützung entschieden. Obwohl der reformatorische Impetus bei der Neuregelung der Heiratsverbote vor allem darauf abgezielt hatte, die Keuschheit von Frauen in der Familie zu schützen, dienten die Gesetze und Verfahren in protestantischen Gebieten der Absicherung kultureller Normen in Bezug auf Inzest. Die angeklagte Frau empfing keinen Schutz, sondern wurde als begierlich und schuldig behandelt. Diese Konstruktion von Inzest als „unmenschlichem“ und „unnatürlichem“ Delikt legitimierte harte Strafen. Diese Strafen waren ihrerseits ein Grund dafür, daß in Familien mit Mißbrauch gelebt werden mußte: eine Anzeige war für die Beteiligten lebensgefährlich. Ein weiterer Grund für die Duldung des Mißbrauchs war die Vermeidung des „Unfriedens“, mit dem ein Mann wirkungsvoll drohen konnte. Frauen mußten für das Begehren des Mannes herhalten, wurden Opfer, weil es ihnen nicht „schadete“, und die Zufriedenstellung des Mannes wichtiger war. Dies war so, obwohl der mißbrauchten, wie der betrogenen Frau deutlich sein konnte, welche Verletzung der Mißbrauch für beide Teile bedeutete. Es waren also die Nähe, das Vertrauen, die Treue, aber auch die Abhängigkeit und Gehorsamspflicht, die Frauen in der Familie auslieferten und Inzest zu einer „grausamen Liebe“ machten. Über diese Erfahrungen wurde meistens geschwiegen, von dem Mann und der Frau, oder „wissend“ von der Familie, dem Gesinde und Nachbarn. Daß der innerfamiliäre Mißbrauch eine Geschichte hat, wissen wir nur durch den Zufall der Schwangerschaft und die harte Verfolgung des Delikts.

Anmerkungen

1 S. vor allem Lyndal Roper, The Holy Household. Women and Morals in Reformation Augsburg, Oxford 1989; Thomas Safely, Let No Man Put Asunder: The Control of Marriage in the German Southwest: A Comparative Study 1550–1600, Kirksville 1984; Susanna Burghartz, Jungfräulichkeit oder Reinheit? Zur Änderung von Argumentationsmustern vor dem Basler Ehegericht im 16. und 17. Jahrhundert, in: R. v. Dülmen (Hrsg.), Dynamik der Tradition. Studien zur historischen Kulturforschung IV, Frankfurt 1992, 13–40.

2 Ausnahmen bieten die Diskussion von Luthers und Osianders Bestimmungen in Steven Ozment, When Fathers Ruled. Family Life in Reformation Europe, Cambridge, Mass./London 1983, 45–48, bzw. Bullingers und Luthers in Anette Völker-Rasors Dissertation Bilderpaare – Paarbilder. Die Ehe in Autobiographien des 16. Jahrhunderts, Diss. phil. Freiburg 1991, Kap. II.3 (publiziert Freiburg i. Br. 1993).

3 Sigmund Freud, Totem und Tabu. Einige Übereinstimmungen im Seelenleben der Wilden und der Neurotiker, Frankfurt a. M. 1991, 48; zur weiteren Kontexten, in denen diese Annahme immer wieder gemacht wurde s. Hans Peter Duerr, Nacktheit und Scham, 3. Aufl., Frankfurt a. M. 1988, u. (ders.) Intimität, Frankfurt a. M. 1990.

4 David Herlihy, Making Sense of Incest: Women and the Marriage Rules of the Early Middle Ages, in: Bernard S. Bachrach, David Nicholas (Hrsg.), Law, Custom, and the Social Fabric in Medieval Europe. Essays in Honor of Bryce Lyon, Studies in Medieval Culture, XXVIII, Kalamozoo 1990, 6.

[5] Ozment, Anm. 209.

[6] Ebd., 191.

[7] D. Martin Luthers Werke, WA, Bd. 10. II, Weimar 1907, 265 f.

[8] Ebd., 281, in „Vom ehelichen Leben", 1522.

[9] „Von den verbotenen Heiraten", in: Gerhard Müller und Gottfried Seebaß (Hrsg.), Andreas Osiander d. Ä., Schriften und Briefe 1535 bis 1538, GA Bd. 6, Gütersloh 1985, 407–433.

[10] Ebd., 421.

[11] Vorausgesetzt ein Onkel heiratete seine Nichte, und ihr Sohn die Mutter seiner Mutter, die patrilinear seine Tante war, matrilinear aber seine Großmutter.

[12] Im Fall Juditha Rücks, die wegen Inzests mit ihrem Onkel angeklagt war, ging das Tübinger Gutachten detailliert auf die Kontroverse Luther-Osiander ein, s. HStASt, A 209, Bü. 1717, 11.10.1652.

[13] Peter Bardaglio, „An Outrage upon Nature": Incest and the Law in the Nineteenth-Century South, in: Carol Bleser (Hrsg.), In Joy and Sorrow. Women, Family, and Marriage in the Victorian South, 1830–1900, New York 1991, 32–51; Völker-Rasor, 189 ff.

[14] WA 24, 354 ff. „Über das erste Buch Mose, Predigten sampt einer Unterricht, wie Mose zu leren ist", 1527.

[15] HStASt, A 573, Bü. 4, Peinliches Gerichtsbuch Wildberg, 12.4.1600, Barbara Kolb.

[16] HStASt, A 209, Bü. 1912, 9.6.1655.

[17] S. Anton Kaufmann, Art. Blutschande, in: HRG, Bd. 1, Berlin 1971, 462 f.

[18] S. August Ludwig Reyscher (Hrsg.), Vollständige, historisch und kritisch bearbeitete Sammlung der württembergischen Gesetze, Stuttgart 1831, Bd. 4, 67.

[19] Gustav Radbruch (Hrsg.), Die Peinliche Gerichtsordnung Kaiser Karls V. von 1532 (Carolina), 6. Aufl., Stuttgart 1991, 81, Art. 117.

[20] Meine Hervorhebung.

[21] Reyscher, Bd. 4, Mandat vom 21.5.1586, 443–450.

[22] Vgl. HStASt A 43, Bü. 27.

[23] Reyscher, Bd. 6, 94. Trotzdem schien die Obrigkeit eher unnachgiebig zu bleiben, vgl. HStASt, A 210, Abt.I., Bü. 856, 26.3.1674 und 3.7.1674.

[24] Selbst im Fall eines Corporals, der 1677 demonstrativ schrieb, er und seine verstorbene Frau hätten keine Kinder erzeugt, und er wolle die Frau seines Stiefsohns heiraten, um das Vermögen beisammenzuhalten, stellte sich dann klar heraus, daß schon vorher eine Beziehung bestanden hatte, HStASt, A 209, Bü. 1592, 5.6.1677.

[25] Zedler, Universallexikon, Bd. 4, Halle/Leipzig 1733, 247–57.

[26] Vgl. Jack Goody, The development of the family and marriage in Europe, Cambridge 1983, 57 ff.

[27] Christina von Braun, Die „Blutschande". Wandlungen eines Begriffs: Vom Inzesttabu zu den Rassengesetzen, in: (dies.), Die schamlose Schönheit des Vergangenen. Zum Verhältnis von Geschlecht und Geschichte, Frankfurt 1989, 81–112.

[28] Dies zeigt das englische Theaterstück von John Ford „Tis Pity She's a Whore", s. Susan J. Wisemann, ‚Tis Pity She's a Whore: Representing the Incestuous Body', in: Lucy Gent, Nigel Llewellyn (Hrsg.), Renaissance Bodies. The Human Figure in English Culture c. 1540–1660, London 1990, 180–197.

[29] Vgl. aber Wilhelm Engel (Hg.), Die Rats-Chronik der Stadt Würzburg (XV. und XVI. Jahrhundert), Würzburg 1950, 34, berichtet beispielsweise von der Gnadenbitte des Erzbischofs

von Siena für Weikersheimer Geschwister, die jung miteinander geschlafen hatten. Die Schwester hatte das Kind getötet. Für diesen Hinweis danke ich Hillay Zmora.

30 Ozment, 47.

31 Keith Thomas, Man and the Natural World. Changing Attitudes in England, 1500–1800, Harmondsworth 1984, 40.

32 Z.B. 29.7.1642, General=Reskript, die Bestrafung von Gotteslästerung und Fleischesverbrechen betreffend, Reyscher, Bd. 5, 426.

33 HStASt A 209, Bü. 1912.

34 HStASt A 209, Bü. 90.

35 S. Adolf Diehl (Hrsg.), Dionysius Dreytweins Esslingische Chronik (1548–1564), Tübingen 1901, 133 f. Ein weiterer Eintrag folgt auf S. 179.

36 Vgl. Lloyd de Mause, What Incest Barrier? in: Journal of Psychohistory, 15 (Winter 1988), 273–277, bes. 274, der Lévi-Strauss kritisiert und die These aufstellt, es sei „universal incest which has to be explained, not its absence“; eine ausführliche kritische Analyse der anthropologischen und soziologischen Literatur im Gefolge Durkheims, Freuds und Lévi-Strauss' findet sich bei J. S. La Fontaine, Child sexual abuse and the incest taboo: practical problems and theoretical issues, in: Man 23 (1988), 1–18.

37 HStASt A 309, Bü. 90b.

38 Inzestfälle wurden in der historischen Kriminologie bislang gar nicht oder nur am Rand behandelt, vgl. Alfons Felber, Unzucht und Kindsmord in der Rechtssprechung der freien Reichsstadt Nördlingen vom 15. bis 19. Jahrhundert, Bonn 1961, 79–82; Karl-Ernst Meinhardt, Das peinliche Strafrecht der freien Reichsstadt Frankfurt a.M. im Spiegel der Strafpraxis des 16. und 17. Jahrhunderts, Diss. jur. Frankfurt. a.M. 1957, 205 f.; Albrecht Meye, Das Strafrecht der Stadt Danzig von der Carolina bis zur Vereinigung Danzigs mit der preußischen Monarchie (1532–1793), Danzig 1935, 86; Otto Ulbricht, Kindsmord und Aufklärung in Deutschland, Ancien Régime und Revolution 18, München 1990, 144 f., 153 f., sowie die Hinweise auf Konflikthintergründe in David Warren Sabean, Property, production, and family in Neckarhausen, 1700–1870, Cambridge 1990, 336. Zu beachten wären auch nationale Unterschiede in der Behandlung von Inzest: in England wurde Inzest beispielsweise erst 1650 zu einem Kapitalverbrechen erhoben, aber die Todesstrafe wurde nie verhängt. Martin Ingram und Alan Macfarlane zufolge kam Inzest insgesamt selten vor, weil Kinder sehr früh in den Dienst geschickt wurden und Verwandtschaftsbeziehungen schwach ausgeprägt waren. Vgl. Ingram, Church Courts, Sex and Marriage in England, 1570–1649, Oxford 1987, 247 f.

39 Matthias Beer, Eltern und Kinder des späten Mittelalters in ihren Briefen. Familienleben in der Stadt des Spätmittelalters und der frühen Neuzeit mit besonderer Berücksichtigung Nürnbergs (1400–1550), Nürnberger Werkstücke zur Stadt- und Landesgeschichte, Bd. 44, Nürnberg 1990; Otto Ulbricht, Der Einstellungswandel zur Kindheit in Deutschland am Ende des Spätmittelalters (ca. 1470–bis ca. 1520), in: Zeitschrift für historische Forschung 19 (1992), 159–187; Steve Ozment, When Fathers Ruled; Simon Schama, The Embarrassment of Riches. An Interpretation of Dutch Culture in the Golden Age, London, 1991, Kap. 7; und Linda A. Pollock, Forgotten Children. Parent-child relations from 1500 to 1900, Cambridge 1983. In Bezug auf Konflikte als Strukturelement des Familienlebens wurden bislang vor allem Eigentumskonflikte hervorgehoben, s. Hermann Rebel, Peasant Classes. The

Bureaucratization of Property and Family Relations under early Habsburg Absolutism, 1511–1636, Princeton U.P. 1983; Hans Medick, David W. Sabean, Einleitung, in: dies. (Hgg.), Emotionen und materielle Interessen. Sozialanthropologische und historische Beiträge zur Familienforschung, Cambridge 1984; David W. Sabean, Neckarhausen.

40 StAE, AII Reichsstadt, F. 48B II.

41 Während der Weihnachtszeit kam Pfeiffer nach Eßlingen zurück und wurde inhaftiert. Das Gutachten der Tübinger Juristen plädierte für seine Enthauptung, das der Eßlinger für den Pranger und die Verbannung, weil er alt und beim ersten Mal betrunken gewesen sei.

42 In ärmeren Haushalten wurde das Lotterbett als zusätzlicher Schlafplatz genutzt, in anderen nur für Besucher oder Kranke, s. Uwe Meiners, Wohnkultur in süddeutschen Kleinstädten vom 17. Jahrhundert bis zum 19. Jahrhundert. Soziale Unterschiede und Wertestrukturen, in: Günther Wiegelmann (Hg.), Nord-Südunterschiede in der städtischen und ländlichen Kultur Mitteleuropas, Beiträge zur Volkskultur in Nordwestdeutschland, Bd. 40, München 1985, 172–182, und Fischer, Schwäbisches Wörterbuch, Bd. 4, Tübingen 1914, 1306, „Lotterbett".

43 S. z. B. HStASt, A 209, Bü. 107, 136, 1030.

44 HStASt, A 209, Bü. 179, 4. 1. 1695. Nachdem eine durch ihren Schwager geschwängerte Frau ihrem Mann die gleiche Geschichte eröffnen mußte, zog er 1621 aus Verzweiflung freiwillig in den Krieg. Im Prozeß wurde ihr die Schuld für seinen Tod gegeben, HStASt, A 309, Bü. 144, Barbara Einiger, 8. 8. 1621.

45 Es ist damit auch fast unmöglich, Aussagen über den Mißbrauch von Mädchen und Jungen zu machen. Das einzige Beispiel für den Mißbrauch von Söhnen ist Hans Martin Bronnen, Sohn der Witwe Maria Bronnen, der zum ersten Mal mit 14 und dann über vier Jahre alle zwei Wochen sexuell mit ihr verkehrte. Er hatte Fallsucht und nichts erlernt. Er sagte, „in den letzten Jahren habe er schon gewußt, daß es mit seiner Mutter geschehe und nicht recht sei". Maria Bronnen wurde enthauptet, ihr Sohn ausgepeitscht und verbannt, HStASt A 209, Bü. 862.

46 HStASt, A 309, Bü. 90b, Magdalena Pailer, 9. 3. 1578, wurde von ihrer Mutter nach Höfingen bei Leonberg zurückgeholt, „weil sie ein schwere Haushaltung mit viel Roß haben", und wieder mißbrauchte sie ihr Stiefvater.

47 Das Gesamtsample von 150 Fällen verteilt sich auf 35 Stiefväter, 21 Schwäger, 19 Onkel, 14 unbenannte Beziehungen, 14 Männer der verstorbenen Schwester, 12 Strafen nach dem mosaischen Recht, 9 Väter und 3 verdächtigte Väter, 7 Schwiegerväter, 6 Vettern, 4 Brüder, 2 Stiefsöhne und 1 Sohn.

48 Diese Ungleichheit war die Voraussetzung dafür, daß Witwen alleinstehende, jüngere Männer heiraten konnten, s. Sabean, Neckarhausen, 235.

49 Dieser emotionale Zusammenhang wird erst durch die Befragung in einem Fall 1765 sehr deutlich. Die Mutter sagte aus, ihre 21jährige Tochter sei dem jungen Stiefvater gegenüber weniger willfährtig gewesen, als ihre Geschwister. Sie habe sich gefragt, ob sie ein Mißvergnügen daran habe, daß sie mit 41 einen jungen, 27jährigen Mann geheiratet habe. Es habe so ausgesehen, als ob ihr Mann sie weniger liebe, am Anfang ihrer Ehe, vor sechs Jahren, habe er sie auch geschlagen. Seine „eheliche Pflicht" habe er mit ihr „christlich und gebührlich" bezeugt, vor vierzehn Tagen habe er ihr zum letzten Mal beigewohnt. Aber die Tochter war von ihm schwanger, dreimal hatte er sie im Stall und auf der Heubühne genötigt, HStASt, A 309, Bü. 147, 20. 11. 1765, Johannes Bauer.

[50] Ebd.

[51] Ebd., A 43, Bü. 16, 23.12.1538 und 7.5.1539.

[52] Ebd., A 209, Bü. 1912.

[53] Ebd., Bü. 755, 23.9.1657.

[54] Ebd., A 309, Bü. 145, Katharina Lonhardt, 2.7.1630.

[55] StAH, A 11, Bü. 41. Ausführlicher begründete 1758 eine Neuenstätterin, der Mißbrauch sei vom Stiefvater „als einer solchen Person geschehen, vor welcher sie Furcht und Ehrerbietung tragen müssen, also sie ihme auch hierinnen gehorsam zu leisten schuldig sein vermeynet“, HStASt, A 309, Bü. 268, Katharina Ehelin, 2.12.1758.

[56] HStASt, A 209, Bü. 1619.

[57] Ebd., Bü. 1619, 5.6.1689, Amt Möckmühl.

[58] Ebd., Bü. 1619, 2.8.1689.

[59] Bartolomé de Las Casas, Kurtzgefaßter Bericht von der Verwüstung der Westindischen Länder, hrsg. von Hans Magnus Enzensberger, Frankfurt 1981, 9.

[60] Vgl. HStASt A 309, Bü. 147 und HStASt A209, Bü. 268.

[61] Ebd., Bü. 1988, 8.1.1660.

[62] Vgl. allg. Rudolf His, Das Strafrecht des Deutschen Mittelalters in 2 Teilen, Teil 2, Die einzelnen Verbrechen, Nd. Aalen 1964, 151 ff., und Eduard Osenbrüggen, Das Alemannische Strafrecht im deutschen Mittelalter, Schaffhausen 1860, 237.

[63] Daß Gebildete die Geschichte der Lucretia so schätzten, belegt, daß dem Tatbestand einer Vergewaltigung bei weniger eindeutigen Umständen, als sie bei einer Vergewaltigung auf dem Feld durch einen Fremden vorlagen, mißtraut wurde: hier wurde Unschuld nur durch Selbstmord bewiesen.

[64] HStASt, A 209, Bü. 567, 25.5.1590.

[65] Einen hervorragenden Überblick über die Kommentare zu diesem Thema, die immer wieder aufgegriffen wurden, bietet Joan Cadden, Meanings of sex difference in the Middle Ages. Medicine, science, and culture, Cambridge 1993, Kap. 3. Vgl. auch Thomas Lacqueur, Making sex. Body and gender from the Greeks to Freud, Cambridge, Mass. 1990, Kap. 3.

[66] Vermutlich als Verschärfung, weil es sich auch um Ehebruch handelte.

[67] HStASt, A 209, Bü. 1702, 15.12.1657.

[68] Ebd., Bü. 47, 30.1.1627 und 10.2.1627, Michel Thumb. Zu der Gebräuchlichkeit der Metaphern s. Johannes Müller, Schwert und Scheide. Der sexuelle und skatologische Wortschatz im Nürnberger Fasnachtsspiel des 15. Jahrhunderts, Frankfurt 1988.

[69] „Es ware nie kain NVSS so hart/ Die endlich nicht auffbissen wart“, reimte man beispielsweise nach der Eroberung Magdeburgs durch Tilly, die allgemein als Entjungferung dargestellt wurde, s. Werner Lahne, Magdeburgs Zerstörung in der zeitgenössischen Publizistik, Magdeburg 1931, 70.

[70] HStASt, A 209, Bü. 1348, Margaretha Reiser, 17.1.1668.

[71] Sie wurde in das Halseisen gestellt und in den Zehnten (Gerichtsbezirk) verbannt, HStASt A 209, Bü. 1554.

[72] S. David W. Sabean, „Junge Immen im leeren Korb“: Beziehungen zwischen Schwägern in einem Schwäbischen Dorf, in: ders. und Hans Medick (Hrsg.), Emotionen und materielle Interessen, 231–252.

[73] Ihre Bestrafung nahm verschlungene Wege. Zuerst entschied der Vogt des Amtes Neuffen unter Hinzuziehung des Pfarrers 1658 für die Bestrafung mit der Kirchenbuße und dem Lästerstühlein. Erst als sie deshalb ihr Ehemann nicht wieder zu sich nehmen wollte, hinterbrachte der Vogt dies der Stuttgarter Kanzlei. Die Kanzlei ordnete natürlich an, Margaretha sei peinlich anzuklagen, woraufhin der Ehemann sofort anbot, sie doch wieder anzunehmen, sie aber trotzdem angeklagt wurde. HStASt, A 209, Bü. 1702, 15.1.1658.

[74] Ebd., Bü. 2008, 30.6.1688.

[75] Ebd., Bü. 2008, 27.7.1688.

[76] Ebd., Bü. 2008, 30.6.1688.

[77] Ebd.

[78] S. Maternité, veuvage et dot à Florence, in: Annales, E.S.C. 38 (1983), 1097. Diese Situation war in Florenz verschärft, da Frauen vom Erbe der Häuser ausgeschlossen waren. In Württemberg waren Frauen erbrechtlich gleichberechtigt, die Praxis muß aber noch genauer untersucht werden. Die Häuservererbung in Sabeans recht kleinem Sample zeigt eine geringe Tendenz zur häufigeren Bereitstellung von Häusern durch Männer bei der Heirat, s. Sabean, Neckarhausen, 232 f.

[79] Der obige Fall zeigt, wie wirkungslos selbst bei einem einflußreichen Mann ihrer eigenen Familie der Versuch einzuschreiten war.

[80] Eine zusammenfassende Diskussion der demographischen Fakten bietet Heide Wunder, „Er ist die Sonn', sie ist der Mond". Frauen in der Frühen Neuzeit, München 1992, 158. In württembergischen Dörfern lag das Risiko einer Frau, im Kindbett zu sterben, insgesamt bei 5 %, s. Andreas Maisch, Notdürftiger Unterhalt und gehörige Schranken. Lebensbedingungen und Lebensstile in württembergischen Dörfern der frühen Neuzeit, Quellen und Forschungen zur Agrargeschichte, Bd. 37, Stuttgart, Jena, New York 1992, 291 ff., wo allerdings nicht nach der Geburtenzahl differenziert wird.

[81] Vgl. hierzu auch die Beispiele in Rainer Becks Aufsatz, Frauen in Krise. Eheleben und Ehescheidung in der ländlichen Gesellschaft Bayerns während des Ancien régime, in: Richard v. Dülmen (Hrsg.), Dynamik der Tradition, Frankfurt am Main 1992, 171–177.

[82] Mit „guten und bösen Worten" habe er sie dann vergewaltigt, inzwischen war sie schwanger und er geflohen, HStASt A 209, Bü. 1275, 13.7.1691.

[83] Ebd., Bü. 473.

[84] Ebd., Bü. 790, Dorothea Paguet, 1674.

[85] Stahl wird zwar als Stiefgroßvater behandelt, Katharina war aber das Kind der Tochter seiner ersten Frau.

[86] Durch die Heirat gelangte Stahl schon sieben Jahre später in den Rat. 1616 wurde er in das Gericht gewählt, aus dem er 1627 ausschied.

[87] S. Volker Trugenberger, Zwischen Schloss und Vorstadt. Sozialgeschichte der Stadt Leonberg im 16. Jahrhundert, Vaihingen/Enz 1984, Anhang: Prosopographie der Leonberger Bürgerschaft 1560–1580, Vater: Heinrich Stahel, Nr. 334; Erste Ehe: Barbara Beltzner, Nr. 25; Zweite Ehe: Margaretha Schmid, geb. Beutelsbacher.

[88] HStASt, A 309, Bü. 145, 31.8.1630 und Bü. 90e, 27.7.1630.

[89] HStASt, A 209, Bü. 90, 9.3.1654.

[90] HStASt, A 209, Bü. 332, 9.11.1683, Wilhelm Hartmann.

[91] HStASt, A 209, Bü. 1500, 10.8.1703, Katharina Radt.

92 Tobias Meyer wurde für sechs Jahre verbannt, seine Stieftochter floh aus dem Gefängnis, StAE, Reichsstadt, A 43B, 12.3.1691.

93 Hier zeigt sich eine Parallele zu Jane Gallops Überlegung, daß ein inzestuöser Vater bei der patriarchalen Machtausübung des Frauentausches versagt. Ein Vater, der seine Tochter nicht verheiraten konnte, besaß sie nicht richtig, und fand sich umgekehrt von ihr besessen, vgl. Jane Gallop, Thinking Through the Body, New York 1988, 49, in einer Interpretation von de Sades' Justine.

94 StAE, Reichsstadt, A 43B, 12.3.1691.

95 Weil er nicht mehr im Stand gewesen sei, „ein weib recht zu versehen", schlief beispielsweise ein Schafhofbesitzer 1722 heimlich mit seiner ihm den Haushalt versorgenden Nichte, „ohne daß es einigen effect haben möchte", wie er meinte, „worinnen es ihm aber sehr gefehlet", HStASt, A 309, Bü. 265, 22.6.1723, Hans Jakob Hofmeister.

96 Für diese endete der Prozeß in einer Rechnung von über 82 fl., denn Hans Stollen wurde 1699 enthauptet, HStASt, A 209, Bü. 1632, 20.2.1699.

97 StAH, 4/482, Veronica Bootzen, 208r, 2.8.1655.

98 StAH, 4/484, 67rv, 3.5.1678.

99 Dabei fällt auf, daß der Beischlaf mit einer Tochter oder Stieftochter im Fall ihrer Schwängerung umgekehrt gerade zu einer Hypostasierung der Erzeugerschaft des Ehemannes führen konnten, s. Frauke Tomczak, Die CREATIO EX NIHILO und die Abwesenheit der Frau. Ein blinder Fleck in der Genealogie, in: Claudia Gehrke (Hrsg.), Geschlechter-Verhältnis. Prognosen, Psychosen, Metamorphosen, Konkursbuch 24 (1990), 213–233.

100 S. Lyndal Roper, Stealing Manhood: Capitalism and Magic in Early Modern Germany, in: (dies.) Oedipus and the Devil. Witchcraft, sexuality and religion in early modern Europe, London/New York 1994, 125–144.

101 Nachdem er auf Märkten seine Geschäfte erledigt hatte, betrank er sich regelmäßig, dachte dann beim Heimritt, die Frauen lägen ihm zu Füßen und redete sie unzüchtig an. Ein Parallelbeispiel bietet der Böblinger Untervogt Knapp, s. HStASt, A 309, Bü. 187, 24.2.1647.

102 HStASt, A 209, Bü. 179.

103 Ebd., Bü. 1500, 8.2.1703.

104 Ebd., Bü. 1231, 1.10.1658.

105 Ebd., Bü. 1720 (2), 15.7.1655.

106 David Sabean hat gezeigt, wie lange Eltern über die stückweise Abgabe von Gütern ihren Einfluß aufrecht erhielten, und diese Macht ihr Verhältnis zu Kindern und Schwiegersöhnen bestimmte, s. Sabean, „Junge Immen".

107 Eine Magd sagte im Fall des Leonberger Altbürgermeisters Stahl aus, seine Stiefenkelin hätte gemeint, sie müsse von ihm schwanger sein. Er sei „viel munterer und frischer" als ihr Mann. HStASt, A 309, Bü. 145, 2.7.1630.

108 Vgl. auch HStASt, A 209, Bü. 1765.

109 Vgl. auch ebd., Bü. 268.

110 Ebd., Bü. 1442, 9.7.1675, Margaretha Erbacher.

111 Zum Gebrauch dieses Ausdrucks s. Lyndal Roper, „,Wille" und „Ehre": Sexualität, Sprache und Macht in Augsburger Kriminalprozessen', in: Heide Wunder, Christina Vanja (Hrsg.), Wandel der Geschlechterbeziehungen zu Beginn der Neuzeit, Frankfurt a.M. 1991, 180–197.

[112] Er hatte sie das erste Mal mißbraucht, als sie, um Krautsetzlinge zu holen, zusammen nach Calmbach durch den Wald gegangen waren, und danach öfter. Sie wurde enthauptet. HStASt, A 209, Bü. 1937, Bü. 10.1.1684.

[113] Sie war minderjährig, eine Tochter aus der zweiten Ehe, und versorgte ihm den Haushalt. Er wurde enthauptet, sie nach der Geburt des Kindes dann des Landes verwiesen, StAH, Bestand 11, 41/1683.

[114] Vgl. Elisabeth Bronfen, Over her dead body. Death, femininity and the aesthetic, Manchester 1992, 181 f. Dtsch. Nur über ihre Leiche, München 1994.

[115] Vgl. Jane Miller, Seductions. Studies in Reading and Culture, London 1990, 21 f.

[116] Ein Kuhhirt, der sie in einem Armenhaus aufgelesen und eingestellt hatte, berichtete, wegen ihres „seltsamen humors" habe er bald genug von ihr gehabt. Immerzu habe sie gelacht und geweint, gesagt, sie habe etwas auf dem Gewissen liegen, wovon sie keinem erzählen könne.

[117] Mit einem Reiter hatte sie eine Nacht lang so gehurt, daß sie am Morgen kaum noch gehen konnte, die Schreinergesellen ihres Mannes waren ihre Liebhaber. Auf der Flucht hatten sie nicht nur Soldaten, sondern auch ein Kapuzinermönch beschlafen. Als Krönung bestand der Verdacht der Sodomie mit zwei Mägden ihres Schwagers. Zwei ihrer Schwestern hatten Pfarrer geheiratet, und ihr Bruder war der lateinische Schulmeister Kaufbeurens: ihre Ehe mit einem Schreiner fiel ab.

[118] Mit der Hinrichtung büßte man für seine Sünden, und der „ewigliche Tod" in der Hölle blieb erspart.

[119] HStASt, A 210, Abt. II, Bü. 12, 4.4.1683, 27.3.1683, 28.1.1683.

[120] HStASt A 209, Bü. 35.

[121] Während der vierjährigen Ehe war die inzwischen verstorbene Frau hauptsächlich krank gewesen. Eine frühere Magd sprach vom häufigen Hadern zwischen Mutter und Tochter, warum letztere besser dran sei, als sie; als „alte Hexe" und „altes Donnerweib" habe die Tochter ihre Mutter beschimpft.

[122] Ganz ähnlich beschrieb 1758 eine Frau, als er ejakuliert habe, hätte sie sich gleich von ihrem Stiefvater weggerissen, und sein Samen sei ihr „dünn wie Spühlwasser" vorgekommen. Dann haderte sie mit ihm, er solle sie Ruhe lassen, HStASt, A 309, Bü. 268, 2.12.1758.

[123] Sie wurde enthauptet, HStASt, A 209, Bü. 332, 9.11.1684.

[124] HStASt, A 209, Bü. 1988, 29.3.1660.

[125] Er drohte jedesmal während des Beischlafs: „wenn sie dergestalten seines willens zu pflegen sich weigern würde, wie er mit ihr umbgehen, sie in das häuslein stecken, so und so tractieren wolle: Sagendt er sei ambtMann, könne Ihr niemandt darum ansehen, könne auch niemand wider ihn reden oder Ihne anbringen, und wollte er einen der dergleichen etwas von Ihm anbringen würde, reverenter wie einen schelmen und dieb heyssen liegen", HStASt A 209, Bü. 1988.

[126] HStASt A 209, Bü. 1011, 30.6.1663.

[127] Daß die Gelegenheit zur Flucht bestand, lag allein schon daran, daß Vermutungen oft erst durch den Pfarrer nachgegangen wurde, der dann vielleicht erst den Bürgermeister hinzuzog, bevor der Vogt benachrichtigt wurde. Vgl. z. B. HStASt A 209, Bü. 1988; vgl. auch HStASt A 309, Bü. 146, Susanna Mantz.

[128] HStASt, A 209, Bü. 1937, 22.1.1685.

[129] Ebd., Bü. 373.

130 Ebd., Bü. 845.

131 Ebd., Bü. 1720(2), 28.9.1655.

132 Berufsangaben finden sich natürlich nur bei einer kleinen Anzahl der Fälle, aber trotzdem fällt diese Verteilung im Vergleich zu anderen Delikten auf. Wir finden: 2 Pfarrer, 1 Schulmeister, 2 ehemalige Vögte, 2 ehemalige Schultheissen, 2 ehemalige Bürgermeister, 1 ehemaligen Provisor, 1 Stadtboten, 1 Mitglied der Ehrbarkeit, den Mitbesitzer eines Schafhofes, 5 eindeutig begüterte Personen ohne spez. Berufsangabe, 2 Wirte, 3 Zimmermänner, 2 Schneider, 2 Schmiede, 1 Schuhmacher, 1 Münzmeister, 1 Weißgerber, 1 Uhrmacher und Schlosser, 1 unspez. Handwerker, 1 Müller, 1 Scherenschleifer, 1 Weingärtner, 1 Schweinstreiber, 1 Hirt, 2 Tagelöhner.

133 Von welcher Bedeutung es innerhalb „normaler“ Familien war, peinlich bestraft zu werden, zeigt sich in den immer wiederkehrenden Angeboten von betrogenen Ehepartnern, ihren Mann oder ihre Frau für den Fall, daß diese nicht mit einer Ehrenstrafe bestraft würden, wieder anzunehmen. So wurde Catharina Rommel, deren Schwager sie vergewaltigt hatte, angesichts des guten Zeugnisses, das ihr die ganze Gemeinde gab, ihres friedlichen Zusammenlebens mit ihrem Ehemann und dessen Zusage, wenn sie nicht durch den Scharfrichter gestraft werde, wolle er weiter ehelich mit ihr hausen, nur für vier Monate in den Zehnten gebannt, HStASt A 209, Bü. 90. In einem anderen Fall aber zwischen Schwager und vergewaltigter Schwägerin, der auch keine weiteren für eine lose Moral sprechenden Indizien wider die Beklagte herbeibringen konnte, und in dem der Ehemann auch bereit war, seine Frau wieder aufzunehmen, bestraften die Tübinger Juristen wesentlich härter. Der Onkel von Judith Rück aus Neckartailfingen, dem der Beischlaf mit seiner Nichte angelastet wurde, machte vor Gericht geltend, daß seine zwei kleinen Kinder in zeitliche Schande gestürzt würden, sollte er durch dem Nachrichter gestraft werden. Auch wußte er, „daß nach fürstlicher Ordnung bei leuthen, bei denen hoffnung auf besserung bestünde und die wieder unter ehrlichen biderleuthen geduldet würden, auf das Auspeitschen, unter ersatz anderer Strafen zu verzichten sei, auch auf das auf den Pranger stellen und das Verbot ehrlicher Gesellschaften“. Seine Strafe wurde in eine Buße gemildert, sie verbannt, HStASt A 209, Bü. 1717. Bei der Erwägung des Falls der Anna Maria Dorner und ihres verwitweten Stiefvaters wurde eingeräumt, daß eine Bestrafung durch den Nachrichter zur Verringerung der Chancen beider, Heiratspartner zu finden, beitrüge; HStASt A 209, Bü. 268.

134 HStASt, A 309, Bü. 151., 4.1.1611.

135 Andere Leute hätten vorgeschlagen, er solle gegen die Türken eingesetzt werden, HStASt, A 209, Bü. 2008, 27.7.1668.

136 HStASt, A 309, Bü. 268, 2.12.1758, Samuel Bayer.

137 HStASt A 309, Bü. 90b.

Joy Wiltenburg

Weibliche Kriminalität in popularen Flugschriften 1550–1650

Das Ziel dieses Beitrags steht in Kontrast zu dem der anderen Aufsätze dieses Bandes.* Das gemeinsame Thema, die weibliche Kriminalität im frühneuzeitlichen Deutschland, wurzelt in den Ereignissen des Zeitalters, und die Untersuchung der historischen Fakten darüber stellt freilich eine wichtige Aufgabe dar, die sich noch im Anfangsstadium befindet. Dennoch müssen wir unseren Blick auch auf andere Aspekte des Problems werfen, insbesondere auf die Mentalität, die kulturellen Normen und Erwartungen, die die Grenzen und die Bedeutung weiblicher Kriminalität bestimmten. Dafür sind die Flugschriften und Einblattdrucke besonders aufschlußreich, indem sie zeigen, welche Verbrechensgeschichten das größte Interesse im sechzehnten und siebzehnten Jahrhundert erregt haben. Ein Überblick über die Rolle der Frauen darin beweist, daß bestimmte Vorbilder immer wieder auftauchten – Vorbilder, die einflußreiche kulturelle Ideen ausdrückten. Die hier übernommene Aufgabe besteht darin, diese Vorbilder zu erläutern, um die Einstellung des breiten Publikums dieser populären Lesestoffe – und auch ihre Wirkung auf die Leser- und Hörerschaft – besser verständlich zu machen. So geht es hier nicht darum, ob die Einzelfälle wirklich geschehen sind (obwohl die meisten dieser Erzählungen auf wahren Begebenheiten beruhen) noch geht es darum, die verschiedenen Erscheinungsformen der Frauenkriminalität katalogartig aufzuzählen. Vielmehr gilt mein Interesse dem Diskurs, der Art und Weise, wie man von weiblicher Kriminalität erzählte.

Das Interesse der Historiker als auch der Literaturwissenschaftler an der Analyse des Diskurses und der Erzählung wächst ständig. Auf den Grundsätzen der Literaturtheorie basierend, entdeckt diese Untersuchung manch neue Bedeutung der Texte, was sowohl für die gilt, die häufig analysiert worden sind, als auch für die Texte, die die Aufmerksamkeit der Gelehrten nur selten auf sich gezogen haben.[1] Der Ausgangspunkt dieser Sichtweise der historischen Quellen ist die Erkenntnis, daß ein Text, sogar ein sachlicher Bericht, konstruiert ist. Sobald die Wörter auf der Seite sind oder auch schon früher, ist die Beschreibung etwas anderes als das Beschriebene. Die Umwandlung in Text ist stark von den kulturellen Vorstellungen geprägt, die sich auf die Auswahl, Ausdrucksweise, Struktur und Behandlung auswirken. Für Historiker bieten die Werkzeuge der Literaturwissenschaft eine fruchtbare Möglichkeit, indem sie uns erlauben, Fragen zu stellen, die nicht die historische Genauigkeit einer Schilderung, sondern ihre kulturellen Beziehungen behandeln. Vor kurzem hat Natalie Davis diese Verfahrensweise in ihrer Studie französischer Begnadigungsgesuche benutzt.[2] Diese Texte waren abgefaßt mit dem Ziel, die Schuld der Verurteilten zu minimieren; sie enthüllen also viel von den Werten ihrer Gesellschaft. Ihre Echtheit als Schilderungen der Tatsachen bleibt zweifelhaft und meistens nicht beweisbar, was aber ihre kulturelle Bedeutung nicht vermindert. Die Analyse solcher Texte kann uns bewußt machen, daß die Methoden der Literaturwissenschaft gute Resultate bringen können, auch wenn die Autoren und die Leser eines Textes ihn überhaupt nicht als „Fiction" betrachteten.

Im frühneuzeitlichen Deutschland entwickelte der öffentliche Diskurs über Kriminalität mit der neuen Technologie des Drucks neue Formen. Pamphlete und Berichte von Verbrechen in Flugschriften entwickelten bis zur Mitte des 16. Jahrhunderts Standardformate, typische Formen der Anrede und Verteilungswege, die ein breites Publikum erreichten, ganz besonders in den Städten. Die Quellen für diese Studie sind Einblattdrucke und kleine Flugschriften, die zwischen ca. 1550 und ca. 1650 publiziert wurden. Meistens in protestantischen Städten gedruckt, sprachen sie besonders die wohlhabenden Schichten an, die sowohl genügend Geld besaßen, um sie zu kaufen, als auch über die Fähigkeit verfügten, sie zu lesen. Obwohl diese Lesestoffe billiger als richtige Bücher waren, kosteten sie dennoch wahrscheinlich mehr, als die meisten Leute übrig hatten. Es scheint, daß die Preise für kleine „Zeitungen" im 16. und frühen 17. Jahrhundert zwischen 3 und 6 Pfennig gelegen haben; die Einblattdrucke aber, mit ihren oft großen Bildern, waren teurer, die niedrigsten Schätzungen liegen zwischen 10 und 20 Pfennig.[3] Für einen Maurer, der vielleicht 24 Pfennige pro Tag im frühen 16. Jahrhundert verdiente, wären solche Kosten vielleicht bezahlbar gewesen, sie hätten aber keine Kleinigkeit bedeutet. Dies gilt um so mehr für einen gewöhnlichen Tagelöhner, der wahrscheinlich nur 10 Pfennige pro Tag verdiente.[4] Im Laufe des 16. Jahrhunderts erhöhten sich sowohl die Preise als auch die Löhne, aber nicht im gleichen Verhältnis, denn die Steigerung der Preise übertraf die der Löhne bei weitem. So wurden die Flugschriften bis ins 17. Jahrhundert teurer, und für diese schweren Zeiten muß man sie als einen kleinen Luxus betrachten. Dennoch waren sie nicht auf reiche Leser beschränkt, weil ihr Publikum nicht nur aus Käufern, sondern auch aus nichtzahlenden Zuhörern bestand. Vielfach vertont und gesungen, wurden diese Texte nicht nur in den Straßen und auf den Märkten feilgeboten und aufgeführt, sondern auch privat vorgelesen oder vorgesungen. Die mündliche Aufführung, die weder bezahlt werden mußte noch Lesefähigkeit erforderte, vergrößerte die Gelegenheiten für das gemeine Volk – und auch für Frauen, die seltener lesen konnten als Männer – sich am öffentlichen Diskurs zu beteiligen.

Als Vorläufer der modernen Zeitungen übernahmen die frühen Berichte von Verbrechen ähnliche soziale und kulturelle Funktionen. Vor kurzem erschienene Untersuchungen über die Texte von modernen Zeitungen haben gezeigt, wie die sich wiederholenden Schilderungen von Verbrechen, Ermittlung, Verhaftung und Strafe dazu dienen können, das öffentliche Vertrauen in die Macht der Vernunft und der Obrigkeit zu verstärken.[5] Die Wirkung der Schilderungen als solche übertrifft bei weitem die Bedeutung der einzelnen Ereignisse, auf denen sie beruhen. Es ist die Schilderung, nicht die Tatsache, die Ordnung aus Unordnung schafft, und die die stärkste Erfahrung des Verbrechens für die meisten Leute darstellt. Die populären Berichte bieten besonders gutes Quellenmaterial für das, was dem breiten Publikum über Kriminalität vermittelt wurde, in der Frühen Neuzeit als auch im 20. Jahrhundert. Auch die fiktiven und mythischen Elemente, die in Flugschriften gelegentlich vorkommen, enthalten in diesem Kontext nicht weniger Bedeutung als die harten Fakten. Die kriminellen Vorfälle, die für berichtenswert gehalten wurden, die Art und Weise, in der sie wahrgenommen und beschrieben wurden, werfen ein Licht auf die mentale und soziale Welt der frühneuzeitlichen Kultur in Deutschland. Indem sie einen konventionellen Diskurs über Verbrechen und Strafen schufen, drückten sie die Ängste des Publikums ebenso aus wie sie sie bändigten.

Dieser Beitrag untersucht die Darstellung von Frauen in dieser populären Literatur und zeigt, wie die Verbrechen der Frauen eng mit der allgemeinen Kriminalität verbunden sind. Die Analyse beginnt mit der frauenspezifischen Straftat des Kindsmordes und führt in den weiteren Bereich der Morde, die an Familienmitgliedern begangen wurden. Obwohl die Tötung von Säuglingen besonders den Frauen zugeschrieben wurde, geht der Kindesmord über in Schilderungen von der Zerstörung ganzer Familien, an der sowohl Männer wie Frauen schuldig sind. Die „weibliche Kriminalität" führt hier zu einem breiteren Begriff, der nicht nur die Verbrechen umfaßt, die von Frauen begangen worden sind, sondern auch diejenigen, die die traditionellen Bereiche des weiblichen Geschlechts angreifen – die gegen Kinder und Familie gerichtet sind. Das Ergebnis der Untersuchung ist, daß weibliche Kriminalität in dieser Zeit keineswegs nur relevant für Frauen war, sondern uns in breite kulturelle Vorstellungen und Ängste führt, die die Familie, das Individuum und die Gesellschaftsordnung betreffen.

Die Darstellung der Frauen in der Flugschriftenliteratur, wie die der Männer, konzentrierte sich besonders auf Mord. Gelegentlich gibt es Berichte von Betrug oder Diebstahl, doch insgesamt erregten solche Verbrechen nur wenig Aufmerksamkeit.[6] Scheinbar erhöhte sich ihr Interesse für Autoren und Publikum nur, wenn sie mit Morden verbunden waren. Die Verbrecherinnen begingen die meisten Straftaten im Familienkreis (abgesehen vom allgemeineren Schaden, den die Hexen verursachten). Angesichts dieser Umstände, in denen die weibliche Kriminalität sich zeigt, würde nur ein verzerrtes Bild entstehen, wenn wir unseren Blick ausschließlich auf die Täterinnen würfen und sie von dem breiteren Feld der schweren Kriminalität strikt trennten. Die Frauen machen immer nur einen geringen Teil der Gewaltverbrecher aus, auch wenn ihre Zahl in den Berichten sicher unverhältnismäßig höher ist als ihr Anteil an den registrierten Verbrechen.[7] Bei der Vorstellung von Gewalt spielten sie trotzdem eine wichtige Rolle. Überdies sind die meisten Straftaten der Frauen deshalb so bemerkenswert, weil sie nicht nur von Frauen begangen worden sind, sondern auch den Taten anderer Verbrecher so sehr gleichen. Um die Rolle der Frauen und ihre Bedeutung zu erklären, müssen wir ihre Taten im Zusammenhang mit denen der Männer und mit dem Gesamtbild der Verbrechensdarstellungen beurteilen.

Der Kindsmord, der zusammen mit der Hexerei das typische Beispiel frauenspezifischer Kriminalität darstellt, zeigt in den Flugschriften ein bestimmtes Muster. Im Gegensatz zu den meisten tatsächlichen Kindsmörderinnen,[8] wurden Frauen in den Flugschriften gewöhnlich als Mörderinnen von mehreren unehelichen Kindern dargestellt, die sie getötet hatten, bevor ihre Verworfenheit ans Licht kam. Diese Diskrepanz zwischen den typischen Fakten solcher Verbrechen und den typischen Berichten darüber zeigt, wie die Bekanntmachung dieser Geschichten wenig von den bloßen Tatsachen, aber kräftig von den kulturellen Vorstellungen bestimmt war. Übrigens stimmt das, auch wenn die Einzelfälle ganz faktisch sind; von entscheidender Bedeutung ist hier nicht, ob die Aussagen der Flugschriften falsch sind oder nicht, sondern daß ihre Darstellungen insgesamt eine eigene „Realität" schufen, ganz anders als die Realität des Alltags. Der Diskurs steht dem Ereignis gegenüber, aus dessen Stoff er gemacht ist, und der doch etwas Anderes darstellt. Gelegentlich wird zwar auch eine Frau gezeigt, die nur einen einzigen Mord aus Schande begeht, aber weit häufiger ist das Bild einer vollkommen lasterhaften Frau, die ganz bewußt eine Reihe von Kindsmorden begeht, um der Lust frönen zu können. Manchmal sind diese Taten bei den Frauen nicht das einzige Tötungsdelikt, sondern nur Teil einer größeren Kette von Morden. Die Verantwortung für ihr Laster liegt in erster Linie bei den Angeklagten selbst, doch manchmal wird sie auch den Eltern angelastet, die ihre Kinder (nach der Meinung der Autoren) strenger nach den Grundsätzen der Religion und Moral hätten erziehen sollen. Diese Konzentration auf die Kindererziehung kehrt immer wieder, besonders bei protestantischen Autoren.

In der Mitte des 17. Jahrhunderts hatte eine dieser undisziplinierten Töchter zwar tugendhafte, aber zu nachsichtige Eltern. Sie war das einzige Kind ihres Vaters, „ein Tochter schön vnd hüpsche / er war jhr viel zu milt." Ihre Eltern hielten sie zur Redlichkeit und Frömmigkeit an, aber es gelang ihnen nicht, ihre Mutwilligkeit zu zähmen:

> „aber es war zu freche /
> darzu all schalckheit voll /
> das macht sie liessen jhm alles nach /
> alles was es gelüstet /
> drumm kams in schand vnd schmach."

Als sie fünfzehn war, schickten sie sie als Dienstmädchen in die Stadt. Obwohl sie vorgab, ein keusches Leben zu führen, ging sie im Geheimen dem Laster der Unkeuschheit nach:

„da hat es lang gebulet:
heimlich es kam nit auß /
vnd wolt doch stäts die frömste sein /
vnd thet also dergleichen /
mit trug vnd falschem schein."

Nachdem sie ein Kind geboren hatte, warf sie es in das heimliche Gemach. Schamlos verbrachte sie einige weitere Jahre, gebar ein zweites Kind, das sie den Schweinen zum Fraß überließ. Mit ihrer dritten Schwangerschaft jedoch kam die Abrechnung. Gott ließ sie ein mißgebildetes Kind als Zeichen seines Zorns gebären. Nachdem sie von der Obrigkeit verhaftet worden war, gestand sie bald ihre sieben Jahre der Missetat und wurde dazu verurteilt, daß ihr bei der Hinrichtung heißes Öl in den Mund gegossen und ihr eine Brust abgeschnitten werden sollte. Dieses schockierende Schicksal stellte eine Warnung für alle Eltern dar, die Zügel bei der Erziehung ihrer Kinder nicht schleifen zu lassen: „Vnd nemmens vnder dRut / weil sie noch zbucken sind."[9]

Eine ähnliche Hure, Catharina von Limburg, erreichte nach einem Flugblatt von 1626 eine noch größere Zahl von getöteten Kindern. Obwohl ihre reichen Eltern ihr Möglichstes taten, um sie zur Tugendhaftigkeit zu erziehen, verschmähte sie alle ihre Lehren und lebte lange genug in Sünde, um sieben uneheliche Kinder zu gebären und zu töten. Nachdem sie vier zu Hause beseitigt hatte, ging sie fort, um in Mainz das Leben einer Prostituierten zu führen. Ihre Verworfenheit kam ans Licht, als sie, nachdem sie ins Elternhaus zurückgekehrt war und Zwillinge geboren hatte, dem ersten die Kehle durchschnitt, aber von dem Schreien des zweiten verraten wurde. Nach ihrer Verhaftung gestand sie unter der Tortur die sieben Morde.[10] Eine andere junge Frau, ebenfalls Tochter eines wohlhabenden Bürgers, war genauso brutal. Nachbarn erzählten ihrem Vater von ihrer Schwangerschaft, die sie aber energisch leugnete, und

„so bald das Kind auff die Welt kam /
schlug sies todt an einen Baum /
und thäts in Stuck zerschneiden.

Zu stücklein klein wie Fisch gemein /
... es thät sie nit gereuen."

Sie ließ diesem Mord die Ermordung ihres Vaters folgen, den sie mit einem Beil umbrachte, während er schlief.[11]

Dieser Vorfall, bei dem Kindsmord mit Vatermord verbunden ist, verweist auf Verbindungen zwischen Geschichten von Kindsmorden mit einer verwandten Kategorie von Verbrechen, den Morden an Familienmitgliedern. Mindestens zwanzig Berichte von mehrfachem Mord innerhalb einer Familie erschienen in Deutschland zwischen 1550 und 1650; gewöhnlich gehörte die Ermordung von mehreren Kindern dazu.[12] Die Verbrecher reichten von rebellischen Jugendlichen bis zu betrunkenen oder verzweifelten Eltern und umfaßten Männer wie Frauen. Die Geschichten haben jedoch gemeinsame Kennzeichen. Die Mörder wurden als vom Teufel angetrieben wahrgenommen, und sie schlugen nicht gegen ein einzelnes Individuum, sondern gegen einen ganzen Haushalt los. Ein klassischer Fall, der Kindsmord mit der Zerstörung der Familie kombiniert, ist der der ungehorsamen Tochter Magdalena, die in wenigstens zwei Berichten des späten 17. Jahrhunderts auftaucht. (Übrigens wurden beide Versionen ihrer Geschichte als Neuigkeiten ausgegeben, obwohl die erste in 1650 und die zweite in 1673 erschien.) Sie verachtete ihre tugendsamen Eltern und schloß sich einer Bande von Mördern in einer nahegelegenen Gastwirtschaft an. Nachdem sie heimlich zwei uneheliche Kinder geboren und getötet hatte, forderte sie ihr Erbteil, aber ihr Vater verweigerte ihn ihr mit der Begründung, daß sie noch ledig sei. Magdalena verließ ihn wütend und schwur, ihn zu töten. Ihre mörderischen Freunde ermutigten sie, ihn umzubringen und sein Hab und Gut zu rauben. Sie kehrte nach Hause zurück und wurde von ihren Eltern herzlich willkommen geheißen, doch nachdem sie schlafen gegangen waren, schnitt sie ihnen die Kehle durch und tötete alle ihre Geschwister mit einem Schwert und einem Messer. Sie und ihre Konsorten wurden ergriffen, und die Mörder gestanden über 130 Morde.[13]

Es scheint teilweise ein Streit um die Erbschaft gewesen zu sein, der Magdalena angetrieben hat, und wirtschaftlich bedingte Spannungen trieben auch andere Gesetzesübertreter zu ihren Taten. Familienväter verloren ihr Hab und Gut bei Wein und Spiel und wandten sich dann gegen ihre Familien; Eltern verloren den Glauben daran, ihre Kinder ernähren zu können und töteten sie in einem Anfall von Verzweiflung. Ein Schlachter und Vater von sechs Kindern brachte all seine Habe in der Gastwirtschaft durch und stritt sich jeden Abend mit seiner Familie. Die Vorwürfe seiner tugendhaften Frau verschlechterten alles nur noch; und an einem Tag im Jahre 1599 tötete er schließlich alle mit einem Fleischermesser. Ein anderer Verschwender beantwortete die Klagen seiner Frau über seine unverantwortliche Vernachlässigung 1607 in ähnlicher Weise mit Gewalt: Unbeeindruckt davon, daß sie hochschwanger war, erstach er sie und tötete dann ihre fünf Kinder. Sein Blutdurst war damit noch nicht gestillt, da „der bös Geist jn besessen hat," ging er zum Haus seiner Mutter und tötete sie ebenfalls, dann zum Wirtshaus, wo er die Gastwirtin und fünf Kinder tötete, und schließlich ging er zum Haus seines Schwagers, wo er die ganze Familie umbrachte: 24 Morde in einer einzigen Nacht. Zahlreiche weitere Beispiele könnten angeführt werden.[14]

Noch mehr als die Notwendigkeit eines wirtschaftlich verantwortlichen Verhaltens stand die traurige Lage der hilflosen Kinder im Mittelpunkt dieser Schilderungen. Die Kinder wurden oft dargestellt, wie sie mit aller Inständigkeit um ihr Leben flehten. Diese pathetischen Szenen sind das klarste Beispiel der Ausschmückung tatsächlicher Ereignisse; sie sind um der Wirkung willen hinzugefügt worden. Nicht nur hörte das Publikum von dem Tod der Kinder, sondern es wurde darüber hinaus noch ermutigt, sich ihre Angst und Naivität im Angesicht der schrecklichen Gewalttätigkeit vorzustellen. In einem Bericht bat das jüngste Kind

„ach Vatter laß mich leben /
jhr solt mir weder Essen noch trincken /
Kein Brodt in die Schul mehr geben. /
Das namb er gar zu Hertzen nicht /
der Ehr vergessen Bößewicht /
gar nichts gieng jhm zu Hertzen."[15]

Dieses Opfer hat die ökonomische Last selbst erkannt, die es für seinen Vater darstellte, und hat versucht, sie zu beseitigen, aber vergeblich. Einer der frühesten dieser Massenkindsmorde wurde von einer Mutter begangen und in einer Flugschrift aus dem Jahre 1551 von einem lutherischen Pastor namens Burckhard Waldis beschrieben. Diese Frau, offensichtlich niedrigen Standes, hackte eines Tages ihre vier kleinen Kinder in Stücke, während ihr Mann zur Arbeit war. Kein Grund wurde für ihre plötzliche Wut angegeben, abgesehen von der trügerischen Wirksamkeit des stets wachsamen Teufels. Wie viele der Opfer solcher Verbrechen flehte ihr Sohn mit rührenden Worten um sein Leben:

> „Er sprach hertz liebste mutter mein /
> Verschon mein doch vnd laß dir sagen
> Ich wil dir all das wasser tragen
> Das dir den winter thut von nöten /
> Verschon mein doch wölst mich nit tödten.
>
> Da halff keyn bitt es war vmb sunst /
> Ihrn willen schafft des Teuffels kunst /
> Sie schlug vff jn gleich nach der schwer /
> Als obs eyn frisches krautheupt wer."[16]

Ein Kind in einer anderen Geschichte, das gesehen hatte, wie sein Bruder getötet wurde, schrie:

> „Ach liebe Muter thu mirs nit /
> Wie dem Philipp dort hinden / ...
> Aber sie war verblendet /
> Der Teuffel hett sie besessen gar /
> Zu dem selbigen male /
> Kein erbarmung bey jr nicht war."[17]

Auf die Reden der Kinder verwandten die Autoren ein beeindruckendes Maß an Vorstellungskraft; sie gebrauchten sie, um die teuflische Unmenschlichkeit der Mörder zu betonen. Gleichgültig ob die Verbrecher Männer oder Frauen waren, die Geschichten vermitteln ein Gefühl von ständiger Verwundbarkeit durch teuflischen Wahn, selbst im anscheinend so sicheren Schoße der Familie. Solche Szenen kamen häufig vor. Sie wurden nicht nur von einzelnen Autoren wiedergegeben, sondern sie waren ein weit verbreitetes Thema, ein Leitmotiv, das man immer wieder hörte.

Um diese deutschen Flugschriften über Morde in der Familie in einen größeren Kontext zu stellen, ist es hilfreich, sie mit den Strukturen zu vergleichen, die in entsprechenden englischen Berichten auffindbar sind. Autoren beider Länder schenkten den Verbrechen in Familien ganz besondere Aufmerksamkeit, da sie die Erwartungen an die Ordnung und Intimität des Familienlebens verletzten. Aber im Unterschied zu dem deutschen Bild, das von vielfachem Mord, besonders von Eltern an

Kindern und umgekehrt geprägt ist, lag in den englischen Berichten das Zentrum tödlicher Gewalt in den Familien bei den Ehegatten. Ehefrauen töteten ihre Männer und diese ihre Frauen, aber gleichgültig, wer von den beiden die Tat beging, so pflegte ihre Wut doch zu versiegen, wenn der eheliche Feind ausgelöscht war. Es gibt wenig Hinweise auf die Blutbäder, die in deutschen Flugblättern so häufig sind, in welchen Ehemänner oder -frauen, Väter, Söhne oder Töchter in eine solche Wut gerieten, daß sie die ganze Familie umbrachten, oder jedenfalls alle Mitglieder, die erreichbar waren. Die deutschen Ehegatten dagegen haben selten nur ihren Partner umgebracht. Ähnlich verhält es sich mit englischen Berichten von Kindsmorden: Sie betrafen typischerweise jeweils nur ein Opfer. In deutschen Berichten ist es ebenso selten, nur ein Kind zu töten wie nur ein Elternteil oder den Ehegatten. Diese Unterschiede in den Strukturen der Geschichten können zu größeren kulturellen Unterschieden in Beziehung gesetzt werden, dem Unterschied zwischen einer individualistischeren Einstellung in England und dem größeren Gewicht der Familie und der Gemeinschaft in Deutschland.[18]

Dieser Unterschied im Umfang der Morde in der Familie zwischen England und Deutschland trifft auch für das Gesamtbild der Kriminalität zu. Während Autoren in beiden Ländern ihre Aufmerksamkeit erster Linie dem dramatischsten aller Verbrechen, dem Mord zuwandten, so ist doch die Anzahl von Morden pro Täter(in) in Deutschland enorm im Vergleich zu England. Die meisten englischen Täter beschränkten sich auf ein bis zwei Morde, dagegen hatten die meisten deutschen Mörder – jedenfalls diejenigen, deren Taten die Zeitgenossen so beeindruckten, daß sie durch Druck verewigt wurden – mehrere Morde begangen. In diesem Punkt ähnelten die Hexen, deren Missetaten theoretisch wegen der Unwirklichkeit ihrer Verbrechen unbegrenzt sind, den gewöhnlicheren Gesetzesbrechern. Gleichfalls wurden die Kindsmörderinnen, vielleicht die ungewöhnlichste Art von Täterinnen bei mehrfachen Morden, dem allgemeinen Schema angepaßt.[19]

Einige strukturelle Charakteristika der Geschichten über Verbrechen in diesen Quellen stehen in Beziehung zum Verfahren in Strafprozessen. Die große Zahl von Opfern in deutschen Berichten wurde sicher durch den Gebrauch der Folter noch erhöht. Die Wirkung der Folter bei dem Erpressen von Geständnissen und den Übertreibungen in den Hexenprozessen ist allgemein gut bekannt, aber die Flugschriftenliteratur legt die Vermutung nahe, daß die peinliche Frage ähnliche Wirkungen bei Geständnissen gewöhnlicherer Verbrechen gehabt haben könnte (vielleicht besonders in Fällen von Morden, die im Laufe mehrerer Jahre begangen worden waren). Jenseits der rechtlichen Wirklichkeit schufen die Berichte jedoch eine eigene Wirklichkeit in den Köpfen derer, die sie lasen oder denen sie vorgelesen wurden. Die große Zahl von Opfern steht in Zusammenhang mit Vorstellungen sowohl der Obrigkeit wie auch der Öffentlichkeit, in denen Verbrecher nicht einfach als sündige Individuen gesehen wurden, die ganz bestimmte Taten begangen hatten, sondern als völlig Verdorbene, die, da sie ganz in der Hand des Teufels waren, dazu tendierten, ein Verbrechen nach dem anderen zu begehen.

Fast alle Straftaten, die in der populären Literatur den Frauen zugeschrieben wurden, griffen die Werte der weiblichen Sphäre an. Das stimmt nicht nur für die Kindsmörderinnen und die Mörderinnen innerhalb der Familie, sondern auch für die Hexen, die besonders für die Fruchtbarkeit eine Gefahr darstellten – durch Unwetter, die die ganze Ernte zerstören konnten, durch Zauber, der die sexuellen Kräfte schwächen konnte oder durch die Tötung von ungetauften Kindern.[20] Gleichfalls wichtig jedoch ist die Tatsache, daß es nicht nur Frauen waren, die solcher Verbrechen angeklagt wurden, und daß die Berichte über die Taten der Schuldigen beiderlei Geschlechts immer wieder ähnlich klingen. Wir haben schon gesehen, wie die Kindsmörderinnen der größeren Kategorie der Familienmörder angeglichen wurden, so daß ihre Taten denen der Männer entsprachen. Auch die Hexerei hatte ihre männliche Parallele in Mörderbanden, die sich mit dem Teufel verbanden, um eine große Menge von Opfern zu töten. Eine dieser Banden wurde hier schon erwähnt, wie sie die Magdalena anstachelte, ihren Vater zu töten. Überdies hörte das Publikum erschreckende Geschichten von ihnen darüber, wie sie besonders schwangere Frauen als Opfer vorzogen, da sie mit dem ungetauften Fötus gräßlichen Zauber vollbringen konnten.[21] Die Darstellungen über den Familienmord stimmen mit denen der Mörderbanden und Hexen überein, in der Chronologie wie auch in den kulturellen Ängsten, die sie reflektieren. Die Schwerpunkte in diesen „Kriminalerzählungen“ legen nahe, daß weibliche Kriminalität weit größere Implikationen hatte, als die stets kleine Zahl von Täterinnen vermuten läßt. Die in großem Maße frauenspezifischen Verbrechen des Kindsmordes wie auch der Hexerei – Verbrechen, die sich gegen die Grundlage der Gesellschaft richteten, dadurch daß sie ganze Familien auslöschten und die Fruchtbarkeit zerstörten – sind nämlich nicht auf den Bereich des Weiblichen zu beschränken. Die Gefahren, die häufig mit weiblicher Kriminalität verbunden werden – besonders die Gefahren für die Kinder und die weiblichen Bereiche der Reproduktion und der Ernährung – verbanden sich hier mit einer größeren Bedrohung.

Die Mittel der populären Kriminalliteratur, Schrecken hervorzurufen, indem sie die rezipierten Werte von häuslicher Liebe und Pflege auf den Kopf stellten, spiegeln die Intensität, mit der diese Werte gehegt wurden. Die moralisierenden Verfasser von Flugschriften über Familienverbrechen unterstrichen die reformatorische Verpflichtung zu frommer elterlicher Disziplin, selbst in dem Augenblick, wo sie mit großem Pathos das Schicksal der Kinder behandelten, die deren Wohltaten beraubt wurden. Gleichzeitig reflektierte die wiederkehrende Zerstörung des häuslichen Friedens in Kriminalberichten Spannungen innerhalb des herrschenden Familienideals. Das Bevölkerungswachstum und die steigende ökonomische Belastung haben das Bewußtsein der Last einer Familie und von Kindern steigen lassen wie auch die Spannungen zwischen den Generationen verschärft. Die intensivere Verantwortlichkeit, die die Reformation der Familie verliehen hatte, hat möglicherweise auch die Wahrnehmung von Schwierigkeiten verstärkt.

Die Geschichten von Verbrechen konnten in den Augen der Autoren einer Reihe von Zwecken dienen: Sie konnten die Menschen davon überzeugen, daß sich Verbrechen nicht lohnen; sie konnten Ehrerbietung gegenüber der Obrigkeit einflößen, die das Verbrechen verfolgte, und sie konnten Frömmigkeit und Disziplin in der Familie als die einzigen sicheren Mittel propagieren, um Unheil zu vermeiden. Durch die Art und Weise, wie die Autoren diese Ziele verfolgten, ließen sie einen öffentlichen Diskurs entstehen, der die Zerbrechlichkeit der sozialen Ordnung betonte. Die gesellschaftliche Ordnung war ständig bedroht von dämonischen Kräften, die sowohl mit Frauen verbunden wurden als sich auch gegen sie richteten. Der Teufel, der Verbündete der Frauen, aber auch der ewige Feind der weiblichen Güter der Fruchtbarkeit und Pflege, war in den Berichten mit gewaltigen Kräften ausgestattet. Im weitesten Sinne schuf die weibliche Kriminalität in frühneuzeitlichen Flugschriften ein starkes Gefühl der menschlichen Ohnmacht angesichts der unsichtbaren Kräfte des Bösen, die hinter Ruhe des Alltagslebens lauerten.

Anmerkungen

* Für seine Hilfe beim Abfassen der deutschen Version möchte ich Otto Ulbricht danken.

1 Vgl. Terry Eagleton, Literary Theory: An Introduction, Oxford 1983.

2 Natalie Z. Davis, Fiction in the Archives: Pardon Tales and Their Tellers in Sixteenth-Century France, Stanford 1987 (Der Kopf in der Schlinge. Gnadengesuche und ihre Erzähler, Berlin 1988).

3 Paul Roth, Die neuen Zeitungen in Deutschland im 15. und 16. Jahrhundert, Leipzig 1914, 68–69; Rolf Wilhelm Brednich, Die Liedpublizistik im Flugblatt des 15. bis 17. Jahrhunderts, Baden-Baden 1974–75, Bd. 1, 75; Gisela Ecker, Einblattdrucke von den Anfängen bis 1555: Untersuchungen zu einer Publikationsform literarischer Texte, Göppingen 1981, Bd. 1, 50; Bruno Weber, Wunderzeichen und Winkeldrucker, 1543–1586: Einblattdrucke aus der Sammlung Wikiana in der Zentralbibliothek Zürich, Zürich 1972, 25–30; William A. Coupe, The German Illustrated Broadsheet in the Seventeenth Century, Baden-Baden 1966, 13–14, 19.

4 Walter Krieg, Materialien zu einer Entwicklungsgeschichte der Bücher-Preise und des Autoren-Honorars vom 15. bis zum 20. Jahrhundert, Wien 1953, 17, 21.

5 Richard V. Ericson, Patricia M. Baranek, and Janet B. L. Chan, Representing Order: Crime, Law, and Justice in the News Media, Toronto 1991; s. a. Michel Foucault, Überwachen und Strafen. Die Geburt des Gefängnisses, Frankfurt a. M. 1979.

6 Newe zeitung: Wie wunderbarlich Gott / den vnmenschlichen vnd vom Teuffel zugerichten grossen Bauch / an der Jungfrawen zu Eszlingen / offenbaret hat ..., Erfurt 1551 (Staatsbibliothek Preussischer Kulturbesitz, Berlin [im folgenden: SBPK], Flugschr. 1550-4); Ein Warhafftige / erschröckliche / vnd vnerhörte newe zeittung / so sich im Land zu Ungern / von Ottergezicht vnd Eidexen ..., Worms 1550 (SBPK Flugschr. 1550-3); Wunderbarliche vnnd seltzame Geschicht / so sich hat zugetragen / In der Keyserlichen Freyen Reychstatt Nörlingen / Von einem Weybsbild / die sich für ein Manns person außgeben hat ... mit jhrem rechten Tauffnammen Eua Balbiererin von Glotz ..., Basel 1566.

7 S. z. B. Joy Wiltenburg, Disorderly Women and Female Power in the Street Literature of Early Modern England and Germany, Charlottesville und London 1992, 212.

8 S. Otto Ulbricht, Kindsmord und Aufklärung in Deutschland, München 1990 und Richard van Dülmen, Frauen vor Gericht. Kindsmord in der frühen Neuzeit, Frankfurt a. M. 1991. S. a. Ein warhafftigen bericht vnd neuwe zeittung von einem kloster ... von der Aabtissin welche grosse vnzucht getrieben mit einem vogt welche zehen kinder mit im gehabt / vnnd dieselbigen jämerlich ermördt..., Köln [?] 1599 (Deutsche Staatsbibliothek, Berlin [im folgenden: DSB], Ye 5301, neuerdings, wie alle anderen Titel aus dieser Bibliothek, auch SBPK); Warhafftige Newe zeytung. Vnd ein Traurige Geschicht / in ein Lied verfast / von einer vngezognen Tochter / wie sie ein Kindt vmbgebracht / vnd dasselbig jhrer Magt im Schlaff zugelegt..., Köln 1589 (DSB Ye 4845); Wunder newe Zeitung / vnd warhaffte Geschicht. Von der Nunnen heiligkeit vnd reinigkeit..., Christlingen [Straßburg?] 1584 (Herzog-August Bibliothek, Wolfenbüttel [im folgenden: HAB]); Ein Wunderbarlich vnd vnerhörtes Mirackel / Welches sich warhafftig zugetragen hat bey der Statt Remis ... von einer jungen Magdt / welche vnschuldig zum Todt verurtheilt..., Köln 1589 (SBPK Flugs. 1589-9); Newe Zeitung: Welcher gestalt zu Prage ein Mann vnd Weib vber Essen vneins worden / sich geschlagen.... Item wie eine Dienstmagd allda jhr eigen Kind viertheilet..., 1613 (HAB).

[9] Ein ware gschicht vnd newe Zeitung / Von einem falschen Meitlin welches sich ein zeit lang für ein reine Tochter außgeben.... [c. 1650?], A2, A2v, A4v (DSB Ye 7266).

[10] Eine Warhafftige vnd erschröckliche Newe Zeittung / Welche sich begeben ... hat / in der Statt Limburg / mit eines reichen Becken Tochter / mit Nahmen Catharina ..., Frankfurt a. M. 1626, in Brednich, Bd. 2, Nr. 118.

[11] Drey gantz Neue Anmüthige Gesänger / Das Erste: Ein erbärmliche Geschicht ... zu Pißka ... [c. 1600?], A1v (British Library, London [im folgenden: BL]).

[12] S. z. B. Zween Erschreckliche geschicht / Gesangs weise. Die Erste / von einem Wirt im Allgergaw / Bastian Schönmundt genandt.... Die Ander ...ein schwanger Weib vom Teuffel besessen / jren Man sampt drey Kindern / auch sich selbs mit jhrer Leibesfrucht jemmerlich ermordt vnd vmbgebracht hat, 1596 (DSB Ye 5141); Warhafftige newe Zeitung von einer Frawen sampt dreyen Kindern wie sich selbst durch hungers noth erhangen..., Köln 1591, in Brednich, Bd. 2, Nr. 60; Zwo warhafftige newe Zeitung / Die Erste / Welche sich begeben ... hat in der Stadt Braunschweig.... Die ander newe Zeitung / Von einer Magd vnnd Knechte / welche vier Jahr bey jhrem Herrn gedienet haben / vnd wie sie den Herrn sampt der Frawen / vnd drey Kinder jämmerlich ermordet haben..., Magdeburg 1605 (DSB Yd 7852.23); Warhafftige / Erbärmliche vnd auch erschröckliche newe Zeytung / so sich Anno 1602. an der Herrren Faßnacht bey Elbing in Preüssen / ... mit einer armen Wittfrawen..., Danzig 1602, in Brednich, Bd. 2, Nr. 126; Zwo newe Zeittung / Die Erste / Ein erschröcklich vnd sehr erbärmlich Geschicht / so geschehen ist den letzten Februarij / in diesem Achtzigsten Jar in Braband..., Wien 1580 (DSB Ye 4527).

[13] Zwo vnerhörte vnd schröckliche Zeitungen / Die erste / wie daß ein Kauffmans Sohn sich an eine Dienstmagd verlobt ..., 1650, in Brednich, Bd. 2, Nr. 120, „Gedruckt nach der Niderlandischen Copey“; Eigentlicher Bericht und traurige Zeitung / Von unterschiedlichen Wunderzeichen ..., 1673 (DSB Ye 7681).

[14] Zwo Warhafftige Newe Zeitung / Die erst / Von einem Mörder / der sein Ehelich Weib / vnnd Sechs Kinder ermördet hat / geschehen inn der berümpten Statt Prüßeln / in der Schlessien ..., 1599 (DSB Ye 5311); Warhafftige vnd erschröckliche newe Zeitung. Von etlichen Jesuwittern.... Die ander Zeitung. So sich zu Hall im Ihnthal mit einem Burger ..., „Stuckard“ 1607 (BL); s. a. Ein warhafftiger / grundtlicher Bericht vnd newe Zeitung: Was sich mit einem vollen Weinschlauch vnd seinem ehelichen Weib / die groß schwanger gewesen ..., Erfurt 1616 (BL); Warhafftige vnd schröckliche Newe zeitung / von einer Fürnemmen Person / welche durch verfürung deß bösen Feindes / vnd grimmigem zorn / auff ein mal Acht mordt verbracht / ... zu Wangen in Algäw ..., Laugingen 1585 (SBPK); Zwo warhafftige trawrige newe Zeitungen .... Die erste / Von einem Undervogt zu Bergen ..., Freiburg 1623 (BL); Warhafftige Zeitung / So niemals erhört / ... zu Quedelburg in Sachsen mit einem Becken / mit Namen Heinrich Rosenzweig / welcher durch deß Teuffels List vnd Rath sein Weib vnd 6. Kinder jämmerlicher weise vmbgebracht ..., Erfurt 1621, in Brednich, Bd. 2, Nr. 117.

[15] Zwo Warhafftige Newe Zeitung / Die erst / Von einem Mörder / der sein Ehelich Weib / vnnd Sechs Kinder ermördet hat, 1599, A2v. S. a. Warhafftige Beschreibung von einer schröcklichen Mordthat / so geschehen 1652 ... in der Neisischen Herrschafft ... , Neisse 1653, in Brednich, Bd. 2, Nr. 121; Drey warhafftige grundtliche Zeitungen / Die erste / Von ettlichen Hexen ... welche hin vnd wider in Vngern / vnd Teutschland grossen schaden angericht haben ..., Freyberg 1610, A3–A3v (Zentralbibliothek Zürich [im folgenden: ZB]).

16 Burckhard Waldis, Eyne warhafftige vnd gantz erschreckliche historien / Wie eyn weib jre vier kinder tyranniglichen ermordet / vnd sich selbst auch vmbbracht hat / Geschehen zu Weidenhausen bei Eschweh in Hessen ..., Marburg 1551, A2, (BL; andere Ausgaben Straßburg 1551, Erfurt 1551).

17 Drey Warhafftige Newe Zeittungen. Die Erste / Von dem gewaltigen ... Wetter.... Die Ander / auß dem Niderland, Köln 1598, A3 (BL).

18 Vgl. Wiltenburg, 210–50.

19 Ibid.

20 S. z. B. Newe Zeitung aus Berneburgk / Schrecklich zu hören vnd zu lesen / Von dreyen alten Teuffels Bulerin / Hexin oder Zauberinnen..., 1580 (HAB); Hans Kuntz, Newe zeitung. Von einer Erschrecklichen That / welche zu Dillingen / von einem Jhesuwider // [sic] vnd einer Hexen / geschehen ist..., Ursel 1579 (BSB); Ein New kläglich Lied / von dem grossen schaden der Vnholden / So sie in Westphalen zu Aschenbrügk / ... begangen haben / in dem jetztwerenden 1583. Jar / wie auch jrer 180. jemmerlich verbrendt seind worden..., Wesel 1583 (DSB Ye 4645); Drey warhafftige grundtliche Zeitungen / Die erste / Von ettlichen Hexen ... welche hin vnd wider in Vngern / vnd Teutschland grossen schaden angericht haben..., Freyberg 1610 (ZB); Relation Oder Beschreibung so Anno 1669. den 23. Martij in ... Augsburg geschehen / von einer Weibs-Person / welche ob grausamer vnd erschröcklicher Hexerey.... in Hermann Wäscher, Das Deutsche illustrierte Flugblatt, Dresden 1955, Nr. 31; Zwo Newe Zeittung / Was man für Hexen oder Vnholden verbrendt hat..., Hoff 1580 (ZB); Warhafftige / Newe zeittug [sic] von der vnerhorten erschrecklichen Straff Gottes / so vber die Stadt Friedeberg in der Newmarckt gelegen..., Frankfurt 1594 (DSB Yd 7852.22); Erschreckliche Newe Zeitung / Welche sich begeben vnd zugetragen in diesem 1650. Jahr / bey der Stadt Dillhofen... drey Hexen..., Dilhofen[?] 1650 (DSB Ye 7261); Warhaffte vnd glaubwirdige Zeyttung. Von Hundert vnd vier vnd dreyssig Vnholden..., Straßburg 1583 (BSB).

21 Wiltenburg, 178–79, 231–32, 250. Vgl. Ein Gründtliche auch warhafftige vnd erschlöckliche [sic] newe Zeitung / von sechs Mördern / fünff Mann / vnnd ein Weibsperson..., Ulmitz[?] 1603, A1v (DSB Ye 5571); Zwey erschreckliche Newe Lieder / Das erste von einem Kinde / das geborn ist in Yfland / ... Das ander von einem Manne / der seine Fraw verkaufft / welche schwanger gieng, 1580 (DSB Ye 4529); Drey gantz Neue Anmüthige Gesänger / Das Erste: Ein erbärmliche Geschicht... zu Pißka. ... Das Dritte: Von einem Schäffer / welcher sein schwangers Weib zweyen Mördern verkaufft hat [c. 1600?] (BL); Drey newer zeyttung. Ein erschröckliche vnd erbärmliche geschicht / so sich ein meilwegs von der Statt Bremen ... zugetragen / wie daselbst ein Mann sein schwanger Weib verkaufft ..., 1579 (BSB); Zween Erschreckliche geschicht / Gesangs weise. Die Erste / von einem Wirt im Allgergaw / Bastian Schönmundt genandt ..., 1596 (DSB Ye 5141).

Jan Peters

Frauen vor Gericht in einer märkischen Gutsherrschaft (2. Hälfte des 17. Jahrhunderts)

Die saldernsche Herrschaft Plattenburg-Wilsnack in der Westprignitz, in Elbnähe unweit von Perleberg und Havelberg gelegen, soll uns als Untersuchungsfeld für unser Thema dienen. Die Untertanen dieser Gutsherrschaft verfügten im 17. Jahrhundert noch über gute besitz- und personenrechtliche Bedingungen: Sie hatten in Gestalt erblichen Nutzungsrechts faktisches Eigentum an ihren Erbzinshöfen und leisteten gemessene Dienste. Durch ihr im 16. Jahrhundert ausgebautes Untertanenverhältnis zur Herrschaft konnten sie zwar nicht ohne Stellung eines Gewährsmanns abziehen, blieben jedoch persönlich frei und einer gemäßigten Form von Gutsherrschaft integriert. Allerdings erfuhren sie nach dem Dreißigjährigen Krieg den wachsenden Druck der örtlichen Gerichtsherrschaft. Wie sich das praktisch vollzog, wie das Machtsystem des frühabsolutistischen Staates sich in der Rechtspraxis der erstarkenden lokalen Gutsherrschaften gegenüber den Untertanen (hier: den Frauen) umsetzte, wie Bauern, Kossäten, Handwerker, Tagelöhner und Landarmut den Herrschaftsdruck in Gestalt öffentlich-rechtlicher Kompetenz erfuhren und verarbeiteten, wäre nun anhand vor allem von Patrimonialgerichtsakten festzustellen.[1]

Die saldernschen Untertanen in 11 Dörfern und in einer kleinen Mediatstadt standen im 17. Jahrhundert noch in einer lebendigen Tradition der Selbstbehauptung gegenüber gutsherrschaftlichen Zugriffen. Die Bauern wie auch die Bürger des Städtchens Wilsnack waren ihrer Streitbarkeit wegen im Berliner Kammergericht (und erst recht auf der Plattenburg und dem Herrenhaus zu Wilsnack) gut bekannt. Anhand der überlieferten Akten des adligen Gerichts zu Wilsnack (ab 1645, infolge von Herrschaftsteilung, der *beiden* Gerichte zu Wilsnack und Plattenburg) läßt sich festmachen, was unzutreffend als „Prozeßsucht" der Bauern bezeichnet worden ist und doch eher eine hohe Kultur der Konfliktbewältigung reflektiert.[2] Diese in der relativ selbständigen Rechtspraxis der Gemeinde tief verwurzelte Kultur erschien allerdings in der Frühen Neuzeit durch den wachsenden Herrschaftsdruck in besonderem Maße gefordert und gefährdet, zugleich aber auch – zumindest periodisch – landesherrlich geschützt, indem den brandenburgischen Untertanen das *beneficium appelandi* stets erhalten blieb und der Landesherr die patrimoniale Gerichtsbarkeit doch als eine Form öffentlich-rechtlicher Ordnung verstanden wissen wollte.

Der herrschaftliche Richter zu Wilsnack, der sich in städtischen Angelegenheiten die Mitwirkung von Bürgermeister und Rat gefallen lassen und selbst Protokollentwürfe und Reinschriften verfassen mußte, war stark beansprucht. Das Wilsnacker Gericht tagte gegen Ende des 17. Jahrhunderts oft täglich, mindestens jedoch zweimal im Monat. Die Zahl der Verhandlungen konnte jährlich etwa 600 betragen.[3] Das Städtchen hatte um 1700 rund 500 Einwohner, in den Dörfern zählte man zusammen 280 Bauern- und Kossätenstellen. Rechnet man dörfliche Handwerker und Tagelöhner wie auch Gesinde und Einlieger dazu, so kann man von etwa 1000 erwachsenen und gerichtsfähigen Personen im Herrschaftsgebiet ausgehen. Wir dürfen deshalb mit einer gewissen sozialen Intimität zwischen Untertanen und Richter rechnen: Man kannte sich gegenseitig ganz gut, der Richter war auch in gewisse Hintergründe und Zusammenhänge im Dorf eingeweiht, was seine Entscheidungen zweifellos erleichterte. Zugleich aber hielten ihn die Untertanen für einige autonome Bereiche auf Distanz, was er offensichtlich akzeptierte, denn kein Herrschaftsgericht konnte ohne das Selbstregulierungsvermögen der Bauern und Handwerker auskommen. Das für die Gerichtspraxis der Frühen Neuzeit typische, sozial sensibilisierte Selektionsverfahren reflektiert eben nicht nur eine unentwickelte Normierung der Strafrechtskodifikation, sondern auch sowohl ständische Vorrechte (Adel, Amtsleute und Pfarrer kamen nicht vor das Patrimonialgericht) als auch die unterschwellige Einwirkung außergerichtlicher, sozial gesetzter und fest tradierter Rechtsnormen in der ländlichen und städtischen Gemeinde.

Im Durchschnitt war in unserer Herrschaft jede erwachsene Person mindestens einmal in zwei Jahren als Kläger oder Beklagter an gerichtlichen Verfahren beteiligt, einige natürlich sehr viel öfter. Der Eindruck eines für einige Dorfgenossen besonders beliebten, weil prickelnd-riskanten Gesellschaftsspiels, der sich angesichts der häufigen Wiederkehr bestimmter Namen in den Gerichtsprotokollen dem Forschenden aufdrängen möchte, täuscht allerdings. Hier war ein ernster Zugriffs- und Abwehrvorgang, zugleich auch ein ständiges Testen von Fügsamkeit und Konsensfähigkeit, ein Spannungsaustrag im Gange, der viele Teilnehmer kannte. Diese Rechtskultur macht die Kriminalität, die Wandlungen in der rechtlichen Definition und Handhabung des Kriminellen, die „Konfliktgeschichte des Alltagslebens" überhaupt, zu einer bemerkenswerten Erscheinung frühneuzeitlicher Sozialgeschichte.[4]

Lassen sich für das zweite Viertel des 17. Jahrhunderts nur etwa 70 Prozesse vor dem Wilsnacker Gericht nachweisen,[5] so wird die Überlieferung in den 60er Jahren dichter. Ein Überblick über den ausgewerteten, dichteren Zeitraum ergibt folgendes Bild über die verhandelten Delikte. (Die Zuordnung ist nicht immer eindeutig, da – etwa bei Injurienklagen – ein andersartiger, möglicherweise auch tieferer Konflikt verdeckt wird.) Zum Vergleich werden die Zahlen für das Jahrzehnt 1795 – 1804 angeführt (s. Tabelle S. 232).

Auffällig für die zweite Hälfte des 17. Jahrhunderts ist also die hohe Zahl von Schuldforderungen, der Streit um Nutzungsrechte und um herrschaftliche Abgaben- und Dienstforderungen – weithin dominierende Konfliktthemen in der Gutsherrschaftsgesellschaft, aber auch „natürliche" Folgewirkungen des vorangegangenen Großen Krieges. Daß die beiden letztgenannten Themen auch am Ende des 18. Jahrhunderts ihre Brisanz nicht verloren hatten, hing mit den Separationen und mit der Krise des fronwirtschaftlichen Systems zusammen. Die *emotionale Situation* der Betroffenen aber scheint um 1670 entschieden gespannter: Verleumdungen und Schlägereien sind ständig an der Tagesordnung. Dagegen sind die Schwängerungsdelikte Ende des 18. Jahrhunderts stärker vertreten als in den krisenhaften Nachkriegsjahrzehnten.

Fragt man nun nach dem Anteil der Frauen an den Deliktkategorien, so fällt auf, daß sie – außer natürlich bei außerehelicher Schwangerschaft – um 1670 weit stärker vertreten sind als ein Jahrhundert später, sich also noch ebensowenig wie die Männer haben „sozialdisziplinieren"

Adliges Gericht zu Wilsnack. Verhandelte Streitfälle

	*1666–1673**	*1795–1804***
Schuldforderungen	35	12
Streit um Hütung, Mast und Acker	21	19
Hofübergabe und Erbschaftsstreit	20	7
Beleidigungen	17	20
Verleumdung	6	–
Schlägerei	15	1
Streit um herrschaftliche Abgaben und Leistungen	13	13
Schwängerung	9	17
Diebstahl	8	5
Pfändungsstreit	7	7
Holzfrevel	5	6
Ruhestörung	3	–
	*1666–1673**	*1795–1804***
Hexerei	3	–
Altenteilsstreit	2	2
Ungebühr vor Gericht	2	–
Flucht	1	–
Mord	–	1
Kindstötung	1	–
Verweigerte Beichte	1	–
Kirchstuhlstreit	1	–
Drohung gegen Stadtrat	1	–
Klage gegen Meister	1	–
	172	110

* Quelle: PW 5147, 5150, 5153, 5155, 5158. Die Protokolle sind nicht lückenlos überliefert. 1666–1669 109 Fälle, 1670–1672 35 Fälle, 1673 28 Fälle.
** Quelle: PW 5217.

lassen. Für das Jahrzehnt um 1800 reduziert sich weibliche Kriminalität in unserem lokalen Beispiel – vom Unzuchtdelikt abgesehen – auf einen einzigen Fall harmlosen Diebstahls – die Gründe dafür sollen hier unerörtert bleiben. Um 1670 aber sind im Konfliktaustrag (Beleidigungen und Handgreiflichkeiten) Frauen ebenso oft wie Männer diejenigen, die „zu viel getan" und Abbitte leisten müssen. Sie kämpfen auf verschiedenen Gebieten vor Gericht gegen ihre unsichere Lebenssituation an, als Witwen streiten sie z. B. hartnäckig um die Beitreibung von Außenständen ihrer verstorbenen Männer, sie leisten oft sehr energisch „Pfandkehre", demonstrieren widerständige Körpersprache vor Gericht, sind aber auch am Klein- und Notdiebstahl beteiligt. Insgesamt fällt eine gewisse Direktheit und Bedingungslosigkeit ihres verbalen, aber auch körperlichen Einsatzes auf – wenngleich auch erkennbar ist, daß ihre Disposition sie eher ein „loses Mundwerk" denn eine harte Faust einsetzen läßt. Es sind, so scheint es, Deutungszusammenhänge zu gewinnen, wenn das, was vor dem Patrimonialgericht geschah, auch als Geschlechtergeschichte gelesen wird.

Soweit allgemeine Eindrücke von „weiblicher Kriminalität" in der Herrschaft Plattenburg-Wilsnack in der Frühen Neuzeit. Es handelt sich also um eine erstaunlich „dichte" Kriminalität mit hoher Häufigkeit gerichtlicher Verfahren und hoher Betroffenheitsfrequenz, aber auch um fließende Grenzen zwischen Kläger und Beklagten, Kriminalität und Selbstbehauptung, herrschaftlichem Gerichtsurteil und gemeindlicher Eigenregulierung. Die sozialen, traditionalen und familiaren Komponenten der Patrimonialgerichtspraxis erlauben auch keine klare Grenzziehung zwischen weiblicher und männlicher Kriminalität. „Frauen vor Gericht" wäre m. E. als „sanftere" Problemstellung auch deshalb dem Thema „Weibliche Kriminalität" vorzuziehen, weil dadurch das Geschlechtsspezifische im Habituellen stärker in den Blick genommen werden kann.

„Frauen vor Gericht" in der Herrschaft Plattenburg-Wilsnack soll nun im einzelnen nach den folgenden „kriminellen" Kategorien geordnet vorgeführt werden: *Unzucht – Ehedelikte – Diebstahl – Vaganz – Mord*. Dabei handelt es sich um mehr oder weniger eindeutige *Verstöße gegen geltende Rechtsnormen* (an denen ja der Begriff des Kriminellen zunächst festzumachen ist). Davon unterscheide ich die weiblichen, mitunter rechtsverletzenden *Formen des Konfliktaustrags*. (In der Regel Beleidigungen und

Körperverletzung.) In vielen Fällen erlangen auch diese Formen das Eigengewicht eines Verstoßes gegen geltendes Recht und werden damit für uns zum Bestandteil des Themas „Kriminalität". Ich werde also die Übersicht mit einem Blick auf weibliche Beleidigungen und Körperverletzungen abschließen.

Gerichtliche Verhandlungen von „Unzucht" lassen außergerichtliche Vorklärungen erkennen.[6] Die Regulierung von vorehelichen Schwangerschaften erfolgte offenbar auch in unserer Herrschaft noch weithin außerhalb des Gerichts unter Wahrung alter gemeindlicher und familiarer Methoden und Erfahrungswerte – wenn nicht eine Einigung unmöglich schien. Unzuchtdelikte, also zu Schwangerschaft führender vorehelicher Verkehr, werden hier überhaupt erst in den 70er Jahren faßbar, zudem in nur wenigen Fällen, wobei die Betroffenen keineswegs als reuige Sünder erschienen. Zwar mußte die Geschwängerte auf die suggestive Frage, „ob sie sich durch diese Unthat nicht höchlich kegen Gott, die Obrigkeit, Ihre Eltern undt freundschaft versündiget" habe, bekennen, „daß Sie ihren Eltern einen Großen schimpff gemachet" (auf die Obrigkeit nimmt die Betroffene *nicht* Bezug), jedoch fügte sie unmißverständlich hinzu: „Ihr selber würde es am meisten treffen". In seinem Eifer bürdete ihr der Pfarrer noch die schwere Last des Abgewiesen-Werdens von der Beichte auf, drohte mit öffentlicher Kirchenbuße und erklärte spitz, „Sie hette dafür Suppen gnug eingefreßen, Nun wehre es doch einmahl also kommen". Die Frau antwortete: „Sie hette darauf nicht ausgelernet, wenn Sie das gewust oder gekont hette, würde Sie es wol ehe gebrauchet haben", ließ den Pfarrer stehen und brachte des Seelsorgers Verhalten klagend vor Gericht.[7]

Die prinzipielle Rechtsfähigkeit, aber vormundschaftlich und verantwortlich geminderte Rechtsstellung der Frau verschaffte dem Mann (besonders bei sozialer Höherstellung) in der Rechtspraxis oft Vorteile. War ein Ehemann „zu Fall gekommen", setzte sich die „Freundschaft" für die Versöhnung zwischen ihm und der Ehefrau ein, damit die Existenz der Familie nicht bedroht wurde. So 1663, als ein Ackerbürger und Handwerker zu Wilsnack „sich an die Huren Anna Freytags gehangen undt mit derselben unzucht betrieben" hatte. Er war, wie sein Schwager klagend berichtete, inzwischen „*ausgetreten*" und würde „anitzo in der irre herumb terminiren". Die Herrschaft ersuchte er, seinem Schwager „auff gewiße Condition zu den seinigen wieder *eintreten*" zu lassen, „daß der delinquent mochte wieder außgesohnet undt seiner Hauptnahrunge abwartten konnen". Für die Geschwängerte blieb hier nur Verachtung. Sie habe, wie bei anderen zuvor, „ihre geilheit auch bey diesem sich allemahl fromlich gehaltenen Manne ausbrunsten und ein stücke geldes eriagen wollen". Man möge ihm seine Ehre wiedergeben, damit er „wider zu den lieben Seinigen treten" kann, die inzwischen nach der Flucht des Mannes auch umhergezogen waren und „ein stücke geldes zu ihrer unterhaltung begehret" hatten.[8] Die Erhaltung der Familie stand weit über den Sorgen der sozial schwächeren Schwangeren. Der Ausdruck „aus- und eintreten" verdeutlicht zugleich den hohen sozialen Rang der Familiengemeinschaft, der die in eine Ehe – vielleicht unfreiwillig – eingedrungene Frau in hoffnungslose Position versetzte.

Anders bei sozial Gleichgestellten, etwa Knecht und Magd. Da verlangte die Geschwängerte oft mit großer Energie und keineswegs ohne Aussicht auf Erfolg eine Regelung in ihrem Sinne. Wenn ich nun „im elende sitze und nicht weis, wovon ich mich sambt dem Kinde erhalten sol", werde ich „ihm das Kindt nohtwendig in seinem Hause setzen" müssen, so eine dieser Frauen – worauf der unfreiwillige Vater (wie so viele andere in dieser Situation) ihr nachsagte, sie habe beim Abzug der Reiter aus dem Ort „etzliche tage bitterlich geweinet" und sei auch sonst „zu denen Knechten in den Stall gegangen, das deckbette vom Leibe gezogen und mit dem Lichte beleuchtet".[9]

Wo aber das Paar ein Paar blieb, war alles schon vorbesprochen. Dann ließ sich das Gericht als Legitimierungsinstanz durch die Betroffenen gewissermaßen instrumentalisieren und es war gleichzeitig möglich, die Kosten zu minimieren. „Erstlich", so eine Kossätentochter zu Legde in einem solchen Fall, hätte sie sich „gewegert, hernach gewilliget", man habe sich dann nach der Geburt des Kindes gegenseitig „ein flor" bzw. „einen großen Schnupftuch" geschenkt. Auf die Frage, ob der Mann wisse, daß die Mutter „auf ihn bekennet", vermerkte der Richter die folgende, auf vorangehende Eigenregulierung deutende Reaktion des Kindsvaters: „Lächelt ein wenig, daß werde Sie wol villeicht gethan haben, werde wol auf keinen andern bekennen". Daß er der Vater sei, „könne er mit seinen guten gewißen wol sagen".[10] Bei aller Ungunst ihrer Situation blieb die der Unzucht angeklagte Frau in unserem Herrschaftsbereich weder verzagt noch chancenlos. Erst bei sozialer Unterlegenheit wurde „Unzucht" für die Frau eine wirkliche Katastrophe.

Unter *Ehedelikten* verstehe ich die auf die eheliche Gemeinschaft bezogenen strafbaren Handlungen. Das waren teils jene Verstöße der Ehegemeinschaft gegen Rechtsnormen, die sich aus aktiv-aggressiver und gemeinsamer Abwehr von Mann und Frau gegenüber empfundenen Zumutungen *von außen* ergaben, teils aber auch umgekehrt jene spezifisch weiblichen Selbstbehauptungsformen *in* der Ehe, die nach zeitgenössischem Verständnis als Verstoß gegen geltendes Recht aufgefaßt wurden, v. a. Arbeitskraft- und Mitgiftsverweigerung.

Die normalerweise festgefügte eheliche Produktionsgemeinschaft reagierte besonders sensibel auf jegliche vermeintliche oder wirkliche Schadensstiftung durch Nachbarn und andere, auf nicht zahlende Schuldner, auf „Abpflügen" von Randstreifen des Ackers, auf Veränderungen der Grenzmarkierungen oder Beschädigungen der Zäune, auf eindringendes fremdes Vieh oder auch auf Kleindiebstahl. Ließ sich aus solchen Gründen aufflammender Streit in der Gemeinschaft des Dorfes oder durch den Dorfschulzen nicht beilegen, so rief man das herrschaftliche Gericht an. Dann trat der Mann als Sprecher auf, während die Frau eine oft sehr beachtenswerte Kraft im Hintergrund bildete. Die Zahl der im Dorf selbstregulierten wirtschaftlichen Streitfälle dieser Art zwischen verschiedenen Ehegemeinschaften dürfte erheblich über der Zahl entsprechender gerichtlicher Verfahren gelegen haben. Frauen selbst erschienen vor Gericht als Täter vor allem dann, wenn sie sich in den Wirtschaftsstreit der Männer oder mit der Herrschaft aktiv einmischten, etwa so wie die Frau des Bauern Johann Glüse aus Legde, den bei den dem Dorf 1675 auferlegten Kriegsfuhren für die Schweden „die reihe getroffen" hatte. Mann und Frau verweigerten sich, und als die Abgeordneten der Gemeinde daraufhin zum Pfänden bei den Glüses erschienen – denn sie „könte sich also nicht ausschließen" – hatte die später dann verklagte Frau „in gegenwardt aller der bauern Ihm (dem Pfandemann – J. P.) ins gesichte gesaget, daß Ers liegen (lügen) solle wie ein Schelm und selbige worte repetiret", worauf der spätere Kläger verlangte, „daß Sie damit inne halten solte, fals sie nicht wolte waß auffs maul haben, worauff Sie aber nicht nachgelaßen, sondern gleichsahm Ihm auff die füße getreten und in die Hare fallen wollen".[11]

Diese strafbare Frontstellung der Frau in der Konfliktsituation einer solidarischen Abwehr-Ehe gegen beabsichtigte Pfändung erscheint mir geradezu als ein spezifisch weibliches „Delikt". Denn es sind vor allem

Frauen, die sich als Ehefrauen gegen die herrschaftlichen oder andere Vollstrecker eines Pfändungsbefehls zur Wehr setzen, also „Pfandkehre“ leisten. Das taten sie besonders dann, wenn (was ja die Regel war) der Pfandemann unverzichtbare Haushaltsgeräte, etwa einen Kessel, mitnehmen wollte. So manche Frau handelte dann höchst resolut und in solchen Fällen meist entschiedener noch als der Mann. So die Frau des Wilsnacker Handwerkers Ründerhagen, die, auf ihr Eigentum pochend, dem pfändenden Gerichtsdiener „den Keßel aus der Handt genommen und nach der Küche getragen und eingeschloßen mit der Erklärung, es wäre das ihrige und ließe sich davon nichts nehmen“, während ihr Mann zugleich „iniurieuse Worte ausgestoßen, Comparente solte nur berichten, sie handelten wie Schelme, wann sie ihnen auch nicht die haut zugleich abzögen“.[12]

Eheliche Abwehrgemeinschaft manifestierte sich auch bei Auseinandersetzungen der eigenen mit fremden Kindern und nahm dann nicht selten die Form eines gerichtlich zu ahndenden Schlägerei-Transfers von Jung auf Alt an. „Der verlauff wehre dieser“, erklärte 1680 ein betroffener Vater, „wie die Kinder untereinander sich gezweiet, sey klägerin gekommen und an dieses Beklagten tochter mit schlägen (sich) vergriffen und noch dazu ihren Kindern geheißen, Ihn vor einen Hinckeldey zu schelten“. Darauf folgten Steinwürfe und weitere Beleidigungen zwischen den Erwachsenen: „bluthure, schand- und landstreicherhure“, „lahmer Hund“ usw. Der steinwerfende Mann, so das Gericht, habe „zu viel getan“ und mußte, außer der üblichen Ehrenerklärung, 2 Gulden bezahlen, „undt wollen Sie auf allen Seiten ihre Kinder so ziehen u. halten, daß weitere mißverständnisse nachbleiben sollen“ und keine „ökelnahmen“ mehr verwenden.[13] – Die im Urteilsspruch oft gebrauchte Formulierung, die Schuldigen hätten damit „zu viel getan“ oder auch ausdrückliche Erklärungen miteinander streitender Untertanen, sie könnten diese Dinge nicht selbst miteinander klären, dürften als Indiz für die gerichtliche stillschweigende Akzeptanz weiter, harmloser oder auch weniger harmloser außergerichtlicher Selbstregulierungsfelder für Methoden informeller Beilegung, gedeutet werden können.

Wo aber schwere Gegensätze zwischen den Ehepartnern ausbrachen und einer im zerstrittenen Bunde nicht von der fügsamen Art war, da mußte bald die herrschaftliche Gerichtsbarkeit angerufen werden, zumal der Zerfall einer familiaren Produktionsgemeinschaft die gemeindliche und herrschaftliche Öffentlichkeit durchaus anging. Beiden Seiten standen im Streit Selbstbehauptungsmittel zu Gebote, den Männern im Regelfall der Vorteil physischer Überlegenheit.

Nicht alle Frauen waren von der Art wie die des Christoph Köhne, Bauersmann aus Legde, dessen Dienstjunge ein Paar verlorene „Gaspen“ (Schuhspangen) beim Schwiegervater des Köhne meinte gesehen zu haben. Köhne schickte seinen Dienstjungen zum Nachfragen nach des Schwiegervaters Hof – und bekam, ob solchen Verdachts, sofort Gegenbesuch: Es „sind sowohl der Schwiegervater, Schwieger Mutter alt und jung *nebst meiner Frauen* selb sechs auff mich losgefallen und mitt mir Haußgehalten als wann Sie mich ermorden wollen“.[14]

Die Regel war das nicht, aber auch umgekehrt, die Reaktion von Frauen auf Schläge des Mannes, fiel je nach Charakter und Temperament unterschiedlich aus. Viele verzagten, die meisten aber suchten Hilfe bei Verwandten, Nachbarn, in der Gemeinde oder eben – wenn anderes nicht mehr half – bei Gericht. Ein Kossäte zu Legde, der seine Frau für faul und unordentlich hielt und sich nicht mit Ohrfeigen begnügte, sondern sogar seine Frau mit Gift „gegen Mäuse“, das er in Zahnpulver, Bier, Branntwein und Kaltschale mischte, zu töten versuchte, mußte sich 1703 vor Gericht verantworten. Er schob alles auf das Anstiften der Einliegerin im Hause, während die Frau, die den Zusammenbruch des Hofes mehr als ihren Mann fürchtete, ihn vor Gericht entlastete: „Wen sie zusammen was gehabt, hetten Sie sich solches mit den Münden geteilet“. Sie bat „um gelinde straffe vor Ihren Man, daß Sie solchen bald wieder auff den Hoff bekehme“.[15]

Dieser wie auch andere Fälle lassen getrennte Kassen als Folge ehelichen Zerwürfnisses erkennen. Wer seine Frau so schlug, „daß es einem unvernünfftigen Thiere, geschweige einem Menschen, erbarme solte“, mußte, falls sich die Frau ihr Eigenwertgefühl bewahrt hatte, mit der Eigenverwaltung ihrer Mitgift rechnen. So im Falle von Anna Frahme, die von ihrem Mann geschlagen wurde, nicht zuletzt auch, weil „ich Ihm dasselbe Geld, welches ich mir, da ich meinen Hoff übergäben und mit Ihm in ein Eheverbündnis eingetreten, in seine Hände statten sol“. Diese 15 Taler aber möchte ich „auf besorgenden Unglücksfall mir als einen Nothpfennig in Verwahrung beybehalten“.[16] Solches Druckmittel gehörte zu den „Listen der Ohnmächtigen“, der Frauen also.

Wirkungsvoller noch war die Drohung der Ilse Warneke, Untertanin aus der benachbarten Herrschaft Quitzow, sie wollte ihrem prügelnden Mann „hernacher nicht mehr helffen arbeitten". Der Mann dagegen meinte, seine Frau sei „ihme in wehrenden ihrem ehestande gahr feindt gewesen undt kein guett wortt gegeben, ohn im vorschienen Pfingsten, da er ihr erlaubet, in der Paur-Collation zu gehen". Mit diesem Vergnügen nicht zufrieden, hätte die Warneke mit einem Liebhaber „von ihrem manne wecke zugehen im Willen gehabt, weil sie bei ihme keinen frieden haben können. Worüber Sie dan fast zweiffelmuttigk worden unndt zweymal von ihm gangen wehre" und „uff der elbe davon fahrenn" wollte.[17]

Die Drohung einer Bäuerin mit Arbeitsverweigerung oder Flucht dürfte im Hinblick auf die wirtschaftlichen Folgen erhebliche Wirkung auf den Ehemann ausgeübt haben. Eine solche Frauenlist ist aber als strafbares Delikt verstanden worden. Magareta Pipers aus Wilsnack mußte sich 1659 vor dem herrschaftlichen Richter verantworten, weil sie zwar von ihrem Mann „geschlagen, mit fuße getreten" worden war, aber unerlaubterweise „von ihm gewesen" sei. Der Mann erklärte, er habe sie „wie woll ungern, schlagen müßen", weil sie mit „Muhtwillen nicht futtern wollen".[18]

Wie hoch die Fluchtfrequenz schlecht behandelter Frauen wirklich war, läßt sich nicht rekonstruieren, ein effektives Mittel gegen brutale Ehemänner war diese Entzugsform allemal. So mußte 1668 der Halbhüfner Jochen Lujer aus Groß Lüben vor Gericht erklären, er müsse seinen Hof übergeben, „weil sein Eheweib ihn malitiose verlaßen" und er den Hof darum „nicht lenger betreiben" könne.[19]

Demgegenüber war die Tat der Kossätenfrau Anna Kumradt eher ein verzweifeltes denn ein „listiges" Mittel, um ihren Ehemann zur Vernunft zu bringen. Sie stand 1722 wegen Brandstiftung vor Gericht.[20] Dem Richter erklärte sie (wegen des Anzündens eines Stalls auf dem eigenen Hofe), „daß Sie durch das harte Tractament ihres Mariti so außer sich selbst gekommen und sonder Zweiffeln auff Eingeben des verführischen Feindes zu einer Zeit, da Sie nicht gewust, was sie angefangen, auff die Gedancken gerathen, solchen Brandt in Abwesenheit ihres Mannes anzurichten in der gemachten Hoffnung, sodann von Ihm loßzukommen". – Das Kapitalverbrechen der Brandstiftung erklärt sich in diesem Falle wohl daraus, daß die Frau, die sonst immer „so sinnlich und stille vor sich weggegangen", inzwischen „in die gröste Schwermuth und Melancholey verfallen" war, weil „der Mann so wunderlich mit ihr hanthieret, daß Sie gantz dähmlich, i. e. albern darüber geworden". Kein Wunder: er hatte sie und ihre Kinder „mit einer Karbatsche, woran ein Kuhstrick mit Knoten geschürzt gewesen, und sonsten offt dergestalt gepeitschet, daß das Blut aus denen Lenden gegangen", er hatte „den Mehlsack auff eine solche Art zugebunden, daß ihn niemand ohne seinen Vorbewust eröffnen können", ihr im Winter nur Wasser zu trinken gegeben und ihr auch sonst nichts zugestanden, „so daß sie auch mit der Zeit gantz nackend geworden" und „nicht mahl soviel Nadeln gehabt, des Sontags die Haube anzustecken". Anna Kumrath saß schon anderthalb Jahre im Gefängnis (obwohl nur ihr eigener Stall abgebrannt war), als ihre Freundschaft ein „mildes Urteil" für sie zu erwirken suchte.

Die klassische Form von Kleinkriminalität, der aus sozialer Notlage erwachsene *Diebstahl* von Kleinigkeiten, eines Tuches, eines Lakens, einiger Pfund Erbsen, erscheint in den Quellen als eine Frauendomäne. Pferdediebstahl ist „Männersache", auch Holzdiebstahl in größerem Maßstab. Das hängt auch mit der geschlechtsspezifischen Arbeitsteilung zusammen, die die Frau stärker auf Haus und Hof, damit aber auch auf Nachbars Scheune, Speisekammer, Garten und nahegelegene Ackerstreifen verführerisch orientierte.

Es muß in der Tat viel gestohlen worden sein. Noch im 17. Jahrhundert war es auf den saldernschen Dörfern üblich, Wertsachen in Truhen und diese in den Kirchen aufzubewahren, und auch das brachte keine völlige Sicherheit.[21] Beim Gottesdienst blieb oft ein Familienmitglied zu Hause, um ein wachsames Auge auf die Vorräte zu halten. Lebensmitteldiebstahl war schwer nachzuweisen, im Haus und noch schwerer auf dem Felde. Nicht ohne Grund klagte der Wilsnacker Richter 1675 darüber, daß „die felddieberey so groß derozeit".[22]

Eine Frau, die „nichts über die Haut zu ziehen"[23] und nichts in Scheune und Speisekammer, dagegen mehrere hungrige Kinder hatte, kam leicht in Versuchung, eine unverschlossene, fremde Hoftür zu öffnen, ein Loch im Zaun zu nutzen, oder auch selbst zu machen (Zaunholz eignete sich außerdem gut zum Heizen) oder in das angrenzende Erbsenfeld zu gehen. Diese kleinkriminellen Techniken erscheinen durchaus nicht als „quasi-legale Elemente" widerständigen Charakters, sondern bilden vor allem unter dem Druck und in der Folge gutsherrschaftlicher

Zumutungen *Selbstschädigungen in der bäuerlichen Lebenswelt*. Es fiel den Frauen (natürlich nur einem Teil von ihnen) dieses „unmoralische" Los zu, die Eigentumskriminalität der Männer dagegen richtete ihre Spitze stärker gegen das herrschaftliche Eigentum, insbesondere gegen den als angemaßt empfundenen Anspruch auf Wald und Weide.[24]

Man kann mit Sicherheit davon ausgehen, daß die verhandelten weiblichen Eigentumsdelikte nur einen kleinen Teil der wirklich begangenen darstellten. Das meiste wurde nicht entdeckt oder das Entdeckte mit einem Schweigegeld abgegolten. Letzteres nutzte beiden Teilen, während sonst nur der Herrschaft die Strafgelder zufielen – und die waren bei Diebstahl sehr hoch.

Auf schweren Diebstahl stand die Todesstrafe oder lange Gefängnishaft. Eine Küsterswitwe unter den Saldern beschwerte sich 1649 über die ihr zugemutete „meßige tortur" und dreijährige Inhaftierung wegen angeblichen Diebstahls.[25] Eine solche Haftstrafe kam, wenn man nicht haftfähig war, einem Todesurteil gleich. Von einer Delinquentin im Plattenburger Gefängnis wird berichtet, sie habe „bey Tage fünffmahl und die nacht über einmahl in Jammer gelegen und ihr der Schaum vor der mund gelegen".[26]

Schwerer Diebstahl aber kam selten vor, und wenn, dann waren die Täter in der Regel vagierende Diebe. Als typisch für das strafbare Binnenleben in unserer Herrschaft – soweit es entdeckt wurde und an die Gerichtsöffentlichkeit kam – kann eher die aus ständiger existentieller Unsicherheit geborene Versuchung zum kleinen Gelegenheitsdiebstahl gelten. Immerhin merkte man in der zweiten Hälfte des 17. Jahrhunderts noch wenig von Agrarkonjunktur, die Folgen des Dreißigjährigen Krieges waren noch spürbar, und neue Kriege belasteten das Land (Schwedisch-brandenburgischer Krieg in den 70er Jahren, der 1675 zur Belagerung der Plattenburg führte).

Eine Schustersfrau aus Wilsnack gestand nach vorangehendem Leugnen (die meisten vor Gericht leugneten zunächst), etwas Mehl in der Mühle gestohlen zu haben, indem sie „andern Leuten aus Ihren Säcken was genommen undt zu Ihrem gepartieret". Sie „heulete und weinete sehr, daß Sie solch ubel gethan, Ihrem Mann u. Kindern wie auch Ihren noch lebenden alten Eltern in Großen Gottskow solchen schimpf gemachet" und bat vor allem ihren Mann, der davon nicht gewußt habe, „in ansehunge seines bekanten schlechten zustandes undt vermögens" zu schonen, denn sein Gewerbe hätte er sonst nicht weiter betreiben dürfen. „Aus einer undt ander motive undt daß Sie gravida gewesen", kam sie mit einer Geldstrafe von 12 rt (durch die Frau von Saldern auf 8 rt reduziert) davon – eine dennoch unter den gegebenen Lebensumständen schwere Strafe.[27]

Harmlos erscheint auch ein zweites Beispiel weiblichen Diebstahls aus dieser Zeit: die „aus Rache" wegen eines unberechtigten Diebstahlvorwurfs und auch aus Not erfolgte Entwendung von etwas Hirse, Pflaumen, Flachs, Obst und Erbsen in Wilsnack. Obendrein stellten die beiden Diebinnen das Entwendete am nächsten Tag in einem Sack vor die Tür des Bestohlenen.[28] Hatte im ersten Fall die Anzeige des Müllers eine stillschweigende Abfindung unmöglich gemacht, so verhinderte im zweiten Fall der heftige Gegensatz zwischen Schwester und Bruder eine solche Regelung, denn die Rache-Diebin war die Schwester (nebst einer Mittäterin), die der Bruder des Diebstahls bezichtigt hatte. Daß das geschwisterliche Verhältnis schwer belastet war, bestätigte die Mittäterin: „Correa wäre angstig dabey gewesen, weil Ihr bruder der thaterin bey dem Schmidt per artes Diabolica ein aug ausschlagen laßen wollen". Die Schwester erklärte vor Gericht, sie wüßte „mehr als allzuwohl", daß Stehlen „in Gottes geboth verbothen" und hätte ihre Tat „Gott vielmahl unter thränen abgebethen". Durch Rachebedürfnis und Not habe sie sich „vom Teuffel verfuhren laßen". Auch die Mitangeklagte beteuerte, „aus einfalt" gehandelt zu haben, denn „der hehler sei so guth als der stehler". Sie hätte – hier ein Beweis für unsere bereits genannte Annahme – dem Bestohlenen „nur zu abwendung des Schimpffs" Geld angeboten, in diesem Falle also vergeblich. 20 rt lautete das gravierende Strafmaß für die Schwester, die Mittäterin „soll ein jahr dienen", weil sie kein Geld habe – bei der Herrschaft versteht sich. Der Gerichtsherr stand bei jedem Verfahren in Versuchung, wegen der nicht unerheblichen Einnahmechancen ($^2/_3$ des Strafgefälles für den Gutsherrn, $^1/_3$ für seinen Richter) das Strafmaß zu überziehen.

Diebstahl blieb eben Diebstahl: Ilse Spannier mußte sich verantworten, da sie zum Einkauf von Eiern 8 Groschen von der Frau des Hauses erhalten, aber nicht die dafür erhandelten 96 Eier zurückgebracht hatte, angeblich weil einige faul gewesen und andere vom „Ferckel entzwey gestoßen" worden waren. Von Strafe sah man diesmal ab, aber sie sollte künftig „fideliter dobey handeln".[29] – Eine Magd stand 1669 wegen fehlender Bettfedern in Verdacht. Ihre Herrin behauptete, „ihre betten wehren so wacker dicke gewesen als Sie wehre zu Ihr gekommen, nun aber wehren Sie gantz dünne geworden".[30] – Hier versperrten offenbar zu starke Gegensätze den Weg der heimlichen Abfindung.

Frauen kommen auch als „lose Personen", Vagantinnen, Bettlerinnen usw. vor. Dies war eine von außen kommende, verschärfte Variante weiblicher Eigentumskriminalität. Die krisenhafte Entwicklung des 16./17. Jahrhunderts spülte bekanntlich periodisch ganze Heerscharen von vagierenden Bettlern über die deutschen Lande. Sie kamen auch nach Plattenburg-Wilsnack, z. B. mit gefälschten „Brandbriefen". Zwei fremde Frauen – es habe das eine „Weib in einer Tasche zwischen den Beinen zwene Brandbrieffe nebst zwey Collecten-Buchern" getragen – erzählten den Bauern in Klein Lüben, „daß sie abgebrandte leuthe; die Bauren hätten ihnen jeglicher nach Vermögen an Grütze, etwas Käse und Brodt" gegeben. Als sie aufgegriffen wurden – die eine, sich verführt fühlende Frau „weinet anbey sehr" –, wurden sie wegen „falschen Brandtbettelns" nach Spandau „in die Karre und Zuchthaus" gebracht.[31]

Sozial gestrandete und dann ausgestoßene, also besonders gefährdete Frauen, gab es allerdings auch in der saldernschen Herrschaft selbst. Vaganz war für sie die ihnen durch ihre Lebensumstände auferlegte oder manchmal vielleicht auch selbst erstrebte Lebensform. Die Gemeinden – nicht allein die Herrschaft – stießen sie im Streben nach sozialer Selbstbehauptung ab, sie paßten nicht in die Ordnungsvorstellungen der frühneuzeitlich ländlichen Gesellschaft. So wollten drei junge Frauen aus Abbendorf im Dreißigjährigen Krieg, als ihre Eltern auf dem Kossätenhof verstorben waren, „viel lieber ein Buben- undt Huhrenwagen zihen, dan in erbarem Leben sich ihrer Hende Arbeitt nehren" – so jedenfalls die Meinung des Amtsschreibers.[32] Wegen der in Klein Lüben wohnenden Töchter eines hingerichteten Diebes besorgte die Herrschaft, sie möchten „dem Satan gerades weges in den Rachen lauffen", denn da „der apfel nicht weit vom Stamme fallen wollen", könnten auch sie „das stehlen nicht laßen". Eine Einlieferungsquittung ins „Spandauische Zucht- und Spinhauß" bezeugt das Schicksal der beiden Mädchen, denen wohl von Anbeginn keine echte Integrationschance offenstand.[33]

Zu den Ausgestoßenen zu gehören und damit der Zwangskriminalität zu verfallen, müssen vor allem die sozial schwachen Frauen gefürchtet haben, die ihr unsicheres Leben in unmittelbarer Nähe der gefährlichen

Grenze zum Außerhalb-Sein zubrachten. Eine Frau aus Wilsnack, die „fast keinen Erwerb" hatte und ihr Brot „auffm Lande und fast vor andern guten leuten thüren suchen" mußte, klagte 1706 bei Richter und Rat über ihren Nachbarn, der „seine Sau in meinen Hof und Garten" läßt, „Handuppigkeit und Lästerworte verübt", sie als „Mausemacherin" und Hexe schilt und behauptet, „meiner Tochtermann were auffgehenckt". „Sie werffen mit Steinen nach mir, meiner Tochter und Kindern auff dem Hoff, daß man nicht mit frieden gehen kann, werffen den Koth in mein Hauß, schlagen die leisten von den thüren ab." – Was immer der Grund dafür und was immer daran wahr sein mochte, solche Frauen, auf dem Wege der Ächtung waren in höchstem Maße gefährdet: Das Damoklesschwert des Ausgestoßenseins, der Vaganz und Zwangskriminalität schwebte über ihnen.

Der *Mord* als Form weiblicher Kriminalität kam eigentlich „nur" als Kindstötung und als Mord an sich selbst vor. Was die hochstrafbare *Kindstötung* betrifft, so erscheinen hier sowohl die kollektive Kontrolle als auch die kollektive Verheimlichung nach wie vor als effektiv. Sobald jemand etwas Verdächtiges findet, das auf Abtreibung oder Kindstötung deuten könnte – etwa blutige alte Hemden in einem Wassergraben[34] – wird Alarm geschlagen. Es finden sich dann immer Frauen, die so manches Verdächtige gesehen haben wollen. Umgekehrt, um eben ein solches „geschrey" im Dorf nicht erst aufkommen zu lassen, wird – oft unter Mitwirkung der Mutter der werdenden Mutter – die „böse that" sorgfältig und streng konspirativ vorbereitet und ausgeführt, letzteres, wenn erfahrene Frauen dabei sind, oft mit großer Kaltblütigkeit.

Für unsere Herrschaft sind zwischen 1621 und 1672 nur ein Fall von Kindstötung und ein Fall von verheimlichter Niederkunft nachweisbar. Offenbar eine Bauerstochter war es, die Anfang der 20er Jahre zwei Kinder hatte sterben und eines davon im „Achter-hof" mit Hilfe der Mutter begraben lassen. „Das andere Kindt hette sie Im Kuhstalle bekommen, da hette eine große Krippe gestanden, worin sie sich gelegett, wehre eine dirne gewesen, hette Ihm das helsichen gedrehett, das es gestorben, hernach hette sie es in ein Plumichen gelegett undt in den schweinestall gelegett, des morgens wehre es wegk gewesen, den die nacht uber wehren die schweine darin gewesen."[35] Die seelischen Qualen der Betroffenen können wir wenigstens ahnen im Falle eines „Weibstückes", das ein Kind geboren (aber wohl nicht getötet) hatte, darauf dann im Sterben lag und obwohl sie „umb die wunden Jesu Christi gebethen worden, ihre sünde zu bekennen, hertzliche rewe und leid darüber zu haben, sie dennoch constanter verleugnet, daß sie eines Kindes genesen und in ihren sünden dahin gestorben".[36]

Die beiden Fälle vermögen nicht mehr als die Seltenheit des Kindsmordes in unserer Herrschaft nachzuweisen. Dasselbe gilt für den strafbaren *Selbstmord* von Frauen. 1727 war „zu Vehlin auffm Felde im fluß ein Mägden ersauffet gefunden" worden. Es war eine 29jährige Kossätentochter, die ein „christliches und stilles leben" geführt hatte. Als Ursache vermutete man „die von ihr verbrachte Pfändung und desfalls erlittene Verwürdte". Die Kränkung hätte sie „sich tieff zu Sinne gezogen" und sei vermutlich darüber „in hefftige traurigkeit versunken".[37]

Entschieden weniger bedrückend, ja geradezu vergnüglich für uns Nicht-Betroffene aus anderer Zeit, stellen sich die *rechtsverletzenden Formen des Konfliktaustrags*, insbesondere die *verbale Kriminalität* dar, die wir abschließend betrachten wollen. Beleidigungen treffen uns kaum mit derselben Wucht wie unsere Vorfahren, für die das gesprochene Wort einen ganz anderen Stellenwert hatte.[38] Verbalinjurien und Gewalt bilden im Grunde eine Art sekundärer Kriminalität, indem sie die Art des Austrags von Konflikten darstellen, den eigentlichen Konflikt aber nur indizieren. So wie das obige Exempel von Ehedelikten mit der angesteckten eigenen Scheune unter der Rubrik „Brandstiftung" sozial völlig unvermittelt und uninterpretiert erschiene, so haben wir insbesondere die Injurienklage, nach dem in aller Regel verdeckten Ursprung zu befragen. Den Injurien selbst kam allerdings ein erhebliches Eigengewicht und eine gewisse Verselbständigung im prozessualen Austrag zu, auch wenn Frauen vor Gericht standen.

Hier wäre zunächst anzumerken, daß Frauen gegenüber Männern als geübter erscheinen, wenn es um den mündlichen Ausdruck ging – die Sprache stand als Mittel der Durchsetzung den Frauen eher zu Gebote. Insbesondere die Herrschaft mag die bedrohlichen Unwägbarkeiten der spitzen weiblichen Zunge gespürt haben, aber die Sprache konnte auch unter den kleinen Leuten überhaupt eine scharfe Waffe sein.

Die Fähigkeit der Gemeinde in Stadt und Land zur Selbstkontrolle beruhte nicht zuletzt auch auf qualifiziertem und gezieltem Klatsch („das böse Gerücht", das „Geschrey"). Dabei war die Nachbarschaft zur weniger qualifizierten Rede immer gegeben und mit ihr die Nähe zur

Beleidigung. Am „injurieusen“ Dorfklatsch waren Frauen wie Männer beteiligt – zweifelsohne bei leichtem Vorsprung für Frauen. Ein Musterbeispiel liefert das Städtchen Wilsnack mit einer gerichtlich verhandelten Geschichte über eine injuriöse, aber nicht untypische Frauen-„Plauderey“ darüber, wer wann was über fünf junge Frauen, die „ein hüfichen“ aufsetzen müßten, gesagt habe. Die Geschichte ist in ihrer komplizierten Verästelung kaum nachzuvollziehen, sie muß dem Richter hohe Kombinationsfähigkeiten abverlangt haben und läßt sich hier nicht aufspulen.[39]

Zumindest Ähnliches ist auch für Männer nachweisbar, die gern große Worte über ihren Stand und ihre „Leistung“ bei Frauen machten. So wurde z. B. der Schäfersohn zu Legde 1662 zu 10 rt Strafgeld verurteilt, weil er vor anderen Männern ausführlich und unzutreffend damit geprahlt hatte, wie eine Bauerstochter ihn angeblich genötigt habe, zu ihr auf den Hof zu kommen, um den Wasserkessel zu tragen und bei anderen Verrichtungen zu helfen.[40]

Die verbalen Empfindlichkeiten der saldernschen Untertanen bildeten eine nicht zu verachtende Goldgrube für die Herrschaft, denn die „Verbaldisziplinierung“ durch die Obrigkeit befriedigte zwar den Beleidigten, füllte aber auch die herrschaftlichen Kassen. Seine Zunge hüten zu müssen, um nicht unversehens zugunsten der Gerichtsobrigkeit an den Rand des Ruins zu geraten, dürfte eine neue Erfahrung in der Gutsherrschaftsgesellschaft gewesen sein – vermutlich hatten Streit durch Abbitte oder auch Handgreiflichkeiten früher ohne kostspielige herrschaftliche Zugriffe behoben werden können.

An Beleidigungen – männlichen wie weiblichen – fällt zweierlei auf: In ihrer zugespitzten Form unterstellen sie erstens eine Verletzung solcher Verhaltensnormen, deren Einhaltung die Voraussetzung für den Verbleib in der Gemeinschaft bildete. Das gilt vor allem für den Vorwurf des Diebstahls, der besonders gravierend war und wohl am häufigsten Anlaß zu Injurienklagen bot. Zweitens zielten die Beleidigungen, um ihre Wirkung zu verstärken, besonders auf die Herabsetzung eines geschlechtsspezifischen Selbstwertgefühls. Dies gilt in besonderem Maße für jene Beleidigungen, die Frauen durch Frauen zugefügt wurden und in denen das Wort „Hure“ (trotz seines nur auf voreheliche „Unzucht“ gerichteten Sinns) am häufigsten vorkam: „große, dickpanzige Hure“,[41] „Reuterhure“[42], „Bluthure“ usw. Das beleidigende Hauptwort läßt sich in jeder nur denkbaren Variante nachweisen, auch in der Form, daß einfach eine „unehrliche" Schwangerschaft unterstellt oder daß behauptet wird, „man wüste wohl, was das letzte Kindt, so Clegerinn gehabtt, vor einen Vatter habe".[43]

Hier seien als weitere Beispiele nur jene Worte genannt, die im Verlaufe einer einzigen Auseinandersetzung 1675 „ausgestoßen" und vor dem Wilsnacker Gericht dann verhandelt wurden: „leichtfertige Vettel", „dorfoffene Söge" (Sau), „hauff-sack", „versoffene Hure", „Sauff-Söge", „lange dickbauchige Teuffels-Söge".[44]

Das waren Worte wie Geschosse, eben deshalb wurden sie auch „ausgestoßen", was fast wie ein physischer Vorgang wirkt. Sie mußten bestraft oder – wenn aus Gleichgewichtsgründen möglich – förmlich gegeneinander aufgehoben werden. Am Ende eines Injurienverfahrens folgte fast immer die Erklärung des Beleidigers, daß er von der Beleidigten/dem Beleidigten nichts als Gutes, Liebes und Ehrenwertes zu sagen wüßte – eine uns fast komisch vorkommende Umkehr, die eben wegen der gewaltigen und gewaltsamen Macht des Wortes unentbehrlich für die Wiederherstellung der sozialen Ordnung war.

Der Vorwurf einer Ackerbürgerfamilie in Wilsnack gegen eine andere, diese „ginge in ihre Bonen", führte um 1620 dazu, daß die beiden „mit worten zusammenkommen", wobei die eine Frau die andere „für eine lange, dickbäuchlichte Teuffels Sau gescholten". Der Ehemann replizierte, „wenn sie den dicken Bauch hätte, so hätte sie ihn mit ehren und nicht mit Schanden" und fügte vor dem Richter hinzu, den Diebstahlvorwurf könne er schon deshalb „nicht hingehen laßen, weil ich in Gilden und Wercken sitze", von welchem Recht ihn ein solcher schwerer Vorwurf ausschließen würde.[45]

Der geschlechtliche Bezug fehlte auch dann nicht, wenn Frauen Beleidigungen gegen Männer ausstießen, jedoch fiel dann meist der den Männern vorbehaltene, vielleicht weniger gravierende Ausdruck „Schelm". Eine eines Diebstahlvorwurfs wegen angeklagte Frau erklärte, sie habe „keine andere raison gewußt als diese, weil Er seine fraw vor der copulation beschlaffen".[46] – Christoff Salings Frau, die ihre Stiefmutter „Hure" gescholten hatte, erklärte 1673 vor Gericht, sie habe „zur rettung Ihrer Unschult" keine andere Möglichkeit gewußt, da die alte Frau sie des Lebensmitteldiebstahls beschuldigt hätte.[47] – Aus Anlaß eines Streits um etwas Gras beim Mähen war zwischen zwei Wilsnacker Frauen der Ausdruck „du alte Donnerhure, du blitzwetterhuhre“ gefallen, der sofort zur Beleidigungsklage vor Gericht führte.[48] – „Aus unvernunft rausgestoßene grobe Scheltworte“ und eine entsprechende Klage waren 1719 in Legde die Folge einer Diebstahlbezichtigung Frau gegen Frau.[49] – Beleidigungen zwischen den Frauen eines Leinewebers bzw. eines Hofknechts in den „Buden“ vor dem Wilsnacker Tor wegen Diebstahlverdachts führten 1662 zu einer Gerichtsverhandlung, die mit dem folgenden richterlichen „Bescheid“ endete: „Dieweil diese sache mehrentheils auf Plauterwerck beruhet, undt in Zweifelichen Dingen der gütliche vertrag das beste, als seind beede theille mit einander durch einen Handschlag wieder vertragen undt von dieser quaestion ihnen beederseits ein Silentium imponiret, uberdem bei straffe im übrigen auch alle scheltwortte zwischen ihnen ufgehoben“.[50]

Ein Sonderfall weiblicher verbaler „Kriminalität“ bildet das erstaunlich beherzte, von expressiver Körpersprache begleitete, also ungebührliche Auftreten von Frauen vor dem Gericht und gegen dasselbe, was bei Männern seltener nachweisbar ist. So Anna Kohblanck 1652, die „wegen Ihres ungehorsambs und wiederspenstigkeit“ angeklagt, „etliche stunden beygestecket worden“, da „sie mehrers gegen Junkern Verordnung wiederstrebet und sich allerhand drewwort vernehmen laßen“.[51] – Eine junge Frau aus Wilsnack, als Zeugin und Beteiligte an einer Schlägerei 1673 vor Gericht gefordert, behauptete, davon so wenig zu wissen, „als was man, sozusagen, von der Hand wischen könne“. Sie erwies sich überhaupt als „sehr verbosa und frech in reden“ vor Gericht. „Item Sie klatschete in die Hände undt brauchete sonst viele seltsahme freventliche gestus und worthe“.[52] – Chim Frahmes Frau mußte 1669 Strafgeld zahlen, weil „Sie unbescheidene worte für gerichte gehabt“[53], und aus derselben Familie stammte Anna Frahme, die 1691 10 „Säcke“ geben mußte, weil sie sich „sehr trotzig erwiesen und ihren schuldigen Respect sowohl darin als in anderen dingen bey Heutigen gerichtstag wieder gewiß entzogen“. So war sie vorgefordert und gefragt worden, „wie sie dazu gekommen, daß sie heute zu Legde, nachdem die Klage und untersuchung daselbst abgebrochen, gesaget: Sie wolte nicht pariren, der H. Lieutenant von Saldern möchte auch machen, was er wolte,“ und dabei „noch dazu in die Hände geklopfet“.[54]

Hier wird deutlich, wieviel an Widerspruch, insbesondere gegenüber der Herrschaft, aber auch sonst nur zu Hause oder im Dorfkrug artikuliert worden ist. Wenn „verbale Gewalt" vor Gericht kam, blieb alles das unerwähnt, was auf dem Wege interner Selbstregulierung sozusagen gebührenfrei vorab geklärt werden konnte. Nur Unüberbrückbares kam zur Verhandlung und dazu gehörten natürlich viele Bereiche der Unvereinbarkeit zwischen herrschaftlichem Paternalismus und bäuerlichem Eigensinn. In diesem Punkt waren Frauen nicht nur artikulationsfähiger, sondern oft auch mutiger als Männer, denn allem Anschein nach mußten sie in der Gutsherrschaftsgesellschaft trotz ihrer Minderberechtigung doch mit ähnlichen Sanktionen wie die Männer rechnen.

Eskalierende verbale Gewalt führte auch unter Frauen nicht selten zur *physischen* Gewalt – dieses reflektierte wie jenes jeweils verdeckte Gegensätze. Die physische Gewalt schmerzte nicht mehr (jedenfalls nicht dauerhafter) als die verbalen Verletzungen von Würde und Ehre. Die Eskalations- und Verlaufsformen beim Konfliktaustrag folgen bei Frauen einem ziemlich gleichförmigen Muster: Am Anfang steht ein ehrverletzender Vorwurf (meist der des Diebstahls oder der Unzucht), darauf folgen gegenseitige Beleidigungen, immer auf die Verletzung von besonderen weiblichen Empfindlichkeiten zielend (die Betreffende sei unehrenhaft, treibe Unzucht, sei auf sozial minderwertiger Stufe stehengeblieben, sei eine Sitzengebliebene usw.) und schließlich (wenn es soweit kommt) die Schlägerei.

Physische Gewalt durch Frauen kam auf jeder nur denkbaren Ebene vor: Zwischen Frauen unterschiedlicher bzw. gleicher sozialer Stellung, zwischen Frauen und Männern überhaupt, innerhalb und außerhalb der eigenen Familie; innerhalb der eigenen Familie zwischen Frau und Mann, zwischen Tochter und (altem) Vater, außerhalb der eigenen Familie gegenüber beliebigen männlichen Konfliktpartnern, gegen welche die Frau allein oder mit der Familie zusammen vorging. Reflektiert diese Variationsbreite weiblichen Verhaltens ein höheres Maß an Bedingungslosigkeit und ein geringeres an Vorsicht als das „übliche"? Ist Frauengewalt somit der frühe Indikator für nicht mehr akzeptable, also überschrittende Grenzen des obrigkeitlichen Drucks in der Gutsherrschaftsgesellschaft, auf die die Reduktion von Affektkontrolle folgte? Es könnte so sein.

„Vorm backofen hieselbst" standen im Juli 1673 im Wilsnacker Herrenhof die Magd der „Meyerschen" und die „Meyersche" selbst. Die Frau des Müllers kam hinzu und wollte ihr ungebackenes Brot mit in den

Ofen schieben. Die Magd war mit dem Gast aus irgendwelchen Gründen unzufrieden und wollte wissen, was die Müllersche „hieselbst uff dem Hoefe nutze". Zugleich hatte sie deren Brotteig mächtig „deformiret", worauf die Meierin mit der Erklärung einschritt, das könne ihrer Magd „gleich viel sein, weil es der Junkehr so haben wolle". Sofort verband sich die übliche weibliche Beleidigungsform mit Gewalt: Injuriöse Worte gegen den abwesenden Müller, Widerrede der Müllersfrau und der Meierin, Replik, sie würde solches „als eine Hure reden", beidseitige Würfe mit der „Tiene", die „ins gesicht getroffen".[55]

Wenige Wochen zuvor hatte es eine Schlägerei zwischen sozial Gleichgestellten, in diesem Falle zwischen Mägden auf der Wilsnacker Bleiche gegeben. Den Ursprung bildete ein Streit um den Liegeplatz für die Wäsche, der sich rasch zu einem scheinbar zusammenhanglosen Wortgefecht ausweitete: „Ob (obwohl) sie schon eine große Schusterfrau wehre", so die eine Magd über die andere, „frage Sie darnach nicht", außerdem „hette Sie schon 2 männer gehabt und habe nach den manne gelauffen". Schlägerei und Gerichtsverfahren folgten auf dem Fuße. Auch feine soziale Unterschiede schwingen hier als auslösende Momente vielleicht mit.[56] – Die Frau des Kantors und die Frau des Schulzen gerieten 1693 in der Schule aneinander. Wie so oft: Diebstahlvorwurf durch die Kantorsfrau, ein „loses maul" bei der Schulzin, soziale Beleidigung: „Bettelpack, so so viel nicht hette, daß sie sich konte satt fressen," Schlägerei.[57]

Innerhalb der Familie wehrte sich manche Frau, wenn es irgend ging, tapfer gegen ihren prügelnden Mann,[58] zeigte aber auch selbst Härte, etwa im Umgang mit ihrem alten Vater. So eine Krügersfrau aus Vehlin, die ihrem Vater ebendort im Krug „das bier aus einem topfe, so er selbst in henden gehabt, ins gesicht gegoßen und mit dem topfe noch gestoßen". Der Vater klagte vor Gericht, „Sie hette ihn auch vor dehm schon geschlagen".[59] – Hier wirkte die Öffentlichkeit eines sonst sicher meist verborgenen Vorgangs auslösend für das Gerichtsverfahren.

Vom Frauenanteil an interfamiliären Konflikten haben uns schon die Beleidigungsklagen ein Bild vermittelt. Kam es da zu Gewalt, waren auch Frauen dabei. So 1673, als zwischen den Söhnen zweier Schweinehirten der übliche Auslöser, also der Diebstahlvorwurf fiel, die beiden in eine Schlägerei gerieten und die um ihre Ehre besorgten Familienmitglieder als aktive Zuschauer mitwirkten: Es hatten „alle, als Vater,

Mutter und Schwester umb Sie gestanden, die Schwester aber auch mit zugegriffen, und weil Sie zum Heupt gestanden, Bartolt mit in die Hare getastet u. dabey gezogen".[60] – Da es wieder einmal um Ehre ging, trat die ohnehin in dieser Zeit schwache Ausgleichsrolle von Frauen gänzlich außer Kraft. Im übrigen bestätigt dieser Vorfall, wie auch die vielen Gerichtsverfahren, bei denen Dienst- und Handwerkerjungen aktiv als Schläger und Beleidiger auftraten,[61] ein dem 19. Jahrhundert wohl weniger vertrautes Bild von der frühneuzeitlichen Rolle der aktiven „Jungen".

* * *

Wenn es noch eines Beweises bedurfte, daß Frauen in der Frühen Neuzeit weder gesichts- noch geschichtslos sind, so bezeugt solches ihr energisches Auftreten vor Gericht, ihre Verstöße gegen geltenes Recht, ihre Art des Konfliktaustrags, ihr herzhafter Bruch und Schutz von gemeindlichen Normen – jedenfalls in unserer lokalen Studie. Von „Domestikation" ist hier wenig zu spüren. Die Vorstellung von den frühneuzeitlichen, durch Männer ewig gedemütigten und still leidenden Frauen bestätigt sich nicht an unserem Material. Es war mitnichten so, wie früher angenommen, „daß die ganz große Masse von Frauen als schweigende Mehrheit im 'ganzen Hause' ihr Leben fristete".[62] Sollen Frauen in der frühneuzeitlichen Geschichte sichtbar gemacht werden, so bedarf es mit Sicherheit mehr Archivarbeit, am wenigsten aber einer Orientierung an Begriffen und Auffassungen des 19. Jahrhunderts zur Frauenrolle in der Geschichte.[63]

Die befragten frühneuzeitlichen Gerichtsakten könnten verdeutlichen, warum Frauengeschichte erst als Gesellschaftsgeschichte verständlich wird. Die Geschichte des weiblichen Konflikts mit den Gerichten und eines besonderen weiblichen Habitus' vor denselben kann ganz gut als signifikanter Bereich frühneuzeitlicher Sozialgeschichte gelten, insbesondere wenn dabei traditionelle Bereiche historischer Forschung, wie etwa die Rechtsgeschichte, nach ihren lebensweltlichen Zusammenhängen, die Injurien- und Gewaltdelikte nach ihren sozialen Vermittlungen befragt werden.[64] Glaubwürdige Zeugen der Gesellschaftsgeschichte werden die Kriminellen und die Kriminalisierten dann, „wenn man ihr Verhalten auf ihren Alltag bezieht, einen Alltag, der im Sperrfeuer sozialer und ökonomischer Deprivationen lag, der aber auch reich war an offensiven Verarbeitungsstrategien individueller und gesellschaftlicher Not".[65] Allerdings ist bei diesem sozialen Vermittlungsvorgang die Gefahr groß, auf die Gesellschaft als totale Krisengesellschaft zu schließen, weil das verfügbare Quellenmaterial vornehmlich die *außergewöhnlichen* Zustände individueller und kollektiver Krisenerfahrungen vermittelt. Der Ansatz, Kriminalitätsgeschichte als Sozialgeschichte zu lesen, muß sich wohl der Gefahr kurzschlüssiger Vermittlung von sozialen Krisen in besonderem Maße bewußt sein.

In unserem Beispiel läßt sich allerdings der krisenhafte Zustand der gutsherrschaftlich geprägten Agrargesellschaft in einem märkischen Gutsbezirk nach dem Dreißigjährigen Krieg nicht übersehen. Der absolutistische Staat suchte dem unter anderem durch seine Allgegenwärtigkeit zu begegnen. Am konkreten Beispiel der saldernschen Herrschaft Plattenburg-Wilsnack ist für das 17. Jahrhundert die (allerdings nicht vollständige, auf spätmittelalterliche Ursprünge zurückreichende) Übertragung staatlicher Kriminaljustiz auf Adel/Gutsherrschaft erkennbar: Es gibt noch keine strafprozessual verbindliche Einheitlichkeit,[66] die Rechtssprechung liegt in gutsherrschaftlicher Hand, jedoch bleibt den Untertanen die Apellationsmöglichkeit erhalten und dem Gerichtsherrn die Pflicht, gegebenenfalls Rechtsbelehrung einzuholen und das rechtliche Verfahren von einem qualifizierten (allerdings vom Gerichtsherrn mitunter desavouierten)[67] Richter nach dem Prinzip des schriftlichen Inquisitionsprozesses und im Regelfall auf der Grundlage der „Carolina" führen zu lassen.[68] Zur Verhandlung kommt (mit ganz wenigen Ausnahmen) eine dichte Abfolge von Fällen sozialer Kleinkriminalität, von Fällen also, für welche fließende Grenzen zwischen kriminellem Delikt und sozialer Selbstbehauptung kennzeichnend sind.

Was war nun speziell „gutsherrschaftlich", was speziell „weiblich" an den hier vorgeführten Delikten? Auffallend für die Rechtspraxis in der saldernschen Gutsherrschaftsgesellschaft war zumindest die affektiv aufgeladene Form, in der die Betroffenen die Vermittlung von Sozialdisziplinierung verarbeiteten. Sie äußerte sich in auffallender Schärfe des Konfliktaustrags (Verleumdung, Gewalt), der im allgemeinen selbst als Strafbestand erschien und der gelegentlich als noch gravierender als die klassischen Delikte selbst (Unzucht, Diebstahl) empfunden wurde. „Gutsherrschaftlich" war vielleicht auch der nicht ungefährliche Versuch, die Ventile traditioneller Selbstregulierung in einem Klima von

Refeudalisierungsdruck und Kriegsnachwirkungen zu verschließen. Die Folge war einerseits eine hohe Verfahrensquote (als Form disziplinierenden Zugriffs, aber auch als herrschaftliches Interesse an Gerichtseinnahmen), andererseits das Abwehren, Unterlaufen und Ignorieren des herrschaftsgerichtlichen Zugriffs durch eine umfassende Kultur von Vorklärung der Betroffenen in eigener Regie.

Die allenthalben spürbare Verschärfung des Konflikts zwischen unterschiedlichen Ordnungsvorstellungen innerhalb der Gutsherrschaftsgesellschaft verstärkte in unserem Beispiel die Tendenz zur Selbstregulierung durch die Betroffenen unter- und außerhalb der Ebene des öffentlichen Rechts. Allerdings erwies sich die Ordnung der Betroffenen, nicht zuletzt eben *wegen* des spürbar wachsenden obrigkeitlichen Drucks, nicht immer als herstellbar ohne herrschaftliche Regulierungshilfe. Darum haben Bauern und Handwerker die gutsherrschaftliche Rechtssprechung auch angenommen, denn sie ließ sich im Eigeninteresse der Untertanen nutzen.[69]

Das speziell gutsherrschaftliche Umfeld mochte hier den Gerichtsverfahren auch dadurch seinen Stempel aufdrücken, daß die Bauern-, Kossäten-, Handwerker- und Tagelöhnerfamilien nicht nur als Lebens- und Produktions-, sondern vielfach auch als Notgemeinschaft funktionieren mußten. Wo sie als solche bestanden, reagierten ihre Glieder in Bedrohungssituationen affektgeladen-aggressiv und gerieten so leicht in die Nähe der richterlichen Amtsstube. Die soziale Unsicherheit beförderte sowohl den Zusammenhalt als auch den Konflikt in der Familie, der ebenfalls gerichtlich geahndet wurde – weniger aber das Schlagen des Ehegatten als die Drohung seiner Frau, ihm ihre Arbeitskraft und Mitgift zu entziehen.

Die Besonderheiten weiblicher Kriminalität in der saldernschen Gutsherrschaftsgesellschaft, insbesondere die weibliche Gewalt, könnten als Indikatoren für die Überdehnung des gutsherrschaftlichen Drucks in der 2. Hälfte des 17. Jahrhunderts verstanden werden, wenngleich darüber erst komparative Studien (insbesondere auch mit nicht gutsherrschaftlich geprägten Räumen) näheren Aufschluß vermitteln werden. Jedenfalls erscheinen weibliche „Härte“ und aggressiver weiblicher Habitus vor Gericht als typisch für die gutsherrschaftliche Kriminalitätsgeschichte in unserem Raum und in dieser Zeit. Für die Frauen ist grundsätzlich beherztes Zugreifen im Konfliktfall kennzeichnend – von natürlichen

Charakterunterschieden einmal abgesehen. Frauen erscheinen auffallend oft und selbstbewußt vor Gericht – als Kläger wie als Angeklagte. In entscheidenden Punkten waren sie allerdings als Unterlegene (Unzuchtsdelikte mit sozial Höhergestellten) und besonders Gefährdete (Diebstahlversuchung durch das hofzentrierte Wirkungsfeld) prädisponiert. Außerdem standen Frauen eher in Gefahr, sozial ausgegrenzt und den Vagierenden zugeschoben zu werden, waren doch „entlauffene Weibsstücken" ohnehin eine typische Erscheinung in der Nachkriegszeit.[70] Eine eigene Form weiblicher Kriminalität ist an der Effizienz weiblicher Beleidigungen, an aktiver Pfandkehre und an listigen Ehedelikten festzumachen. Insofern läßt der Blick auf Frauen vor gutsherrschaftlichen Patrimonialgerichten, jedenfalls in unserem Beispiel, doch einige Besonderheiten, jedoch keine deutlich geschiedene Geschichte nach Geschlechtern, erkennen.

Anmerkungen

1 Die Patrimonialgerichtshoheit einschließlich der Praxis von Kriminalgerichtsbarkeit muß nach wie vor als ein vernachlässigtes Feld der Rechtsgeschichte gelten, auch für Brandenburg. Siehe Willi Boelcke, Die Patrimonialgerichtsbarkeit auf märkischen Rittergütern im 18. Jahrhundert, Institut für Archivwissenschaft, Berlin 1955 (Ms.).

2 Zur allgemeinen Einführung: Richard van Dülmen, Theater des Schreckens. Gerichtspraxis und Strafrituale in der frühen Neuzeit, München 1988; Peter Wettmann-Jungblut, „Stelen inn rechter hungersnodtt". Diebstahl, Eigentumsschutz und strafrechtliche Kontrolle im vorindustriellen Baden 1600–1850, in: Richard van Dülmen (Hg.), Verbrechen, Strafen und soziale Kontrolle. Studien zur historischen Kulturforschung III, Frankfurt a. M. 1990.

3 Siehe bes. die Verhandlungen „in curia" zu Wilsnack und ein Prozeßtagebuch von 1770. Brandenburgisches Landeshauptarchiv (BLHA), Pr. Br. Rep. 37 Herrschaft Plattenburg-Wilsnack (im folgenden: PW).

4 Dazu allgemein: Dirk Blasius, Kriminalität und Alltag. Zur Konfliktgeschichte des Alltagslebens im 19. Jahrhundert, Göttingen 1978.

5 1627–1629: 32 (PW 5143/1); 1632–1634: 14 (PW 5144); 1651–1654: 24 (PW 5146).

6 Siehe die kürzlich von Ulrike Gleixner vorgelegte Dissertation: Dörfliche und obrigkeitliche Ordnungen. Zur Konstruktion von Geschlecht in „Unzuchtsverfahren" im 18. Jahrhundert in Preußen. (Vgl. Ulrike Gleixner, „Das Mensch" und „der Kerl". Die Konstruktion von Geschlecht in Unzuchtsverfahren der Frühen Neuzeit (1700–1769), (=Reihe Geschichte und Geschlechter, Bd. 8) Frankfurt am Main/New York 1994).

7 PW 5153, 17. 12. 1666, 7. 2. 1667.

8 PW 6006, Schreiben v. 28. 11. 1664.

9 PW 5578, 26. 1. 1672; 24. 2. 1672.

[10] PW 6006, 13.4.1687.

[11] PW 5161, 4.7.1675.

[12] PW, WI 59 A, 26.6.1739.

[13] PW 770, 1.4.1680. Siehe auch PW 5146, 9.11.1652.

[14] PW 1024, Ende Oktober 1705.

[15] PW 3454.

[16] PW 3430 (um 1710).

[17] BLHA Pr. Br. Rep. 4 D, Bd. 46, fol. 367–372.

[18] PW 5148, 21.3.1659.

[19] PW 5153, 7.11.1668.

[20] PW 7265, 31.12.1722, Pritzwalk. Anna Kumradt (Dorf Gottberg) stammte aus der saldernschen Herrschaft.

[21] PW 3909.

[22] PW 5161, 27.9.1675.

[23] PW 5161, 16.8.1675.

[24] Vgl. für das 19. Jh.: Heinz Reif, Einleitung, in: ders., Räuber, Volk und Obrigkeit, Frankfurt a.M. 1984, S. 13; Joseph Mooser, „Furcht bewahrt das Holz." Holzdiebstahl und sozialer Konflikt in der ländlichen Gesellschaft 1800–1850 an westfälischen Beispielen, in: ebd., S. 43 ff.

[25] PW 5927.

[26] PW 5554, (1712).

[27] PW 5158, 1.3.1673.

[28] PW 5184, 17.3.1693.

[29] PW 5153, 23.7.1669.

[30] PW 7249, (1680); PW 5153, 18.3.1669.

[31] PW 5396, 14.11.1722. Ingeborg Titz-Matuszek, Mobilität der Armut – Das Almosenwesen im 17. und 18. Jahrhundert im südniedersächsischen Raum, in: Plessearchiv 24 (1988), 87–91, 233–256.

[32] PW 3267, 19.6.1629.

[33] PW 5585, 20.12.1707.

[34] PW 3806, 30.6.1687.

[35] PW 5141, 24.1.1623.

[36] BLHA, Pr. Br. Rep. 4 D Bd. 79, 23.3.1672. (Ein Rittersitz im Dorf Lohm unter Hans Siegfried v. Saldern). – Grundsätzlich zum Problem der Kindstötung siehe Otto Ulbricht, Kindsmord und Aufklärung in Deutschland (= Ancien Régime, Aufklärung und Revolution, hg. v. R. Reichardt u. E. Schmitt, Bd. 18) München 1990, hier bes. S. 119 u. S. 145 f.

[37] BLHA, Pr. Br. Rep. 4 D Bd. 84, fol. 531–535.

[38] Karl-S. Kramer, Hohnsprake, Wrakworte, Nachschnack und Ungebühr, Ehrenhändel in holsteinischen Quellen, in: Kieler Blätter zur Volkskunde 16 (1984); vgl. auch ders., Ländliches Leben im ehemaligen Amt Ratzeburg (1720–1740), in: ebd., 5 (1973)

[39] PW 5160, 14.12.1674.

[40] PW 5150, 21.4.1662.

[41] PW 5171, 3.5.1683.

[42] PW 5153, 4.7.1667.

[43] PW 5143/1, 26.8.1629.

[44] PW 5161, 27.9.1675.

[45] PW 2418 (Wilsnacker Stadtgericht um 1620).

[46] PW 5184, 25.8.1692.

[47] PW 5158, 31.11.1673.

[48] PW 5184, 29.8.1693

[49] PW 3403, (1719).

[50] PW 5147, 16.6.1662.

[51] PW 5146, 1.12.1652.

[52] PW 5158, 15.11.1673.

[53] PW 5153, 5.2.1669.

[54] PW 3429, 2.4.1691.

[55] PW 5158, 12.7.1673.

[56] PW 5158, 14.6.1673.

[57] PW 5184, 11.7.1693.

[58] PW 3438.

[59] PW 5146.

[60] PW 5158, 27.1.1673.

[61] Siehe z.B. auch PW 5147.

[62] Barbara Becker-Cantarino, (Sozial)Geschichte der Frau in Deutschland, 1500–1800. Ein Forschungsbericht, in: Die Frau von der Reformation zur Romantik. Die Situation der Frau vor dem Hintergrund der Literatur- und Sozialgeschichte hg. v. B. Becker-Cantarino, Bonn 1980, S. 246.

[63] Heide Wunder, Frauen in der Gesellschaft Mitteleuropas im späten Mittelalter und in der Frühen Neuzeit (15. bis 18. Jahrhundert), in: Hexen und Zauberer. Die große Verfolgung – ein europäisches Phänomen in der Steiermark, hg. v. Helfried Valentinitsch, Graz/Wien 1987, S. 123.

[64] Siehe Reif, Einleitung.

[65] Blasius, Kriminalität und Alltag, S. 11.

[66] Eberhard Schmidt, Beiträge zur Geschichte des preußischen Rechtsstaates (Schriften zur Verfassungsgeschichte, Bd. 32), Berlin 1980, S. 95.

[67] In den Protokollen finden sich mehrfach resignierende Bemerkungen des Richters über ihm unbekannte Eingriffe des „Junkers" in die Verfahren.

[68] Auch Akkusationsprozesse werden „inquisitorisch" geführt, seltener die Verhandlungen ziviler Gerichtsbarkeit. Vgl. Uwe Danker, Räuberbanden im Alten Reich um 1700, Frankfurt a.M. 1988, S. 56 ff.

[69] Während Untertanen-Frauen sich wegen Unzucht vor Gericht verantworten mußten, trieb die unter den saldernschen Gerichten ansässige Witwe von Grabow ein mindestens ebenso „liederliches" Leben, an dem ein Pfarrer und sogar der Richter selbst beteiligt waren – der Adel war auf dieser Ebene ja ohnehin „eximiert". PW 176 (1678).

[70] PW 1465.

Mary Lindemann

Die Jungfer Heinrich

Transvestitin, Bigamistin, Lesbierin, Diebin, Mörderin

Am frühen Morgen des 29. Januar 1701 war der Schweinemarkt in Hamburg der Schauplatz einer grausigen Entdeckung: An jenem Morgen wurde nämlich „der Rumpf einer Frauens Persohn ohne Kopf bey hiesigem /salva venia/ Secret ... gantz Mutternackt zu jedermänniglichen erstaunen vorgefunden."[1] Von diesem Moment an bis zum 23. Januar 1702, als die drei dieses Verbrechens Angeklagten hingerichtet wurden, stießen die Behörden in Hamburg auf eine unheimliche Geschichte von Mord und Magie, von Diebstahl und sexueller Abweichung, die die ganze Stadt in Aufregung versetzte.

Bald nachdem die „kopflose Leiche" gefunden worden war, identifizierten Zeugen drei Verdächtige, einen Mann und zwei Frauen, die verhaftet und des Mordes angeklagt wurden. Der Mann war ein Apothekergeselle namens Johann Friedrich Jähner; die zwei Frauen, Anna Ilsabe Buncke und Maria Cäcilia Jürgens, waren Hökerinnen. Die Untersuchung brachte ans Tageslicht, daß Jähner das Opfer erwürgt und den Kopf vom Rumpf getrennt hatte, um ihn zum Brauen eines medizinischen „magistrum" zu gebrauchen. Eine von Jähners Komplizinnen war die Frau, die als „Jungfer Heinrich" bekannt werden sollte, nämlich Anna Ilsabe Buncke.

Am 5. Oktober 1701 gestand Anna Ilsabe Buncke unter der Folter, daß sie „Mitwisserin" und auch Mittäterin an dem Mord an der Bauersfrau aus Neuengamme, deren Leiche man in der Toilette am Schweinemarkt gefunden hatte, gewesen war. Hätte das Geständnis nur den Mord betroffen, so könnte der Beitrag hier enden; aber es betraf mehr, viel mehr. Buncke gestand nämlich außerdem,

„1. Daß sie vor etwann 5. Jahren in Bremen ihre Weibeskleider ab/ und Manns Kleider angelegt/ und hernach vor einen Mann ausgegeben.
2. Daß sie unter solchen fälschlichen angenommen Manns Nahmen und Kleidern ein liederlich Leben geführet/ und allerhand gottlose Händel/ Betrügereyen und Unthaten geübet/ inmassen sie denn ferner bekannt/ daß
3. Ihr zu Amsterdam in einem Huhr-Hause durch Zauberey ein Männlich Bild [so] von Huren zugestellet und angeklebt worden/ und sie damit Schand und Unzucht getrieben
4. Wäre solches Männliches Bild zu Glückstadt/ als er als ein Soldat desertiren wollen/ und darüber ins Ge[f]ängniß geworffen/ verschwunden/ und sie darauf/ nachdem es offenbahr worden/ daß sie ein Weibes-Bild wäre/ durch den Stöcker-Knecht verwiesen worden.
5. Hätte sie/ als sie darauff nach Hamburg gekommen/ sich mit der gefangenen Maria Cicilia Jürgens/ verlobt und bald darauf zu Wan[d]sbeck/ durch Priesterliche Hand copulieren lassen.
6. Mit welcher sie so wohl vor/ als nach der Copulation mittelst eines in Gestalt eines Männlichen Bildes zugerichteten Instruments/ fast 2. Jahrlang conubitiret [so]
7. hätte sie sich nachgehends als sie mit der Jürgenschen im Streit gerahten/ umb sich darauf von ihr separiret/ wiederumb mit Anna Elisabeht Paussen/ verlobet/ und gleichfalls durch Priesterlich Copulation sich mit derselben in Altona trauen lassen/ auch folgends darauf mittelst obbedeuteten Instruments sich commisciret.
8. Hätte sie die Paußin in einem Busch unweit Dörferoden im Lüneburgischen/ mit einem Messer über ihrem Unter-Leib geritzet/ und sie dadurch gefährlich verwundet.
9. Wäre sie mit dem Mit-Gefangenen Johann Friedrich Jä[h]nern/ und der Jürgenschen/ nach hiesigem Gerichts-Platz gegangen und daselbst den auf dem Rade liegenden Cörpern die Daumen abgeschnitten.
10. Hätte sie von solchen durch ihr und Jä[h]ner abgeschnittenen Daumen/ und einer abgebrochenen Kette/ denen Bauren hin und wieder zur Cur und Gebrauch in gewissen Fällen/ verkaufft.
11. Hätte sie Margaretha Riecken/ Hans Riecken Ehefrau in dem neuen Gamm verführet/ daß sie von ihrem Mann gelauffen/ und darauf sie nach Maria Cicilia Jürgens ihrem Saal gebracht.
12. Wäre sie von Anfang an beständig bey der Ermordung der Margreth Riecken/ auf der Jürgenschen ihrem Holtz-Boden gewesen/ hätte alles mit angesehen/ approbiret und darinnen consentiret.

13. Hätte sie nebst den beyden Mitgefangenen in des Jä[h]ners Hause den Sack/ worinnen der Cörper weggetragen/ eröffnet/ der Rieckschen ihre im Sack mit eingesteckte Kleider beraubet/ und davon / wie auch von dem daraus gelöseten Gelde/ participiret und etwas genossen.
14. Hätte sie mit Jä[h]ner der Jürgenschen/ mittelst theurem Eyde und Wörter sich verbunden/ diese Mordthat nicht zu offenbahren."[2]

Diese Ereignisse, die hier nach einer Flugschrift dargestellt wurden, die kurz nach der Hinrichtung der „Jungfer" und ihrer zwei „Komplicen" erschien, führen uns unwiderstehlich in die Welt eines frühneuzeitlichen Gerichtsprozesses, in dem es um Mord, Diebstahl und Magie ging, aber auch um frühneuzeitlichen Aberglauben/Volksglauben, Volksmedizin, weibliche Sexualität, Abweichung, Transvestitentum und Bigamie.

Dieser Kriminalfall stellt die Episode dar, auf die ich eine Mikrogeschichte aufbauen möchte; eine Geschichte, die tief in das Leben von Menschen vordringt, die sonst anonym geblieben wären, aber auch eine die, wie Carlo Ginzburg und andere Mikrohistoriker betonen, grundlegende Probleme enthüllt, indem sie die Gesellschaft von ihren Rändern her betrachtet. Es gibt hier viele Indizien, denen man nachgehen könnte, aber um mich kurz zu fassen und einen eindeutigen Schwerpunkt zu setzen, habe ich die Geschichten von Jähner und Jürgens ausgeschlossen, um mich ganz auf die „Jungfer Heinrich" zu konzentrieren. In diesem kurzen Artikel kann ich nur einige der der vielen interpretatorischen Möglichkeiten dieses Falles erforschen. Ich möchte einige Wege skizzieren, wie Forscher solche Kriminalfälle bei der Untersuchung des Alltagslebens und der Mentalitäten fruchtbar machen können. Im Besonderen möchte ich mich zentralen historischen Fragen widmen, die durch das Leben und den Tod von Anna Ilsabe Buncke aufgeworfen werden: die Bedeutung von Transvestitentum in der Frühen Neuzeit; die Definition von abweichender Sexualität, hier „Lesbentum" und Sodomie, illegitime Heiraten, weiblicher Wille und schließlich, die politische Essenz des karnavalistischen Aktes, der sich um die persönliche und sexuelle Identität von Frauen dreht. Vor allem aber möchten wir doch wissen, wie die Gesellschaft des frühen achtzehnten Jahrhunderts die verschiedenen Delikte der „Jungfer" sah. Mord war natürlich grausam. Aber inwieweit verstanden Staat und Kirche, Eliten und das Volk die sexuelle Neigung der Jungfer und deren Verkleidung als Mann zugleich auch als eine schwere Sünde und ein schweres Verbrechen?

Die Zeitgenossen haben die Verbrechen der Jungfer Heinrich tatsächlich wegen ihres Transvestismus und ihrer ambivalenten sexuellen Identität von denen ihrer Partner unterschieden. Natürlich hatte auch Maria Jürgens eine lange Zeit eine besondere sexuelle Beziehung zu der Jungfer Heinrich gehabt. Doch ihre Abweichung war weniger offensichtlich und weniger anstößig als die von Anna Ilsabe Buncke. Jürgens hatte sich immer wie eine Frau gekleidet und gehandelt und somit nie die Grenzen weiblichen Verhaltens offen in Frage gestellt. Darüber hinaus konnte während der Untersuchung nie eindeutig festgestellt werden, ob die Jürgens bemerkt hatte, daß Anna Ilsabe Buncke eine Frau war, oder ob sie stets daran geglaubt hat, daß sie ein Mann war. In mehreren ähnlichen Fällen behaupteten die „anderen" Frauen, daß sie nicht gewußt hätten, daß ihre Partner gar keine Männer waren. Dies galt oft als ein mildernder Umstand im Prozeß: So wurde z.B. in der Stadt Nürnberg eine Prostitutierte, die Unzucht mit mehreren Frauen getrieben hatte, hingerichtet, während die anderen beteiligten Frauen nur Urfehde schwören mußten und aus der Stadt verwiesen wurden. Typischerweise sagte eine aus, „daz sie nit anders gewest dan daz sie [die Prostitutierte] eyn man geweset".[3]

Jungfer Heinrich dagegen hatte nicht nur ihr wahres Geschlecht unter Männerkleidung verborgen, sondern auch, der Anklage nach, „unter solchem Schanddeckel allerhandt schändtliche Händel, Betriegereyen und Zauber Poßen getrieben und außgeübet"[4] und auch das sexuelle Leben eines heterosexuellen Mannes geführt oder es wenigstens vorgetäuscht.

Wann und wo sie sich zum ersten Mal als Mann ausgab, muß unklar bleiben. In gleicher Weise bleiben die tieferliegenden Motive ihres „mutirte(n) sexus",[5] ihres transformierten Geschlechts, verborgen. Während der langen Tage und Wochen der Untersuchung veränderte sie wiederholt ihre Aussage und widerrief oft oder sagte, daß die Aussage, die sie beschworen hatte, eine Lüge gewesen sei. Für unsere Zwecke ist es nicht besonders wichtig, Wahrheit und Lüge von einander zutrennen. Eine weit bedeutendere Aufgabe besteht darin, herauszufinden, wie sie sich eine durchdachte Geschichte zurechtlegte, wie sie die vielen unterschiedlichen Fäden ihrer Lebensgeschichte auswählte und zu einer Geschichte zusammenflocht, die für sie überzeugend war oder die sie für brauchbar hielt oder die half, ihrer Existenz einen Sinn zu geben.[6]

Eine Reihe von Historikern hat bereits weibliches Transvestitentum, wie es in der frühen Neuzeit auftrat, diskutiert und analysiert. Rudolf M. Dekker und Lotte C. van de Pol haben 119 Frauen, meist aus den Niederlanden, aber auch aus anderen Gebieten Europas aufgespürt, die zwischen 1550 und 1839 als Männer lebten. Fast alle dieser Frauen dienten wie Jungfer Heinrich eine Zeitlang als Soldaten oder Matrosen.[7] Es scheint jedoch, daß nur ein kleiner Prozentsatz von ihnen einen nicht-heterosexuellen Lebensstil und eine andere sexuelle Identität annahmen. Viele von ihnen tauschten die Kleider ihres Geschlechts gegen die des anderen, um bei ihren (männlichen) Geliebten oder Ehemännern bleiben zu können. Es gab einige ausgesprochen berühmte Beispiele, wie Deborah Simpson, die im amerikanischen Revolutionskrieg kämpfte, oder Hannah Snell, die in der Mitte des 18. Jahrhunderts in der britischen Armee diente. Auf einen langjährigen Dienst beim lübeckischen und braunschweigischen Militär konnte der Trommler Ludwig Bauer (oder eigentlich die Frau, welche sich als Trommler Bauer ausgab) zurückblicken. Die Frauen, „welche diesen ... verblichenen Cörper gekleydet [hatten]", gaben an, „das solcher sexus sequioris sey", was eine Autopsie bestätigte. Der Chirurg Jac. Leonh. Vogel fand, daß „derselbe alle Weybliche Theyle, und nichts von Männliche Genitalibus [hat]" und weiter, daß dessen Gebärmutter „parvus et durus" war, d. h. die Bauerin war nie schwanger geworden, „wie solches die annoch vorhandene Signa Virginitatis mit mehrern bestärken."[8] Einige dieser weiblichen Soldaten wurden verhaftet und bestraft, andere „wurden milde behandelt und manchmal sogar zu volkstümlichen Heldinnen gemacht."[9] Marie Prochaska, Tochter eines preußischen Unteroffiziers, diente im Befreiungskrieg als freiwilliger Jäger und starb im September 1813 den Heldentod. Fünfzig Jahre später wurde ihr nicht nur ein Denkmal errichtet, sondern sie wurde auch mit diesen Worten geehrt: „Sie genoß als wohlgesittet, bescheiden und dienstfertig die Freundschaft und Achtung ihrer Kameraden und *Vorgesetzten*."[10] Anna Ilsabe Bunckes Schicksal war ganz anders; sie starb einen unrühmlichen Tod, sie wurde gefoltert und ihre Leiche auf das Rad geflochten, ihre Überreste wurden verbrannt, um auch die allerletzte Spur von ihr zu vernichten, und unsere Aufgabe ist es deshalb, diesen Unterschied zu erklären.

Die Phasen im Leben von Jungfer Heinrich zeigen, wie ihre Erfahrungen die frühneuzeitliche Gesellschaft, Kultur und sogar Politik widerspiegeln. Unter der Folter gestand sie, daß „ihr zu Amsterdam in einen Huhrhause durch Zauberey ein Männliches Gliedt von Hühren zugestellet und angeklebet worden, und Sie damit Schande und Unzucht getrieben."[11] Akten der Juristischen Fakultät Kiel aus dem Landesarchiv Schleswig[12] bieten weitere Informationen, die ihr Leben in Amsterdam betreffen, und für die Zeit, bevor sie im Jahre 1700 nach Hamburg zurückkehrte. Die Daten aus Schleswig widersprechen oft dem, was sie während des Prozesses in Hamburg behauptete. Die Akte enthält auch einige Einzelheiten, die mit ihren späteren Aussagen schwer in Einklang zu bringen sind. In Hamburg leugnete sie mehrere Einzelheiten ihrer Erfahrungen in Amsterdam und behauptete einmal, sich die ganze Geschichte auf Jähners Rat hin ausgedacht zu haben.[13] Trotz solcher Unstimmigkeiten wurden ihre vielen Geschichten in mehreren Formen geglaubt, und sie illustrieren für uns zeitgenössische Ideen über abweichende Sexualität, die Grenzen zwischen legitimer und illegitimer sexueller Vereinigung und selbst wie die frühneuzeitliche Welt die Geschlechter und Sexualität definierte.

Im Jahre 1701 war die Jungfer Heinrich zwischen zwanzig und dreißig Jahre alt. Sie war die Tochter eines lüneburgischen Reiters (der im Jahre 1700 noch lebte) und war in Dörverden nicht weit von Verden geboren worden.[14] Ein Wirrwarr von falsch erinnerten Vorfällen und irreführenden Aussagen vereitelt jeden Versuch des Historikers, ihr Leben in der Zeit zwischen 1695 und 1700 vollständig zu rekonstruieren. Einige Ereignisse lassen sich jedoch mit einer gewissen Sicherheit zusammenstellen. Es scheint, daß sie vor 1695 einige Zeit in Hamburg gelebt hat. Dann, wahrscheinlich 1698, ging sie nach Bremen, „wo sie sich mannskleider machen [ließ]." Von dort begab sie sich nach Rotterdam, wo sie zuerst für einen Bleicher arbeitete und dann ein Jahr lang als „Knecht."[15] Nachdem sie ihre „Weibskleider... [ab] und Mannskleider angeleget", hat sie sich „für eine MannsPersohn hin und wieder außgegeben."[16] Eine Zeitlang bewegte sie sich offensichtlich zwischen einer männlichen und einer weiblichen Identität hin und her. Immer häufiger begann sie dann jedoch, sich als Mann zu kleiden. In dieser Zeit nahm sie den Namen „Heinrich Lohmann" an. Später saß sie im Stockhaus in Glückstadt, nachdem ihr Versuch, aus der dänischen Armee zu desertieren, mißlungen war. Unglücklicherweise verschwand dort ihr „Männliches Bild" und ist „sie darauf/ nachdem es offenbahr worden/ daß sie ein Weibes

Bild wäre/ durch den Stöcker Knecht verwiesen worden."[17] Es ist interessant, daß ihre Maskerade zu nichts Schmerzhafterem führte als einer Auspeitschung, bevor sie die Stadt verlassen mußte, vielleicht nicht einmal dazu.

Als sie gefragt wurde, warum sie sich überhaupt als Mann verkleidet habe, antwortete sie, daß „ihre Schwester in Dörfern [Dörverden] ihr nicht gleich und recht thun und in Hamburg es ihr nicht glücken wollen."[18] Der Verteidiger, der ihr vom Hamburger Gericht gestellt wurde, Reinhard Stolberg, erklärte den Geschlechtswechsel ökonomisch: „daß sie gesehen, daß sie wegen der ihr von Gott ihr verliehenen guhten Leibes Kräffte bey Männlichen Arbeiten ein mehreres verdienen und beßer alß im Weiblichen Stand leben könte."[19] Stolbergs Verteidigung war natürlich nicht unvernünftig. In Hamburg wie auch anderswo verdienten „Arbeits-Frauen" viel weniger als Männer, und zwar oft genug für ähnlich anstrengende oder gar für ein und dieselbe Arbeit.[20] Um 1700 kleidete sich in Schweden Maria Johansdotter aus Aland als Mann, weil sie sich nicht durch Singen in Wirtshäusern ihr Brot verdienen wollte. Sie arbeitete dann als Knecht und wurde wegen ihrer schönen Stimme sogar Küster der Gemeine Lovo.[21]

> Von Rotterdam wanderte Buncke nach Amsterdam, wiederum auf der Suche nach Arbeit, hatte „aber keine kriegen können." Während sie sich in Amsterdam aufhielt, erhielt sie, ihrer Aussage nach, „durch Zauberey... ein männlich Bild." Dieser Teil ihrer Geschichte verdient eine eingehendere Darstellung. Von den Männern, die in ihrem Quartier lebten und mit denen sie „ins Hurhaus gegang(en), [hatte sie] gehört, „daß die Huren einem Kerle, dem sie nicht guth waren, oder sie nicht bezahlte ein membrum virile abnehmen könte[n], auch wenn ein Kerl mit seinem membro virile nicht zufrieden, der könte nur zu ihnen gehen, und von denselben ein größeres bekommen... Als sie zu Amsterdam besagtes membrum virile an ihrem Bauch geklebet, ware ihr membrum mulierbre ganz bedecket worden, und hatte sie [so] ein kleiner Hodensack von sich selber hervorgethan, ohne daß Gef(angene) wüste wo derselbige hergekommen. Als sie besagtes membrum virile an ihrem Leib fest gesetzt; mit den Huren daselbst vom KaltSchale gegeßen; und ein paar Stunden hernach mit der einen Unzucht getrieben; also daß sie als ein Mann mit ihr cohabitiret, dafür Gef(angene) ihr einen Ducaten gegeben, aber den Huren nicht offenbahret, daß sie eine Weibes Persohn gewesen, auch in Amsterdam woeselbst sie sich Hinrich Lohmann genannt, keine Hure

> mehr sondern nur eine Witfrau fleischlich erkandt; dieses membrum virile ware nicht allezeit gleich als ihre andere Gliede gewesen, doch hatte Gefangene wenn sie cohabitiren wolle(n), ordentliche erectiones gekriegt, im Beischlaff die gewohnliche Lust darin empfunden, die Samen daraus emittiret und wie das membrum wenn es sein Werck verrichtet, werde [so] schlapp geworden."[22]

Später bestritt Anna Ilsabe, daß irgendetwas von dem Geschilderten jemals geschehen sei.

Sie verließ Amsterdam entweder 1699 oder 1700 und kehrte nach Hamburg zurück, wo sie Maria Jürgens traf. Bald danach wurden sie „von dem Seel. Hr. Pastore in Wandsbek ehlig copuliret." Einer der Trauzeugen war Johann Friedrich Jähner, der schließlich Margarethe Riecken ermorden sollte. Nach Jungfer Heinrichs Aussage hatte Jähner sie vor der „widernatürliche(n) und gotteslastenden" Ehe nackt gesehen und wußte, daß sie kein Mann war. Aber die körperlichen Attribute eines Geschlechts zu bestimmen mag nicht so leicht gewesen sein, wie es scheint. So war es z. B. dem Vater von Jungfer Heinrichs zweiter Frau verdächtig vorgekommen, daß sie so glatte Wangen hatte und er hatte Jähner gebeten, sie vor der Zeremonie körperlich zu untersuchen. Jähner sagte jedoch später aus, daß er sie nie vollkommen nackt gesehen habe. Vielmehr hatte er sie nur in einem dunklen Keller im Hemd besichtigt, und dieser kurze Blick hatte keine eindeutige Klärung gebracht.[23]

Jungfer Heinrich und ihre erste Ehefrau lebten eine Zeitlang harmonisch als Mann und Frau zusammen, „bey welcher „Gef(angene) als ihr Mann geschlaffen und vermittelst vorbesagtes membri virili cohabitert [so], auch alle gewohnliche Mannslust empfunden, und den Samen in ihr eingeflößet." Es gelang dem Paar, sich in Hamburg als Hökerinnen kärglich durchzubringen.[24] Zwei Jahre nachdem die Heirat gefeiert und vollzogen worden war, trennten sich die Frauen aus Gründen, die in den Quellen nicht sehr klar werden, bei denen aber Eifersucht eine entscheidende Rolle spielte. Kurz danach heiratete Jungfer Heinrich eine andere Frau, eine Anna Elisabeth Paussen „und ließ sich „gleichfalls durch priesterliche Copulation ... mit derselben in Altona trauen/ auch folgends darauf mittelst obbedeuteten instruments sich commisciret."[25] Als Bunckes erste Frau – Maria Jürgens – von dieser zweiten, betrügerischen Ehe hörte, klagte sie Jungfer Heinrich vor dem Prätor, d. h. dem Gerichtsverwalter in Hamburg, der Bigamie an. Aus Furcht verließ Jungfer

Heinrich mit ihrer zweiten Frau sofort Hamburg und begab sich über Buxtehude und Goldbeck nach Verden.

> „Vom Vehrden waren sie zu Fuß nach der Vehrter gegangen, und die Nacht bey der Gef(angenen) MutterBruder geblieben, von der waren sie in einem Weydenbusch an dem Waßer gekommen, wo Gef(angene) von ihr in [so] einen Beyschlaff angesprochen worden, als eine in Actu gewesen, hatte die Frau den Krampf ins Bein gekriegt und nachzulassen gebethen, wornach Gef(angene) ein Taschenmesser aus dem Sack genommen, und der Frau damit einen Schnitt von der Bube [?] an in das weibliche Glied gegeben.“[26]

Sofort danach floh sie mit einem Boot über die Vohrde, ging nach Bremen und von dort zurück nach Hamburg, wo sie erfuhr, daß ihre erste Frau, Maria Jürgens „in Haft“ saß. Sie verließ Hamburg wiederum, „wobey sie sich ins Mecklenburgischen ergab, und bey dem Bauer Schneider (?) Arbeit gethan, die Werber aber hatten sie mit Gewalt nach Molln gebracht und zum Granadierer gemachet.“[27] Einige Zeit, nachdem sie in die Armee gepreßt worden war, desertierte sie. Sie tauchte dann in Neuengamme auf, wo sie Margaretha Riecken traf, die mit einem Bauern verheiratet war. Nach einer kurzen Bekanntschaft brannten die beiden Frauen nach Hamburg durch, wo Buncke, nun als Frau gekleidet (gern wüßte man, was Margaretha nun dachte), ihre früheren Kontakte zu Jürgens und Jähner erneuerte. Bald danach töteten die drei Verschworenen Margaretha Riecken.

Das ist das Ende der Geschichte von Anna Ilsabe Buncke, der Jungfer Heinrich. Was bedeutet sie? Welches ihrer Verbrechen war so ungeheuerlich, daß sie und ihre Komplizen als „gottlose Menschen“, als Kreaturen, die „von dem Teufel … wie ein brüllender Löuer“ verführt wurden, und so verhaßt, daß nur ein Tod auf dem Rad die Schande und den Schimpf ihrer Verbrechen auslöschen konnte? Die Anklage gegen die drei macht es klar:

> „Gleich wie nun diese That meritiret, daß solche freventlichen Mörder nach Anweisung Gött- und Weltlicher Gesetzen auffs allerhärteste billig bestraffet, das vergoßene undt racheschreyende Bluht außgesöhnet, und die dieser guhten Stadt bey ausländischen Völckern dadurch zugebeügte blahme, alß wenn Hamburg dergleichen MörderGruben in ihrem Schoß hägete, abgewischet werden möge.“[28]

Bevor wir die sozialen und politischen Verästelungen des Falles der Jungfer Heinrich verfolgen, sollten wir kurz die Verbrechen betrachten, die sie angeblich begangen hat und wie die Gesellschaft des späten siebzehnten und frühen achtzehnten Jahrhunderts sie wahrnahm.

Transvestitentum an sich wurde nicht als besonders abscheulich angesehen, wie die Geschichte aus Glückstadt nahelegt. Als die Obrigkeit entdeckte, daß der scheinbare Mann in Wirklichkeit eine „verkleidete" Frau war, wurde sie nur aus der Stadt ausgewiesen und vielleicht ausgepeitscht. Ähnlich wurde Agatha Diezschin in der Mitte des 16. Jahrhunderts behandelt. Wie die Buncke trug sie jahrelang männliche Kleidung, hatte „ein instrument wie ain mennlich glied gestaltet" und heiratete eine Frau. Trotzdem wurde sie, weil sie „sonst nichts übels darneben gehandelt oder ketzerei getrieben", nur in Halseisen gestellt und der Stadt verwiesen.[29] Als die schwedische Küsterin wegen Täuschung vor Gericht gestellt wurde, bekam sie nur eine relativ leichte Strafe von acht Tagen bei Wasser und Brot im Gefängnis.[30] Und in Freiburg wurde Anna Maria Joseph im Jahre 1717 „umb willen sie sich manskleider verstelt und getriben ... auf dem Lasterstein" und mit Ruten ausgepeitscht. Danach wurde ihr „ein weiber hauben aufgesetzt und ... vor dem Thor ein rockh gegeben" und sie dann wahrscheinlich aus der Stadt verwiesen. Obwohl sie wohl auch unter einer männlichen Hülle „unzucht" getrieben hat, wurde sie nicht weiter und nicht härter bestraft.[31] Viel entsetzlicher war dagegen Bunckes „Bigamie" oder ihre zwei „gotteslästernden" Ehen mit zwei verschiedenen Frauen. Weil ihre erste Ehe rechtlich gesehen überhaupt keine war, stand die Anklage der Bigamie auf zweifelhafter Grundlage. Darüber hinaus gibt es zahlreiche Beispiele von Frauen, die im 18. Jahrhundert Frauen geheiratet haben. Henry Fieldings *The Female Husband* (1746) war nichts anderes als die literarisch kaum überarbeitete Geschichte von Mary Hamilton. Diese Frau wurde 1746 in Somerset nur des Betruges überführt. Frauen, die solche weiblichen Heiraten eingingen, wurden also in England um die Mitte des 18. Jahrhunderts als Betrügerinnen betrachtet, nicht jedoch notwendigerweise als sexuell abweichend.[32] Als weit anstößiger wurden jedoch die sexuellen Beziehungen betrachtet, die Buncke „schändlich und wider die Natur" und „heilloserweise" mit diesen Frauen „mittelst eines Instrumenti in forma membri virilis" hatte.[33]

Wie kann man die Sexualität der Jungfer Heinrich charakterisieren? War sie eine Lesbierin?

Den meisten modernen Wissenschaftlern zufolge, die die weibliche Sexualität untersucht haben, gewann der Begriff „Lesbierin" wie die Bezeichnung „homosexuell" erst im 19. Jahrhundert eine klare Bedeutung. Wie Judith Brown und andere Historiker/innen gezeigt haben, gab es demnach in der Frühen Neuzeit keine wirklichen Lesbierinnen. Zeitgenossen bezeichneten das, was Frauen wie Jungfer Heinrich und ihre Sexualpartner taten, als „weibliche Sodomie" und verstanden es als solche. Es gab eine weite Bandbreite von Worten, die benutzt wurden, um ihre sexuellen Praktiken zu beschreiben: gegenseitige Masturbation, Selbstbefleckung, Sodomie, Unzucht, „Unreinheit von Frauen mit anderen Frauen." Solche Frauen wurden, wie Brown bemerkt, „wenn sie überhaupt irgendwie bezeichnet wurden, fricatrices, das heißt, Frauen, die sich gegenseitig rieben, oder Tribaden genannt, der entsprechende griechische Ausdruck für die gleiche Handlung."[34] Im England des 18. Jahrhunderts waren sexuelle Beziehungen zwischen Frauen an sich nicht verboten, obwohl Sodomie strafbar war.[35] In Bunckes Fall war es der Gebrauch eines Instruments (wenn das tatsächlich der Fall war), der ihre Handlungen zu Sodomie machte. Die „Peinliche Anklage des Rechtens" gegen Buncke warf ihr in der Tat sodomitische Beziehungen zu mehreren Frauen vor. Nach der *Carolina* war die Strafe für Sodomie Tod durch Verbrennen auf dem Scheiterhaufen, gefolgt von einer unehrlichen Beerdigung der Überreste in nicht geweihtem Boden, manchmal direkt unter dem Scheiterhaufen.[36] Ihr Verteidiger plädierte angesichts der Härte der vorgeschriebenen Strafe auf mildernde Umstände. Er wies darauf hin,

> „daß Inquisitin zu der Veränderung ihres Geschlechts Kleider und denen darauß folgenden exorbitantüs [so] ex delictis durch die unverständige Jugendt, ... verleitet worden. Wie dann auch die Sodomie mit nichten in eo gradu anzusehen, wie Hr. Fiscalis denselben in seiner Klage zu exaggeriren vermeinet. ... Wie denn in diesem Stück so wohl, alß in denen geschehenen Trauungen die bäursche und jugendtliche Unwißenheit der Inquisititn ad minuendam poenam billig anzusehen ist, weil es sonst in Rechten nicht unbekanndt [ist]: quod in Rusticis et mulieribus ignorantia juris tolerabilior sit quam in aliis."[37]

Doch wie Louis Crompton vor über einem Jahrzehnt festgestellt hat, wurde Frauen, die der lesbischen Liebe oder vielmehr der verschiedenen

Handlungen, die Brown aufzählt, überführt wurden, die Todesstrafe nicht erspart; sie wurden oft hingerichtet, normalerweise wegen Sodomie.[38] Aber zugleich muß man zugeben, daß, obwohl einige Beispiele von ausgesprochen scharfen Bestrafungen von weiblichen Sodomiten angeführt werden könnten, das Urteil oft glimpflicher für sie ausfiel. Agatha Diezschin hatte eine Frau geheiratet und auch einen künstlichen Penis angefertigt und getragen. Anna Maria Joseph hatte, gedeckt durch männliche Kleidung, Unzucht getrieben. Beide wurden aber nur leicht bestraft, wahrscheinlich weil sie sonst weiter keine Delikte begangen hatten und erst recht keine magischen Handlungen vorgenommen. Anders verhielt es sich mit der Jungfer. Erstens hatte sie sich an mehreren schweren Verbrechen beteiligt – Mord, Körperverletzung und Diebstahl. Zweitens ist ihre Geschichte eng mit magischen Handlungen verbunden. Z.B. gestand sie, daß sie in Amsterdam „durch Zauberey" ein männliches Glied bekommen hatte und weiter, daß sie zusammen mit Jähner und Jürgens sich mit magischen Kuren beschäftigt hatte. D.h. im Fall von Buncke waren der Wechsel des Geschlechts und und ihre getriebene Unzucht vielleicht nur Nebensachen. Viel schwerer wogen der Mord und der Diebstahl.

Während es also wahr sein mag, daß die frühneuzeitliche Gesellschaft sich sexuelle Beziehungen zwischen Frauen oder eine lesbische Identität nicht vorstellen konnte, so strafte sie doch, was Frauen mit Frauen taten, wenn es als Sodomie verstanden wurde, streng als ein gefährliches Verbrechen, das die soziale und politische Stabilität bedrohte. So wurde z.B. eine Nürnberger Dirne 1477 wegen verübter Unzucht mit anderen Frauen ertränkt.[39]

Wir sollten wenigstens auch noch kurz die Frage von Bunckes sexueller Identität erörtern, d.h. wie selbst sie und wie andere sie verstanden. Thomas Laqueur hat uns kürzlich daran erinnert, daß männlich und weiblich – das biologische und nicht das Geschlecht als soziales Konstrukt ist gemeint – sich nicht als Pole auf einer Skala gegenüberstanden. Vielmehr gab es im Grunde nur ein Geschlecht – das männliche. Die sexuelle Identität eines Individuums konnte auf jedem beliebigen Punkt des sexuellen Spektrums „Männlichkeit" angesiedelt sein. Die Zeitgenossen nahmen die männlichen und weiblichen Geschlechtsorgane als die umgekehrten Formen des jeweils anderen dar, sie waren also Varianten einer (männlichen) Grundform. Das heißt, die Eierstöcke wurden als weibliche Hoden verstanden und von der Vagina wurde als ein nach innen gekehrter Penis gesprochen, sie wurde auch als ein Penis dargestellt, bei dem das Innere nach Außen gewandt worden war.[40]

In einer Welt, in der es nur ein Geschlecht gab, ist es nicht überraschend, daß Frauen Männer werden konnten und daß anstrengende und plötzliche Bewegungen bei einer „Frau" einen Penis hervorspringen lassen konnten. In diesem Licht müssen wir noch einmal Jungfer Heinrichs Beschreibung, wie sie in Amsterdam ein Mann wurde, betrachten. Eine Reihe von Elementen und Formulierungen sind auffallend. Zuerst erzählt uns Buncke, wie ihr in einem Hurenhaus ein „membrum virile an ihrem Bauch geklebt" worden ist. Das scheint zu bedeuten, daß sie (oder) jemand anders ein künstliches männliches Glied an ihrem Körper befestigte, das ihr „membrum mulierbre" ganz verschwinden ließ, wie z. B. die Diezschin „ein instrument wie ain mennlich glid gestaltet, von lumpen gemacht [und] im latz bei ir getragen."[41] Aber das ist ein zu einfaches Verständnis für eine Welt, in der die Geschlechtsorgane veränderlich waren. Eine frühere Stelle in ihrer Aussage weist ebenfalls auf die prinzipelle physische Veränderlichkeit der Sexualorgane hin: Die Prostituierten hatten die Fähigkeit, den Penis eines Mannes verschwinden zu lassen, wenn sie mißhandelt oder nicht bezahlt wurden. Auch sollten Hexen die männlichen Geschlechtsteile wegzaubern und Männer auf andere Weise impotent machen können.[42] Darüber hinaus konnte ein Mann, wenn er mit der Größe seines Gliedes nicht zufrieden war, zu den Huren gehen und „von denselben ein größeres bekommen." Für die Jungfer Heinrich bedeutete ihr „mutirter Sexus" nicht nur, daß sie nun einen Penis besaß. Sie entdeckte außerdem ein Scrotum an ihrem Körper, „ohne daß Gef(angene) wüste wo derselbige hergekommen." Das klingt sehr nach den ziemlich häufigen Geschichten von Menschen, die jahrelang als Frau gelebt haben, aber dann, und zwar plötzlich und zu ihrem großen Erstaunen, männliche Geschlechtsorgane entwickelt haben.[43] Jungfer Heinrich zeigte eine Sexualität, die engstens mit einer Reihe von sexuellen Episoden und Gefühlen zusammenhängt, die durch die Benutzung eines künstlichen männlichen Gliedes nicht adäquat erklärt werden können. Sie deutet ihre Sexualität mit Ausdrücken ihrer eigenen fleischlichen Begierden und ihren wiederholten Erfahrungen von Erektionen und Ejakulationen:

> „dieses membrum virile ware nicht allezeit gleich als ihre andere Gliede gewesen, doch hatte Gefangene wenn sie cohabitiren wolle(n), ordentliche erectiones gekriegt, im Beischlaff die gewohnliche Lust darin empfunden, die Samen daraus emittiret und wie das membrum wenn es sein Werck verrichtet, werde [so] schlapp geworden."

Es gibt noch einige andere Möglichkeiten, Jungfer Heinrichs Sexualität und ihre körperlichen Formen zu verstehen. Zuerst einmal ist es möglich, daß Jungfer Heinrich eine außergewöhnlich große Klitoris hatte, die ihr wie ein Penis vorkam. Viele Mediziner waren wenigstens im 18. Jahrhundert der Ansicht, daß solche vergrößerten Klitorides das Ergebnis von Masturbation waren.[44]

Ihre Ejakulationen könnten im Licht der damals vorherrschenden Idee verstanden werden, daß Frauen Samen produzieren und es während des Geschlechtsverkehrs zum Erguß dieses Samens kommt. Könnte es andererseits möglich sein, daß Jungfer Heinrich ein Hermaphrodit war und daß sie von ihren doppelten Geschlechtsorganen verwirrt war, wie denn auch ihre Partner sie vielleicht falsch verstanden haben? Während des ganzen Mittelalters bis in die Frühe Neuzeit hinein scheint es ein gewisses Maß an Verwirrung über den Unterschied von „lesbischer Liebe" und Hermaphroditentum gegeben zu haben; zeitgenössische Gelehrte sprachen denn auch von „vera et spuria Hermaphroditi."[45] Einige Personen, wie Agatha Diezschin, erklärten ihre sexuellen Handlungen als die eines Hermaphroditen und gaben sich auch als Hermaphroditen aus. (In diesem Falle stellte eine Hebamme allerdings fest, daß die Diezschin alle physischen Eigenschaften einer Frau besaß).[46] In Jungfer Heinrichs Beschreibung ihrer Geschlechtsorgane kommen sowohl männliche wie auch weibliche vor; sie hatte ein „membrum mulierbre," aber auch „ein(en) kleine(n) Hodensack." Es kann keinen Zweifel darüber geben, daß man in der Welt des Rechts und der Medizin echte Hermaphroditen kannte, was eigentlich auch für die breitere Öffentlichkeit zutrifft,[47] obwohl etliche Ärzte und Gelehrte im 18. Jahrhundert ihre Zweifel an der Existenz „wahrer" Hermaphroditen äußerten.[48] Hermaphroditen wurden manchmal ausgestellt oder zeigten sich zu wissenschaftlichen Zwecken oder aus kommerziellen Interessen wie z. B. das „Mann-Weib" in Helmstedt 1762.[49] Der griechische Ausdruck „androgyn" hat weniger beschreibende Kraft als die deutschen Begriffe „Zwitter" und „Zwey-Dorn." Interessanterweise gab das Recht den Hermaphroditen nur eine einzige Gelegenheit ihr Geschlecht festzulegen, nämlich beim Erreichen der Volljährigkeit.[50]

Wie ich gezeigt habe, wurde der Transvestismus nicht allgemein als ein schweres Delikt angesehen, doch Jungfer Heinrichs Wahl von Männerkleidern machte ihre Handlungen in den Augen der Obrigkeit gefährlicher, vielleicht weil sie glaubte, daß ihre männliche Kleidung nur dazu diene, Verbrechen zu begehen oder zu befördern. Darüber hinaus hatte Kleidung im frühneuzeitlichen Europa sowohl eine materielle wie auch eine symbolische Rolle. Das kann man bemerken, wenn Jungfer Heinrich Männerkleidung anlegte und in Einzelheiten über die Mordtat selbst, als die Täter Maria Riecken „gantz mutternackt" in das „Secret" warfen. Als Jungfer Heinrich, Jürgens und Jähner der Frau ihre Kleidung stahlen, nahmen sie ihr nicht nur einen zentralen Bestandteil ihres Besitzes weg (die Kleidung stellte einen wichtigen Teil des wenigen dar, das die Unterschichten besaßen), sondern verweigerten der unglücklichen Frau auch die entscheidenden Kennzeichen ihrer sozialen und sexuellen Identität. Als Jungfer Heinrich männliche Kleidung anzog, nahm sie gleichzeitig eine andere Identität an oder stahl vielmehr die Identität von jemand anders und schlüpfte gleichzeitig unerlaubterweise in eine neue soziale und sexuelle Rolle. [51] Gleichzeitig zerriß sie das Bild von Mann und Frau, das sowohl sozial wie auch religiös festgelegt war und als gottgewollt betrachtet wurde. Sie machte sich daher auch der Gotteslästerung schuldig. Ebenso waren die zwei Ehen oder genauer gesagt Schein-Ehen, die sie einging, nicht nur illegal , sondern auch, wie es in der Quelle heißt, „gotteslästernde." Im Unterschied zu England um die Mitte des Jahrhunderts waren also „falsche" Ehen ungültig und strafbar, ob es nun Ehen zwischen Frauen oder nicht sanktionierte Verbindungen von Männern und Frauen waren. Diese Handlungen, bei denen Jungfer Heinrich die herrschenden Kleidungsvorschriften und Eherollen umkehrte und parodierte, stellten eine karnevaleske Umkehr des normalen anständigen Verhaltens dar. Solche Perversionen der sozialen und sexuellen Normen zeigen tiefsitzende Verwerfungen in einer mühsam erreichten und stets zerbrechlichen sozio-kulturellen Ordnung an. Die Welt auf den Kopf zu stellen war während des Karnevals erlaubt (und dazu wurde vielleicht sogar ermutigt), aber eine solche zeitlich begrenzte Erlaubnis machte die unerlaubten und zur falschen Zeit geschehenen Umkehrungen, die Buncke bewirkte, nur noch bedrohlicher.[52] Diese Bemerkungen führen zu der Frage, was es bedeutete, wenn Leute wie die Jungfer Heinrich, die selbst nur marginal in die bürgerliche Gesellschaft integriert waren, die gottgebenen und sozial sanktionierten Symbole ihres Geschlechtes und ihrer Schicht nicht nur umkehrten, sondern auch noch verunglimpften. Welche Bedeutung konnte diese Umkehrung für die soziale und politische Stabilität von Gesellschaft und Staat haben, besonders in Hamburg, wo Unruhe am Ende des siebzehnten und zu Beginn des 18. Jahrhunderts dabei war, zu einem allzugewöhnlichen Bestandteil des Alltagslebens werden?

Die Zeit um 1700 war in Hamburg eine Zeit der Unsicherheit und der Unruhen, die sowohl politische als auch religiöse Ursachen und Wirkungen hatten. Der Rat und die Bürgerschaft wie auch streng orthodoxe und pietistische Gruppen kämpften um die Macht in der Stadt und über Gewissensfragen. In dieser äußerst gespannten Atmosphäre, konnte eine Umkehr der sexuellen Rollen leicht als politische Provokation und als Angst einflößende Verachtung der bestehenden Ordnung interpretiert werden.[53] In gleicher Weise konnte die Stadt den Fall als ein weiteres Symptom einer korrupten Welt und als Zeichen einer verwirrten, unruhigen, gottlosen Zeit deuten. Und doch regte sich zur gleichen Zeit einer der ersten Proteste gegen den Gebrauch der Tortur und der Todesstrafe, die später in die Aufklärung in Hamburg münden sollten. Heinrich Wrangel, der Verteidiger für Bunckes männlichen Komplizen, Jähner, wandte sich heftig gegen den Gebrauch der Tortur. Er protestierte nicht nur gegen die Ungeheuerlichkeiten, die der Henker Jähner und den zwei anderen Mitangeklagten zugefügt hatte, sondern er attackierte auch die Institution der „peinlichen Frage" an sich und bezweifelte die Möglichkeit, auf diesem Wege verwertbare Beweise zu erlangen. Wrangels Haltung in diesem Prozeß wäre nur eine interessante Randbemerkung wert, wäre seine Rolle in den tumultösen politischen Zuständen in Hamburg um die Jahrhundertwende nicht so bedeutend. Er war die Hauptfigur in dem Konflikt, der Hamburg in den zwanzig Jahren zwischen 1692 und 1712 in Atem hielt Er verteidigte den rebellischen Pastor Christian Krumbholtz und wurde für seine Bemühungen 1711 zu lebenslänglichem Gefängnis verurteilt (allerdings 1722 begnadigt).[54] Es gibt also sehr gute Gründe, den Fall der Jungfer Heinrich als Teil des politischen Kampfes in Hamburg im frühen 18. Jahrhundert zu betrachten, und die Geschichte würde unvollendet bleiben, wenn man auf eine Untersuchung des politischen Kontextes verzichten würde. Hier ist allerdings nicht der Ort, diesen Aspekt der Geschichte der Jungfer Heinrich näher zu beleuchten; ebensowenig wie andere Dimensionen hier zur Sprache kommen können; sie müssen vielmehr zu einem späteren Zeitpunkt genauer erforscht werden.

Wie es so oft der Fall ist, gehören Verbrechen, und besonders sensationelle, zu den einzigen Ereignissen, die genug Quellen hervorbringen, um Lebensgeschichten zu rekonstruieren, und die es ermöglichen, sie in ihren sozialen, kulturellen und politischen Kontext hineinzustellen.

Wenn man mehr über weibliche Sexualität in der Frühen Neuzeit wissen will, so wie auch über die Unterschiede zwischen weiblicher und männlicher Kriminalität und deren Bestrafung, muß man sich gerade mit solchen „sensationellen" Fällen gründlich befassen.

Übersetzt von Otto Ulbricht

Anmerkungen

1 Staatsarchiv Hamburg (im folgenden: StAHbg), Senat Cl. VII Lit. Mb Nr. 3 vol. 1, Hamburgische Delinquenten Ao 1390–1734 und Kriminalurtheile, auch gedruckte Prozeßschriften, 363.

2 Der Bestraffte Mord/ Um alle fromme christen und Kinder GOttes/ zufoderst aber die liebe Jugend/ Nicht allein vor grossen/ sonden auch vor den allerkleinesten Sünden zu warnen/ Hat man nicht undienlich befunden Derer drey GOtt-vergessenen und Ertz-boßhafftigen / Verruchten und Gottlosen Mörder/ Welche am 23. Januarii dieses jetzt. lauffenden 1702. Jahrs/ in Hamburg/ bey Anschauung vieler tausend Menschen/ Durch eine solche Execution vom Leben zum Todt gebracht worden; Wie sie mit ihren bösen Thaten verdienet hatten; Ihr vor Gericht gethane Aussage und UhrGicht/ Durch den Druck bekannt zu machen. Worbey auch angefügt Die Execution dieser Drey Mörder/ Und einer alten Diebinn; Nebst einigen Liedern/ die am Tage der Execution verkaufft worden; Hamburg 1702. (Diese Schrift enthält zahlreiche Druckfehler). Vgl. auch Hamburgische Delinquenten, 320–322. Carl Trummer hat viele, aber durchaus nicht alle Aussagen des Falles in *Vorträge über Tortur, Hexenverfolgungen, Vehmgerichte und andere merkwürdige Erscheinungen in der Hamburgischen Rechtsgeschichte* wiedergegeben, vgl. Bd. 1, Hamburg 1844, 56–89. Ich bin von den Originalquellen ausgegangen, habe aber auch meine Lesart mit dem Bericht bei Trummer verglichen. Jungfer Heinrichs Vorname wird unterschiedlich angegeben. *Der Bestraffte Mord* nennt sie Catharina Ilsabe Buncken; die Prozeßakten wie auch Trummer geben ihn mit Anna Ilsabe Buncke oder Bunckens wieder.

3 Thedor Hayster, Das Strafrecht der freien Reichsstadt Speyer, Breslau 1900, S. 184–185.

4 Vgl. StAHbg, Senat Cl. VII Lit. Mb, Nr. 3, vol. 1, Acta In Sachen Fiscalis in Criminalibus ex officio Inquirentis und Anklägers contra Anna Ilsabe Buncken Inquisitum [!] und Peinlich Angeklagtin Anno 1701. ad 1702, 315–53, 399–403, Zitat S. 317

5 Ebd., 334. Die Quellen bezeichneten die Veränderung auch als „transmutatione sexus", 257.

[6] Vgl. Natalie Z. Davis, Fiction in the Archives: Pardon Tales and Their Tellers in Sixteenth Century France, Stanford/Cal. 1987, 1–6.

[7] Vgl. Rudolf M. Dekker and Lotte van de Pol, The Tradition of Female Transvestism in Early Modern Europe, New York 1989. (Dtsch. Frauen in Männerkleidern, Berlin 1990.) Dekker und de Pols Studie wirft, der Einleitung von Peter Burke zufolge (ebd, S. XI) „einiges Licht auf die Geschichte der Armut, des Verbrechens und die Geschichte der Sexualität." Dekker und de Pol erwähnen auch den Fall der Anna Ilsabe Buncke (nennen sie jedoch Isabe Bunckens): „Im Jahre 1701 wurde sie verurteilt, weil sie als Mann gelebt hatte, zweimal dieselbe Frau geheiratet hatte und am schlimmsten, weil sie ihre Vermieterin getötet hatte, um einen Zaubertrunk herzustellen, nach einem Rezept, für das der Kopf der ermordeten Person gebraucht wurde." Dekker und de Pol entnahmen diese Angaben aus Ralph Bredow, Der krankhafte Verkleidungstrieb: Beiträge zur Erforschung der Travestie, Pfullingen in Württemberg 1922; die Einzelheiten sind nicht ganz korrekt dargestellt, vgl. ebd., S. 4. Mehr über Travestie bei Majorie Garber, Vested interests: Cross-Dressing and Cultural Anxiety, New York 1992, und über vertauschte Geschlechtsrollen im Theater Kristina Straub, Sexual Suspects: Eighteenth Century Players and Sexual Ideology, Princeton 1992.

[8] Vgl. Herbert Schult, Ein ungewöhnliches Frauenleben, in: Zeitschrift des Vereins für lübeckische Geschichte und Altertumskunde 67 (1887), 305–306.

[9] Vgl. Randolph Trumbach, London's Sapphists: From Three Sexes to Four Genders in the Making of Modern Culture, in: Kristina Straub and Julia Epstein (Hrsg.), Body Guards: Cultural Politics of Gender Ambiguity, New York 1992, 123.

[10] Art. Prochaska, Marie Christine Eleonore, in: ADB 26 (1888), 621 f.

[11] StAHbg, Senat Cl. VII Lit. Mb, Nr. 3, vol. 1, Beylage A. Anna Ilsabe Buncken, der Gefangenen aus denen Inquisitional-Acten gezogene Uhrgicht und Bekändtnis, 5 October 1701, 320–322.

[12] Landesarchiv Schleswig (im folgenden LAS), Abt. 47.5, Nr. 32, 279–285, vom 28. Mai 1701. Ich möchte Otto Ulbricht dafür danken, daß er mich auf diese Quelle aufmerksam gemacht hat und mir eine Photokopie zur Verfügung gestellt hat.

[13] StAHbg, Senat Cl. VII Lit. Mb, Nr. 3, vol. 1, 334.

[14] Vgl. LAS, Abt. 47.5, Nr. 32, 279.

[15] Ebd.; auch StAHbg, Senat Cl VII Lit. Mb, Nr. 3, vol. 1, 320.

[16] Ebd.

[17] Der Bestraffte Mord; StAHbg Senat Cl. VII Lit. Mb, Nr. 3, vol. 1, 320. Der Bericht aus Glückstadt hat die Form eines „Extractus Protocolli" des Rates der Stadt, ebd., 261.

[18] LAS, Abt. 47.5, Nr. 32, 279.

[19] StAHbg, Senat Cl. VII, Lit. Mb, Nr. 3, vol. 1, 341.

[20] Vgl. Rita Bake, Vorindustrielle Frauenerwerbsarbeit: Arbeits- und Lebensweise von Manufakturarbeiterinnen im Deutschland des 18. Jahrhunderts unter besonderer Berücksichtigung Hamburgs, Köln 1984; Mary Lindemann, Patriots and Paupers: Hamburg 1712–1830, New York 1990, 45–47. Zu den Lebenshaltungskosten und Löhnen vgl. Antje Kraus, Die Unterschichten Hamburgs in der ersten Hälfte des 19. Jahrhunderts: Entstehung, Struktur und Lebensverhältnisse. Eine historisch-statistische Untersuchung, Stuttgart 1965, bes. 51–75.

[21] Vgl. Sofia: Zeitschrift des Zentrums für Frauenforschung an der Universität Uppsala 1991 : 2, 19.

[22] LAS, Abt. 47.5, Nr. 32, 280.

23 Ebd., 280 f.

24 Ebd., 280.

25 Der Bestraffte Mord.

26 LAS, Abt. 47.5, Nr. 32, 280.

27 Ebd., 281.

28 Der Bestraffte Mord; StAHbg, Senat, Cl. VII, Lit. Mb, Nr. 3, vol. 1, 363.

29 Schindler, 272.

30 Vgl. Sofia,, 19.

31 Vgl. Schindler, 132.

32 Vgl. Lynne Friedli, ‚Passing Women' – A Study of Gender Boundaries in the Eighteenth Century, in: G.S. Rousseau und Roy Porter (Hrsg.), Sexual Underworlds of the Enlightenment, Manchester 1987, 238 f., siehe auch [Henry Fielding], The Surprising Adventures of a Female Husband, London 1813.

33 Der Bestraffte Mord; StAHbg, Senat Cl. VII Lit. Mb, Nr. 3, vol. 1, 317.

34 Judith Brown erläutert, daß „die begrifflichen Schwierigkeiten, die die Menschen jener Zeit mit der lesbischen Sexualität hatten, sich in dem Fehlen einer adäquaten Terminologie spiegeln. *Lesbische* Sexualität existierte nicht. Und eigentlich auch keine *Lesbierinnen.* Obwohl das Wort ‚lesbisch' im 16. Jahrhundert einmal bei Brantome auftaucht, wurde es allgemein nicht vor dem 19. Jahrhundert gebraucht, und selbst dann bezeichnete man damit anfänglich nur bestimmte Handlungen und nicht eine Gruppe von Menschen." Immodest Acts. The Life of a Lesbian Nun in Renaissance Italy, Oxford and New York 1986, 17 (Dtsch. u. d. T. Schändliche Leidenschaften. Das Leben einer lesbischen Nonne in Italien zur Zeit der Renaissance, Stuttgart 1988). Weiteres zur Definition von Homosexualität und lesbischer Sexualität findet sich in: Historical Perspectives on Homosexuality, eine Sonderausgabe des *Journal of Homosexuality* 6 (1980/81); Salvatore Licata and Robert Petersen (Hrsg.), Historical Perspectives on Homosexuality, New York 1981; Merry E. Wiesner, Women and Gender in Early Modern Europe, Cambridge 1993, 53–56; Lillian Fradermann, Surpassing the Love of Men: Romantic Friendship and Love between Women from the Renaissance to the Present, New York 1991.

35 Vgl. Trumbach, London's Sapphistes, 125.

36 StAHbg, Senat Cl. VII Lit. Mb, Nr. 3, vol. 1, 318 f. Nach der *Carolina* wie sie hier zitiert wurde „quod hie [so] mulier cum muliere contra naturam venere abutatur Crimen Sodomiticum committat." Louis Compton, The Myth of Lesbian Impunity: Capital Laws from 1270 to 1791, in: Journal of Homsexuality 6 (1980/81), 18 zitiert ebenfalls die *Carolina:* „wenn jemand Unreinigkeit mit einem Tier, oder ein Mann mit einem Mann, oder einer Frau mit einer Frau begeht, haben sie ihr Leben eingebüßt und sollen nach dem gewöhnlichen Brauch, zum Tod durch Verbrennen verurteilt werden." Vgl. auch Brown, Immodest Acts, 8–14. Über die unehrliche Beerdigung vgl. Mary Lindemann, Armen- und Eselbegräbnis in der europäischen Frühneuzeit: Eine Methode sozialer Kontrolle, in: Richard Toellner und Paul R. Blum (Hrsg.), Studien zur Thematik des Todes im 16. Jahrhundert, Wolfenbüttel 1983.

37 StAHbg, Senat Cl. VII Lit. Mb, vol. 1, 34 f. Nam hi quis rem recte perpendat, commissus Instrumento actus venerus seu titillatio aliud non est, quam in maribus mollites [?] seu mastupratio est. Nun ist gewiß und leicht zu erweisen, daß ob talem mollitem seu mastuprationen a feomina sibi fieri possum ein Jude nur auff eine auserliche Geldt Buße fiscaliter angeklagt sey, mit nicht(en) aber auff einige Leibes, vielweniger einer so peinliche Todesstraff."

[38] Vgl. Crompron, Myth, 11–26; vgl. auch „A Lesbian Execution in Germany, 1721: The Trial Records," trans. by Brigitte Eriksson, in: Journal of Homosexuality 6 (1980/81), 27–40.

[39] Hayster, 184.

[40] Thomas Laqueur, Making Sex: Body and Gender from the Greeks to Freud, Cambridge/Mass. 1990; Judith Shapiro, Transsexualism: Reflections on the Persistence of Gender and the Mutability of Sex, in: Straub und Epstein (Hrsg.), Body Guards, 248–279; Joan Caddon, The Meaning of Sex Difference in the Middle Ages: Medicine, Science, and Culture, Cambridge and New York 1993.

[41] Schindler, 272.

[42] Vgl. Heinrich Institoris und Jakob Sprenger, Malleus Maleficarum, T. 1, Kap. 9 und T. II, Kap. 7; Lyndal Roper, Oedipus and the Devil. Witchcraft, Sexuality and Religion in Early Modern Europe, London – New York 1994, 125.

[43] Wie Herculine Barbin im 19. Jahrhundert. Herculine Barbin: Being the Recently Discovered Memoirs of a Nineteenth-Century French Hermaphrodite, with an introduction by Michel Foucault, translated by Richard McDougall, New York 1980.

[44] Vgl. Trumbach, London's Sapphists, 118 f.

[45] Ann Rosalind Jones and Peter Stallybrass, Fetishing Gender: Constructing the Hermaphrodite in Renaissance Europe, in: Straub und Epstein (Hrsg.), Body Guards, 80 111; Katherine Park, Hermaphrodites and Lesbians: Sexual Anxiety and French Medicine, Vortrag gehalten auf der Konferenz der History of Science Society, Seattle 1990. Siehe auch den Artikel „Sodomie", in: Johann Heinrich Zedler; Grosses vollständiges Universal-Lexikon, aller Wissenschaften und Künste, welche bisher durch menschlichen Verstand und Witz erfunden und verbessert worden, Bd. 38, Halle und Leipzig 1743, 328–335; und Johann Heinrich Wolfart, Tractatio juridica de Sodomia vera & spuria Hermaphroditi, Frankfurt am Main 1742. Ich möchte Otto Ulbricht für den Hinweis auf Wolfart danken.

[46] Vgl. Schindler, 272.

[47] Pierre Darmon, Trial by Impotence: Virility and Marriage in Pre-Revolutionary France, transl. by Paul Keegan , London 1985, 40–51.

[48] Vgl. Onomatologia medica completa oder Medicinisches Lexicon das alle Benennungen und Kunstwörter welche der Arzeiwissenschaft eigen sind ... deutlich und vollständig erklärt, Bd. 1, Ulm, Frankfurt und Leipzig 1755, 784f; Bd. 2 (1756), 746f.; vgl. Art. Hermaphrodite (Anat.), in: Encyclopédie, ou dictionnaire raisonné des sciences, des arts et des métiers, Neuchâtel 1765, Bd. 8, 165–167.

[49] Vgl. Niedersächsisches Staatsarchiv Wolfenbüttel, 2 Alt 11184, S. 40 (24. Mai 1762).

[50] Vgl. den Artikel „Hermaphroditus", in: Zedler, Universal-Lexikon, Bd. 12, Halle und Leipzig 1735, 1723–1726. Pierre Darmon weist darauf hin, daß „wenn kein Geschlecht dominierte, der Hermaphrodit frei war zu wählen, danach war er/sie aber gesetzlich verpflichtet, sich jeglichen Gebrauchs der anderen Geschlechtsorgane zu enthalten – eine Handlung, die in den Augen der Kirche eine tödliche Sünde war und Sodomie dargestellt hätte." Trial by Impotence, 42.

[51] Über die rechtliche Einstellung zum Diebstahl einer Identität vgl. Natalie Zemon Davis, The Return of Martin Guerre, Cambridge/Ma. 1983, 40 f., 63.

[52] Der Karneval und karnevaleske Handlungen haben von Frühneuzeit-Historikern immens viel Aufmerksamkeit erfahren, die betont haben, daß die Rollenumkehr die sozialen und poli-

tischen Normen stärken, aber auch Gewalttätigkeiten auslösen konnte und ihnen ein Forum des Handelns geben konnte. Vgl. Peter Burke, Popular Culture in Early Modern Europe, London 1978, 178–204; Mikhail Bakhtin, Rabelais and His World, Cambridge/Ma. 1968; Emmanuel Le Roy Ladurie, Carnival in Romans: A People's Uprising at Romans 1579–1580, New York 1980; Natalie Z. Davis, The Reasons of Misrule, in: dies., Society and Culture in Early Modern France: Eight Essays, Stanford/Cal. 1975, 97–123; dies., Return, 40 f.

[53] Vgl. Joachim Whaley, Religious Toleration and Social Change in Hamburg, 1529–1819, Cambridge 1985, 18–22; Hans-Dieter Loose, Das Zeitalter der Bürgerunruhen und der großen europäischen Kriege, 1618–1712, in: ders. (Hrsg.), Hamburg. Geschichte der Stadt und ihrer Bewohner, Bd. 1, Von den Anfängen bis zur Reichsgründung, Hamburg 1982, 259–300; Hermann Rückleben, Die Niederwerfung der hamburgischen Ratsgewalt. Kirchliche Bewegungen und bürgerliche Unruhen im ausgehenden 17. Jahrhundert, Hamburg 1970.

[54] Vgl. Franklin Kopitzsch, Grundzüge einer Sozialgeschiche der Aufklärung in Hamburg und Altona, Hamburg 1982, 692; vgl. zu Heinrich Wrangel Hans Schröder u. A. H. Kellinghusen (Hrsg.), Lexikon der hamburigschen Schriftsteller bis zur Gegenwart, Bd. 8, Hamburg 1883, 174–176; zu Christian Krumbholtz, ebd., Bd. 4 (1858–66), 232–237; auch D. H. Jacobi, Geschichte des Hamburgischen Niedergerichts, Hamburg 1866, 36–47.

Claudia Ulbrich

Weibliche Delinquenz im 18. Jahrhundert

Eine dörfliche Fallstudie

Die seit dem letzten Jahrhundert durchgängig geführten Kriminalstatistiken zeigen, daß Frauen weitaus seltener straffällig werden als Männer. Ihr Anteil an der Gesamtkriminalität liegt qualitativ wie quantitativ deutlich unter dem ihrer männlichen Geschlechtsgenossen: Frauen begehen nicht nur weniger, sondern auch weniger schwere Verbrechen. Am größten ist die Kluft zwischen Frauen und Männern bei Gewaltverbrechen, die zu über 90 % von Männern verübt werden[1].

In diesen Befund passen sich auch die Ergebnisse der historischen Kriminologie, soweit sie sozialstatistische Daten erhoben hat, ein[2]. Obwohl diesen Erhebungen völlig unterschiedliche Definitionen von Verbrechen und Kriminalität zugrundeliegen, verdeutlichen sie, daß regionale und prozessuale Varianten das Bild nur geringfügig, keineswegs aber grundsätzlich verändern[3]. So konnte N.Z. Davis für Frankreich und England feststellen, daß die Zahl der Anklageerhebungen gegen Frauen wegen Mord oder Totschlag vom 13. bis 18. Jahrhundert lediglich zwischen 7,3 % und 11,7 % schwankte[4]. In zeitlich weiter ausgreifenden Arbeiten wurde zwar nachgewiesen, daß weibliche Kriminalität prozentual im Vergleich zur männlichen zunächst langsam, in den letzten Jahrzehnten stärker angestiegen ist und daß sie in bestimmten Konjunkturlagen kurzfristigen Veränderungen unterliegt[5]. Doch sind die statistisch erfaßbaren Schwankungen so unerheblich, daß trotz der bekannten Entwicklungstendenzen und der für einzelne Regionen beschriebenen Differenzen die Geschlechtszugehörigkeit das sicherste Kriterium zu sein scheint, um kriminelles Verhalten vorherzusagen[6].

Eine vergleichsweise hohe Zuverlässigkeit haben die quantifizierenden Aussagen jedoch bestenfalls für jenen „Kernbestand an Delikten, der – wie zum Beispiel vorsätzlicher Mord – von jeder Form menschlicher Gesellschaft sanktioniert werden dürfte“[7]. Dagegen stößt die Statistik bei der Mehrzahl der von Frauen und Männern begangenen Normverletzungen wegen der widersprüchlichen Koexistenz verschiedener Normsysteme, der unterschiedlichen Effizienz der Strafverfolgung und der verschiedenen Definition von Vergehen und Verbrechen sehr schnell an ihre Grenzen.

Obwohl die Problematik kriminalstatistischer Aussagen für die Gegenwart und mehr noch für die Vergangenheit hinlänglich bekannt ist[8], hat man viel Mühe darauf verwandt, die unterschiedliche Kriminalitätsbelastung der Geschlechter aufzudecken und unter unkritischer Zugrundelegung des statistisch „erhärteten“ Befundes zu erklären. Dies geschah teils mit biologisch-anthropologischen Annahmen, teils mit sozialwissenschaftlichen Hypothesen, die in der Mehrzahl weit stärker von Vorurteilen über die Natur der Frau und ihren begrenzten Lebensbereich als von Wissenschaftlichkeit geprägt waren[9].

Soziobiologische Erklärungen erleben zur Zeit eine unerwartete Renaissance. Im Gegensatz zu dem älteren biologistischen Ansatz, der – geprägt durch zeitbedingte Vorstellungen von der „Natur des Weibes“[10] – mit einer angeblichen Antriebsschwäche, einer angeborenen Passivität oder auch der geringeren physischen Kraft von Frauen argumentiert, wird neuerlich auf hormonell bedingte Unterschiede zwischen den Geschlechtern hingewiesen, die für das verschiedene Aggressions- und Kriminalitätsverhalten von Frauen und Männern verantwortlich sein sollen[11]. In diesen Erklärungen wird Geschlechteridentität auf ihre biologisch-sexuelle Komponente reduziert. Gleichzeitig wird die Bedeutung soziokultureller Faktoren übersehen oder soweit marginalisiert, daß eine eindeutige Beziehung zwischen einem biochemisch determinierten anatomischen Geschlecht und der Geschlechteridentität vorausgesetzt werden kann. In ihrer letzten Konsequenz führt eine solche Argumentation dazu, daß nicht die Gesellschaft, sondern die scheinbar unveränderliche und unbeeinflußbare Natur für menschliches Verhalten und Fehlverhalten verantwortlich gemacht wird und Steuerungsmechanismen nicht mehr primär im gesellschaftlichen, sondern im genetischen Milieu einsetzen. Eine fast zwangsläufige Konsequenz derartiger Argumentation ist, daß männliche und weibliche Gewalt mit zweierlei Maß gemessen werden. Ein mordender Mann folgt letztlich dem Gesetz der Natur, eine mordende Frau verstößt nicht nur gegen die gesellschaftliche, sondern gegen die natürliche Ordnung und stellt daher eine ungleich höhere Bedrohung dar.

Um derart verkürzten Interpretationen entgegenzusteuern, sind zweifellos jene sozialwissenschaftlichen Hypothesen von Bedeutung, die veränderbaren exogenen Faktoren einen hohen Stellenwert zuschreiben. Vor allem mit Hilfe der Theorie differentieller Sozialisation und unterschiedlicher informeller Sozialkontrolle lassen sich geschlechtsspezifische Verhaltensweisen bis zu einem gewissen Grade plausibel herausarbeiten[12]. Letztlich bleibt bei diesem Ansatz jedoch das Problem der Interdependenz zwischen dem biologischen und dem sozialen Geschlecht, der Geschlechteridentität, ungeklärt. Der unterschiedliche Umgang von Frauen und Männern mit Gewalt verbietet es, diesen Aspekt zu vernachlässigen. Er ist offensichtlich sehr viel komplizierter, als die Einteilung der Menschheit in Männer und Frauen vermuten läßt.

Die Beziehung zwischen Geschlecht als einem konstitutiven Element sozialer Beziehungen und Geschlecht als einer biologischen Größe ist keineswegs eindeutig: d. h. dem biologischen Mann- oder Frausein können unterschiedliche Identitäten von Männlichkeit und Weiblichkeit entsprechen[13]. Judith Butler geht in ihren Überlegungen zum „Unbehagen der Geschlechter" sogar soweit, daß sie die Binarität der Geschlechteridentität bezweifelt und eine grundlegende Diskontinuität zwischen dem binär gedachten biologischen Geschlecht (Mann/Frau) und der sozio-kulturellen Geschlechteridentität für möglich hält. Um es weniger abstrakt auszudrücken: Zwischen dem biologischen Geschlecht und der Geschlechteridentität scheint eine sehr komplexe, teilweise wechselseitige Beziehung zu bestehen, in dem Sinne, daß nicht nur das biologische Geschlecht die Geschlechteridentität beeinflußt, sondern daß die Geschlechteridentität auch Auswirkungen auf die Biologie des Menschen hat[14]. Von einer gleichbleibenden Bedeutung des menschlichen Körpers kann daher keine Rede sein.

Bezogen auf das hier zu diskutierende Problem der weiblichen Kriminalität wären unter anderem jene theoretischen Erklärungsansätze kritisch zu hinterfragen, die Frauen ein hormonell verursachtes „verstärkt an der Gemeinschaft orientiertes, angepaßtes Verhalten" bescheinigen, das ihre Deliktbereitschaft erheblich einschränkt[15].

Historisch läßt sich ein solches Verhalten ohnehin kaum belegen. „Im frühneuzeitlichen Europa“, so eine Beobachtung von N. Z. Davis, „hielt man das weibliche Geschlecht für das ordnungswidrige schlechthin“[16]. Frauen führten Rebellionen an oder nahmen zumindest aktiv daran teil[17]. In der Wahl ihrer Waffen waren sie nicht zimperlich[18]. Auch wenn es um die Wiederherstellung der Ordnung im Dorf oder Stadtteil ging oder um die Notwendigkeit, häuslichen Streit zu schlichten, wußten sie sich in der Regel zu verteidigen[19]. Der Raum der Frauen war nicht nur das Haus, sondern auch die Straße. Noch war die Trennlinie zwischen den Geschlechtern weniger durch Räume als durch Funktionen bestimmt[20]. Sie war biologisch nicht eindeutig determiniert. Ihre Durchlässigkeit zeigte sich unter anderem in einem hierarchisch strukturierten System der Stellvertretung. Dieses schlug sich auch im Protest- und Kriminalitätshandeln nieder. Für Holland betont Rolf Dekker, daß die Straße vor 1800 von den Frauen beherrscht wurde. Sie nutzten vor allem in Krisenzeiten ihre familiären und nachbarschaftlichen Kontakte, um die Aufstandswilligen zu mobilisieren. Während der Aufstände provozierten sie Autoritäten, erniedrigten Männer und führten das Regiment[21]. Martin Dinges hält die Pariser Straßen des 18. Jahrhunderts für einen geschlechtsspezifisch indifferenten, d.h. von Frauen und Männern bevölkerten Raum und weist auf die besondere Bedeutung des Arbeitsplatzes in typischen Frauengewerben für die Herstellung einer weiblichen Öffentlichkeit hin. Für das Paris des 18. Jahrhundert kann er eine „sehr aktive gewalttätige Beteiligung der Frauen“ an männlichen Ehrenhändeln beobachten. Zwar stellt er auch in seinem Material eine „statistisch höhere Gewaltneigung der Männer“ fest, doch glaubt er, daß sich die Qualität der Gewalt von Frauen in keiner Weise von der der Männer unterscheide[22]. In den von ihm beschriebenen gewaltsamen Ehrhändeln, an denen beide Geschlechter beteiligt waren, entstammen Frauen und Männer den gleichen Lebenszusammenhängen, die sie gemeinsam verteidigen. Ob man derartige Auseinandersetzungen als Männlichkeitsrituale bezeichnen kann und soll, scheint mehr als fraglich[23]. Der Begriff verdeckt, daß die Ehre und das dadurch ausgelöste Ritual nur Verweisstruktur für ganz andere Probleme haben[24]. Aufschlußreicher scheint in diesem Zusammenhang das von Nicole Castan entwickelte Konzept der „criminalité familiale“ zu sein[25]. Nicole Castan arbeitet die Bedeutung der Solidarität zwischen Ehemännern und -frauen vor allem in den unteren sozialen Schichten heraus und stellt einen Zusammenhang zwischen weiblicher Gewalt und weiblicher Ehre her. Der Mann, so führt sie aus, benutzt die Frau für die gefährlichen Aktionen. Dabei nutzt er die unterschiedlichen Ehrvorstellungen und deren Implikationen aus. Da die Ehre der Frauen strikt auf die Familie bezogen ist und sich auf Sexualität (Unberührtheit vor der Ehe, eheliche Treue) und Mutterschaft bezieht, sind Frauen nur in diesen Bereichen zur Wahrung der Ehre verpflichtet. Dadurch entstehen ihnen Freiräume. Sie können Wörter gebrauchen und Taten begehen, die einem Mann niemals verziehen würden[26]. Bernhard Müller-Wirthmann konnte auch in seiner Untersuchung bayrischer Raufhändel beobachten, daß Frauen, wenn sie gemeinsam mit ihren Männern die Ehre verteidigten, nicht weniger aggressiv waren als diese[27]. Dabei konnten sie geschickt Weiblichkeitsvorstellungen ausnutzen, die an die Schwäche und Schutzbedürftigkeit von Frauen erinnerten, aber wenig mit dem harten Leben und Arbeiten, das auch den weiblichen Alltag auf dem Land bestimmte, zu tun hatten.

Einen maßgeblichen Anteil hatten Frauen an der „kriminellen Subkultur", die in Holland im 17. und 18. Jahrhundert entstanden war[28]. Hier, aber auch in anderen europäischen Ländern zogen Frauen Männerkleider an, um – nicht weniger grausam als Männer – Verbrechen zu begehen, zu rauben oder sich einer Bande anzuschließen. Rudolf Dekker und Lotte van de Pol vermuten, daß eine Beziehung zwischen Transvestieren und Kriminalität besteht. Da bestimmte Formen kriminellen Verhaltens nicht der weiblichen Geschlechtsrolle entsprachen, entschieden sich kriminelle Frauen für eine Verkleidung als Mann[29]. Ihre Beispiele verstärken die Vermutung, daß zumindest in der Frühen Neuzeit Verhalten in einem viel stärkeren Maße durch die soziokulturelle Geschlechtsrolle als durch das biologische Geschlecht oder dessen psychische Disposition bestimmt wurde, daß es zwischen der Stärke und Wehrhaftigkeit, die Frauen im alltäglichen Leben unter Beweis stellten, und der Schutzbedürftigkeit und Schwäche, die dem damals schon verbreiteten kulturellen Leitbild von Weiblichkeit entsprach, keine Übereinstimmung gab.

Auch die zumindest in Frankreich am weitesten verbreitete Form weiblicher Gewalt, Lärmen und Aufruhr auf der Straße, entsprach nicht der normativ verankerten Vision des Weiblichen. Dennoch erforderte sie keine Verkleidung, denn die Frauen bedienten sich mit ihrem Lärmen ihrer eigentümlichen Waffe, der Stimme[30].

Die unterschiedlichen Formen der Gewalt machen nicht weniger als die Taktiken der Verkleidung deutlich, wie komplex das Problem weiblicher Kriminalität untersucht werden müßte. Statistische Befunde können bestenfalls ein erster Anhaltspunkt sein. Vermutlich verschleiern sie mehr als sie aufdecken. Denn in jedem Fall sagen sie weit mehr über das Strafsystem und seine Effektivität aus als über die Kriminalität selbst[31].

Seitens der Historischen Protestforschung, zu der die Historische Kriminalitätsforschung eine bisweilen erstaunliche Distanz wahrt[32], wurde denn auch mit guten Argumenten bezweifelt, ob es sinnvoll ist, „Männeranteile gegen Frauenteile" aufzurechnen[33]. Weiterführend scheint die Frage nach strukturellen Differenzen zu sein, die Carola Lipp in ihren Überlegungen zur frauenspezifischen Partizipation in Hungerunruhen des 19. Jahrhunderts angegangen ist. Sie interessiert sich für die Motive von Frauen, an Protesten teilzunehmen und für die je nach Geschlecht unterschiedlichen Ziele und Formen der Beteiligung[34]. Mit einer solchen Fragestellung lassen sich Einblicke in die sich verändernde Rolle der Frauen in der Gesellschaft gewinnen, ohne deren Kenntnis die Interpretation der statistischen Befunde auf der von den Vertretern der Sozialwissenschaft so heftig inkriminierten Ebene des Intuitiv-Hermeneutischen bleibt.

Obwohl die historische Kriminalitätsforschung, wenn sie sich auf „allgemeine" Kriminalität bezieht, mit differenzierten und differenzierenden sozialwissenschaftlichen Erklärungsansätzen arbeitet, einen wichtigen Beitrag zur Erforschung unterschiedlich gegründeter Normensysteme und zum Verständnis der sozialen Bedingungen kriminellen Handelns geleistet und weiterführende Einsichten in das innere Gefüge von Gesellschaften vermittelt hat[35], verfallen einige ihrer Vertreter bei dem Versuch, geschlechtergeschichtliche Fragen zu integrieren, in einen befremdlichen Statistikfetischismus. Die Interpretation der Daten beschränkt sich oft auf einen Problemaufriß, den man in Anlehnung an eine Formulierung von Meda Chesnay-Lind als den „Add and Stir Approach" bezeichnen könnte[36]. Durch den unterschiedlichen Umgang mit Kriminalität und Frauenkriminalität vergeben sie die Chance, aus der Analyse frauenspezifischer Delikte Erkenntnisse über die innere Struktur der Gesellschaft und ihre Veränderung hinsichtlich der Geschlechterbeziehungen zu gewinnen.

Bis zu einem gewissen Grade ist dies sicherlich Ausfluß mangelnder Kenntnis weiblicher Lebenswelten und der impliziten Vermutung von deren Ahistorizität[37].

Die folgende Fallstudie möchte an diesem Defizit ansetzen. Statt einer weiteren Erhärtung des ohnehin bekannten statistischen Befundes soll die geschlechtsspezifische Analyse von Delikten als Schlüssel zur Erforschung weiblicher Lebenswelt genutzt werden[38]. Dabei wird nicht von einem „Ist-Wert" der tatsächlich abgestraften Delikte, sondern von einem „Soll-Wert" der unterstellten Delikte ausgegangen, d. h. es werden auch jene Vergehen in die Analyse einbezogen, die den Klagen der Obrigkeit zufolge häufig begangen, aber selten entdeckt beziehungsweise dem zuständigen Gericht angezeigt wurden. Da die Arbeit davon ausgeht, daß Frauen keine „Sonderstellung" hatten, daß für sie Strafrecht und die Instanzen sozialer Kontrolle nicht weniger bedeutend waren als für Männer, werden in einem ersten Abschnitt die sozioökonomischen, demographischen und politisch-rechtlichen Rahmenbedingungen untersucht. In einem zweiten Kapitel sollen Normverstöße und ihre Ahndung beschrieben und abschließend die weiblichen Delikte in den Kontext weiblicher Lebenswelt eingeordnet werden.

Meine Studie basiert auf einer mikrohistorischen Analyse[39]. Sie bezieht sich auf Steinbiedersdorf, eine kleine Bauerngemeinde in Deutsch-Lothringen, die bis 1793 zur Reichsgrafschaft Kriechingen gehörte[40]. Die Quellenlage ist ungewöhnlich gut. Die überlieferten Gerichtsakten aus dem 18. Jahrhundert umfassen 40 Bände aus den Jahren 1719 bis 1792[41]. Sie enthalten neben zahlreichen Schuld-, Erb- und Vormundschaftssachen auch Strafgerichtsakten. Pro Band sind je nach Umfang des Aktenniederschlags bis zu vierzig Fälle detailliert dokumentiert. Außer den Gerichtsakten liegen aus der Zeit zwischen 1722 und 1790 38 Jahrgedingsprotokolle vor, in denen zum Teil noch die Rapporte der unteren Behörden (Polizeischütz, Feldschütz) eingeheftet sind[42]. Da auf den Jahrgedingen Klagen und Rügen vorgetragen und Normverstöße bestraft werden, stellen diese Protokolle eine wichtige Ergänzung zu den Gerichtsakten dar. Über die von der Regierung bei Gericht oder auf dem Jahrgeding verhängten Fiskal-, Kanzlei- und Waldstrafen wurde Buch geführt. Einige der Strafgeldverzeichnisse sind erhalten[43]. Weitere Auskünfte erteilen die Reichskammergerichtsakten, die während zahlreicher Prozesse zwischen Herrschaft und Untertanenschaft in großer Zahl angefallen sind[44]. Obwohl die einzelnen Quellen zum Teil sehr ausführlich sind, vermittelt jede Quellengruppe, wenn sie isoliert betrachtet wird, nur einen partiellen Einblick in die dörfliche Lebenswelt. Um diese als Ganzes zu erfassen und die Interpretation zu erleichtern, sollen daher zunächst einmal die strukturellen Rahmenbedingungen aufgedeckt werden.

Steinbiedersdorf war ein kleines Dorf, das lange brauchte, bis es sich von den verheerenden Folgen des Dreißigjährigen Krieges erholt hatte. Die Wiederaufbauphase war zunächst von einem langanhaltenden wirtschaftlichen Aufschwung begleitet[45]. Noch am Beginn des 18. Jahrhunderts lebten die meisten Frauen und Männer von der Landwirtschaft. Der größte Teil des Bodens (78 %) war bäuerliches Eigen. Es wurde anfangs des 18. Jahrhundert hauptsächlich als Acker- und in einem geringerem Umfang als Wiesenland genutzt[46]. Als der Boden immer mehr Menschen ernähren mußte, wurden mehr und mehr Hanffelder und Gärten abgeteilt[47]. Außerdem ging man dazu über, auf der Brache Kartoffeln anzubauen. Die Veränderung der Bodennutzung ist Ausdruck einer seit 1770 beschleunigten Pauperisierung, in deren Zuge weibliche Arbeit an Bedeutung gewann. 1725 gaben noch 41 % der Haushaltsvorstände an, Acker- oder Hofmann zu sein[48], 60 Jahre später war der Anteil der Bauern auf 14 % gesunken, dafür hatten sich die Handwerker von 27 auf 36 % und die Tagelöhner von 30 auf 50 % vermehrt[49].

Die Einwohnerzahl verdoppelte sich im 18. Jahrhundert nur knapp, doch blieb der Bevölkerungsanstieg weit hinter dem Geburtenüberschuß zurück. Während sich die Bevölkerung von etwas über 400 auf 750 vermehrte, übertrafen die Geburten die Todesfälle fast um das Dreifache[50]. In einem Zeitraum von 100 Jahren registrierten die katholischen Pfarrer 1840 Geburten und 699 Todesfälle[51]. Dieser Befund scheint deshalb wichtig, weil er von einer ungewöhnlich hohen Mobilität zeugt. Durch die Abwanderung wurde die räumliche Enge im Dorf, die ein Absinken eines Teiles der Bevölkerung unter die Armutsgrenze begünstigt hätte, vermieden[52]. Hohe Mobilität und eine bis zur Französischen Revolution geringe Illegitimitätsrate lassen auf eine effektive soziale Kontrolle schließen[53]. Menschen, die sich in das dörfliche Normengefüge nicht einfügen konnten oder wollten, scheinen den Ort freiwillig oder gezwungen verlassen zu haben. Der Schweizer Johannes Roschy und sein Bursche Christoph machten sich aus dem Staub, nachdem sie Wein, Mehl und Molke gestohlen hatten und aufgefallen waren[54]. Weil sie eine Mitbewohnerin blutig geschlagen hatten, erhielten Isaak Israel und sein Sohn zwei Jahre Landesverweis[55]. Die Witwe Marie Morel mußte den Ort verlassen und sich aus Armut in fremden Diensten verdingen, als sie ein uneheliches Kind erwartete, konnte allerdings bald wieder zurückkehren und ihr Haus vermieten[56]. Auch die jüdische Magd Madl mußte wegziehen, weil sie unehelich schwanger war und der Judenbursche, den sie verklagt hatte, sich durch einen Eid gereinigt hatte[57].

Armut, abhängige Arbeit, Heiratsverbot und dadurch ausgelöste Konflikte mit dem Gesetz sowie die verbreitete Praxis exogamer Ehen waren für Mädchen und Frauen der häufigste Grund, das Dorf zu verlassen. Die Burschen und Männer wurden zusätzlich durch das Militär angelockt. Angeblich um sie zu disziplinieren, ließen die Steinbiedersdorfer Hausväter ihre Söhne dienen[58]. 1766 befanden sich immerhin 24 zwischen 19 und 36 Jahre alte Burschen im Dienst des französischen Königs und damit zeitweilig außerhalb des Dorfes[59]. Die wenigsten verließen den Dienst beim Militär, einer Institution, die männliche Leitbilder einübt, als friedliche Bürger, doch wurde durch den Militärdienst der Burschen der Einfluß der am stärksten kriminalitätsbelasteten Gruppe im Dorf wenigstens temporär reduziert. Manche verdingten sich bei den Soldaten, um familiären Problemen auszuweichen, Geldmangel zu überbrücken oder einfach, um versorgt zu sein. So ließ sich Michel Mangin, als er wegen einer Schuldsache vor Gericht zitiert wurde, von einem Regiment engagieren und verschwand für einige Wochen[60]. In den Kriegsdienst setzte sich auch Johannes Cury von Flittringen ab, nachdem seine Frau ihn verlassen und zu ihrem Schwiegersohn nach Steinbiedersdorf gezogen war, weil ihr „Ehemann sie so übel tractirt, daß sie es bei ihm nicht mehr ausstehen können“[61]. Damit, daß die Not manche antreibt, die sich im Grenzland bietenden günstigen Gelegenheiten zu fremden Kriegsdiensten anzunehmen und „wenigstens den versorgenden Lebensunterhalt zur Erwehrung des Hungers zu suchen“, begründen zwei Kriechinger Deputierte den Militärdienst[62].

Kontrolle im Dorf und „Entsorgung“ zu den Soldaten, in die Nachbarschaft, die großen Städte oder einfach in das Elend der Straße, machten es möglich, daß „abweichendes Verhalten“ wie Mord, schwerer Raub, Kindsmord in den Steinbiedersdorfer Gerichtsakten kaum eine Rolle spielten. Bedeutender waren Schmuggel und Fahnenflucht, Gesetzesverstöße, die vor allem seitens der französischen Behörden extrem hart bestraft wurden, auf die hier aber nicht näher eingegangen werden kann[63].

Von der im 18. Jahrhundert stark zunehmenden Kriminalität, vor allem der Bandenkriminalität, blieb auch Steinbiedersdorf nicht verschont. 1757 waren in der Steinbiedersdorfer Kirche ein Meßgewand, der Himmel, die Monstranz und das Ciborium gestohlen worden[64]. Der Tat verdächtigt wurden zwölf im Dorf nicht ansässige Juden, Angehörige jener Gruppe von Menschen also, die die ständische Gesellschaft aufgrund ihrer begrenzten Integrationsfähigkeit aus- oder abgegrenzt hatte[65]. Nicht selten sorgten auch die herrschaftlichen Amtleute und die von ihnen engagierten Soldaten nicht nur in Kriegs-, sondern auch in Friedenszeiten für Schrecken und Angst. Dies hängt mit der besonderen politischen Konstellation des Ortes zusammen.

Steinbiedersdorf gehörte, wie eingangs erwähnt, zur Reichsgrafschaft Kriechingen. Diese war auf dem Erbweg an die im 200 km entfernten Dierdorf residierenden Grafen von Wied-Runkel gekommen, die ihre Herrschaft während des 18. Jahrhunderts gegen den Widerstand der Untertanen ausbauten und modernisierten. Die Landesherrschaft und die Mehrzahl der Bedienten waren Protestanten, 80 % der Einwohner Katholiken, knapp 20 % Juden. Dieser Umstand ist insofern bedeutend, als die Instanzen, die üblicherweise Strafjustiz und Sozialkontrolle ausübten, geistliche und weltliche Obrigkeit, teilweise konkurrierend, wenn nicht sogar gegeneinander arbeiteten. Der Pfarrer war nur selten bereit, seiner Ladung zum Jahrgeding Folge zu leisten und Klagen vorzutragen. Viele Konflikte und Normverstöße scheint er ohne Hinzuziehung der Obrigkeit mit den ihm zur Verfügung stehenden Mitteln der Buße geahndet zu haben. Die jüdischen Frauen und Männer aus dem Dorf trugen ihre Klagen bis zur Mitte des 18. Jahrhunderts bei dem Metzer Rabbiner vor. Dessen Recht, innerhalb der Grafschaft Kriechingen die Gerichtsbarkeit über die Juden wahrzunehmen, wurde zunehmend als Eingriff in die herrschaftliche Jurisdiktion begriffen. Seine Kompetenz wurde 1751 zunächst auf das Zeremoniale beschränkt, 1760 ganz verboten. Die Juden wurden fortan der Kriechinger Gerichtsbarkeit unmittelbar unterstellt und machten von der Möglichkeit, mit Hilfe des Gerichtes ihre Konflikte zu lösen und ihre Ehre, auch und gerade vor einer christlichen Öffentlichkeit zu verteidigen, regen Gebrauch[66]. Konkurrenz für die landesherrliche Gerichtsherrschaft stellten auch die Dorfgerichte dar, die über kleinere Vergehen beim Jahrgeding, möglicherweise aber auch zu anderen Terminen urteilten[67]. Ihre Kompetenz wurde bereits 1698 dahingehend eingeschränkt, daß sie bei allen Urteilen die Regierung zu Rate ziehen mußten[68]. Sie waren dem Amt (mit Rentkammer, Forstamt und Landschreiberei) untergeordnet.

Die oberste Gerichtsherrschaft hatten die Grafen von Wied-Runkel als Herren von Kriechingen inne. Sie umfaßte die hohe, mittlere und niedere Gerichtsbarkeit. Da der Graf selten präsent war, war die Zuständigkeit für Zivil- und Kriminalsachen einem Regierungsrat als Vertreter des Landesherren übertragen. Er führte den Vorsitz im Hochgericht und leitete das Verfahren. Von seinem Urteil war, soweit es sich um Zivilstrafsachen handelte, die Appellation ans Reichskammergericht zulässig[69]. In Kriminalsachen urteilte er in letzter Instanz[70]. Dem Regierungsrat standen ein Advocatus Fisci und Landcommissarius, ein Regierungssekretär, ein Kanzleidiener sowie die herrschaftlichen Meier der einzelnen Grafschaftsorte zur Seite. Grundlage einer Klageerhebung war entweder die Anzeige eines Mitglieds der Dorfgemeinschaft oder ein Rapport durch herrschaftliche Bediente. Die Strafpraxis war von vielen Zufällen abhängig. Es lag bis zu einem gewissen Grad im Ermessen der lokalen Funktionsträger, Bann- und Polizeischütz, Meier, Sergeant und Schreiber, bestimmte Vergehen aufzudecken und darüber einen Rapport zu machen.

Frauen hatten grundsätzlich die gleiche Möglichkeit wie Männer beim Dorfgerichtsschreiber, Meier oder in dessen Abwesenheit seiner Frau eine Klage vorzutragen und damit ein Verfahren in Gang zu setzen. Aufgrund der räumlichen Nähe und der Übersichtlichkeit der dörflichen Lebenswelt stellte die Kontaktaufnahme mit den dörflichen Funktionsträgern oder ihren Ehefrauen kein Problem dar. Weit eher angstbesetzt war der Gang nach Kriechingen zur Regierung, vor allem dann, wenn Frauen als „Beklagtin" zitiert oder als Zeuginnen geladen waren. Die Frau des Judenvorstehers Bernard Lippmann, die in einer Eheklage ihrer Magd als Zeugin aussagen sollte, ließ ihr Ausbleiben wegen schlimmen Wetters und weil sie keine „Chaise" hatte bekommen können, entschuldigen. Ihre ebenfalls geladene Magd schickte einen Boten mit der Nachricht, sie habe keine Schuhe, so daß die Regierung schließlich anordnete, man solle ihr die Schuhe anschaffen oder sie auf ein Pferd setzen[71].

Der Umstand, daß die Ansprechpartner in Kriechingen Männer waren, wirkte sich jedoch nicht nur nachteilig aus: Der Regierungsadvokat gewährte zumindest einem Teil der Frauen in väterlicher Fürsorge Schutz und verteidigte sie wortreich und engagiert. Als Angehörige des schwachen Geschlechtes konnten sie, vor allem wenn sie zahlungskräftig waren, auf seine Hilfe rechnen[72]. So setzte er sich nachdrücklich für die reiche Witwe Perle Levy ein, bei der wir nicht ganz sicher sein können, ob sie einem Eheschwindel aufgesessen war oder ob sie oder ihre Familie eine uneheliche Schwangerschaft nachträglich durch eine schnell arrangierte Ehe sanktionieren wollte. Der junge Mensch habe sie, schreibt Regierungsadvokat Braun, mit allerhand Schmeicheleien beredet, daß sie seinem Willen folgen möge: „da dann endlich die Liebe zwischen beyden contrahierenden Partheyen so stark angewachsen, daß sie als eine schwache Weibsperson sich dadurch verblenden laßen, mit ihme concubitum zu anticipiren“[73]. Perle Levy ging als Opfer in die Strafstatistik ein, Margaretha Etienne, die sich in einer ähnlichen Situation befand, dagegen als Täterin: Bei ihr begnügte man sich mit der Bemerkung: „Wan nun die Concubirung einer ledigen Weibspersohn ein delictum, delicta autem impunita non manere debent“ und verurteilte sie zu einer Hurenstrafe[74]. Da Frauen vor dem herrschaftlichen Gericht als Partei zugelassen und zum Verhör oder als Zeuginnen persönlich nach Kriechingen geladen worden sind, hatten sie gewisse Möglichkeiten, ihre Verfahren zu beeinflussen. Dies war auf den Jahrgedingen anders. Hier scheinen Frauen nicht präsent gewesen zu sein. Sie wurden durch ihre Väter, Ehemänner oder Arbeitgeber vertreten, die auch für sie die Strafe hinterlegen mußten. Auch die Juden nahmen nicht am Jahrgeding teil, obwohl die Protokolle mehrere Fälle ausweisen, in denen sie verurteilt wurden.

Die Jahrgedinge fanden einmal jährlich im Namen des Landesherrn unter Vorsitz des Oberamtmannes und seiner Räte im jeweiligen Dorf statt. Außer den Vertretern der Herrschaft nahmen gelegentlich der Pastor und die Funktionsträger der Gemeinde sowie alle Haushaltsvorstände und die auswärtigen Besitzer von Gütern teil. Auf dem Jahrgeding wurden die Rechte der Herrschaft verlesen, die Ämter besetzt, die Funktionsträger (Meier, Meisterschöffe, Gerichtsschöffe, Bann- und Polizeischütz, Waldknecht) vereidigt. Alle Anwesenden wurden aufgefordert, Ordnungswidrigkeiten anzuzeigen und Klagen vorzubringen.

Frauen waren zwar nicht förmlich von der Rügepflicht befreit, sie wurden jedoch, weil sie in der Systematik obrigkeitlicher Ordnungsvorstellungen nur innerhalb des Hauses einen Platz gefunden hatten, einfach vergessen. In Steinbiedersdorf hatte man 1764 zum ersten Mal „wahrgenommen, das bey dem heutigen Jahrgeding wie bey den vorjährigen die in hiesiger Gemeinde sich befindlichen Wittweiber weder erschienen noch auch in der Liste bemerckt worden, selbige jedoch ebenfalls als Gemeinsleute zu betrachten sind“[75]. Der Schreiber wurde unter Androhung einer Geldstrafe angewiesen, sie in die Liste aufzunehmen, der Dechant, sie zu laden. Für 12 Jahre, von 1764 bis 1776, setzte man die Teilnahme der Witwen durch, danach blieben sie wieder fern und entzogen sich damit auch der Rügepflicht. Da in Steinbiedersdorf jeder 5. Haushalt von einer Witwe geleitet wurde, waren die Lücken im herrschaftlichen Erfassungs-, Kontroll- und Strafsystem beträchtlich. Es wurde noch verstärkt dadurch, daß die Ehefrauen nur mittelbar über ihre Männer in das System obrigkeitlicher Überwachung eingebunden waren. Der Ausschluß der Frauen aus der institutionalisierten Öffentlichkeit des Jahrgedings gewährte ihnen Freiräume, über die Männer nicht verfügten, die sie sich aber durchaus zunutze machen konnten.

Auch auf dem Jahrgeding kamen die meisten Delikte durch die Rapporte der Bann- und Polizeischützen, die zu regelmäßigen Kontrollgängen verpflichtet waren, zur Verhandlung, Strafen wurden festgesetzt und reguliert. Die Bereitschaft einzelner, Rapporte vorzutragen, war unterschiedlich. Sie hing weit mehr von der Einstellung des jeweiligen Schützen zur Herrschaft und zur Gemeinde als von der Delinquenz ab. Bereits 1750 wurde dem Kriechinger Polizeischütz vorgeworfen, keinen Rapport gemacht zu haben, obwohl erwiesen sei, daß Garten- und Obstdiebstähle vorgekommen, Zäune verlegt worden seien und viele zu lange im Wirtshaus säßen[76]. 1761 wurden die Steinbiedersdorfer Bannschützen gestraft, weil sie „eydtswidrig und vielleicht aus purer bosheit gegen gnste Landesherrschaft keine rapports eingebracht“[77]. 1773 wurde verordnet, daß sie für Schäden persönlich zu haften hätten, wenn sie die Delinquenten nicht anzeigten. In Saarwellingen versuchten herrschaftliche Amtleute, die Schützen zu nötigen, bei Jahrgeding wenigstens einige Rapporte gegen Untertanen vorzutragen. Die Untertanen beschwerten sich schließlich beim Reichskammergericht darüber, daß die Schützen durch die herrschaftlichen Praktiken veranlaßt würden, Unschuldige zu denunzieren[78]. In Momersdorf war die Atmosphäre so vergiftet, daß die Untertanen, die mit ihrer Herrschaft im Streit lagen, aus eigener Autorität Schützen ernannten und die Vereidigten in der Ausübung ihres Amtes behinderten[79]. Eine wirksame Kontrolle übten die Schützen unter den gegebenen Bedingungen nicht aus. Vor dem Hintergrund des Rügezwangs muß man wohl auch die Bereitschaft sehen, Bagatelldelikte von Abwesenden, Frauen und Juden, zu rügen. Im Jahr 1755, das allerdings eine Ausnahme darstellt, bezogen sich drei der vier Rapporte auf Frauen: Eine Christin hatte dem Schützen nicht den erforderlichen Respekt erwiesen und ihn, als er einen Rapport machen wollte, gefragt, „was es ihn angeht, er hätte ein grosses maull". Auch eine Jüdin hatte ihn beleidigt. Als er ihren Mann tadelte, weil er bei geschlossener Tür schlachtete, rief sie zum Fenster hinaus, „warum sie die Tür nicht aufmachten, sie hätten einen Wolf geschlachtet". Eine andere Jüdin hatte im Garten des Schützen während des Gottesdienstes Zwiebeln und andere Gartenkräuter gestohlen und die Frau des Schützen, die sie stellte, „mit hundert injuria, das sie hätte müssen entweichen" überschüttet[80]. Es ist unvorstellbar, daß die Delinquenz mit derartigen Klagen auch nur annähernd erfaßt war. Allgemeine Klagen über Mißstände ergeben denn auch ein ganz anderes Bild: Sie betreffen das übermäßige Spielen, Saufen und Raufen, Feldfrevel, Garten- und Obstdiebstähle, Zäuneverlegen und Überweiden[81]. Die geringe Rügebereitschaft in diesen Fällen deutet an, daß die Dorfbewohner und Dorfbewohnerinnen diese Ordnungswidrigkeiten entweder nicht als solche interpretierten oder sie unter sich ausmachten. Die Verhandlungsgegenstände, über die auf dem Jahrgeding geurteilt werden sollten, waren durch das Weistum und die Polizeiordnung festgelegt, die ständig erweitert wurde[82]. Der einzige eindeutig auf Frauen bezogene Paragraph der Polizeiordnung verpflichtete unehelich Schwangere, innerhalb einer bestimmten Frist die Schwangerschaft beim Amt anzuzeigen[83]. Klagen auf Einhaltung des Eheversprechens, wegen Unzucht oder vorehelicher Schwängerung wurden jedoch nicht auf den Jahrgedingen, sondern bei der Regierung verhandelt. Eine eindeutige materiale Trennung der Zuständigkeit der beiden Gerichte läßt sich ohnehin nicht erkennen, doch wurden die Jahrgedinge zunehmend marginalisiert.

Die Grundlage der Rechtsprechung – und damit Anhaltspunkt dafür, was überhaupt ein Delikt war –, waren in Steinbiedersdorf hauptsächlich landesherrliche Verordnungen[84], sodann die Landesordnung von Nassau-Katzenellenbogen[85] und das Reichsrecht. Auf der anderen Seite spielte die lokale Observanz noch eine entscheidende Rolle. Sie wurde von den Einwohnern hartnäckig verteidigt[86]. Auseinandersetzungen zwischen Bauernschaft und Herrschaft gehörten auch in Steinbiedersdorf zur Normalität des dörflichen Alltags. Sie hatten nicht nur Prozesse und Verschuldung, sondern auch militärische Besetzungen, Auspfändungen und harte Gefängnisstrafen zur Folge. Wie weit die Obrigkeit zu gehen bereit war, zeigte sich 1763, als zwei Menschen in Steinbiedersdorf von einem Militärkommando erschossen wurden[87]. Männer, die in dieser angespannten Situation verbale Kritik äußerten, setzten sich leicht der Anschuldigung eines „crimen laesae maiestatis" aus. Dies mußte unter anderen Niklas Becker erfahren, der einem Branntweinverkäufer sagte: „Der Herr könnte vor der Kirche publicieren lassen, was er wolte, der brandwein seye krähmer waar und frey und liese sich die Gemeinde keine Gerechtigkeit wegholen ehender gieng sie auf Wetzlar und sollte er Comparent nur auf Krichingen gehn und solches der Herrschaft hertzhafft sagen"[88]. Niklas Becker wurde als Aufrührer und Rebell, der gegen Herrschaft, Regierung und Obrigkeit Injurien gebraucht, zu einer Strafe von 20 Reichstalern verurteilt. Eine noch härtere Strafe ereilte fünf Männer, die im Auftrag der Gemeinde einige Gemeindemitglieder ausgepfändet hatten, weil sie sich nicht freiwillig an den Kosten für einen von der Gemeinde beschlossenen Prozeß beteiligten. Sie wurden ohne Gerichtsverfahren für mehrere Wochen in den Turm gesperrt, ihre Frauen zur Zahlung der Verpflegungskosten verpflichtet. Da diese sich weigerten zu zahlen, rückte ein Exekutionskommando ins Dorf ein, um sie auszupfänden. Die Frauen waren jedoch gewarnt und hielten ihre Häuser verschlossen. Zwei Männer, einer der vermitteln wollte und einer der zuschaute, wurden bei der Aktion erschossen[89].

Die Exekutionswidersetzung, positiv gewendet, die Verteidigung von Haus und Hof, ist wohl der wichtigste Beitrag von Frauen im Rahmen bäuerlicher Widerstandsaktionen. Wenn ein Haus ausgepfändet werden sollte, um eine Strafe oder eine verweigerte Abgabe einzutreiben, verließ der Mann regelmäßig das Haus und überließ es der Frau, sich dem Kommando entgegenzustellen. Diese Entscheidung haben zunächst sicher nicht die Frauen, sondern die Männer – meist kollektiv auf der Gemeindeversammlung – getroffen, aber im Augenblick der Exekution lag es an den Frauen, die Tür zu öffnen und sich auspfänden zu lassen oder zu warten, bis die Türe mit der Axt eingeschlagen wurde. Das Engagement, mit dem Frauen sich in die Protestaktionen einbrachten, erklärt sich nicht nur aus der minderen Rechtstellung der Frauen, die durch ihre Männer zum Teil aus taktischen Erwägungen zum Widerstand veranlaßt wurden[90], aus der Identifikation mit dem eigenen Arbeitsbereich[91] oder aus der wechselseitigen Abhängigkeit der Ehegatten vom Ertrag der Wirtschaft[92], es gab dafür auch ganz existentielle Ursachen: Die Männer hatten mit ihrem Widerstand nicht nur ihr eigenes Vermögen, sondern auch das ihrer Frauen in Gefahr gebracht, das ihnen bei der Eheschließung als Morgengabe überschrieben worden war und das zur Absicherung der Existenz der Frau (und ihrer Kinder) nach dem Tode bestimmt war. Über die Morgengabe, das Dotalium oder Leibgeding hatten die Ehemänner kein Verfügungsrecht, sie durften sie lediglich nutzen und verwalten[93]. Grundsätzlich war das Frauengut vor dem herrschaftlichen Zugriff geschützt, schon allein deshalb mußten die Frauen im Haus bleiben, um zu verhindern, daß ihr Gut angegriffen und damit nicht nur die materielle Basis der Familie, sondern auch ihre eigene Alterssicherung zerstört würde. In den Kriechinger Exekutionen des 18. Jahrhunderts wurde der Anspruch der Frauen auf den Sonderstatus ihres Vermögens gelegentlich mißachtet. Bei der schlimmsten Exekution im Jahre 1772 scheute man nicht davor zurück, auch die Vermögensanteile der Frauen zu verpfänden, ein Vorgehen, das ein gerichtliches Nachspiel hatte.

Die Delinquenz von Frauen im Rahmen bäuerlichen Widerstands beschränkte sich nicht auf die Verhinderung von Pfändungen. Frauen widersetzten sich teils im Alleingang, teils gemeinsam mit ihren Männern notfalls gewaltsam herrschaftlichen Anordnungen[94], beleidigten Amtspersonen, drohten mit Schlägen, übertraten Verbote (Wald- und Weiderechte[95]), mißachteten ebenso wie die Männer Monopole (Schmuggel), übernahmen organisatorische Aufgaben und verweigerten sich dem Gericht, indem sie geschickt ihr Nichtwissen und ihre Minderberechtigung ausspielten[96]. Auch wenn sie die Entscheidung zum Widerstand formal nicht mitgetragen hatten, beteiligten sie sich im Rahmen ihrer Handlungsmöglichkeiten an den Aktionen. Das Verhalten der Steinbiedersdorferinnen unterschied sich dabei nicht grundsätzlich von dem der Dorffrauen anderer Regionen[97].

Bäuerlicher Widerstand polarisierte das Verhältnis zwischen Obrigkeit und Untertanen und forderte solidarisches Handeln von Männern und Frauen, die unter jeweiliger Risikoabwägung ihre geschlechtsspezifisch bestimmten Handlungsräume ausnutzten. Eine vergleichbare Interessenidentität läßt sich bei den übrigen Delikten nicht beobachten.

Einseitig männlichen Interessen dienten Raufhändel, die in Steinbiedersdorf wie anderwärts vor Gericht – sieht man einmal von den Streitigkeiten um Schulden ab – die meiste Aufmerksamkeit beanspruchten. Sie haben vor allem in ihrer Veredelung als Ehrenhändel das Interesse der Forschung gefunden[98]. Der im 18. Jahrhundert erheblich gestiegene Alkoholkonsum läßt Zweifel an der bislang vorherrschenden Deutung aufkommen[99]. Die Raufhändel in Steinbiedersdorf müssen im Zusammenhang mit den wiederholten Klagen der Obrigkeit über das lange Wirtshaussitzen, Saufen und Kartenspielen gesehen werden, die allzu häufig Anlaß für Streitereien unter Männern, aber auch für Gewalt gegenüber Frauen waren. An einer Abstrafung waren nicht nur die Obrigkeit, sondern auch die Frauen interessiert, die sich fürchteten, wenn die Männer „nach Mitternacht heimkommen, weib und kinder grausamblich tractiren so vermessen, das sie etlichmahl die speisen mit sambt gaben gottes hinter ihr diren werfen“[100]. Wir können davon ausgehen, daß nur ein kleiner Teil der unter Alkoholeinfluß verübten Gewalttaten vom Polizeischütz bemerkt und gemeldet wurden. Freiwillige Anzeige seitens der Dorfbewohner erfolgte ohnehin nur, wenn die Spielregeln verletzt und das gesellschaftlich tolerierte Maß an Gewalt überschritten war[101]. Zu diesen Spielregeln gehörte auch, daß Geschäfte im Wirtshaus bei einer Flasche Wein abgeschlossen wurden und daß es dabei zu Streitigkeiten kommen konnte[102].

Übermäßiger Alkoholkonsum wurde von der Obrigkeit nicht nur kritisiert, sondern auch gefördert: Spätestens beim Militär lernten die Burschen das Trinken, und bei keiner der militärischen Aktionen in Steinbiedersdorf verzichtete man darauf, den Soldaten vorher einige Flaschen Wein zu geben.

Da die Raufhändel bis zu einem gewissen Grade den geltenden Männlichkeitserwartungen entsprachen, wurde ihre Delikthaftigkeit zumindest von den Männern nicht anerkannt, sondern zum Ehrenhandel hochstilisiert. Wer sich vor Gericht wegen einer Rauferei verteidigen mußte, hatte sehr schnell das Argument der Ehre bei der Hand. Während Frauen an Ehrhändeln wegen übler Nachrede, Schulden oder unehrenhaftem Verhalten eines Mitglieds der Hausgemeinschaft beteiligt waren, mischten sie sich in die Raufhändel kaum ein, es sei denn sie verteidigten ihre Kinder. Als 1774 in Steinbiedersdorf sieben junge Leute aus dem Nachbarort im Wirtshaus sangen und tanzten, gerieten sie mit 30 Steinbiedersdorfer Burschen in Streit. Es kam zu einer Schlägerei. Dabei wurde Georg Thomen „eine Bouteille ins Gesicht geworfen", die „ihn schwer blessiert". Seine Mutter, eine Frau, die schon fast zwanzig Jahre Witwe war, kam ihm zu Hilfe und stürzte sich unter die Streithähne. „Es seye gewis", sagt einer der Zeugen später, „daß diese Marie Morelle zwey junge Pursche unter sich gehabt habe"[103]. Eine Frau aus dem Nachbarort hörte während des Gottesdienstes ihre Kinder schreien, meinte es sei ein Unglück geschehen und schlug so sehr auf eine Jüdin, die sie für die Urheberin hielt, ein, daß diese Anzeige erstattete. Der Kinder wegen ließen sich im gleichen Ort noch zwei weitere Frauen auf einen Raufhandel ein. Als sich die Kinder geschlagen hatten, mischten sich zunächst die Mütter und dann die Väter ein[104]. Die Beispiele mögen zeigen, daß es Frauen weder an Kraft noch an Mut fehlte, sich zu schlagen, daß sie aber in der Regel zu diesem Mittel nur griffen, wenn in ihren Augen Familieninteressen ein Eingreifen erforderlich machten, wenn sie, wie in den vorliegenden Fällen, als Mütter ihre Kinder zu beschützen hatten.

Wenn Frauen untereinander eine Rechnung zu begleichen hatten, ging es offensichtlich weniger gewaltsam zu: Man stupste und knuffte sich. Bevorzugter Ort der Handlung scheint die Kirche gewesen zu sein. Der Kirchenraum war der eigentliche und einzige Ort institutionalisierter weiblicher Öffentlichkeit, wo durch die Sitzordnung hierarchische Strukturen sichtbar gemacht und gemeinschaftliche Rechte wie die Hebammenwahl wahrgenommen wurden. Streit in der Kirche wurde durch den Pfarrer geschlichtet, der sich nur ungern von der weltlichen Obrigkeit hineinreden ließ[105]. Die Quellen sind entsprechend dürftig.

Insgesamt bleibt festzuhalten, daß die Raufhändel ein dominant männliches Delikt waren, das von der bäuerlichen Gesellschaft oder zumindest von ihren männlichen Mitgliedern weitestgehendst toleriert war. Stärke, Gewalt, Alkoholgenuß und vermutlich sogar der Müßiggang entsprachen einem männlichen Leitbild, das nach außen dadurch legitimiert wurde, daß es mit dem Ansammeln von Ehre und von symbolischem Kapital in Verbindung gebracht wurde. Die Anforderungen an junge und alte, verheiratete und unverheiratete, arme und reiche Dorfbewohner waren unterschiedlich[106]. Wer arm war und nichts zu essen hatte, mußte nicht anders als die Frauen Tag und Nacht arbeiten.

Im Gegensatz zu dem männlichen Delikt Raufhandel entstammten die dominant weiblichen Deliktgruppen eindeutig dem Arbeitsbereich. Auf dem Steinbiedersdorfer Jahrgeding wurden Frauen und gelegentlich auch Männer angezeigt, weil sie Gras oder Zwiebeln gerupft, Birnen oder anderes Obst und Kräuter gesammelt, Früchte geschnitten oder Zäune verlegt hatten. Weitere Klagen bezogen sich auf Überweiden und auf das unvorsichtige Brennen von Nägeln[107]. Auch in anderen Orten und auf der Regierungskanzlei mußten Frauen sich öfter verantworten, weil sie durch herrschaftliche Wiesen gelaufen, Gras gerupft, Kräuter und Obst in Gärten, Feldern oder im Wald gesammelt, Lenzenfrucht geschnitten, Kartoffeln gestohlen, Holz bzw. Reiser für Bohnenstecken oder zum Heizen gesammelt, Zäune verlegt oder wie die Witwe Bargard von Helferdingen mit ihrem Sohn zum Zwecke der Ernte auf einem fremden Kirschbaum gesessen hatten[108]. Dabei waren sie oft zu zweit oder in Gruppen unterwegs. Töchter und Mägde, Ehefrauen und Witwen versuchten in Wald und Feld, an den Wegerändern oder in Nachbars Garten Kräuter, Nahrung und Holz zu beschaffen. Lediglich beim Holzsammeln weisen die Strafregister eine Dominanz von Männern auf. In Saarwellingen, für das wir bessere Unterlagen haben, wurden zwischen 1783 und 1786 51mal Holzfrevler aufgegriffen. Zum Teil handelte es sich dabei um Gruppen bis zu 17 Leuten, die gemeinsam im Wald waren. In 42 Fällen waren nur Männer bestraft worden, in sieben Fällen waren Männer und Frauen gemeinsam im Wald, in zwei weiteren Fällen nur Frauen[109]. Supplikationen um Straferlaß, die die näheren Umstände des Holzsammelns andeuten, zeigen jedoch, daß es durchaus üblich war, daß man Frauen und Kinder in den Wald schickte, Holz zu holen, das man zum Kochen und Heizen benötigte, doch wurden diese Aktionen weniger selten aufgedeckt und angezeigt als die spektakulären Holzfrevel.

An der Häufigkeit der begangenen Wald- und Flurfrevel und der Gartendiebstähle kann kein Zweifel bestehen. Strafpraxis und Suppplikationen um Straferlaß lassen vermuten, daß die ständig wiederholten obrigkeitlichen Verordnungen auf konkrete, auch von Teilen der ländlichen Gesellschaft empfundene Mißstände hindeuten. So wird in der Forst-

Wald- und Rügeordnung der Grafschaft Kriechingen geklagt über „unmäßiges, unordentliches und unzeitiges Holzfällen, schädliches Viehhüten, Laubstreifen und Grasen, auch in- und ausländische Holzdiebereien“[110]. Mit der Begründung, daß „Niemand etwas in seinem Garten behalten könne, und alles so tags als Nachts darauß hinweg geraubet und gestohlen werde“, wurde nächtlicher Obstdiebstahl, auch wenn es sich um Fallobstsammeln handelte, mit Leibesstrafen belegt, im Wiederholungsfall mit Auspeitschung und Landesverweis bedroht. Strafen sollten auch dann ausgesprochen werden, wenn bei einer Visitation Wildobst in den Häusern gefunden wurde[111]. Trotz der wiederholten Androhungen wurde 1774 auf dem Jahrgeding erneut geklagt, daß das Obststehlen in den Gärten überhand nehme, Zäune, Planken und Hecken ausgerissen würden[112]. Verbote und die Klagen über die außerordentliche Verbreitung dieser Delikte müssen vor dem Hintergrund der beschriebenen Pauperisierung gesehen werden und machen deutlich, in welchem Umfang Frauen bei dem Versuch, sich die notwendige Nahrung und das nicht minder lebenswichtige Holz zu beschaffen, mit dem Gesetz in Konflikt gerieten. Hierin spiegeln sich in erster Linie soziale Ursachen, die größere Armut von Frauen, aber auch ihr Recht und ihre Pflicht zur Existenzsicherung beizutragen, wider. Ökonomische Ursachen reichen jedoch nicht zur Erklärung der erwähnten Delikte aus.

Bei der Sammelwirtschaft ist zu unterscheiden zwischen jenen Tätigkeiten, durch die die herrschaftliche Sphäre verletzt wurde (Holz-, Obst-, Gras-, Kräutersammeln) und die bis zu einem gewissen Grade als „social crime“ interpretiert werden können und denen, die gegen das Eigentum der Frauen und Männer im Dorf verstießen (Gartendiebstahl, Zäune verlegen). Das Sammeln von Pflanzennahrung war seit jeher in erster Linie Frauenarbeit[113]. Es stellte einen wesentlichen Beitrag zur Ernährung dar. Im Zuge der Einschränkung der Wald- und Weidenutzung wurde die Sammelwirtschaft zwar kriminalisiert, aber nicht abgeschafft. Dazu war ihre wirtschaftliche und kulturelle Bedeutung viel zu hoch. Durch das Sammeln konnten Mädchen und Frauen über die unmittebar notwendige Nahrungsbeschaffung hinaus die von ihnen erwartete Fähigkeit „des anhaltenden Eifers“ erwerben und nach außen hin ihren Fleiß demonstrieren[114]. Wir haben es hier mit einer Aneignung von Weiblichkeit zu tun, die entsprechenden männlichen Sozialisationsmustern funktional äquivalent ist, aber einem anderen Muster folgt.

Die Arbeit mußte zwar heimlich geschehen, war aber mit einem vorzeigbaren Ergebnis verbunden. Anders verhielt es sich mit dem Gartendiebstahl.

Gartenarbeit war Frauenarbeit, Gartendiebstahl ein Delikt, das nicht nur frauenspezifisch war, sondern sich auch auf die Beziehung der Frauen untereinander bezog. Denn wer in Nachbars Garten erntete, brachte nicht nur den Nachbar um seine Früchte, sondern auch und vor allem die Nachbarin um den Ertrag ihrer Arbeit. Gartendiebstahl war daher eine frauenspezifische Möglichkeit des Konfliktaustrags, die in Steinbiedersdorf wegen der großen Bedeutung der Gartenwirtschaft besonders auffällt.

Schließlich ist zu überlegen, inwieweit der Kleindiebstahl als Normenkonflikt einzuordnen ist. Die Hartnäckigkeit, mit der die entsprechenden Verbote übertreten wurden, deutet an, daß Frauen – bestimmter sozialer Schichten – sich weigerten, die im 18. Jahrhundert neu entstehenden Eigentums- und Grenzvorstellungen anzuerkennen. Wenn man den Ernst, mit dem die Eigentumsdebatte im 18. Jahrhundert geführt wurde – bspw. der Streit um den Wald – bedenkt, ist es keineswegs marginal, die Kirschen in Nachbars Garten zu ernten.

Der mikrohistorische Blick auf die Delinquenz in einem kleinen Dorf, auf die Funktionsweisen der Gerichte und die Strafpraxis haben noch einmal nachdrücklich vor Augen geführt, wie begrenzt die Erkenntnisse sind, die durch eine Quantifizierung kriminellen Verhaltens gewonnen werden können. Dies gilt vor allem für jene Zeiten, in denen die Maschinerie der hierarchisierten Überwachung noch nicht lückenlos funktionierte[115]. Am konkreten Beispiel konnte aufgezeigt werden, welchen Einfluß gegenseitige soziale Kontrolle im Rahmen überschaubarer Verhältnisse und die „Entsorgung" kriminalitätsgefährdeter Gruppierungen in ein anderes Milieu auf die Delinquenz hatte. „Abweichendes Verhalten" wie Mord, Kindsmord, schwerer Raub wurde in den Steinbiedersdorfer Gerichtsakten kaum erwähnt. Anders verhielt es sich mit den von der Obrigkeit als Delikte qualifizierten Aktionen, die Männer und Frauen gemeinsam im Rahmen bäuerlichen Widerstands durchführten, mit Raufhändeln als dominant männliche und Wald-, Feld- und Gartendiebstahl als dominant weibliche Delikte. Ihre Bedeutung läßt sich weniger über die von vielen Zufällen abhängige Strafpraxis als aus wiederholten allgemeinen Klagen und Verordnungen ermessen. Sie betrafen das übermäßige Spielen, Saufen und Raufen, Feldfrevel, Garten und Obstdiebstähle, Zäuneverlegen und Überweiden, Delikte also, deren Abstrafung sich nicht nur mit obrigkeitlicher Strafwut, sondern auch mit dem Schutzbedürfnis von Frauen in einem, von materiellen Interessen von Eigentümern im andern Fall erklären lassen. Beim kollektiven Protest nutzten Frauen und Männer unter jeweiliger Risikoabwägung ihre geschlechtsspezifisch bestimmten Handlungsräume aus, wobei wir eine weitgehende Interessenidentität vermuten können. Im Gegensatz dazu diente der Raufhandel dominant männlichen Interessen. Eine spezifisch weibliche Kriminalität, die im Bereich der Eigentumsdelikte liegt, steht im Kontext von Arbeit und Existenzsicherung. Sie hat sowohl ökonomische als auch kulturelle Funktionen. Während der Gartendiebstahl über die ökonomische Funktion hinaus auch als eine frauenspezifische Möglichkeit des Konfliktaustrags angesehen werden kann, haben wir es bei dem verbotenen Sammeln mit einer Aneignung von Weiblichkeit zu tun, die entsprechenden männlichen Sozialisationsmustern funktional äquivalent ist. Sie zielt auf den „anhaltenden Eifer“ der Frauen, der keineswegs nur von der Obrigkeit erfunden worden ist.

Anmerkungen

1 Aus der Fülle der Literatur seien nur einige der neueren Arbeiten erwähnt: H.D. Schwind, Kriminologie: eine praxisorientierte Einführung mit Beispielen, 4. Aufl. Heidelberg 1991, 63 ff., Günther Kaiser, Das Bild der Frau im neueren kriminologischen Schrifttum, in: Zeitschrift für die gesamte Strafrechtswissenschaft 98 (1986), 658–678.

2 Überblicke über die neueren Forschungen geben: Susanna Burghartz, Leib, Ehre und Gut. Delinquenz in Zürich Ende des 14. Jahrhunderts, Zürich 1990, 16–27, Robert Jütte, Geschlechtsspezifische Kriminalität im Späten Mittelalter und in der Frühen Neuzeit, in: Zeitschrift für Rechtsgeschichte, Germ. Abt. 108 (1991), 86–115, Gerd Schwerhoff, Devianz in der alteuropäischen Gesellschaft. Umrisse einer historischen Kriminalitätsforschung, in: Zeitschrift für Historische Forschung 19 (1992), 385–414.

3 So bilanziert Gerd Schwerhoff mit Blick auf die internationale Forschung zur Kriminalität: „Bis auf rare Ausnahmen waren und sind Frauen unter den Delinquenten insgesamt deutlich unterrepräsentiert, und man könnte versucht sein, hierin eine historische oder gar anthropologische Konstante zu erblicken“ (Gerd Schwerhoff, Köln im Kreuzverhör: Kriminalität, Herrschaft und Gesellschaft in einer frühneuzeitlichen Stadt, Bonn, Berlin 1991, 179).

4 Größere Abweichungen sind vor allem von der Frage abhängig, wie Kindsmord juristisch behandelt wird (N. Z. Davis, Der Kopf in der Schlinge. Gnadengesuche und ihre Erzähler, Berlin 1988, 100).

[5] Vor allem für die letzten beiden Jahrzehnte wurde eine starke Zunahme der Frauenkriminalität beobachtet. In Deutschland verschob sich das Verhältnis zwischen weiblicher und männlicher Kriminalität von 1:5 im Jahr 1974 zu 1:3 im Jahr 1990 (Schwind, 58). Ähnliche Trends ließen sich auch in anderen Ländern beobachten, vor allem in den USA, wo – ausgelöst durch Freda Adlers „Sisters in Crime" – der Zusammenhang zwischen Emanzipation und weiblicher Kriminalität besonders intensiv diskutiert wurde. Zur Emanzipationsthese vgl. die kritischen Bemerkungen von Meda Chesna-Lind, Women and Crime. The Female Offender, in: Signs. Journal of Women in Culture and Society 12 (1986), Nr. 1 und Ann Jones, Frauen, die töten, dt. Frankfurt/M. 1986, 17. Für die Frühe Neuzeit beobachtet Jütte, 94 eine starke Aufwärtsbewegung seit dem 17. Jahrhundert. Auf die konjunkturelle Zunahme weiblicher Kriminalität in Kriegszeiten verweist Jean Pinatel (Pierre Bouzat/Jean Pinatel, Traité du droit pénal et de la criminologie, Bd. 3, Paris 1975, 230). Das Problem aller erwähnten Daten ist, daß sie die sich verändernde Deliktstruktur bei Langzeitaussagen zu wenig berücksichtigen.

[6] Lutz Gero Leky, Frauenkriminalität, in: Roswitha Wisniewski/Herrmann Kunst, Handbuch für Frauenfragen. Zur Stellung der Frau in der Gegenwart. Informationen – Analysen – Anregungen, Bonn 1988, 210.

[7] Wolfgang Behringer, Mörder, Diebe, Ehebrecher. Verbrechen und Strafen in Kurbayern vom 16. bis zum 18. Jahrhundert, in: Richard van Dülmen (Hrsg.), Verbrechen, Strafen und soziale Kontrolle, Frankfurt/M 1990, 86.

[8] Jütte, 92 räumt hinsichtlich des Problems verzerrter Statistiken ein, daß „der Historiker, der historische Kriminalitätsforschung mit quantitativen Methoden betreibt, hier auf reine Spekulationen angewiesen" ist. Diese Bedenken hindern ihn jedoch nicht daran, abschließend „eine systematische Auswertung von relevanten Gerichtsakten, die vor allem weitere sozialstatistische Daten mit berücksichtigt" zu fordern (ebd., 114 f.). Auch van Dülmen äußert sich trotz einer nicht zu übersehenden Vorliebe für Statistiken sehr skeptisch hinsichtlich der Möglichkeit, die Kriminalität der Frühen Neuzeit zu ermitteln (Richard van Dülmen, Kultur und Alltag in der Frühen Neuzeit, Bd. 2, Dorf und Stadt, München 1992, 246).

[9] Jones, 27 wirft einigen Hauptvertretern der älteren Kriminologie (Lombroso, Thomas, Pollack) vor, daß sie „akribisch ihre Vorurteile zu wissenschaftlichen Tatsachen veredelten".

[10] Die unterschiedlichen Erklärungsansätze entsprechen weniger einem Erkenntnisfortschritt als den jeweiligen Mainstream-Ideologien. Während die neuesten Ansätze die moderne, bisweilen fast naive Wissenschaftsgläubigkeit widerspiegeln, kommen in den älteren Erklärungen die Vorstellungen der „Geschlechtscharaktere" zum Tragen, die sich seit dem letzten Drittel des 18. Jahrhunderts durchgesetzt und weit bis ins 20. Jahrhundert Gültigkeit hatten (Karin Hausen, Die Polarisierung der „Geschlechtscharaktere" – Eine Spiegelung der Dissoziation von Erwerbs- und Familienleben, in: W. Conze (Hrsg.), Sozialgeschichte der Familie in der Neuzeit Europas, Stuttgart 1976, 363–393).

[11] Kaiser, 670

[12] Ebd., 671 ff.

[13] Zum Konzept von Geschlecht als einem konstitutiven Element sozialer Beziehungen: Joan W. Scott, Gender. A Useful Category of Analysis, in: American Historical Review 91 (1986), 1053–1075.

[14] Judith Butler, Das Unbehagen der Geschlechter, Frankfurt/M. 1991, 15 ff.

[15] Kaiser, 670 f.

[16] Natalie Zemon Davis, Humanismus, Narrenherrschaft und die Riten der Gewalt. Gesellschaft und Kultur im frühneuzeitlichen Frankreich, Frankfurt am Main 1987, 136.

[17] Olwen Hufton, Aufrührerische Frauen in traditionalen Gesellschaften: England, Frankreich und Holland im 17. und 18. Jahrhundert, in: Geschichte und Gesellschaft 18 (1992), 423–445; Marion Kobelt-Groch, Aufsässige Töchter Gottes. Frauen im Bauernkrieg und in den Täuferbewegungen, Frankfurt/M, NewYork 1993.

[18] Rudolf M. Dekker, Women in Revolt. Popular Protest and its Social Basis in Holland in the Seventeenth and Eighteenth Centuries, in: Theory and Society 16 (1987), 337–362.

[19] Claudia Ulbrich, Unartige Weiber. Präsenz und Renitenz von Frauen im frühneuzeitlichen Deutschland, in: R. van Dülmen (Hrsg.), Arbeit, Frömmigkeit und Eigensinn, Frankfurt/M. 1990, 40 f. Eine „Wehrhaftigkeit, die die obrigkeitlichen Moralisierungs- und Disziplinierungsversuche behend unterlief", bestätigt Rebekka Habermas den Frankfurterinnen des 18. Jh. (Rebekka Habermas, Frauen und Männer im Kampf um Leib, Ökonomie und Recht. Zur Beziehung der Geschlechter im Frankfurt der Frühen Neuzeit,in: R. van Dülmen (Hrsg.), Dynamik der Tradition, Frankfurt 1992, 110.

[20] Die Berücksichtigung der Funktionen und der Austauschbarkeit scheint mir ein ganz wesentlicher Aspekt zur Bestimmung der Geschlechtergrenzen zu sein, der im Kontext mit verschiedenen, die Geschlechtsidentität bestimmenden Merkmalen gesehen werden muß. Zu letzteren vgl. die Überlegungen von Uschi Bender-Wittmann u.a., Grenzüberschreitungen, in: Mireille Othenin-Girard, Anna Gossenreiter, Sabine Trautweiler (Hrsg.), Frauen und Öffentlichkeit. Beiträge der 6. Schweizerischen Historikerinnentagung, Zürich 1991.

[21] Dekker, Women in Revolt. Eine andere Auffassung vertritt R. van Dülmen, der – wohl für Deutschland – von der Vermutung ausgeht, daß der Hausherr generell das Haus nach außen vertrat, alle offiziellen Außenkontakte, Verabredungen mit der Nachbarschaft, vor allem Vertragsabschlüsse, Handel und Besitzverkauf tätigte, während Wert und Aufgaben der Frauen sich auf den häuslichen Bereich beschränkten (Richard van Dülmen, Kultur und Alltag in der Frühen Neuzeit, Bd. 1, Das Haus und seine Menschen, München 1990, 39 ff.). Der Widerspruch läßt sich durch die Unterscheidung einer offiziellen und einer informellen Öffentlichkeit nur teilweise aufheben.

[22] Martin Dinges, „Weiblichkeit" in „Männlichkeitsritualen"? Zu weiblichen Taktiken im Ehrenhandel in Paris im 18. Jahrhundert, in: Francia 18/2 (1991), 94.

[23] Susanna Burghartz hat in ihrer Arbeit über Zürich im Spätmittelalter nachgewiesen, in welchem Maße das Ratsgericht „auf die Bedürfnisse der Konfliktregulierung unter christlichen Männern und auf die für sie geltenden Normen und Maßstäbe ausgerichtet" war. Sie konnten das Gericht in einem ganz anderen Maße als Frauen zur Durchsetzung ihrer Rechte und zur Konfliktregelung nutzen (Dies., Leib, 201 f.).

[24] Gerade dies aber betont Dinges, 80.

[25] Nicole Castan, La criminalité dans le ressort du Parlement de Toulouse. 1690–1730, in: Crimes et criminalité en France sous l'Ancien Régime. 17./18. siècles (Cahiers des Annales 33), Paris 1971, 91–107.

[26] Ebd., 93 f. Siehe auch Yves Castan, Honnêteté et relations sociales en Languedoc, 1715–1780, Paris 1974, 162 ff.

[27] Bernhard Müller-Wirthmann, Raufhändel. Gewalt und Ehre im Dorf, in: Richard van Dülmen (Hrsg.), Kultur der einfachen Leute, München 1983, 102 ff.

[28] Lotte C. van de Pol, Vrouwencriminaliteit in de Gouden Eeuw, in: Ons Amsterdam 34 (1982), 266 ff., Dies., Vrouwencriminaliteit in Amsterdam in de tweede helft van de zeventiende eeuw, in: Tijdschrift voor Criminologie 29 (1987), 148–155.

[29] Rudolf M. Dekker, Lotte van de Pol, Frauen in Männerkleidern. Weibliche Transvestiten und ihre Geschichte, Berlin 1990, 51 ff.

[30] Michelle Perrot, Rebellische Weiber. Die Frau in der französischen Stadt des 19. Jahrhunderts, in: Claudia Honegger/Bettina Heintz, Listen der Ohnmacht. Zur Sozialgeschichte weiblicher Widerstandsformen, Frankfurt/M. 1984, 71 ff.; Nicole Castan, Criminelle, in: George Duby/Michelle Perrot, L'histoire des Femmes en Occident, Bd. 2, Paris 1991, 474 f.

[31] Ganz evident ist dies zum Beispiel im Fall des Kindsmords. Dies betont u. a. R. van Dülmen (Frauen vor Gericht. Kindsmord in der Frühen Neuzeit, Frankfurt/M. 1991). Sein umfangreiches Zahlenmaterial läßt allerdings einen weiteren Schluß zu, der sich bei näherer Betrachtung als Trugschluß erweist, dem der Vf. selbst zum Opfer fällt. Da er die Kindsmordzahlen in Relation zu anderen Kapitalverbrechen und nicht in Bezug auf die Zahl der Geburten interpretiert, entsteht der Eindruck, als sei Kindsmord „durchaus ein häufiges Vergehen" (S. 60). In der Zusammenfassung heißt es denn auch (S. 111): „Hinter dieser Strafwut der Obrigkeit stand ein rigides moralisches Bewußtsein, das keine Gnade kannte. Und um dieser Gefahr zu entgehen, entschlossen sich viele Frauen zum Kindsmord". Daß Kindsmord ein sehr seltenes Delikt war, hat Otto Ulbricht (Kindsmord und Aufklärung, München 1990) überzeugend herausgearbeitet (S. 180). Für sein Untersuchungsgebiet konnte er nachweisen, daß das Verhältnis unehelicher Geburten zu Kindsmord weniger als 1 : 100 betrug (S. 211). Die Seltenheit des Kindsmordes betont auch Clemens Zimmermann, „Behörigs Orthen angezeigt": Kindsmörderinnen in der ländlichen Gesellschaft Württembergs, 1581–1792, in: Medizin, Gesellschaft und Geschichte. Jahrbuch der Robert Bosch Stiftung 1992, 67–102.

[32] Dirk Blasius, Kriminalität und Geschichtswissenschaft. Perspektiven der neueren Forschung, in: Historische Zeitschschrift 233 (1981), 616. So leugnete beispielsweise Ch. Tilly jeden Zusammenhang zwischen Sozialprotest und Sozialkriminalität. Auch G. Rudé grenzte den sozialen Protest scharf von der gewöhnlichen Kriminalität ab (ebd. S. 617 f.).

[33] Manfred Gailus, Straße und Brot, Göttingen 1990, 293.

[34] Carola Lipp, Frauenspezifische Partizipation an Hungerunruhen des 19. Jahrhunderts. Überlegungen zu strukturellen Differenzen im Protestverhalten, in: Manfred Gailus/Heinrich Volkmann (Hrsg.), Der Kampf um das tägliche Brot. Nahrungsmangel, Versorgungspolitik und Protest 1770–1990, Opladen 1994, 200–213.

[35] Außer den bereits erwähnten Arbeiten sei noch besonders hingewiesen auf den von Heinz Reif hrsg. Sammelband: Räuber, Volk und Obrigkeit. Studien zur Geschichte der Kriminalität in Deutschland seit dem 18. Jahrhundert, Frankfurt/M. 1984, insbesondere auch auf die einleitende Einordnung des Herausgebers.

[36] So beschließt etwa Dirk Blasius seine Ausführungen über „Kriminologie und Geschichtswissenschaft. Bilanz und Perspektiven interdisziplinärer Forschung", in: Geschichte und Gesellschaft 14, 1988, S. 136–149 mit einigen kurzen Hinweisen auf die Verschränkung von Kriminalitäts- und Geschlechtergeschichte, die sich weniger durch weiterführende Fragen oder

Widergabe des Forschungsstandes als durch eine Beschreibung des statistischen Befundes auszeichnen. Damit stellt er sich in die nach wie vor verbreitete Tradition jener Forscher, die im Hinblick auf Frauen- und Geschlechtergeschichte mehr über die Defizite als über die Ergebnisse berichten.

37 Ausgewiesene Forscher lassen sich, wenn sie über Frauenkriminalität schreiben, bisweilen zu Plattitüden hinreißen, die ihnen, würden sie allgemein über Kriminalität schreiben, sicher nicht in die Feder kämen. So macht Dirk Blasius, 148 in seinem erwähnten Überblick (vgl. Anm. 32) die für einen Historiker erstaunliche Feststellung: „Viel spricht dafür, daß Umfang und Typ der Frauenkriminalität stark von geschichtlichen Lagen beeinflußt werden." Jütte, 98 stellt fest: Ein fast reines Frauendelikt scheint – nicht zuletzt wegen der einschlägigen Gesetzgebung – der Kindesmord gewesen zu sein, während ein nur von Männern begangenes Verbrechen – jedenfalls in der Rechtspraxis – die Vergewaltigung ist ..." Beide Delikte sind definitorisch geschlechtsspezifisch festgelegt. Was den Kindsmord betrifft, so bezieht sich bereits § 131 der Carolina explizit auf „weiber, so ihre Kinder töten". Gerd Schwerhoff, Köln, 180, schließlich stellt fest: „An den Gewaltritualen und Ehrspielen der Männer hatte das andere Geschlecht kaum einen aktiven Anteil". Wäre es anders, würde man wohl kaum von Ritualen und Spielen der Männer, sondern bestenfalls von Männlichkeitsritualen reden. Gleiche Bedenken sind auch gegenüber dem bereits erwähnten Aufsatz von Dinges angebracht.

38 Der Begriff Kriminalität wurde bewußt vermieden, weil er zum einen eine bestimmte Blick- und Fragerichtung nahelegt, an die hier nicht angeknüpft werden soll, und weil er zum anderen für die Delikte, die im folgenden beschrieben werden sollen, zu bedeutsam erscheint.

39 Vgl. dazu demnächst Claudia Ulbrich, Frauen im Dorf. Handlungsräume und Erfahrungswelten von Frauen im 18. Jahrhundert aus der Perspektive einer lokalen Gesellschaft.

40 Zur Geschichte der Reichsgrafschaft Kriechingen im 18. Jahrhundert: Johann Matthias Sittel, Sammlung der Provinzial- und Partikular-Gesetze und Verordnungen, welche für einzelne ganz oder nur teilweise an die Krone Preußen gefallene Territorien des linken Rheinufers über Gegenstände der Landeshoheit, Verfassung, Verwaltung, Rechtspflege und des Rechtszustandes erlassen wurden, Bd. II, Trier 1843, 517 ff.; Jaques Touba, Die vormals krieching'schen Dörfer Dentingen, Momersdorf und Niederwiese, Forbach 1908; Pascal Flaus, Comté et comtes de Créhange du XVIIe au XVIIIe (Mem. de maitr.) Metz 1984; Claudia Ulbrich, L'impact de la Révolution française dans le comté de Créhange, pays enclavé en Lorraine, in: Révolution française 1988–1989, Actes des 113e et 114e congrès nationaux, Paris 1991, 425–435; Dies.,Traditionale Bindung, revolutionäre Erfahrung und soziokultureller Wandel. Denting 1790–1796, in: K.O. Frhr. v. Aretin, K. Härter, Revolution und konservatives Beharren. Das Alte Reich und die Französische Revolution (Veröffentlichung des Instituts für europäische Geschichte Mainz, Beiheft 32) Mainz 1990, 113–130.

41 Archives départementales de la Moselle, Metz (künftig: AD Mos.) B 10041–10080: Actes judiciaires Pontpierre (künftig: AjP) 1719–1792. Zum Zeitpunkt der Auswertung waren nur 27 Bände verfügbar, die übrigen – etwa jeder dritte Band – sind derzeit wegen einer erforderlichen Restaurierung für die Ausleihe gesperrt. Ergänzend wurden in Einzelfällen die Actes judiciaires der anderen Orte der Reichsgrafschaft, soweit sie nicht gesperrt sind, zugezogen. Da die Aktenverzeichnung in französischer Sprache erfolgt ist, ist Steinbiedersdorf in der übersetzten Form, die dem heutigen Ortsnamen entspricht, als Pontpierre verzeichnet.

[42] AD Mos. B 10081: Plaids annaux, Pontpierre, 1722–1790. Ergänzend wurden ausgewertet B 10012/10013: Plaids annaux, Denting, Momerstroff, Niederwisse.

[43] AD Mos. 10 F 429: Strafregister de annis 1754–1761 und ebd.: Rechnung derer bey letzterer meiner abgelegten Strafrechnung noch ausstehend gebliebene Strafgelder ad 827 lb. und was davon eingegangen, ausgegeben, erlassen und ausstehet (1761/1762).

[44] Landeshauptarchiv Koblenz (künftig LHA Kobl.) 56/487–503, 505, 1801, 2987.

[45] Die Verhältnisse in Steinbiedersdorf weichen nicht grundsätzlich von der allgemeinen Entwicklung, wie sie von Wilhelm Abel, Geschichte der deutschen Landwirtschaft vom frühen Mittelalter bis zum 19. Jahrhundert (Deutsche Agrargeschichte II), Göttingen 1978, 272 ff.) beschrieben wurden, ab. Als Besonderheit ist lediglich darauf zu verweisen, daß erst mit dem Frieden von Baden 1714 eine längeranhaltende Friedensperiode begann.

[46] AD Mos. 10 F 70: Extract aus dem Bannbuch von 1732.

[47] AD Mos. 10 F 429: Steinbiedersdorfer Declaration, 1775. Ad Mos. 10 F 70 Generaltabellen über sämtliche Population, den Viehstand und alle weitere Konsistenz der Reichsgrafschaft Kriehingen 1785.

[48] AD Mos. 10 F 429: Declaration oder Verzeichnis denen Unterthanen des Dorffs Steinbiederstorff unter die Graffschafft Crichingen gehorichen Ort, was Vermögens und Condition dieselbe anietzo sind, 1725.

[49] Ad Mos. 10 F 70 Generaltabellen über sämtliche Population, den Viehstand und alle weitere Konsistenz der Reichsgrafschaft Kriehingen 1785.

[50] In der Zeit zwischen 1700 und 1720 sollen 357 katholische und 69 jüdische Männer, Frauen und Kinder in Steinbiedersdorf gelebt haben (AD Mos. J 5818: Notes et documents de M. Richard, ancien sécrétaire des Archive de la Moselle, concernant Pontpierre, notemment tables des régistres d'état civil de 1680 à 1875). 1786 wurde angesichts eines geplanten Austauschs der Grafschaft an Frankreich die genaue Einwohnerzahl ermittelt. Es wurden 609 Katholiken und 135 Juden gezählt (AD Mos. 10 F 69 Tableau général de la population et de la consistence du comté de Créhange). Die größte Bevölkerungszahl erreichte Steinbiedersdorf in der Mitte des 19. Jahrhunderts (949 Einwohner) (AD Mos. J 5818).

[51] AD Mos. J 5818: Erhebungszeitraum 1691–1790. Die Zahlen beziehen sich nur auf die katholische Bevölkerung. Im 19. Jahrhundert war das Abwanderungsgefälle deutlich geringer. Zwischen 1790 und 1875 wurden 2368 Kinder geboren und 1670 Menschen beerdigt bei einer Bevölkerungszahl von 802 Einwohnern.Ein Problem für die Interpretation bleibt die mögliche Unterregistrierung, insbesondere im Hinblick auf die Säuglings-, resp. Kindersterblichkeit.

[52] Steinbiedersdorf war zwar ein armes Dorf – 62 % der Haushalte steuerten in die unterste Klasse –, aber die Einwohner waren in der Regel in der Lage, ihre Subsistenz zu sichern. Bettelbriefe wurden nur vereinzelt ausgestellt (AD Mos. 10 F 70/2 Generaltabelle über sämtliche Populatio, den Viehstand und alle weitere Consistenz der Reichsgrafschaft Kriechingen an Gebäuden, Gärten, andern Gründen, Wiesen, Wald). Hunger, extreme Kälte oder Seuchen (Cholera) haben in den Sterberegistern des 19. Jahrhunderts wesentlich deutlichere Spuren hinterlassen als im 18.

[53] Auf 1000 Geburten kamen 7 illegitime Geburten. Dabei sind nicht eingerechnet die vorehelichen Schwangerschaften bei Erstehen. Sie lassen sich angesichts der hohen Mobilität nur schwer ermitteln, weil die Ehe in der Regel im Geburtsort der Frau, die Geburt des ersten

Kindes aber im späteren Wohnort verzeichnet wurde. Seit Ende des 18. Jahrhunderts steigen die Unehelichkeitsraten sprunghaft an. Zwischen 1790 und 1875 wurden 92 Kinder unehelich und 2276 ehelich geboren. Zwischen 1831 und 1865 schwankte die Illegitimitätsrate zwischen 5 und 7,6 % (berechnet nach: AD Mos., J 5818).

54 AD Mos., B 10041, AjP 1721: Acta Johannes Roschy, dahier gewesten Schweizers betr.

55 AD Mos., B 10049, AjP 1766: Acta in Denunciationssachen Heim Neumarks Ehefrau gg. Isaak Israel und dessen Sohn.

56 AD Mos. B 10048, AjP 1762: Acta in Sachen des Jacob Venner und Marie Morel pcto. fornicatio et impraegnatio.

57 AD Mos., B 10073, AjP 1784: Acta in Denunciationssachen der Madl Meyer von Steinbiedersdorf ctra Meuschel Levi von da Bekl. pcto. Impregnationis.

58 AD Mos., B 10074, AjP 1785: Acta in Denunciationssachen ctr. verschiedene Soldaten vom Schweizer Regiment Salisamatte von Steinbiedersdorf und sonstige dasige Untertanen in Betreff an denen Employés auf lothringischem Territorium verübten Verwundung und sonstigen Gewalttätigkeiten: Man schicke die jungen Burschen zu den Schweizern, „dans l'esperance de les voir civilisés à leur retour".

59 Archives du ministère des Affaires étrangères Paris, Correspondance politique, Allemagne/Créhange 18 (1780–1825), fol. 56: Liste des sujets créhangeois actuellement en service de France.

60 AD Mos., B 10051, AjP 1767.

61 AD Mos., B 10070, AjP 1779, Acta in sachen Johannes Oury von Flittringen pct. injuria realia.

62 AD Mos., 10 F 519 Criechingische Exekutionsakten de 1764–1772 vom Kreisgesandten de Neufville compiliert. Schreiben vom 9. 7. 1765

63 Claudia Ulbrich, Grenze als Chance? – Bemerkungen zur Bedeutung der Reichsgrenze im Saar-Lor-Lux-Raum am Vorabend der Französischen Revolution, in: Arno Pilgram (Hg.), Grenzöffnung, Migration, Kriminalität, Baden-Baden 1993, 139–146.

64 AD Mos. B 10046 AjP 1757: Acta den in der Nacht vom 6. zum 7. Juli 1757 zu Steinbiedersdorf durch gewaltigen Einbruch vorgegangenen Kirchendiebstahl betr.

65 Vgl. dazu die Überlegungen von Uwe Danker, Räuberbanden im Alten Reich um 1700. Ein Beitrag zur Geschichte von Herrschaft und Kriminalität in der Frühen Neuzeit, Frankfurt/M. 1988, 342.

66 AD Mos. 10 F 428: Klage des Fiscals gegen den Rabbiner zu Metz wegen angeblicher Eingriffe in die herrschaftliche Gerechtigkeit, 1752.

67 Zur Problematik der Dorfgerichtsbarkeit: Karl Siegfried Bader, Dorfgenossenschaft und Dorfgemeinde, Weimar 1962, 342 ff. Die Ursprünge des Steinbiedersdorfer Dorfgerichts gehen auf das Spätmittelalter zurück, als Steinbiedersdorf noch eine eigene Herrschaft war und einen eigenen Galgen hatte (AD Mos.10 F 3: Chartulaire des titres de la maison de Créhange 1485).

68 AD Mos., 10 F 51 Acte de prise de possession du village de Pontpierre confisqué sur la comtesse de Créhange au profit du Roi 1698.

69 In der zweiten Hälfte des 18. Jahrhunderts beanspruchten die Grafen das Recht der Appellation ans gräfliche Kabinett. Durch eine Instanzenerweiterung versuchten sie, den Einfluß der Reichskammergerichts zu verringern (I. Weitzel, Der Kampf um die Appellation am Reichskammergericht. Zur politischen Geschichte der Rechtsmittel in Deutschland,

Köln, Wien 1976, 310 ff.). Zur Gerichtsorganisation und Rechtspflege s. a. Sittel, Sammlung, 521 ff.

70 AD Mos., B 78: Aveux et dénombrements de la comtesse d'Ostfriese du 17. 6. 1688. Teilweise abgedruckt bei J. Touba, 3

71 AD Mos. AjP B 10073, 1784: Acta in Denunciationssachen der Jüdin Gelle dermalen zu Steinbiedersdorf sich aufhaltend ctra Jacob Maier Caens Sohn pcto. impregnationis et satisfactionis.

72 So beispielsweise die Jüdin Perle Levy, eine Angehörige der jüdischen Oberschicht, die einen Mann auf Einhaltung des Eheversprechens verklagte. (AD Mos. B 10059 AjP 1774).

73 AD Mos. B 10059 AjP 1774 Acta in sachen Perle Levy, Aron Caens Wittib, zu Steinbiedersdorf, Klägerin ca. Samson Meyer zu Rappolsweiler pct. Stupri et promisci matrimonium

74 AD Mos. B 10053 AjP 1769: Acta in Sachen Fiscalis ca Margaretha Etienne von Steinbiedersdorf pcto. fornicat.

75 Da mit der Teilnahme am Jahrgericht eine Rügepflicht verbunden war, gehörte die Pflicht, dort zu erscheinen, keineswegs zu den erstrebenswerten Formen politischer Partizipation. Zur Organisation des Jahrgedings: AD Mos. B 9993, B 10012/10013, B 10081, B 10087. Zur Organisation der Jahrgedinge s. die auf ähnliche Verhältnisse abzielende Arbeit von Rudolf Hinsberger, Die Weistümer des Klosters St. Matthias in Trier, Stuttgart 1989, 164 ff.

76 AD Mos. B 9931, Actes judiciaires Créhange, Plaids annaux, 1750.

77 AD Mos., AjP B 10081, Protokoll von 1761.

78 LHA Koblenz 56/1801: In Sachen sämtlicher Untertanen und Dorfschaften der Grafschaft Kriechingen ctr. H. Grafen von Wied-Runkel, Mandatis, fol. 1036.

79 AD Mos. B 10013 Plaids annaux Momersdorf 1771.

80 AD Mos. B 10081 Plaids annaux Pontpierre, 1754

81 AD Mos. B 9931 Plaids annaux Créhange (1748, 1753, 1771); B 10012/13 Plaids annaux Momersdorf (1754), B 10081 Plaids Annaux Pontpierre (1757, 1763, 1776, 1773);

82 Man berief sich noch im 18. Jahrhundert auf das Weistum von 1392. Es regelte das Strafverfahren für Schwerverbrecher: „Würde ein diep begriffen, es were man oder wip, das den lip vermacht hette, welcherleige wiß das were, ...den sol man lieberen dem vorgenanten Hern Banmeier zu Bidersdorff... (Ad Mos. 10 F 198).

83 AD.Mos., Actes judiciaires, B 10012 Jahrgedingsprotokolle Niedervisse, 1754.

84 Neben der bereits erwähnten Polizeiordnung die sehr detaillierte Forst-, Wald- und Rügeordnung und viele Einzelerlasse. Die meisten der bei Sittel, 117 wiedergegebenen, Saarwellingen betreffenden Verordnungen waren auch in Steinbiedersdorf gültig.

85 Wilhelm von der Nahmer, Die Land-Rechte des Ober- und Mittelrheins, Bd. 1, Frankfurt/M. 1831, 115 ff.

86 Auf die lokale Observanz beriefen sich die Untertanen vor allem in bezug auf das Erbrecht (AD Mos. 10 F 133).

87 LHA Koblenz 56/491: Adjuncta ad Volumen Vtum B: Commissionsbericht in Sachen der Gemeinde Steinbiedersdorf ca. Herrn Grafen zu Wied-Runkel und Cons., Mandati.

88 AD Mos. 10 F 172: In Sachen Fiscalis ca. Niclas Becker zu Steinbiedersdorf pcto. Brandweinverkaufens von Ausländischen 1755.

89 LHA Koblenz 56/491 Adjuncta ad Volumen Vtum B: Commissionsbericht in Sachen der Gemeinde Steinbiedersdorf ca. Herrn Grafen zu Wied-Runkel und Cons., Mandati.

90 Andreas Suter, „Troublen im Fürstbistum Basel (1726–1740). Eine Fallstudie zum bäuerlichen Widerstand im 18. Jahrhundert, Göttingen 1985, 349 ff.

91 Werner Troßbach, Der Schatten der Aufklärung. Bauern, Bürger und Illuminaten in der Grafschaft Wied-Neuwied, Fulda 1991, 113 ff.

92 Heide Wunder, „Er ist die Sonn', sie ist der Mond". Frauen in der Frühen Neuzeit, München 1992, 230 ff.

93 Hinsichtlich des ehelichen Güterrechts gab es große regionale Unterschiede. Insofern kann nicht ausgeschlossen werden, daß die Reichsgrafschaft Kriechingen eine gewisse Ausnahme bildet, doch ist dies ersten Überprüfungen zufolge eher unwahrscheinlich. In der juristischen Literatur wurde das Dotalium kaum diskutiert. Einen knappen Problemaufriß gibt Elisabeth Koch, Maior dignitas est in sexu virili. Das weibliche Geschlecht im Normensystem des 16. Jahrhuderts (Ius Commune Sonderhefte, Studien zur Europäischen Rechtsgeschichte 57, Frankfurt/M. 1991), 41 ff.

94 So rotteten sich beispielsweise 1755 Männer und Weiber zusammen, um gemeinsam mit Stangen und Prügeln gepfändetes Vieh zurückzutreiben (AD Metz 10 F 462).

95 Während einer militärischen Exekution 1772 waren Hanf und Flachs bereits „auf dem Halm", also vor der Ernte gepfändet worden. Frauen rupften ihn heimlich und trugen ihn in fremde Ortschaften (LHA Koblenz 56/498).

96 LHA Koblenz 56/491: Weigerung von drei Zeuginnen, ihre Aussage zu unterschreiben,

97 Vgl. dazu die oben erwähnten Arbeiten von Davis, Dekker, Suter, Wunder und Troßbach.

98 Zuletzt Dülmen, Kultur und Alltag, Bd. 2, 200 ff.).

99 Das Steinbiedersdorf betreffende Material, das auch den Zusammenhang zwischen Alkoholkonsum und Militär aufdeckt, ist in anderem Zusammenhang ausführlich diskutiert, vgl. Ulbrich, Frauen.

100 AD Mos. B 10087 Actes judiciaires, Teting, o. D. (18. Jh.). Gemeint ist: „hinter die Türe werfen".

101 Eine Anzeige erfolgte bspw. als Michel Kremeter, ein dorfbekannter Säufer, soviel getrunken hatte, daß er seine Frau aus dem Bett warf, mit dem Messer bedrohte und mit den Füßen auf ihr herumtanzte (B 10049 AjP 1766, Denunciation von Michel Cremeter pcto in der Trunkenheit vorgefallener Schlägerey). Daß es Vorstellungen über das Ausmaß erlaubter Gewalt gab, machen Wendungen in den Jahrgedingsprotokollen deutlich, wie etwa „Er habe sie geschlagen, das es nicht permittieret ist" oder „es habe ihm nicht zugestanden, eine alte Frau also zu schlagen" (AD Mos. B 10012/13 Plaids annaux, Niedervisse, 1741, 1756).

102 Auf die Bedeutung des Wirtshauses für die Arbeitsorganisation und Informationsbeschaffung verweist David Sabean, Property, Production and Famliy in Neckarhausen 1700–1870, Cambridge 1990, 179.

103 AD Mos. B 10059 AjP 1774 Acta in Denunciationssachen gegen verschiedene junge Pursche von Steinbiedersdorf und Falckenburg wegen vorgeworfener Schlägerey.

104 AD Mos. B 10012/13 Plaids annaux, Niedervisse,1741, 1756.

105 Zur Bedeutung des Kirchenraums vgl. die anregenden Überlegungen von Jan Peters, Der Platz in der Kirche. Über soziales Rangdenken im Spätfeudalismus, in: Jahrbuch für Volkskunde und Kulturgeschichte 28 (1985), 77–106. Weitere Belege bei Ulbrich, Frauen.

106 Es bedürfte einer genaueren Untersuchung der sozialen Herkunft der in Raufhändel verwickelten Männer, um festzustellen, inwieweit es sich hierbei nur um bestimmte soziale

Schichten im Dorf handelt (im Sinne von Thorstein Veblen, Theorie der feinen Leute. Eine ökonomische Untersuchung der Institutionen, Köln 1981) oder ob Müßiggang zumindest bei der männlichen Jugend allgemein verbreitet war.

107 AD Mos. B 10081 Plaids annaux, Pontpierre 1754, 1760, 1764, 1774

108 AD Mos. B 10012/13 Plaids annaux Niedervisse; 10 F 776: Rapports der Jahrgedinge Helferdingen 1779 ff., LHA Koblenz 56/1801, fol 1034.

109 AD Mos. 10 F 199, Holzfrevel 1783–1786.

110 Sittel, Sammlung, 557.

111 Ebd., 541 ff.

112 AD Mos. B 10081, Plaids annaux Pontpierre 1774.

113 Zur Sammelwirtschaft: Michael Mitterauer, Familie und Arbeitsteilung: historischvergleichende Studien, Wien, Köln, Weimar 1992, 78; Frauen als Sammlerinnen werden auch in Märchen oft thematisiert (Ingrid Riedel, Die weise Frau in uralt-neuen Erfahrungen, Olten 1989. 18 ff.) Auf die Bedeutung des Märchens als didaktisches Fleiß-Exempel für Frauen und Mädchen verweist Rudolf Schenda, Die Verfleißigung der Deutschen. Materialien zur Indoktrination eines Tugend-Bündels, in: Utz Jeggle, Gottfried Korff, Martin Scharfe, Bernd Jürgen Warneken (Hrsg.), Volkskultur in der Moderne. Probleme und Perspektiven empirischer Kulturforschung, Hamburg 1986, 100.

114 So eine Anforderung von Johann Heinrich Campe (ed. in: Paul Münch (Hrsg.), Ordnung, Fleiß und Sparsamkeit. Texte und Dokumente zur Entstehung der „bürgerlichen Tugenden“, München 1984). Veblen, 22 spricht in diesem Zusammenhang treffender von „der langweiligen Emsigkeit der Frauen“. Vgl. dazu auch den Exkurs von Schenda, Verfleißigung, 92 ff. über den besonderen Fleiß der Frauen.

115 Michel Foucault, Überwachen und Strafen. Die Geburt des Gefängnisses, Frankfurt/M. 1981, 221 ff.

Silke Göttsch

„Vielmahls aber hätte sie gewünscht, einen andern Mann zu haben“

Gattenmord im 18. Jahrhundert

Mordende Frauen sind in vielerlei Hinsicht ein Faszinosum.[1] Stereotypisierende Vorstellungen und mystifizierende Zuschreibungen haben Bilder über sie entstehen lassen, die sich durch dokumentarische Darstellung, journalistische Aufbereitung und literarische Verarbeitung verfestigt haben.[2] Frauen morden meistens in ihrem unmittelbaren persönlichen oder familiären Umfeld, weniger kalt planend als vielmehr im Affekt und als Mordwaffe benutzen sie fast ausschließlich Gift. So oder ähnlich lauten einige der gängigen Feststellungen.

Ganz anders ist das Bild vom mordenden Mann konstruiert. Hier werden organisierte Kriminalität – früher in Räuberbanden –, Raubmord oder Totschlag assoziiert. Wenn man genauer hinsieht, so korrespondieren solche Zuweisungen den klassischen Rollenzuschreibungen. Der Frau wird konsequenterweise die Sphäre des Privaten, der Familie zugewiesen, während der Mann auch hier außerhäusliche Aktivität zeigt und zudem stellt der Erwerb, zumindest bei der Bandenkriminalität und beim Raubmord, ein wesentliches Motiv dar.

Wie so oft gilt es auch hier, solche eher diffusen Vorstellungen an der Realität, in diesem Fall an der historischen, zu überprüfen. Das soll hier am Beispiel einer Fallstudie geschehen, die sich auf die Region Schleswig-Holstein beschränkt und den Zeitraum von 1700 bis 1810 umfaßt.[3]

Fast schon stereotyp gehört zu historischen Untersuchungen über Kriminalität die Klage über die mangelhafte Quellenlage. Die Überlieferung ist nicht durchgängig dicht, zumindest für die erste Hälfte des 18. Jahrhunderts weist sie erhebliche Lücken auf. Nicht zu jedem Fall, der über das Findbuch des jeweiligen Archivs nachzuweisen ist, lassen sich die entsprechenden Kriminalakten auffinden. Nicht jeder Mord dürfte als solcher identifiziert worden sein, weil besonders in der ersten Hälfte des 18. Jahrhunderts die Methoden für den Nachweis von Gift noch nicht sehr weit entwickelt waren.[4] Darüber hinaus ist von einer nicht näher zu bestimmenden, jedoch kleinen Dunkelziffer auszugehen, da nur die Fälle archivalisch dokumentiert sind, die ruchbar und damit gerichtlich untersucht wurden.

Für den oben genannten Zeitraum sind insgesamt 56 Mordfälle nachweisbar, an denen Frauen entweder allein oder doch maßgeblich mit beteiligt waren, jedenfalls wenn man von der Anklage ausgeht. Die Vorfälle sind sehr heterogen: Es findet sich ein versehentlicher Flintenschuß, mit dem eine Magd ihre Dienstherrin tötet, aber eben auch Mutter und Tochter, die sich als Gesindevermittlerinnen ausgeben und zwei Dienstmägde vergiften, um sie auszurauben.[5] Aber das sind außergewöhnliche, singuläre Fälle. Ganz überwiegend standen Täterin und Opfer in einem engen Verhältnis zueinander. Entweder waren es Mitglieder der eigenen Familie oder Bekannte aus der unmittelbaren Nachbarschaft. Bei dieser Übersicht bleibt der Kindsmord allerdings ausgeklammert. Für den genannten Zeitraum lassen sich allein für Schleswig-Holstein mehr als 350 Kindsmordfälle nachweisen,[6] so daß die Statistik, wäre dieses Delikt einbezogen, völlig verändert würde. Er ist zudem in seinen Besonderheiten in jüngster Zeit ausführlich untersucht worden, so daß hier der Hinweis auf die Literatur genügen mag.[7]

Bei Durchsicht der Akten ergibt sich eine Häufung folgender Delikte. Entweder waren es Ehefrauen, die ihren Ehemann töteten (16 Fälle), oder Frauen ermordeten entweder ihr eigenes oder ein fremdes Kleinkind (15 Fälle). Am häufigsten wird Gift als Tatwaffe genannt, nämlich 28mal,[8] körperliche Gewalt gegen Kinder wird 12mal, gegen sonstige Personen 5mal angewendet und 11mal werden keine Angaben gemacht. In der Regel werden die Frauen zum Tode verurteilt.[9]

Natürlich drängt sich angesichts solcher quantitativen Überlegungen die Frage auf, ob Männer mehr und anders töten als Frauen. Aber der Versuch eine geschlechtsspezifische Korrelation herzustellen, erweist sich als schwierig. Ein großes Problem ergibt sich bereits aus der fehlenden Vergleichbarkeit der Daten. Denn männliche und weibliche Gewalttätigkeit ist in weiten Bereichen unterschiedlich strukturiert.[10] So findet der Kindsmord bei Männern keine Entsprechung, macht bei Frauen aber – zumindest für den untersuchten Zeitraum – den größten Anteil aus. Für Schleswig-Holstein hatten – Kindsmord eingeschlossen – über 400 Frauen im 18. Jahrhundert wegen Mord vor Gericht gestanden. Diese Zahl übertrifft die der wegen Mord angeklagten Männer bei weitem. Der Raubmord hingegen, der bei Männern ein sehr häufiges Delikt ist, läßt sich für Frauen nur ein einziges Mal nachweisen, scheint also ein typisch männliches Delikt zu sein.

Festzustellen bleibt, daß, wenn man den Kindsmord ausklammert, mehr Männer an Tötungsdelikten beteiligt waren als Frauen und daß die Deliktstruktur erheblich stärker variierte: vom Duell, über Raubmord, Kindermord, Gattenmord bis hin zum fahrlässigen Hantieren mit Schußwaffen oder dem tödlichen Ausgang einer Schlägerei. Außerdem entstammten bei den von Frauen verübten Morden die Opfer fast ausschließlich aus ihrem unmittelbaren Umfeld, es waren Nachbarn oder Verwandte.[11] Diese Zwangsläufigkeit ergab sich bei Männern nicht.

So verschieden Motive, Mordwerkzeug, die Täterin-Opfer-Konstellation sind, so differenziert muß in der Interpretation der Fälle vorgegangen werden. Aus diesem Grund soll die folgende Untersuchung auf den Aspekt des begangenen, versuchten oder unterstellten Gattenmords beschränkt bleiben. Im Vordergrund stehen zwar die gattenmordenden Frauen, aber es soll auch nach geschlechtsspezifischen Gemeinsamkeiten und Unterschieden gefragt werden. Es soll darum gehen zu klären, welche Konflikte den Taten zugrundelagen, warum auf Mord oder versuchten Mord als eine mögliche Lösung zurückgegriffen wurde und ob die Konflikte wie auch ihre Lösung geschlechtsspezifisch ableitbar sind.

Anhand einer ausführlicheren Fallstudie soll zunächst das mit diesen Fragen zusammenhängende Problemfeld entwickelt werden. Am 9. September 1798 wurde Margaretha Pingel, Kremper Heide in der Herrschaft Breitenburg wegen Giftmords an ihrem Ehemann verhaftet.[12]

1. Die Tat

Am Abend des 2. Septembers 1798 kehrt der Inste Detlef Pingel gesund von einer Lohnfuhre aus Rendsburg nach Kremper Heide in der Herrschaft Breitenburg zurück. Zum Abendessen backt seine Frau ihm auf seinen Wunsch einen Pfannkuchen und kocht ihm Kaffee. Eine 1/4 Stunde nach dieser Mahlzeit klagt er über Übelkeit und Erbrechen, das die ganze Nacht anhält. Am nächsten Morgen, einem Sonntag, ist er bereits so geschwächt, daß er zwei Frauen, die am frühen Morgen vorbeikommen, um ihn für eine Lohnfuhre zu dingen, gar nicht mehr erkennt. Gegen 11 Uhr mittags stirbt er im Beisein von Nachbarn, die seine Frau im Laufe des Morgens herbeigeholt hat.

2. Die Ermittlungen: Ereignisse – Aussagen – Indizien

Da der Tod überraschend eingetreten war, veranlaßt der Vogt von Kremper Heide eine Untersuchung und ordnet eine Sektion der Leiche an. Der Befund erweist sich schnell als eindeutig. Es gibt zwar keine Spuren äußerer Gewalt, aber der Tote hat blutigen Schaum im Mund, der Unterleib ist aufgetrieben und bläulich verfärbt, diese Verfärbungen zeigen sich auch an Hals und Lenden. Die Untersuchung des Mageninhalts durch den Apotheker erhärtet den Verdacht: Detlef Pingel ist an einer Arsenvergiftung gestorben.

Diese Entdeckung veranlaßt ein erstes Verhör. Zunächst wird die Nachbarin vernommen, die beim Tod anwesend war, dann ein weiterer, entfernterer Nachbar, der mehr oder weniger zufällig am Sonntagmorgen vorbeigekommen ist[13] und schließlich die Ehefrau, die nach dem Verhör wieder entlassen wird.

Die Nachbarin Beecke Ross, 24 Jahre alt, vermittelt mit ihrer Aussage den Eindruck, gut mit den Pingels befreundet zu sein. Sie sagt aus, sie habe viel Umgang mit ihnen. Sie weiß über das Verhältnis der Eheleute untereinander gut Bescheid und kann deshalb viel über die vorangegangenen Ereignisse erzählen. Sie ist es auch, die mit einer Bemerkung den Verdacht auf die Pingel lenkt. Sie erzählt, daß Margaretha Pingel ihr am Sonntagmorgen kurz vor dem Tode ihres Mannes gesagt habe, daß sie am Abend zuvor nichts von dem Pfannkuchen und dem Kaffee zu sich genommen hätte. Von Gift will sie allerdings im Hause der Pingels nie etwas gesehen haben.

Margaretha Pingel wird summarisch zu ihrem Lebenslauf befragt und erzählt die Ereignisse bis zum Tod ihre Mannes. Aber es wird bereits intensiver nachgefragt: Ob sie in der vergangenen Woche ausgewesen sei, was sie verneint, sie sei vor vier Wochen in Itzehoe gewesen; ob sie Gift im Hause habe, auch das verneint sie, denn sie hätten keine Ratten oder Mäuse. Auf die Frage, ob sie am Sonnabend schon mit den Kindern vor der Rückkehr ihres Mannes gegessen habe, beharrt sie darauf, mit ihrem Mann gegessen zu haben, die Kinder seien schon im Bett gewesen. Zunächst wird sie wieder entlassen. Doch dann spitzen sich die Ereignisse zu.

Die beiden Kuratoren, die zur Aufzeichnung des vorhandenen Mobiliars bestellt sind, berichten dem Vogt, daß sie in einem Kammfutteral, das in der Stube hing, eine Tüte mit weißem Pulver gefunden hätten. Die Probe des Apothekers ist eindeutig, es ist Arsen.

Daraufhin wird Margaretha Pingel erneut vernommen. Sie behauptet nicht zu wissen, was in dem Futteral sei, weil sie ihre Kämme über der Stubentür aufbewahre, um das Futteral zu schonen und sie sagt dies, „ohne im geringsten ihre Miene zu verändern". Doch nun wird sie festgenommen.

Es folgen weitere Verhöre und die Aussagen von Nachbarn und den Verwandten des Mannes liefern weitere Verdachtsmomente. So sagt der Mann der Beecke Ross aus, daß Margaretha Pingel ihm nach der Beerdigung ihres Mannes erklärt habe, „daß ihre Liebe gegen ihren verstorbenen Mann doch ausgewesen sey, und daß es ihr allemahl lieber gewesen sey, wenn er sich außerhalb Hauses befunden hätte, auch daß es wahr sey, daß sie die Stiefkinder zuweilen hart behandelt hätte, und daß das Betragen ihres Mannes zu ihrer Bosheit Schuld gewesen sey".

Immer wieder wird darauf hingewiesen, daß es Streit zwischen den Eheleuten gegeben hätte und daß sie die Kinder nicht so behandelt habe, „als es sich wohl gebühret hätte". Detlef Pingel, so jedenfalls sagt die Beecke Ross, habe deshalb zwei der Kinder zu seiner Mutter in die Kost gebracht.

Auch die beiden Frauen aus der benachbarten Stadt Itzehoe, die am Sonntagmorgen gekommen waren, belasten Margaretha Pingel. Denn während ihr Mann starb, sei sie „munter und guten Muths gewesen und habe an den Leiden ihres Mannes, so viel Deponentin äußerlich bemerkt, keinen Antheil genommen". Diesen fiel besonders auf, daß keine Nachbarn zugegen waren, die beiden Frauen rieten ihr dringend an, die Nachbarn zu rufen, und warnten sie ausdrücklich: „denn sonst falle alle Schuld allein auf sie, die Frau des Pingels".

Doch dann geschieht noch einmal etwas, was den Verdacht weiter erhärtet. Die Frau, die das Haus der Pingels bewacht, findet in einem Pfeifenkorb in der Speisekammer, als sie die bei der Trauermahlzeit gebrauchten Pfeifen wegräumen will, einen kleinen Leinenbeutel mit weißem Pulver und auch das ist Arsen. Die Pingel will nichts davon wissen. Solange sie im Hause sei, habe sie nie in den Korb gesehen und ihn nur zum Anstellen der Milcheimer gebraucht, ihr Gewissen sei rein.

Als die vernommenen Zeugen ihre Aussagen beschwören müssen, muß nicht nur die Beecke Ross ihre Aussage hinsichtlich des Abendessens revidieren, auch eine andere Zeugin sagt nun unter Eid aus, daß der Detlef Pingel ihr nicht gesagt habe, daß er seine Kinder wegen der schlechten Behandlung seiner Frau weggegeben habe. Hier ergeben sich erstmals entlastende Momente.

Natürlich ist über den Todesfall im Dorf viel gesprochen worden und zwar vor allem unter den Frauen. So begründet Beecke Ross ihre erste Falschaussage damit, daß sie mit Nachbarinnen darüber geredet habe, so sei diese Version entstanden und sie habe schließlich fest daran geglaubt, die Pingel selbst habe gesagt, daß ihr Mann den Pfannkuchen allein gegessen habe. Noch eine weitere Frau spricht den Stiefvater des Detlef Pingel auf den Pfannkuchen an, der warnt sie jedoch, die Wahrheit zu sagen oder zu schweigen. Im späteren Verhör rückt sie ihre Andeutungen zurecht. Beim Ankleiden der Leiche habe Margaretha Pingel zu ihr gesagt, ihr Mann „hätte am vorigen Abend gesessen und gegessen und darauf wäre es ihm so wählhaft im Leibe geworden. Hieraus habe sie geschlossen, daß sie nicht mitgegessen, muß aber gestehen, daß die Pingel sich nicht ausdrücklich geäußert", sie weiß auch nicht, ob das eine der anderen anwesenden Frauen gehört habe. Außerdem führt sie noch ein weiteres Gespräch mit der Pingel an: „An dem Morgen als Detlef Pingel hätte beerdigt werden sollen, wäre Deponentin in dem Sterbhause gewesen, um bey dem Leichenbegräbnis aufzuwarten. Bey dieser Gelegenheit hätte die Pingelsche ihr gesagt: Nun Nachbarin ist mein Mann besichtiget, und ich bin überzeugt, daß ich frey davon bin, meinen Mann vergeben zu haben, wie die Leute sagen, und ich bin kein Kind mehr und weiß wohl, daß man es sehen kann, wenn ein Mensch Gift erhalten hat. Dafür soll mich Gott behüten, daß ich meinen Mann würde vergeben können.“

Eine wesentliche Frage in der Untersuchung bleibt natürlich, wie sich die Pingel das Gift hat beschaffen können. Sie wird ausführlich zu ihren Einkaufsgewohnheiten befragt. Sie sagt aus, daß sie nur sehr selten zu Markt gegangen sei, das letzte Mal drei Wochen vor dem Tod ihres Mannes, und zwar nach Itzehoe. Dorthin habe sie Butter zum Verkauf gebracht und 6 Pfund Mehl gekauft. Zwar sagt ihre 7jährige Stieftochter aus, daß am Sonnabendmorgen, als der Vater weg war, ein fremder Mann gekommen sei, sie glaube ein Schneider aus Krempe, was er wollte, habe sie jedoch nicht erfahren. Aber dieser Äußerung wird nicht weiter nachgegangen, auch die Pingel wird nicht nach dem unbekannten Mann befragt.

Soweit zum Gang der Ermittlungen. Bereits in den Aussagen klangen mögliche Motive an, aber vielleicht lassen sich aus der Vorgeschichte weitere Indizien ableiten.

3. Die Vorgeschichte – zur Täterin und ihren möglichen Motiven

Wenn man die Biographie der Beklagten rekonstruiert, so entspricht diese weitgehend einem ganz normalen Unterschichtenlebenslauf einer Frau in jener Zeit.

Margaretha Pingel war zur Zeit der Tat 27 Jahre alt. Ihr Vater besaß in Königsmoor eine Katenstelle, nach ihrer Konfirmation diente sie als Magd an verschiedenen Stellen, immer nur ein halbes, höchstens ein Jahr, ein einziges Mal auch mal drei Jahre. Nachdem sie ein halbes Jahr beim Bäcker Jacob Bockwoldt in Krempe, ihrem letzten Dienstherrn, gearbeitet hatte, lernte sie ihren späteren Mann kennen, als der dem Bäcker ein Fuder Roggen lieferte. Nur wenige Wochen später heirateten sie. Bei der Eheschließung hatte sie wohl gewußt, daß ihr Mann Witwer mit vier kleinen Kindern im Alter von 7, 4 Jahren und Zwillingen mit 1 Jahr war. Über die erste Frau wußte sie im Verhör nichts zu sagen, weder wann noch woran diese gestorben war.

Sie habe den Vorsatz gehabt, so erklärte sie, eine gute Ehefrau und Mutter zu sein. Als Mitgift brachte sie 650 Mark und einige Möbel mit in die Ehe. Zunächst ging die Ehe gut, doch bald kam es zu Streitereien.

Ihr Mann warf ihr vor, die Kinder schlecht zu behandeln und sie unzureichend zu ernähren, sie behauptete, sie habe diese nur bestraft, wenn sie „unartig" gewesen. Ihr Mann wäre von seiner Mutter gegen sie aufgehetzt worden. Allerdings bestätigte auch die älteste 7jährige Tochter in einem Verhör auf direktes Nachfragen die schlechte Behandlung durch die Mutter.

Etwa drei Wochen vor der Tat kulminierten die Ereignisse. Ihr Mann verlangte von ihr, sie solle mit aufs Feld zur Buchweizenernte gehen, sie weigerte sich mit Hinweis auf die Kinder und die Hausarbeit. Der Mann wollte eine Aufsicht beschaffen, sie bestand darauf, daß diese Person auch die Feldarbeit übernehmen könne, was der Mann wegen der höheren Lohnkosten ablehnte. Als ihr Mann später in die Kate zurückkehrte, traf er seine Frau beim Ankleiden. Er glaubte, sie wolle ihn verlassen, sie gab vor, nur zu ihrem Bruder gehen zu wollen, um dem ihr Leid zu klagen. Als ihr Mann ihr die Schlüssel abnehmen wollte und sie sich wehrte, schlug er sie mit einer Peitsche. Darauf versteckte sie sich für eine Nacht auf dem Heuboden, so behauptete sie jedenfalls später im Verhör, und legte sich dann unter dem Vorwand, sie sei krank, für eine Woche ins Bett. Als sie wieder aufstand, kam es zum erneuten Streit über eine ungeflickte Hose, dann folgte die Lohnfuhre nach Rendsburg, die Rückkehr und das verhängnisvolle Abendessen.

4. Beweisführung

In allen Verhören beharrte Margaretha Pingel auf ihrer Unschuld, eine Beweisführung war nur anhand von Indizien möglich. Nun ist die Kette der Indizien, wenn auch nicht lückenlos, so sicher ziemlich überwältigend. Aber daneben führte der Fiskal auch ihren Lebenswandel als Beweis für ihre Disposition zu einer solchen Tat an. Denn als Magd habe sie es stets nur kurze Zeit an einer Dienststelle ausgehalten, was für die „Verworfenheit ihres Charakters" spreche. Zwar versucht Margaretha Pingel dieses Argument mit den Erfahrungen ihres Dienstbotenlebens zu entkräften, aber die müssen auch aufgrund unterschiedlicher Lebensentwürfe auf taube Ohren stoßen.

Ihr Verteidiger widerlegte diese Unterstellungen – zumindest teilweise – mit beigebrachten Zeugnissen früherer Dienstherren, die sie als nicht boshaft, tückisch oder rachsüchtig, sondern sanft, geduldig, manchmal allerdings etwas schläfrig bei der Arbeit schildern.

Schließlich wurde Margaretha Pingel aufgrund der Indizien verurteilt: da sie schwanger war, jedoch nicht zum Tode, sondern ihr Bruder wurde verpflichtet, sie während des Wochenbettes aufzunehmen, später sollte sie eine nicht näher bestimmte Zuchthausstrafe absitzen. Über ihr weiteres Leben ist nichts in den Akten enthalten.

Der Fall der Margaretha Pingel bietet eine Vielzahl von Bezügen zu den anderen Mordfällen, denn neben allen Besonderheiten weist er auch gemeinsamkeiten mit anderen Fällen auf, so daß er als Ausgangspunkt für weitergehende Fragen dienen kann.

5. Soziale Schicht und Altersstruktur

Wenn man nach der Sozialschicht fragt, der diese Frauen angehörten, so ergibt das Material keine eindeutige Zuordnung. Fünf Frauen sind Ehefrauen von Bauern, vier von Handwerkern und vier von Tagelöhnern. Betrachtet man jedoch das Alter der Frauen, dann ergibt sich ein konturierteres Bild. Zehn von ihnen sind 30 Jahre und jünger, nur drei sind älter als 30. Auch die Frage nach der Dauer der Ehe spiegelt ein eindeutiges Verhältnis wider: Vier waren erst wenige Wochen verheiratet, sechs weniger als 5 Jahre und nur zwei mehr als 5 Jahre. Eine Verknüpfung der sozialen Herkunft mit der Altersstruktur zeigt, daß die Frauen im bäuerlichen Milieu alle äußerst jung verheiratet worden waren, nämlich bereits mit 16 oder 17 Jahren.[14]

Ganz anders stellt sich dieser Aspekt bei jenen Frauen dar, die zuvor als Mägde gedient hatten, von ihnen war die Mehrzahl bei Eheschließung bereits um 27 Jahre alt, wie auch die Margaretha Pingel. Für diese Gruppe von Frauen verminderten sich die Heiratschancen mit zunehmenden Alter, was auch ihre Bereitschaft zu den schnell entschlossenen Ehen erklären mag. So nahm Margaretha Pingel die vier kleinen Kinder in Kauf, oder eine andere Magd ließ einen Heiratsvermittler einen Mann für sie suchen, sie gab das Eheversprechen, ohne ihn zu kennen, es stellte sich heraus, daß er verkrüppelt und kleinwüchsig war.[15] Eine Magd von 23 Jahren entschied sich auf Zureden ihrer Bekannten für die Heirat mit einem sehr viel älteren Mann, der wohl über eine gesicherte Existenz verfügte, obwohl auch noch ein jüngerer Bewerber, den sie lieber leiden mochte, um sie gefreit hatte.[16] Hier findet sich das Motiv des ungleichen Paares also auch in der Realität wieder.

Dreimal, in unterschiedlichen Milieus, taucht der Versuch auf, das einmal gegebene Heiratsversprechen zurückzunehmen, einmal sogar durch Anbieten einer Geldsumme, immerhin 200 Mark,[17] und einmal flieht das Mädchen,[18] aber der Bräutigam besteht jedesmal auf dem Vollzug des Eheversprechens und die Ehe kommt – letztendlich gegen den Willen der Frau – doch zustande.

6. Ehe-Beziehungen und Lebens-Erwartungen – zu den Motiven

Das Delikt des Gattenmordes verführt zu der Annahme, daß das Verhältnis der Eheleute untereinander spannungsreich war, was durch eine Analyse der Verhöre noch zu überprüfen sein wird. Sicher sind die Verhöre kein objektives Dokument über die ehelichen Beziehungen, denn sowohl die Aussagen der Eheleute als auch die der Nachbarn sind nur zu verstehen, wenn man in ihre Interpretation einbezieht, daß es Aussagen vor Gericht sind. Zudem konnten mehr oder weniger bewußte Pointierungen den Verdacht erhärten oder abschwächen. Trotzdem können sie einen Zugang zu der jeweiligen Erwartungshaltung an eine Ehe vermitteln, aber auch zur Fremdwahrnehmung ehelicher Beziehungen im nachbarlichen Umfeld. Tatsächlich legen alle Aussagen der Frauen den Schluß nahe, daß enttäuschte Erwartungen die Tat auslösten. Diese Hoffnungen waren zwar individuell unterschiedlich strukturiert, aber es lassen sich durchaus Gemeinsamkeiten feststellen.

Das krasseste Beispiel ist, auch hinsichtlich anderer Aspekte, eine 60jährige Altenteilerfrau, die den Schwiegervater ihrer Tochter nach kurzer Bekanntschaft heiratete und ihn nach nur halbjähriger Ehe vergiftete. Sie sagte zu ihren Heiratsmotiven aus: „Sie will diese Ehe hauptsächlich in der Hofnung dadurch ein angenehmes und bequemes Leben zu erlangen, eingegangen sein".[19] Diese Hoffnung wird jedoch schnell enttäuscht, ihr Mann zahlt ihr kein Taschengeld (sie besitzt angeblich selbst ein Vermögen von Rtl. 1.200,–) und verschließt alles vor ihr, er verweigert ihr also auch die ihr als Hausfrau zustehende Hausgewalt. Daraus entsteht viel Streit zwischen ihnen. Beide machen Pläne, den anderen zu verlassen, was Tochter und Schwiegersohn allerdings zu unterbinden wissen. Der Altenteiler äußert sich gegen einen Kätner, der als „Freund des Verstorbenen“ bezeichnet wird, er habe den Eindruck, daß seine Frau ihm nach dem Leben trachte. Eine Dienstmagd will wenige Tage vor seinem Tod von der Frau die Worte gehört haben: „weren wi man erst af mit de ohle Kerl“. Die Lösung, die sie letztendlich für diesen Konflikt findet, beschreibt sie so: „Inquisitin habe gerne von ihrem verstorbenen Mann getrennt sein wollen, aber nicht geglaubt, daß dies ohne Tod geschehen können, daher sie gewünscht habe, daß Einer von ihnen sterben möchte“.

Während in diesem Beispiel materielle Interessen eindeutig im Vordergrund standen, sind die Motive der anderen Frauen durchweg vielschichtiger. Mögliche Liebhaber spielen allerdings keine so entscheidende Rolle, wie man meinen möchte.[20] Nur in einem Fall ist der Geliebte die treibende Kraft für die Tat. Anna Sievers, eine Magd, hatte auf Vermittlung – ohne ihn vorher zu kennen – einen verkrüppelten Schneider geheiratet. Dessen Geselle, der sehr schnell ihr Geliebter wird, entwirft ein Bild von ihrem weiteren Leben: „Hartwig Hintz hätte immer sehr nachtheilig von ihrem manne zu ihr gesprochen und ihr öfters, wenn sie beyde alleine gewesen, gesagt, daß sie mit ihrem Manne kein Brod halten können, daß sie bald am Bettelstab seyn würden, und dergleichen Reden mehr“.[21] Auf ihre Verzweifelung über diese Perspektive entgegnet er ihr, „daß sie es mit ihm beßer haben sollte, als mit ihrem Manne“. Anders als in den anderen Fällen beschreibt Anna Sievers ihre Ehe, die erst ein Jahr bestand, als eine gute Beziehung. Obwohl sie die Geliebte des Gesellen geworden war, sagt sie aus: „Sie hätte ihren Mann lieb gehabt, wovon sie sich aber nichts hätte merken laßen dürfen“, weil ihr Geliebter sehr eiferschtig gewesen sei, „und selbst des Nachts im Bette hätte sie ihren Mann nur heimlich liebkosen dürfen“.

Die Angst vor dem sozialen Abstieg taucht auch in einem anderen Fall auf. Justina Catharina Hahn, die 34jährige Ehefrau eines Schusters aus Lütjenburg, sagt übrigens übereinstimmend mit ihrem Mann aus, daß sie vor 14 Jahren „freywillig und aus Liebe“ geheiratet hätten, aber sie hätten „keine friedliche Ehe miteinander geführt“. Als Gründe dafür führt Justina Hahn an, daß „ihr Mann immer krank und sie zurückkämen“, außerdem hätten sich die Brüder ihres Mannes immer in ihre Ehe eingemischt. 14 Tage vor ihrer Verhaftung hatte sie davon geredet, daß sie von ihrem Mann geschieden sein möchte.[22]

Häufig gab es nicht nur ein Motiv für die Tat, sondern mehrere Motive, die oft miteinander verwoben waren. Die folgenden Beispiele mögen die individuelle Vielfältigkeit andeuten. So nannte auch Margaretha Pingel Einmischung vonseiten der Familie ihres Mannes als ein Motiv, seine Mutter habe ihrem Mann „vorgespiegelt", sie vernachlässige die Kinder aus der ersten Ehe des Mannes. Aber es kommt auch zum Streit darüber, daß die Frau ihrer Arbeit nicht angemessen nachkomme und die Kinder schlecht behandle. Streitereien zwischen den Eheleuten, allerdings ohne daß näher auf die Ursachen eingegangen wird, gibt auch die erst 20jährige Bäuerin Anna Malena Hansen an, deren Mann sie geschlagen und ihr gedroht hatte, nicht einmal der Tod auf dem Schafott könne ihn zurückhalten.[23] Gerade in jenen Fällen, in denen Frauen bereits mit 16[24] oder 17 Jahren einem bäuerlichen Haushalt vorstehen mußten oder wie im Fall der Margaretha Pingel, die einen Witwer mit vier kleinen Kindern heiratete, ist davon auszugehen, daß die Frauen mit ihrer Aufgabe überfordert waren und sie nicht so erfüllten, wie es den gesellschaftlichen Anforderungen entsprach. Rollenerwartungen konnten dann schnell mit der physischen und/oder psychischen Konstitution einer Frau kollidieren. Eine Ahnung von diesem Konflikt vermittelt die Antwort der Margaretha Pingel, bei der Heirat habe sie den Vorsatz gehabt, eine gute Frau und Mutter zu sein und sie glaube auch, ihn während der Ehe eingelöst zu haben. Die Berichte über die Auseinandersetzungen mit ihrem Mann belegen, daß sie in seinen Augen genau diese Rolle nicht erfüllte.

Während bisher Verhaltensweisen und Erwartungen der Eheleute als mögliche Motive diskutiert wurden, muß sicher auch die Ebene der Gefühle in die Überlegungen einbezogen werden. Äußerungen dazu sind allerdings nicht häufig und selten so positiv ausgedrückt wie im Fall der Anna Sievers, die ihren Mann, obwohl sie ihn „lieb gehabt hatte", vergiftete. So erklärte eine gerade 23jährige Frau, die nach nur 5 Wochen Ehe mit einem sehr viel älteren Mann den Versuch unternahm, diesen zu töten, ihren mißglückten Giftmordversuch damit, daß der „wiederwille, so sie zu ihrem Mann als Bräutigam gehabt, hat leider in der Ehe continuiret". Obwohl ein jüngerer Bewerber da war, dem sie „den ersten Platz in ihrem Hertzen eingeräumet", ließ sie sich überreden, den alten Mann zu heiraten, zu dieser Entscheidung trug auch die Aussicht versorgt zu sein, das Ihrige bei. Erstaunlich und aufgrund des schmalen

Quellenmaterials nicht an dieser Stelle zu erklären, ist die Tatsache, daß sich die Eheleute wieder versöhnten. Die Ehefrau habe „ihre Fehler herzlich beweinet und ihren Mann vielfältig um Vergebung gebeten, wie dann dieser ihr auch alles verziehen und selbige nach wie vor als sein Eheweib lieben will, *wann ihr nur nichts Schimpfliches widerfährt*, auch sich eventualiter erboten hat, einen pardon höhern Orts vor vor dieselbe auszubitten".[25]

Eine Frau, die versucht hatte, ihr Eheversprechen mit der Zahlung von 200 Mark rückgängig zu machen, gesteht, daß sie zunächst Zuneigung zu ihrem Mann gehabt habe, dann bereut sie jedoch ihre Zusage, „weil sie ihn nicht leiden mögen". Der Mann besteht jedoch auf der Eheschließung. Der geschehene Bruch ist irreversibel. „Sie hätte 10 Wochen in der Ehe gelebt und sich schwanger befunden. Sie gestehet, daß ihr Mann ihr immer gut begegnet, sie ihn auch wohl bis zu der letzten Zeit leiden mögen, 14 Tage aber vor seinem Ende einen Kaltsinn und innerlichen Widerwillen gegen ihn gefühlet habe. Von ihrem Mann sey ihr dazu keine Ursache gegeben, das müsse sie ihm in der Ewigkeit nachsagen. Es sey ohne alle Ursache ein Groll in ihrem Herzen entstanden. Sie habe ihren Mann diesen Kaltsinn merken lassen, aber niemalen solcherhalben eine Entschuldigung angebracht".[26]

Resümierend bleibt festzuhalten, daß die Motive für den Mord bzw. Mordversuch entweder in den Schwierigkeiten, den Rollenerwartungen des Ehemannes gerecht zu werden oder in der Enttäuschung individueller Erwartungen an die Ehe lag, wozu auch der emotionale Bereich zu rechnen ist. Diese Feststellung mag banal klingen. Aber sie belegt, daß die Morde nicht im Affekt begangen wurden, sondern ihre Planung in engem Zusammenhang mit dem Selbstverständnis der Frauen standen. Die Überprüfung ihrer Lebensentwürfe an der Realität ihrer Ehe und das Wissen um die Diskrepanz begünstigten zumindest die verhängnisvolle Entscheidung.

Dennoch oder gerade deshalb muß die Frage nach den Alternativen gestellt werden. Denn Mord kann eigentlich nur die letzte denkbare Konsequenz sein, wenn das Risiko für das eigene Leben in die Überlegungen einbezogen wird.

7. Mögliche Auswege

Zu diesem Aspekt geben uns die Quellen keine oder nur äußerst knappe Anhaltspunkte, denn keine der Frauen wurde danach befragt, ob sie auch andere Möglichkeiten der Konfliktlösung erwogen habe. Lediglich die 20jährige Anna Malena Hansen, eine Bäuerin, erzählt, daß sie bereits nach 2jähriger Ehe den Wunsch nach Scheidung gehabt habe. Denn ihr Mann habe sie geschlagen und sie bedroht.[27] Auf Anraten des Konsistoriums trennt sie sich für ein Jahr von ihm, um dann – wiederum auf Anraten von Amtmann und Konsistorium – zu ihm zurückzukehren. Die Frage, ob sie lieber geschieden worden wäre, verneint sie, sie habe die Ehe fortsetzen wollen. Auch ihre Eltern raten ihr eindringlich, sich mit dem Ehemann zu vertragen und den Rat des Pastors einzuholen, nicht den des Amtmannes. Auch im Fall der 60jährigen Altenteilerfrau hatten wir gesehen, wie groß das Interesse der Familie war, eine Trennung zu verhindern.[28]

Die in diesem Fall angedeutete Möglichkeit der Scheidung bestand in den protestantischen Ländern in eingeschränktem Maße.[29] Nur im Falle von böswilligem Verlassen, widernatürlicher Unzucht, Ehebruch, Mißhandlung u. ä. konnte um die juristische Trennung der Ehe nachgesucht werden. Quellenuntersuchungen aus dem protestantischen Raum, die über den potentiellen Erfolg einer solchen Klage informieren, liegen bis jetzt leider noch nicht vor.[30]

Implizit allerdings geben die Aussagen immer wieder Hinweise darauf, wie eng begrenzt der Handlungsspielraum von Frauen blieb. Selbst der oben erwähnten noch sehr jungen Bäuerin rieten die Eltern, beim Ehemann zu bleiben. Hätte sie ihn verlassen, wäre sie für das Scheitern der Ehe verantwortlich gewesen, und eine Wiederverheiratung wäre ihr somit verwehrt worden. Geblieben wäre ihr für den Rest ihres Lebens der Status einer „unverheirateten" Frau auf dem Hof ihres Stiefbruders, sicher keine attraktive Lebensperspektive.

Noch stärker konnte für die Frauen aus dem Tagelöhner- oder Handwerkermilieu eine solche Entscheidung zum Einstieg in den sozialen Abstieg werden. Denn weder Eltern noch Geschwister waren in der Regel willens bzw. in der Lage, sie aufzunehmen. Zudem verfügten diese Frauen nicht, wie die Bauerntöchter, über eine Mitgift, die, solange sie keine neue Ehe eingingen, dem elterlichen Hof zugute kam. So wäre ihnen nur die Rückkehr in das Mägdedasein oder die Aufnahme eines Tagelohns, was häufig genug mit Nichtseßhaftigkeit einherging, geblieben. Wie stark jedoch der Wunsch nach einer Ehe und die Angst vor dem sozialen Abstieg das Denken der Frauen bestimmte, haben wir im Zusammenhang mit der Darstellung ihrer Lebensperspektiven gesehen.

Zu erwähnen ist jedoch noch ein weiterer „Ausweg“, der auch wahrgenommen wurde. Einleitend wurde darauf hingewiesen, daß im Vergleich zu den Gattenmörderinnen ebenso viele Frauen Kleinkinder, entweder die eigenen oder fremde, töteten.[31] Eine Durchsicht dieser Gerichtsakten ergab, daß in den meisten Fällen das auslösende Moment für die Tat eine gescheiterte Ehe war. Mit der Tötung der Kleinkinder wollten die Frauen ihre Verhaftung und Verurteilung zum Tode erreichen.[32] Wenn man so will, wurden hier Selbstmordabsichten umgelenkt. Für eine Antwort auf die Frage, ob auch Suizid eine der möglichen Konfliktlösungsstrategien war, bedürfte es einer eingehenden Untersuchung der nicht seltenen Selbstmordfälle im 18. Jahrhundert.

8. Zwischen dörflicher und obrigkeitlicher Öffentlichkeit

Das Leben in der Frühen Neuzeit kannte keine scharfe Trennung von privaten und öffentlichen Lebensbereichen. Verwandte und Nachbarn hatten vielfältigen Anteil am familiären Leben. Eine Zeugin erklärte, daß sie mit ihrem Schwager, dessen erste Frau ihre Schwester war, und dessen zweiter Frau die Schlafkammer teilte.[33] So waren auch Nachbarn über die ehelichen Beziehungen gut informiert, zudem wurde genau beobachtet, wer miteinander in Streit lebte oder ob es außereheliche Interessen gab.

Besondere Bedeutung erhält in unseren Beispielen allerdings jene Öffentlichkeit, die Krankheit und Sterben erfahren. Dabei scheinen fast ständig Nachbarn anwesend gewesen zu sein, was nicht nur üblich, sondern wohl ritualiter gefordert war. Denn nur so ist die Bemerkung der Frau beim Besuch der Margaretha Pingel zu verstehen, sie solle die Nachbarn holen, weil sonst alle Schuld auf sie fallen würde. Auch in einem anderen Fall wundert sich ein Zeuge im Verhör ausdrücklich, warum ihm, als nächstem Nachbarn, die Krankheit nicht mitgeteilt worden sei.[34] Nachbarn waren während des Sterbens zugegen und Haus um Haus wurde ihnen nach dem Tod angesagt, um die Leiche zu kleiden. Daran hatten nicht nur die Frauen, sondern auch die Männer Anteil. Selbst schwangere Frauen erschienen, betraten allerdings nicht den Raum, in dem die Leiche lag.[35]

Das Eingebundensein von Krankheit und Tod in eine dörfliche Öffentlichkeit verweist auch auf den Kontrollcharakter, den diese Tradition besaß. Bemerkenswert ist allerdings, daß bei den untersuchten Todesfällen, die in der Regel unerwartet, aber mit charakteristischen Symptomen eintraten, nie jemand bei der Obrigkeit denunzierte. Denn natürlich bemerkten sie beim Waschen und Einkleiden die dunklen Flecken[36] und auch ob eine Leiche aufgedunsen war. In einem Verhör zogen sich die Nachbarn darauf zurück, sie hätten gemeint, der Tischler habe den Sarg zu eng gezimmert.[37] Es wurde also darüber gesprochen, aber es gab keine direkte Denunziation, nur das Gerücht drang irgendwann bis zu den Vögten, dem Magistrat oder der plötzliche unvorhergesehene Tod führte direkt zu einer Untersuchung. Diese geübte Distanz bei schweren Delikten steht der viel beklagten Prozeßsucht in Zivilsachen jener Zeit entgegen.

Immer wieder zeigen die Aussagen der Nachbarn und Verwandten wie intensiv sie das eheliche Zusammenleben anderer beobachteten. Äußerungen, wie sie bei Margaretha Pingel bereits zu hören waren, nämlich daß sie ihre Trauer offensichtlich nicht intensiv genug, d.h. augenfällig genug gezeigt habe, finden sich immer wieder in den Verhören. Auch verbale Äußerungen wurden registriert und später zu Protokoll gegeben. „Inquisitin sey über den Tod und Verlust ihres Mannes nicht betrübt geschienen, sondern habe eine Zufriedenheit geäußert, daß er nicht mehr arbeiten dürfe“:[38]

In dem frühesten Fall 1714 gibt es sogar das Bemühen, einen zunächst als Giftmordversuch behandelten Fall außergerichtlich beizulegen. Der Ehemann setzt sich mit der Familie seiner Frau zusammen, allerdings ist diese nicht bereit, die geforderten 1000 Reichstaler, die als Zugabe zur Mitgift firmieren sollen, zu bezahlen. Die Ehe sollte dann übrigens fortgesetzt werden. Im Laufe der Untersuchung stellt sich allerdings heraus, daß der Mann sich das Gift selbst beigebracht hat, um seine Schwiegereltern unter Druck zu setzen. Zwar gehört dieser Fall von Erpressung nur peripher in die Thematik „Gattenmord“, aber er zeigt, daß solche Vereinbarungen durchaus als mögliche außergerichtliche Lösung fungieren konnten.

9. Vom Umgang mit Gift

Die Beobachtung, daß Frauen mit der Zubereitung und Zuteilung der Mahlzeiten die besten Möglichkeiten hatten, Gift beizubringen, ist sicher zutreffend. Denn der Zeitpunkt, wann das Gift den Nahrungsmitteln beigemischt worden war, war nur schwer festzustellen. Bei der Zubereitung der Speisen sah der Frau in der Regel niemand zu, und sie pflegte auch zu behaupten, das Essen allein mit dem Mann eingenommen zu haben. So wie Margaretha Pingel das auch getan hatte.

Der Erwerb von Gift, womit in unseren Fällen ausschließlich Arsen gemeint ist, war im 18. Jahrhundert relativ einfach. Zwar bestimmte die „Medicinal- und Apothecker-Ordnung" von 1672, daß es nur Apothekern erlaubt sein sollte, Gift zu verkaufen, und auch diese durften es nicht ungehindert verkaufen, sondern waren verpflichtet, es unter Verschluß zu halten und über den Verkauf genau buchzuführen.[39] Ausdrücklich wurde allen Händlern der Handel mit Arsen verboten.

Doch diese Bestimmungen sind offensichtlich nur unzulänglich befolgt worden. Ein anschauliches Bild über den Vertrieb von Arsen vermittelt ein Bericht eines Apothekers, der in einem Fall als Verkäufer von Arsen angegeben worden war. Nach seiner Aussage hatte er seit Übernahme der Apotheke vor 18 Jahren Buch über die Giftverkäufe geführt und darin die Namen der Käufer und die gekaufte Menge genau notiert. Aufschlußreich sind seine Bemerkungen zur Verwendung des Arsens. „... auch kann er (i.e. der Täter, S.G.) es von andern Leuten erhalten haben, z.E. von Färbern, die auch Gift gebrauchen, oder solchen, die zum Viehwaschen oder Vertilgung des Ungeziefers Gifte bey sich führen, und damit auf dem Lande umhergehen. Wie denn auch mit der Mause Butter, die in Altona und Hamburg verkauft und in hiesiger Gegend häufig von dorten geholet wird, sehr leicht Unglück entstehen kann, da selbige aus Butter und Arsenicum besteht, und der Landmann wohl nicht allemahl mit dergleichen die gehörige Vorsicht anwendet. Mir ist indeßen lieb, daß von allen dem Gift, so in den 18 Jahren zum Viehwaschen und Vertilgung der Ratzen und Mäuse bey mir geholet worden, meines Wißens kein Unglück entstanden, auch desfals noch nie die mindeste Nachfrage von Obrigkeitswegen bey mir geschehen ist".[40]

Was der Apotheker andeutete, bestätigen die Gerichtsprotokolle immer wieder. Es gab Verkäufer genug, die Arsen ohne viel Skrupel billig verkauften, für 1–2 Schillinge erhielt man eine ausreichende Menge, um einen Menschen zu vergiften. Da es nicht nur zur Ratten- und Mäusebekämpfung, sondern auch zum Viehwaschen verwendet wurde, war es in jener Zeit offenbar in vielen Haushalten vorhanden und mehr oder weniger offen zugänglich.

Die Vorstellung, daß die Bewirtschaftung des Gifts in den Tätigkeitsbereich der Frau fiel, trifft so eindeutig nicht zu. Auch Männer kauften Arsen und bewahrten es auf, so z. B. die Gerber. Auch das Waschen des Viehs, auf das immer wieder verwiesen wird, gehörte zum männlichen Tätigkeitsbereich.

Das Wissen darum, daß Arsen auch Menschen töten konnte, war durchaus vorhanden und auf seine Wirkung, selbst in kleinen Dosen, wurde vertraut. Auch die Symptome einer Arsenvergiftung wußten viele Leute zu nennen, darauf wies ja auch Margaretha Pingel hin.

Daneben waren tradierte Kenntnisse über die giftige und heilende Wirkung pflanzlicher Substrakte vorhanden. Typisch scheint noch für das beginnenden 18. Jahrhundert der Rückgriff sowohl auf medizinische als auch auf volkstümliche Erfahrungen zu sein. In einem Fall von 1726 läßt eine Ehefrau das Arsen mit Schlangenfett und „Schedelwasser“ (Regenwasser, das in einem Totenschädel aufgefangen worden ist, S.G.) vermischen, „damit keine blauen Flecken als Merkzeichen des Giftes an dem Manne nach dessen Tod zu sehen seien“.[41] In diesem Fall werden der Frau, die sich mit einer Nachbarin, einer Soldatenfrau, bespricht, von dieser auch „weitere übel gemachte Frauen consilia“ genannt: sie soll ihren Mann „nicht zur ehelichen Pflicht admittiren“, wenn sie ihm die stets verweigerte, so müsse er daran sterben, nur wenn er betrunken, solle sie dem „congressum“ zustimmen. Außerdem, so ein weiterer Ratschlag, soll sie für 1 Schilling Weihrauch kaufen und ihm den verabreichen, dann müsse er sich „s.v. zu Tode pißen“. Auch in anderen Fällen wird, wenn auch selten, darauf hingewiesen, daß andere Mittel (z. B. Quecksilber oder Tee von Schindkraut oder Mückensaat(?)) ausprobiert wurden.[42]

Am geeignetsten für die Beimischung des Arsens erwies sich der Pfannkuchen, er wird auch als häufigste Speise, mit der das Gift beigebracht wurde, erwähnt. Bei anderen Nahrungsmitteln war es schwieriger, das Gift unmerklich unterzumischen. Das grobpulvrige Gift löste sich weder in dem beliebten Warmbier noch in Kohlgerichten. Erst eine Veränderung im Nahrungssystem erweiterte die Möglichkeiten. Im Laufe des

18. Jahrhunderts erhält das Butterbrot mehr und mehr an Bedeutung. Entweder wurde das Arsen – mit Puderzucker vermischt – darauf gestreut oder mit Butter verknetet, die bestrichene Brotscheibe wurde dann mit Käse belegt.

Ein Grund für die Wahl von Pfannkuchen und Butterbrot war sicher auch die Tatsache, daß hier individuelle Portionen hergestellt werden konnten, während die Eintöpfe gemeinsam verzehrt wurden.

10. Gattinnen-mordende Männer

Bei dem Delikt „Gattenmord“ stellt sich das Verhältnis von Frauen zu Männern durchaus paritätisch dar. Sechzehn angeklagten Frauen stehen im behandelten Zeitraum 1700–1810 fünfzehn angeklagte Männer gegenüber.[43] Unterschiede ergeben sich jedoch bei der Wahl des Tatwerkzeuges. Während die Frauen bis auf eine Gift für ihre Tat verwendeten, benutzten nur fünf Männer Gift, hingegen fünf ein Messer, bzw. einer einen Hammer; in fünf Fällen ist kein Tatwerkzeug genannt.

Die Aktenüberlieferung jedoch ist noch sporadischer als das bei den Frauen der Fall war. Lediglich in vier Fällen konnten die Ereignisse anhand der Prozeßakten rekonstruiert werden. Auf einer so schmalen Quellenbasis sind allerdings kaum Vergleiche möglich. Deshalb sind die folgenden Bemerkungen nur als erste vorsichtige Hinweise zu verstehen. In allen vier Fällen waren die Männer bereits über 50 Jahre alt und mehrere Jahre verheiratet. In zwei Fällen war es bereits die zweite Ehe. Die Motive sind unterschiedlich. Ein Altenteiler erschlug seine Frau mit einem Hammer, weil er sie davor bewahren wollte, ihn zu überleben, da es mit der Tochter und dem Schwiegersohn, in dessen Haus sie lebten, viel Streit gab.[44] Ein Mann, dessen Frau lange schwer krank war, geriet in Verdacht, sie in den Brunnen gestoßen zu haben.[45] Zwei Mal waren scharfe Auseinandersetzungen vorausgegangen, in beiden Fällen wurde den Männern Jähzorn nachgesagt.[46]

Aber diese wenigen Hinweise reichen nicht aus, um vergleichende Überlegungen zwischen männlichem und weiblichem Gattenmord anzustellen, so daß hier diese knappen Ausführungen genügen sollen.

11. Gattenmord als weibliches Delikt?

Gattenmord ist zweifellos kein spezifisch weibliches Delikt, das beweist die Anzahl der von Männern verübten Morde an ihren Ehefrauen. Aber der Anteil von Frauen, die entweder des Gattenmordes überführt oder verdächtigt wurden, ist, gemessen an ihrem Gesamtanteil an Tötungsdelikten, wenn man den Kindsmord ausklammert, überproportional hoch. Über die Gründe für diese Ungleichgewichtigkeit kann aufgrund fehlender Untersuchungen nur spekuliert werden. Es läßt sich vermuten, daß Männer stärker als Frauen auch andere Formen der ehelichen Konfliktlösung, wie z. B. Prügel oder das Verlassen der Ehefrau nutzten.

Wie gezeigt werden konnte, lagen die Motive zu der Tat sehr häufig in der Erkenntnis, daß der Lebensentwurf gescheitert war oder in der Angst, daß er zu scheitern drohte. Ähnlich strukturierte Motive ließen sich bei den Männern nicht nachweisen, bei ihnen wirkte ein sehr viel diffuseres Motivbündel. Allerdings müssen solche Vergleiche wegen der schmalen Quellenbasis zunächst spekulativ bleiben.

Aber so spektakulär und außergewöhnlich die Einzelfälle auch sein mögen, ihre Analyse verweist sehr schnell auf Verallgemeinerbares. Einer eingehenderen Untersuchung wird es vorbehalten sein zu überprüfen, ob diese Akten über das Thema „Frauen und Kriminalität" hinaus weitergehende Erkenntnisse und differenziertere Zugänge zur Lebenswirklichkeit von Frauen in der frühen Neuzeit bieten können.

Anmerkungen

1 Trotzdem gibt es bisher nur wenige wissenschaftliche Untersuchungen, die diesen Aspekt aufgreifen, vgl. Ann Jones, Frauen, die töten, Frankfurt/Main 1986 (amerikanische Erstausgabe 1980). Ihre Darstellung ist allerdings nur begrenzt analytisch angelegt, sie bezieht sich auf Amerika und behandelt anhand von Einzelbeispielen das 18.–20. Jahrhundert. Neuere Untersuchungen, die sich thematisch mit dem Thema „Kriminalität" oder „Frauen in der Frühen Neuzeit" beschäftigen behandeln diesen Aspekt nur sehr am Rande, vgl. Heide Wunder, „Er ist die Sonn', sie ist der Mond" Frauen in der Frühen Neuzeit, München 1992 und Richard van Dülmen, Volkskultur in der Frühen Neuzeit, 2. Bd. Dorf und Stadt 16.–18. Jahrhundert, München 1992.

2 Besondere Bekanntheit hat der Fall der Gesche Gottfried aus Bremen erlangt, vgl. dazu Petra Seling-Biehausen und Johannes Feest, Gesche Gottfried und die bremische Strafjustiz, in: Beiträge zur Sozialgeschichte Bremens, hrsg. v. Wiltrud Ulrike Drechsel, Heide Gerstenber-

ger, Christian Marzahn. Heft 11, Criminalia. Bremer Strafjustiz 1810–1850, Bremen 1988, 151–194.

[3] Alle zitierten Akten liegen im schleswig-holsteinischen Landesarchiv in Schleswig (= LAS). Die erste Nummer bezeichnet die Abteilung und die Nummer nach dem Schrägstrich das jeweilige Faszikel.

[4] Vgl. dazu Esther Fischer-Homberger, Medizin vor Gericht. Zur Sozialgeschichte der Gerichtsmedizin, Darmstadt 1988, 353–409.

[5] Vgl. dazu die Registranten des holsteinischen und des schleswigschen Obergerichts LAS 50b/316 und LAS 50c/3467.

[6] Vgl. Otto Ulbricht, Kindsmord und Aufklärung in Deutschland. München 1990 (= Ancien Régime Aufklärung und Revolution 18), und Anhang, 405–421.

[7] Ulbricht; Richard van Dülmen, Frauen vor Gericht, Frankfurt 1991. Für das 19. Jahrhundert s. Regina Schulte, Das Dorf im Verhör. Brandstifter, Kindsmörderinnen und Wilderer vor den Schranken des bürgerlichen Gerichts, Reinbek 1989.

[8] Dieser Befund steht im Widerspruch zu den für England erhobenen Zahlen, vgl. J.M. Beattie, The Criminality of Women in eighteenth-century England, in: Journal of Social History 8 (1975/6), 83.

[9] Nach Art. 130 der Carolina stand auf Giftmord die Todesstrafe (straff der, die mit gifft oder venen heymlich vergeben).

[10] Vergleichbare Zahlen sind den Registranten der Obergerichte für Holstein und Schleswig zu entnehmen, s. Anm. 5.

[11] Das entspricht den Ergebnissen, die für das 18. Jahrhundert für England vorliegen, wie Anm. 8.

[12] LAS 127.21 AGA Breitenburg V B1/98.

[13] Er hatte gehört, daß Detlef Pingel sehr krank sei. Da Pingel noch Schulden bei ihm hatte, wollte er sich nach dessen Befinden erkundigen.

[14] LAS 65.2/273 II, Gnadengesuch der Mutter von Elisabeth Heidten, Carlbeck bei Hohn 3.12.1768 oder LAS 65.2/274 I, Anna Malena Hansen, Tuestrup Hardes-Kriminalgericht 20.12.1792. In einem einzigen Fall vergiftet eine Altenteilerfrau ihren Mann, mit dem sie allerings erst ein halbes Jahr in zweiter Ehe verheiratet war, LAS 65.2/275 III, Anna Hedwig Callsen, Scheggerott 1812.

[15] LAS 127.21 AGA Breitenburg V B1/100.

[16] LAS 102.1/190, S. 58a, 16.3.1726.

[17] LAS 65.2/273 I, Eike Peters, 23.5.1781.

[18] LAS 112/801, Fiskal und Joachim Rode gegen seine Frau Catharina und deren Mutter wegen versuchten und unterstellten Giftmord, Pinneberg 14.5.1714.

[19] LAS 65.2/275 III, Anna Hedwig Callsen, Scheggerott 1812.

[20] In einem Fall unterhält die 30 Jahre jüngere Frau eines Viehhirten eine Liebschaft mit einem Soldaten (LAS 65.2/275 III, Sophia Regina Friedericia Mißfeldt, Rothenstein, Gut Behrensbrook), in einem anderen Fall wird die Frau zwar nach der Bekanntschaft mit einem Bäckergesellen gefragt. Aber die Angaben und auch die Nachfragen bleiben so vage, daß der Rückschluß auf ein außereheliches Liebesverhältnis bloße Vermutung bleiben muß (LAS 65.2/274 I, Anna Malena Hansen, Hinderup 20.12.1792).

[21] LAS 127.21 AGA Breitenburg V B1/100, 1. April 1802.

22 LAS 65.2/273 II, 20. Okt. 1770

23 LAS 62.2/274 I, Hadersleben 20. 12. 1792. Drohungen und Schläge des Ehemannes, ohne daß die Konfliktstruktur näher beschrieben wird, gibt auch die Mutter einer wegen Giftmords verurteilten Frau an. Diese hatte mit 16 Jahren einen gleichaltrigen Kolonisten geheiratet. Beide, so die Mutter, hatten „diesen Stand nicht mit Gott angefangen, so ist außelben ein Wehstandt geworden" (LAS 65.2/273 II, 3. 12. 1768).

24 vgl. Anm. 14, auch Anna Malena Hansen hatte bereits mit 17 Jahren geheiratet.

25 LAS 102.1/190, S. 58a ff., Glückstadt 16. 3. 1726 (Heraushebung im Zitat von der Verf.).

26 LAS 65.2/273 I, Eike Peters, Stedesand, Mai 1781.

27 LAS 65.2/274 I, Anna Malena Hansen, Hinderup 20. 12. 1792.

28 Vgl. S. 321.

29 Vgl. dazu Dirk Blasius, Ehescheidung in Deutschland im 19. und 20. Jahrhundert. 2. überarb. Aufl., Frankfurt/Main 1992, bes. 26 f. Vgl. auch Hartwig Dieterich, Das protestantische Eherecht in Deutschland bis zur Mitte des 17. Jahrhunderts, München 1970 (= Jus Ecclesiasticum 10).

30 Für den katholischen Bereich hat Rainer Beck kürzlich einen Aufsatz vorgelegt, Rainer Beck, Frauen in Krise. Eheleben und Ehescheidung in der ländlichen Gesellschaft Bayerns während des Ancien régime, in: Richard van Dülmen (Hg.), Dynamik der Tradition. Studien zur historischen Kulturforschung IV, Frankfurt/Main 1992, 137–212.

31 Vgl. dazu Silke Göttsch, „Mörderin an ihrem unschuldigen Kinde aus Überdruß des Lebens" – Kindermörderinnen im 18. Jahrhundert, Ms.

32 Zu den einzelnen Fällen vgl. die Verzeichnisse wie Anm. 5.

33 LAS 65.2/273 I, Eike Peters 23. 5. 1781.

34 LAS 127.21 AGA Breitenburg V B 1/100, Christian Lahrs 30. 3. 1802.

35 LAS 127.21 AGA Breitenburg V B 1/100, Abel Möller 30. 3. 1802.

36 So sagt Christian Lahrs aus, daß er auf der linken Brust des Toten eine schwarze Stelle von der Größe einer Hand bemerkt habe. Er zeigte sie einem anderen Nachbarn, der diese allerdings angeblich für Fäulnis gehalten habe. LAS 127.21 AGA Breitenburg V B 1/100, 30. 3. 1802. Die Antwort deutet eher darauf hin, daß hier abgewiegelt werden sollte, denn andere Verhöre zeigen sehr deutlich, daß die äußerlichen Symptome eines Arsentodes weithin bekannt waren.

37 LAS 127.21 AGA Breitenburg V. B 1/55, Cecilia Bockwoldt 9. Februar 1760.

38 Wie Anm. 26. Aussage der Schwägerin Fridericia Peters.

39 Abgedruckt in: Corpus Constitutionum Holsaticarum Bd. I, Altona 1749, S. 769–782, hier S. 778.

40 LAS 127.21 AGA Breitenburg V B1/100, Apotheker C.F. Zeise, Kellinghusen, 15. 4. 1802.

41 LAS 102.1/190, 16. 3. 1726, S. 58a.

42 LAS 65.2/273, Justina Catharina Hahn, Lütjenburg, 20. 10. 1770. Das Quecksilber knetete die Angeklagte in Butter.

43 Diese Zahlen sind dem summarischen Verzeichnis des holsteinischen und schleswigschen Obergerichts entnommen s. Anm. 5.

44 LAS 127.29/486, Hans Buck, adl. Gut Jersbek 1780.

45 LAS 112/803, Bartold Matzen und Maria Loose, Uetersen 1753.

46 LAS 127.21 AGA Breitenburg V B1/9, Hinrich Wagenknecht, Aspe 1703 und LAS 112/159, Hinrich Kröger, Schenefeld 1783.

Autorenverzeichnis

DR. WOLFGANG BEHRINGER
Wissenschaftlicher Angestellter, Historisches Seminar der Universität Bonn, Konviktstr. 11, 53113 Bonn; Hexenforschung, Kommunikation in der Frühen Neuzeit, Geschichte des Fliegens, Stadtgeschichte

PROF. DR. SILKE GÖTTSCH
Professorin, Institut für Volkskunde der Universität Freiburg. Maximilianstr. 15, 79100 Freiburg, demnächst: Lehrstuhl für Volkskunde der Universität Kiel, Olshausenstr. 40–60, 24098 Kiel; historische Volkskultur, Geschlechterforschung, bürgerliche Kultur und Geschichte des Faches Volkskunde

PROF. DR. ROBERT JÜTTE
Institutsleiter, Institut für Geschichte der Medizin der Robert Bosch Stiftung, Straußweg 17, 70184 Stuttgart; Sozial-, Medizin-, Alltags- und Mentalitätsgeschichte der Frühen Neuzeit sowie Geschichte des Judentums; Wissenschaftsgeschichte des 19. und 20. Jahrhunderts

PROF. DR. MARY LINDEMANN
Associate Professor; Department of History, Carnegie Mellon University, Pittsburgh, PA 15213-3890, USA; Sozialgeschichte des Alten Reiches im 17. und 18. Jahrhundert; Geschichte der Medizin

PROF. DR. JAN PETERS
Lehrstuhl für Sozialgeschichte der Frühen Neuzeit und Leiter der Arbeitsgruppe der Max-Planck-Gesellschaft »Ostelbische Gutsherrschaft als sozialhistorisches Phänomen« an der Universität Potsdam, Am Neuen Palais 10, 14415 Postdam; Geschichte der ländlichen Gesellschaft, Historische Anthropologie und populare Autobiographik

DR. ULINKA RUBLACK
Research Fellow, St. John's College, Cambridge CB2 1 TP, Großbritannien; Geschichte der Kriminalität in der Frühen Neuzeit; Geschichte körperlicher Wahrnehmungen, alltäglicher Widerstand und öffentliche Meinung in der Frühen Neuzeit

DR. GERD SCHWERHOFF
Wissenschaftlicher Assistent im Bereich Spätmittelalter/ Frühe Neuzeit; Universität Bielefeld, Fakultät für Geschichtswissenschaft und Philosophie, Postfach 10 01 31, 33501 Bielefeld; Religions- und Kulturgeschichte, Stadtgeschichte, Kriminalitätsgeschichte, Hexenforschung

PROF. DR. CLAUDIA ULBRICH
Professorin für Neuere Geschichte mit dem Schwerpunkt Frauen- und Geschlechtergeschichte; Freie Universität Berlin, Fachbereich Geschichtswissenschaften; Friedrich-Meinecke-Institut, Habelschwerdter Allee 45, 14195 Berlin; Geschichte der Frühen Neuzeit, ländlicher Sozialprotest, Frauen- und Geschlechtergeschichte

PROF. DR. OTTO ULBRICHT
Akad. Rat, Historisches Seminar der Universität Kiel, Olshausenstr. 40–60, 24098 Kiel; Sozialgeschichte der Frühen Neuzeit, Kriminalitätsgeschichte, Geschichte der sozialen Ideen der Aufklärung; Geschichte der ländlichen Welt

PROF. DR. JOY WILTENBURG
Assistant Professor, Rowan College of New Jersey, Glassboro, New Jersey 08028, USA; Kulturgeschichte Deutschlands und Europas in der Frühen Neuzeit

PROF. DR. HEIDE WUNDER
Professorin für Sozial- und Verfassungsgeschichte der Frühen Neuzeit; Universität/Gesamthochschule Kassel, Fachbereich 5 Gesellschaftswissenschaften, Nora-Platiel-Str. 1, 34109 Kassel; Geschichte der ländlichen Gesellschaft des Spätmittelalters und der Frühen Neuzeit; Frauen- und Geschlechtergeschichte

Hans-Werner Goetz

Frauen im frühen Mittelalter

Frauenbild und Frauenleben im Frankenreich

1995. Etwa 430 Seiten.
Etwa 55 s/w-Abbildungen. Broschur.
ISBN 3-412-07795-X

Im deutschen Sprachraum fehlt eine zusammenhängende Darstellung über Frauen im frühen Mittelalter. Hans-Werner Goetz schließt diese Lücke mit der systematischen Erarbeitung lange vernachlässigter Aspekte der zeitgenössischen Vorstellungen über Frauen und ihre Lebensbedingungen.

Anhand unterschiedlicher Quellen werden verschiedene Stände und Lebensformen betrachtet. Hierzu gehört das Kloster ebenso wie das Leben als Ehefrau und Bäuerin. Im Mittelpunkt des Buches stehen die unterschiedlichen Ausdrucksformen und Identifikationsbereiche weiblichen Lebens wie Heiligenbilder, Frauen in bildlichen Darstellungen und das Bild Evas als der Ur-Frau. Differenziert wird das damalige Frauenbild der Männer sowie das weibliche Selbstverständnis herausgearbeitet und die Wechselbeziehung zwischen Wunschbildern und Realität diskutiert.

BÖHLAU VERLAG KÖLN WEIMAR WIEN
Theodor-Heuss-Str. 76, D - 51149 Köln

Maria H. Dettenhofer (Hg.)

REINE MÄNNERSACHE?

Frauen in Männerdomänen der antiken Welt

1994. VI, 266 S. 11 Abb. Br.
ISBN 3-412-08693-2

Frauen wurde traditionell das Haus als Lebens- und Aufgabenbereich zugewiesen. Die Türschwelle konnte eine erhebliche Barriere zur Welt der Männer darstellen, denn der öffentliche Raum und die damit verbundenen Aufgaben waren Sache der Männer. Man kann also von einer weitgehenden geschlechterspezifischen Verteilung von Aufgaben und Raum sprechen. Dennoch zeigt sich in verschiedenen antiken Gemeinwesen zu unterschiedlichen Zeiten durchaus eine Reihe von Varianten und Ausnahmen dieser Regel. Für die Frauen von Sparta ist politische Mitsprache und wirtschaftliche Macht bezeugt, dagegen konnte in Athen schon der Verdacht weiblicher Einflußnahme zum politischen Rufmord dienen. Am Verhalten römischer Matronen der späten Republik - Frauen wie Cornelia, die Mutter der Gracchen, oder Servilia, die Mutter des Caesarmörders Brutus, - und den Kommentaren der antiken Autoren dazu lassen sich die informellen, nicht-öffentlichen Wege der politischen Einflußnahme bestimmen. Die Kaiserzeit stellte eine besondere Chance für die Frauen des Herrscherhauses und des Hofes dar. Und sowohl in der Armee als auch in den römischen Provinzen führten die Exempla der kaiserlichen Frauen zu Veränderungen im Rollenverhalten der Frauen.

BÖHLAU VERLAG KÖLN WEIMAR WIEN

Theodor-Heuss-Str. 76, 51149 Köln